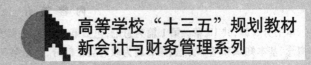

高等学校"十三五"规划教材
新会计与财务管理系列

政府与非营利组织会计（第2版）

主　编　宋　明　么冬梅
副主编　刘晓东　曲　红

哈尔滨工业大学出版社
HARBIN INSTITUTE OF TECHNOLOGY PRESS

内 容 简 介

本书分3篇,共18章。第1篇为总论,包括第1、2章,主要介绍政府与非营利组织会计的基本理论、基本概念、基本知识和基本方法;第2篇为政府会计部分,包括第3~12章,其中第3~7章主要介绍现行财政总预算会计制度,第8~12章主要介绍我国的行政单位会计制度。第3篇为非营利组织会计部分,包括第13~18章,主要介绍我国事业单位会计和民间非营利组织会计。

本书可以作为高等学校的教材,也可以作为财政总预算会计人员、行政事业单位会计人员的培训用书。

图书在版编目(CIP)数据

政府与非营利组织会计/宋明,么冬梅主编. —2版. —哈尔滨:哈尔滨工业大学出版社,2016.6(2019.7重印)
ISBN 978-7-5603-5984-7

Ⅰ.①政… Ⅱ.①宋…②么… Ⅲ.①单位预算会计-高等学校-教材 Ⅳ.①F810.6

中国版本图书馆 CIP 数据核字(2016)第094216号

责任编辑	许雅莹
封面设计	刘长友
出版发行	哈尔滨工业大学出版社
社　　址	哈尔滨市南岗区复华四道街10号 邮编150006
传　　真	0451-86414749
网　　址	http://hitpress.hit.edu.cn
印　　刷	哈尔滨市工大节能印刷厂
开　　本	787mm×1092mm 1/16 印张20 字数512千字
版　　次	2014年11月第1版 2019年7月第2版第3次印刷
书　　号	ISBN 978-7-5603-5984-7
定　　价	35.00元

(如因印装质量问题影响阅读,我社负责调换)

前 言

近几年来,我国的预算管理制度进行了一系列改革,从国库集中收付制度、政府收支分类、部门预算等各项财政改革陆续开展,对事业单位预算编制、资金运转、资产管理等各方面产生了深刻影响。2012 年财政部陆续颁布《行政单位财务规则》《事业单位财务规则》和《事业单位会计制度》并于 2013 年 3 月 1 日起施行。2013 年财政部颁布《行政单位会计准则》《行政单位会计制度》于 2014 年施行。面对行政、事业单位新规则、新准则和新制度编写了本书,以满足教学和从事会计工作者的需求。

为了能够及时、充分地反映我国政府与非营利组织会计的全貌,结合我国预算管理制度改革相关政策和客观现实,我们编写了《政府与非营利组织会计》这本理论性和操作性都很强的教材。读者可以在学完《基础会计学》《中级财务会计》及相关课程,掌握会计基本理论与方法、企业会计实务等相关知识后,再学习本书。

本书分 3 篇,共 18 章。第 1 篇为总论,包括第 1、2 章,主要介绍政府与非营利组织会计的基本理论、基本概念、基本知识和基本方法;第 2 篇为政府会计部分,包括第 3~12 章,主要介绍政府会计,我国政府会计包括财政总预算会计和行政单位会计。第 3~7 章主要介绍现行财政总预算会计制度,第 8~12 章主要介绍我国的行政单位会计制度。第 3 篇为非营利组织会计部分,包括第 13~18 章,主要介绍我国事业单位会计和民间非营利组织会计。

本书具有以下几个特点:

(1)理论联系实际,注重实务操作。以每一个会计科目为单元,详细介绍账户设置,精选实际案例,概括归纳基本业务类型及其账户关系;每章前有一个学习目标提示,并列出本章中英文关键词,后有思考题、练习题及参考答案,有利于读者及时复习和巩固。

(2)循序渐进,体系完整。本书先讲政府与非营利组织会计基础知识,后讲会计实务操作,先讲源头分配的财政总预算会计,其次讲使用资金的单位预算会计,最后讲较复杂的非营利组织会计。

(3)立足现实,着眼改革。考虑到我国财政预算会计制度改革的阶段性和不平衡性,教材做了恰当的选择。本书以财政部颁布的《财政总预算会计制度》《行政单位会计制度》《事业单位会计制度》《事业单位财务规则》《事业单位会计准则》和《民间非营利组织会计制度》为基础,全面介绍了我国政府与非营利组织会计的基本核算方法,以新颁布财政预算改革的法规制度为依据,由此引起的政府与非营利组织会计的变化融入到每一章节中。

本书可以作为高等学校的教材,也可以作为财政总预算会计人员、行政事业单位会计人员的培训用书。

本书由佳木斯大学宋明、哈尔滨理工大学么冬梅任主编,黑龙江工程学院刘晓东、张向荣为副主编共同编写。参加编写的具体分工为第 1、2、13、14 章由宋明编写;第 8~12 章由么冬梅编写;第 3~7 章由刘晓东编写;第 15~18 章由张向荣编写。

本书编写和出版过程中,得到了相关院校同仁的大力支持,同时我们参考了国内外公开出版的有关教材,吸收了有关专家和学者的最新成果,在此一并表示感谢。

尽管我们全力追求完美,但书中疏漏之处在所难免,敬请广大读者批评指正。

编 者

2016 年 4 月

目 录

第1篇 总 论

第1章 政府与非营利组织会计概述 (1)
1.1 政府与非营利组织会计的概念 (2)
1.2 政府与非营利组织会计的组成体系 (4)
1.3 政府与非营利组织会计核算的基本前提和一般原则 (5)
1.4 政府与非营利组织会计要素与会计等式 (7)
思考题 (8)
练习题 (8)

第2章 政府与非营利组织会计基本核算方法 (9)
2.1 政府与非营利组织会计科目与账户 (10)
2.2 政府与非营利组织会计记账方法 (11)
2.3 政府与非营利组织会计凭证 (11)
2.4 政府与非营利组织会计账簿 (16)
2.5 政府与非营利组织会计报表 (18)
思考题 (18)
练习题 (18)

第2篇 政府会计

第3章 财政总预算会计概述 (20)
3.1 财政总预算会计的概念 (21)
3.2 财政总预算会计科目 (22)
思考题 (23)
练习题 (23)

第4章 财政总预算会计资产的核算 (24)
4.1 财政性存款 (25)
4.2 有价证券 (28)
4.3 暂付及应收款项 (29)
4.4 在途款的核算 (31)
4.5 预拨款项 (31)
4.6 财政周转金 (33)
思考题 (34)
练习题 (35)

第5章 财政总预算会计负债和净资产的核算 (37)
5.1 财政总预算会计负债的核算 (38)
5.2 财政总预算会计净资产的核算 (40)
思考题 (43)
练习题 (43)

第6章 财政总预算会计收入和支出的核算 (45)
6.1 财政总预算会计的收入 (46)
6.2 财政总预算会计支出的核算 (57)
思考题 (65)
练习题 (65)

第7章 财政总预算会计报表 (67)
7.1 财政总预算会计报表概述 (68)
7.2 财政总预算会计报表的编制 (70)

思考题 ……………………………… (76)
　　练习题 ……………………………… (76)
第8章　行政单位会计概述 ……………… (78)
　8.1　行政单位会计概念及特点 ……… (79)
　8.2　行政单位会计制度及科目 ……… (80)
　　思考题 ……………………………… (82)
　　练习题 ……………………………… (82)
第9章　行政单位资产的核算 …………… (84)
　9.1　行政单位的流动资产 …………… (85)
　9.2　行政单位的固定资产 …………… (99)
　9.3　行政单位的无形资产 …………… (109)
　9.4　行政单位的其他资产 …………… (113)
　9.5　行政单位的财产处理 …………… (116)
　　思考题 ……………………………… (118)
　　练习题 ……………………………… (118)
第10章　行政单位会计负债和净资产的核算
　　　　 ……………………………………… (122)
　10.1　行政单位会计的负债 …………… (123)
　10.2　行政单位会计的净资产 ………… (129)
　　思考题 ……………………………… (138)
　　练习题 ……………………………… (138)
第11章　行政单位会计收入和支出的核算
　　　　 ……………………………………… (141)
　11.1　行政单位会计的收入 …………… (142)
　11.2　行政单位会计的支出 …………… (146)
　　思考题 ……………………………… (149)
　　练习题 ……………………………… (149)
第12章　行政单位的财务报表 …………… (152)
　12.1　行政单位财务报表概述 ………… (153)
　12.2　行政单位财务报表的编制 ……… (154)
　　思考题 ……………………………… (164)
　　练习题 ……………………………… (164)

第3篇　非营利组织会计

第13章　事业单位会计概述 ……………… (166)
　13.1　事业单位会计概念及特点 ……… (167)
　13.2　事业单位会计制度及科目 ……… (169)
　　思考题 ……………………………… (171)
　　练习题 ……………………………… (171)
第14章　事业单位资产的核算 …………… (173)
　14.1　事业单位资产概述 ……………… (174)
　14.2　事业单位流动资产 ……………… (175)
　14.3　事业单位长期投资 ……………… (188)
　14.4　事业单位固定资产 ……………… (191)
　14.5　事业单位无形资产 ……………… (201)
　　思考题 ……………………………… (206)
　　练习题 ……………………………… (206)
第15章　事业单位负债和净资产的核算 … (210)
　15.1　事业单位的负债 ………………… (211)
　15.2　事业单位的净资产 ……………… (223)
　　思考题 ……………………………… (234)
　　练习题 ……………………………… (235)
第16章　事业单位收入和支出的核算 …… (238)
　16.1　事业单位收入 …………………… (239)
　16.2　事业单位支出 …………………… (252)
　　思考题 ……………………………… (259)
　　练习题 ……………………………… (259)
第17章　事业单位会计报表 ……………… (262)
　17.1　事业单位财务会计报告概述 …… (263)
　17.2　事业单位会计报表的编制 ……… (264)
　17.3　收入支出表 ……………………… (271)
　17.4　财政补助收入支出表 …………… (274)
　　思考题 ……………………………… (277)
　　练习题 ……………………………… (277)
第18章　我国民间非营利组织会计 ……… (279)
　18.1　我国民间非营利组织会计概述 … (280)
　18.2　民间非营利组织会计的一般原则和
　　　 会计要素 ……………………… (282)
　18.3　民间非营利组织会计的财务会计
　　　 报告 …………………………… (284)
　　思考题 ……………………………… (289)

参考答案 ………………………………… (290)
参考文献 ………………………………… (312)

第 1 篇 总论

第 1 章

政府与非营利组织会计概述

学习目标提示

- 政府与非营利组织会计的基本知识，即政府与非营利组织会计概念、对象、特点、组成体系
- 政府与非营利组织会计核算基本前提、一般原则、会计要素及会计等式

中英文关键词对照——

- 政府 government
- 政府会计 government accounting
- 财政总预算会计 financial total budgeting accounting
- 行政单位会计 administrative unit accounting
- 会计主体 accounting entity
- 持续经营 going concern
- 会计分期 accounting period
- 货币计量 currency measurement
- 非营利组织 nonprofitable organization
- 非营利组织会计 nonprofitable organization accounting

1.1 政府与非营利组织会计的概念

1. 政府与非营利组织会计的概念

政府与非营利组织会计是与企业会计相对应的一个会计分支。政府是一个与国家密切联系在一起的概念,它以国家的存在为基本前提。从整体功能上看,政府是承担社会公众和经济组织广泛责任的一级政权,可分为中央级政府、各省级(直辖市、自治区)政府、各市级(地区、自治州)政府、各县级(市、区)政府以及各乡镇级政府5个级次,各级政府的财政部门代表该级政府执行财政总预算,管理财政收支;政府从职责分工上看,可分为各类行政单位,如立法机关、行政机关、司法机关等。行政单位是一级政府的办事处,是行使国家权力、管理国家事务、组织经济建设和文化建设、维护社会公共秩序,执行行政单位预算的部门和单位。我国把党派和人民团体也视同行政单位。

非营利组织,是指不具有物质产品生产和国家事务管理职能,主要以精神产品或各种服务形式向社会公众提供服务,不以营利为目的的各类组织机构。在我国,非营利组织通常称为事业单位,具体包括如下几类。

(1)科技组织,如研究机构、科协组织等。

(2)教育组织,如幼儿园、小学、中学、职业技术学校、大专院校和大学等。

(3)文体组织,如公共图书馆、文化站、文艺表演团体、体育团体等。

(4)传媒组织,如广播电视台(站)、报纸、期刊、部分出版社和杂志社等。

(5)健康和福利组织,如医院、养老院、孤儿院、福利院、儿童保护组织、红十字会等。

(6)宗教组织,如各类寺院、宫观、清真寺、教堂等。

(7)基金会,如为教育、医疗卫生、宗教及以慈善为目的而组织设立的各类基金会。我国主要指宋庆龄儿童基金会、教育基金会、老年基金会、扶贫救助基金会、希望工程基金会等。

政府与非营利组织会计是各级政府、行政单位和非营利组织,以货币为主要计量单位,连续、系统、完整地核算和监督各级政府、各级行政单位和各类事业单位的预算资金运动过程及其结果的一门专业会计。

2. 政府与非营利组织会计的对象

政府与非营利组织会计的对象,是指政府与非营利组织会计核算和监督的内容。各级政府部门、行政单位和各非营利组织,一方面要组织各项收入,另一方面要安排各项支出;各项收支执行的结果又形成结余。收入、支出、结余构成了政府部门、行政单位和非营利组织的资金运动。在预算执行过程中所发生的资金运动又会形成各种资产、负债和净资产。因此,政府与非营利组织会计的对象就是各级政府、行政单位和非营利组织在预算执行过程中所发生的资金收入、支出、结余及由此形成的资产、负债和净资产。由于政府财政部门、行政单位和非营利组织履行的任务和业务活动的具体内容不尽相同,所以财政总预算会计、行政单位会计和非营利组织会计的核算对象也有区别。

(1) 各级财政部门担负着具体执行本级总预算的任务,要按照国家政策、法令及政府预算、收入项目和指标安排及时地组织预算收入,然后通过预算拨款和支出方式有计划地分配给各部门、各单位,形成政府预算支出,其尚未分配的资金和当年预算执行的结余表现为收支结余。因此,财政总预算会计的核算对象是各级政府总预算执行过程中的预算收入、支出和结余,以及在资金运动过程中所形成的资产、负债和净资产。

(2) 行政单位会计的主体是国家行政机关和接受国家预算拨款的人民团体。行政单位业务活动的目标是行使政府职能。行政单位的经费来源主要是国家财政预算拨款和预算外资金收入,行政单位的资金使用主要是按照国家规定的用途和开支标准支付人员经费和公用经费,并拨付下级所需要经费,形成行政单位的支出,一定期间行政单位的收入和支出相抵之后的余额形成行政单位的结余。因此,行政单位会计的核算对象就是行政单位在执行单位预算过程中的收入、支出和结余,以及资金运动中形成的资产、负债和净资产。

(3) 非营利组织一般不直接从事物质资料生产,但其开展的业务活动,是社会扩大再生产和满足整个社会日益增长的物质文化需要必不可少的。非营利组织为了完成计划,可依法通过各种形式、各种渠道取得业务活动所需要的资金,一方面要向财政部门或上级单位按照核定的预算领取经费,另一方面还要在国家规定的范围内组织创收,取得事业收入、经营收入等各项收入。非营利组织资金的使用主要是按照国家有关规定和开支标准安排人员经费、公用经费以及各项专业业务和经营业务的各项支出。收支相抵之后余额形成非营利组织的结余。因此非营利组织会计的对象,就是各类非营利组织在单位预算执行过程中的各项收入、支出和结余,以及非营利组织资金运动中所形成的资产、负债和净资产。

3. 政府与非营利组织会计的特点

我国政府与非营利组织会计的特点是同企业会计相比较而言的。财政部门、行政单位、非营利组织同企业的性质、任务、资金来源和资金运动的方式不同,两者不仅核算对象和任务不一样,而且核算的内容和方法也有很大差别,其主要可概括为以下几个方面。

(1) 核算目的与企业不同。政府与非营利组织核算与监督预算资金的执行情况是为了上层建筑、经济建设和人民生活服务,主要目的是为了取得社会效益;企业会计核算与监督各项经济活动是为了盈利,主要目的是为了取得经济效益。

(2) 会计核算基础与企业不同。政府与非营利组织会计中，财政总预算会计和行政单位会计以收付实现制为会计核算基础，非营利组织会计中非经营业务是以收付实现制为会计核算基础，但对经营性收支业务部分是以权责发生制为会计核算基础。而企业会计一般都以权责发生制为会计核算基础。

(3) 会计要素、会计等式与企业不同。政府与非营利组织会计要素分为 5 类，即资产、负债、净资产、收入、费用和支出；而企业的会计要素则是资产、负债、所有者权益、收入、费用和利润。即使相同名称的会计要素，其内容在政府与非营利组织会计与企业会计上也存在较大差异。会计要素的不同主要是由以下几个原因引起的：一是政府与非营利组织会计与企业会计核算基础不同，前者以收付实现制为主，后者以权责发生制为主；二是会计主体的性质不同，政府与非营利组织会计主体没有具体的所有者，但企业会计的会计主体有具体的所有者；三是政府与非营利组织会计核算的业务性质不同，前者核算的业务主要是以非营利业务为主，后者核算的业务则是营利性的。

会计要素的不同引起会计等式的不同，政府与非营利组织会计等式是：资产+支出＝负债+净资产+收入，而企业会计的会计等式是：资产＝负债+所有者权益（静态），资产+费用＝负债+收入+所有者权益（动态）。政府与非营利组织会计的会计等式并没有静态和动态之分，因为期末结转后，政府与非营利组织会计收入支出余额不一定为零。

(4) 会计核算内容及方法有其特殊性。在政府与非营利组织会计中，固定资产一般应与固定基金相对应，固定资产不计提折旧；对外投资一般与投资基金相对应；对专用基金实行专款专用方法；一般不实行成本核算，即使有成本计算，也是内部成本计算；一般没有损益的核算。另外，政府与非营利组织会计具有宏观管理系统的功能，政府财政总预算收入和总预算支出主要应着眼于国民经济和社会发展。

1.2 政府与非营利组织会计的组成体系

我国是以公有制为主体的社会主义市场经济国家，财政预算实行"统一领导、分级管理"的体制，我国预算会计体系由财政总预算会计、行政单位会计和事业单位会计以及民间非营利组织会计组成，且与国家政权结构和行政区域划分相一致。

1. 财政总预算会计

财政总预算会计是各级人民政府部门包括中央财政机关和地方各级财政机关，是组织国家财政收支，办理国家预算、决算的专职管理机关。中央和各级地方财政部门用来核算、反映、监督各级政府预算执行和纳入预算管理的财政资金活动的专业会计，称为财政总预算会计。

根据预算法，我国实行一级政府一级预算，与此相对应的每一级独立的总预算都在政府的财政机关设立总预算会计。目前，财政部设立中央总预算会计；省（自治区、直辖市）财政厅（局）设置省（自治区、直辖市）总预算会计；市（地、自治州）财政局设置市（地、自治州）总预算会计；县（自治县、不设区的市、市辖区）财政局设置县（市、区）总预算会计；乡（镇）财政所设置乡镇总预算会计。

为配合一级政府总预算的执行，中国人民银行为办理预算资金的收纳、划分、报解和支付设立了国库会计;税务机关和海关为反映、核算和监督税款完整缴入国库设立了征解会计;建设银行为办理基建拨款设立了基建拨款会计;为建立国库集中收付制度中央和不少地方政府设立了国库集中收付机构会计等。它们都属于广义上财政总预算会计。

2. 行政单位会计

行政单位会计是指进行国家行政管理,组织经济建设和文化建设维护社会公共秩序的单位,包括国家权力机关、行政机关、司法机关、检察机关以及各级党政和人民团体。中华人民共和国各级国家机关及其派出机构以及接受国家预算拨款的人民团体用来核算、反映和监督预算执行的专业会计,称为行政单位会计。

行政单位的会计组织系统,根据国家建制和经费领报关系,分为主管会计单位、二级会计单位和基层会计单位三级。主管会计单位(又称一级单位)是指向同级财政部门领报经费,并发生预算管理关系,下面有所属会计单位的;二级会计单位(又称二级单位)是指会计单位向主管会计单位领报经费,并发生预算管理关系,下面有所属会计单位的;基层会计单位是指向上级会计单位领报经费,并发生预算管理关系,下面没有所属会计单位的。以上三级会计单位实行独立会计核算,负责组织管理本单位、本部门的全部会计工作。对不具备独立核算条件,实行单据报账制度的,作为"报销单位"管理。

3. 事业单位会计

事业单位会计是指各类事业单位核算和监督本单位财务收支活动情况及结果的专业会计。与行政单位会计一样,事业单位会计组织系统根据国家机构建制和经费领报关系,分为主管会计单位、二级会计单位和基层会计单位三个等级。由于事业单位行业类别繁多,各行业间业务运营和财务收支活动差别较大,事业单位会计又进一步分为科学事业会计、高等学校会计、医院会计、文化事业单位会计、社会福利部门的事业单位会计和社会福利救济事业单位会计等。

此外,我国政府与非营利组织会计体系还包括各类民间非营利组织会计,如社会团体、基金会和民办非企业单位。根据2004年8月发布的《民间非营利组织会计制度》,这些非营利组织应符合以下三个条件。

其一,不以盈利为目的。

其二,任何单位或个人不因为出资而拥有非营利组织的所有权,收支结余不得向出资者分配。

其三,非营利组织一旦进行清算,清算后的剩余财产应按规定继续用于社会公益事业。

1.3 政府与非营利组织会计核算的基本前提和一般原则

1. 政府与非营利组织会计核算的基本前提

政府与非营利组织会计核算的基本前提,是指在实施会计核算应当具备的前提条件。它是会计人员对会计核算所处的环境做出的合理判断,会计核算所依据的原则就是建立在这个基本前提之上的。政府与非营利组织会计核算的基本前提主要包括4个方面。

(1)会计主体,是指政府与非营利组织会计核算特定的空间范围。会计核算一定要有为其服务的特定单位,会计的记账和会计报表的编制都是在此范围之内进行的。政府财政总预算会计的主体是各级政府,而不是各级政府的财政部门。因为财政总预算各项收支的收取和分配,是各级政府的职权范围,财政部门只能代表政府执行预算,充当经办人的角色。行政单位会计是指会计为之服务的各级行政单位。非营利组织会计的主体是指非营利组织会计工作之服务的非营利组织。

(2)持续运行,是指政府与非营利组织会计核算的时间界限,它是指单位或会计主体的经济业务活动在可以预见的将来能够持续不断地运行下去。各级政府及各类事业单位能够持续不断地运行下去,作为组织正常会计核算的基本前提。

(3)会计分期,是指政府与非营利组织会计核算的时间尺度,即将会计主体持续运行的时间人为地划分成时间阶段,以便分阶段结算账目、编制会计报表、及时向会计信息使用者提供会计信息。单位通常以一年作为划分会计期间的标准。以一年为一会计期间称为会计年度。我国的会计年度采用历年制,即每年公历1月1日至12月31日作为一个会计年度。期间还可以采用季度和月度。

会计期间的划分对政府与非营利组织会计核算有着重要影响。由于有了会计期间,才产生了本期与非本期的区别,才产生了权责发生制和收付实现制,才使不同类型的会计主体有了记账的基础。会计期间的划分,有利于及时提供反映单位经济活动情况的财务信息,有利于满足单位内部管理及其他方面进行决算的需要。

(4)货币计量,是指政府与非营利组织会计核算以人民币作为记账本位币。如果发生外币收支,应当按照中国人民银行公布的当日人民币外汇汇率折算为人民币核算。对于业务收支以外币为主的行政单位、非营利组织,也可以选定某种外币作为记账本位币。但在编制会计报表时,应当按照编报日期的人民币外汇汇率折算为人民币反映。

2. 我国政府与非营利组织会计核算的一般原则

政府与非营利组织会计核算的一般原则,主要是就会计核算的基本要求所做出的规定。

(1)真实性原则,又称客观性原则,是指会计核算工作中必须以实际发生的经济业务和证明经济业务的合法凭证为依据,客观真实地记录、反映各项业务活动的实际情况和结果。

(2)相关性原则,又称有用性原则,是指政府与非营利组织在提供会计信息时应符合国家宏观经济管理的要求,满足预算管理和有关方面了解单位财务状况及收支情况的需求,并有利于单位加强内部管理。

(3)可比性原则,是指会计核算应当按照规定的会计处理方法进行,以便于同一单位前后各期及不同单位之间的比较分析。

(4)一贯性原则,是指会计核算方法应当前后各期一致,不得随意变更。如确有必要变更,应当将变更的情况、原因和对单位财务收支情况及其结果的影响在会计报告中说明。

(5)及时性原则,是指对单位的各项经济业务应当及时进行会计核算。只有核算及时,信息的传递及时,才能保证会计信息符合使用者的需要。

(6)明晰性原则,是指政府与非营利组织的会计记录和会计报告要做到清晰完整、简明扼要,数据记录和文字说明应一目了然地反映单位经济业务的来龙去脉。

(7)收付实现制原则,是指政府与非营利组织不以盈利为目的,其业务运营活动耗费的资金不具有垫支性,一旦被耗费就不可收回,一旦办理了现金付款,就产生了实际的支出。

应该指出,非营利组织(事业单位)在开展业务活动的同时,也附带进行某些经营性活动。经营性活动可以给非营利组织带来收益,为正确核算经营性活动的财务收支及结余,《事业单位会计准则》规定,事业单位的经营活动应采用权责发生制,区分不同期间的收支,以正确核算经营结余。

(8) 配比原则,是指从事经营活动的事业单位,其经营收支与相关的经营收入应当配比。配比原则要求有经营收支业务活动的事业单位,对一个会计期间的经费收入与其相关的费用支出应当进行比较,在同一会计期间登记入账,以计算收支结余。这条原则与事业单位的经济活动采用的权责发生制相对应。

(9) 专款专用原则,是指对于指定用途的资金,应当按规定的用途使用,不能擅自改变用途,挪作他用。政府与非营利组织的许多经费都限定了用途,专项经费不仅要求将款项用于特定项目或业务,也要求与其他资金分开核算、单独报告。

(10) 实际成本原则,是指政府与非营利组织对各项财产物资应当按取得或购进时的实际成本计价,当市场价格发生变动时,除国家另有规定外,不得自行调整其账面价值。

(11) 重要性原则,要求每个单位的会计要确定自己的重要事项,对于那些对本单位经济活动或会计信息使用者相对重要的会计事项,应分别核算、分项反映,力求准确,并在会计报告中做重点揭示;对于那些次要的会计事项,在不影响会计信息真实性和相关性的条件下,可适当简化会计核算。

1.4　政府与非营利组织会计要素与会计等式

1. 政府与非营利组织会计要素

会计要素就是对会计对象做的基本分类。政府与非营利组织会计核算的具体内容多种多样,为了对有关核算内容进行确认、计量、记录、报告,就需要对会计对象做一基本的带有规律性的科学分类,把会计对象分解为若干基本的构成要素。这样就形成了会计要素。政府与非营利组织会计的基本要素包括如下几项。

(1) 资产,是指政府、行政事业单位或非营利组织掌管的或使用的能以货币计量的经济资源,包括各种资产、债权和其他权力。

(2) 负债,是指政府、行政事业单位或非营利组织承担的能以货币计量、需以资产偿付的债务。

(3) 净资产,是指政府、行政事业单位或非营利组织资产减去负债后的差额。

(4) 收入,是指政府、行政事业单位或非营利组织为实现其职能或开展业务活动,依法取得的非偿还性资金。

(5) 支出,是指政府、行政事业单位或非营利组织为实现其职能或开展业务活动,对财政资金的再分配或所发生的各项资金耗费或损失。

上述政府、行政事业单位或非营利组织会计要素中,资产、负债、净资产三个会计要素构筑资产负债表,收入和支出两个会计要素构筑收入支出表或预算执行情况表。

2. 我国政府与非营利组织会计的会计等式

政府与非营利组织会计等式,又称政府与非营利组织会计平衡公式,是指政府与非营利组织各会计要素之间客观存在的必然相等关系,其会计平衡等式为:

$$资产+支出=负债+净资产+收入$$

或

$$资产=负债+净资产+(收入-支出)$$

上述等式中,收支相抵,结余转入净资产后,会计平衡式为:

$$资产=负债+净资产$$

政府与非营利组织会计平衡式是组织政府与非营利组织会计核算、编制会计报表的理论依据。

思 考 题

1. 政府与非营利组织会计的概念、核算对象是什么?
2. 政府与非营利组织会计体系是如何组成的?
3. 政府与非营利组织会计与企业会计相比有哪些特点?
4. 政府与非营利组织会计核算的基本前提和一般原则是什么?
5. 政府与非营利组织会计要素有哪几个,其平衡式是怎样的?

练 习 题

1. 名词解释

政府与非营利组织会计 行政单位会计 主管会计单位 二级会计单位 基层会计单位

2. 单项选择题

(1) 在我国,非营利组织通常称为(　　)。
　A. 社会团体　　B. 行政单位　　C. 公共企业　　D. 事业单位

(2) 政府与非营利组织会计中不使用(　　)会计要素。
　A. 资产　　B. 收入　　C. 利润　　D. 支出

(3) 在下列会计核算的一般原则中,政府与非营利组织会计与企业会计核算不同的是(　　)。
　A. 真实性原则　　B. 客观性原则　　C. 及时性原则　　D. 专款专用原则

(4) 政府与非营利组织会计的基本等式为(　　)。
　A. 资产=权益
　B. 资产=负债+所有者权益
　C. 资产=负债+净资产
　D. 资产+支出=负债+净资产+收入

(5) 政府与非营利组织会计核算进行会计分期的目的是(　　)。
　A. 为了贯彻权责发生制原则　　B. 为了贯彻配比原则　　C. 为了贯彻收入实现制原则
　D. 为了定期反映政府与非营利组织资金运动及其结果的情况,提供有关经活动的信息

3. 多项选择题

(1) 政府与非营利组织会计的会计主体包括(　　)。
　A. 各级财政部门　　B. 各级政府　　C. 各类事业单位　　D. 行政单位

(2) 政府与非营利组织会计组成体系主要包括(　　)。
　A. 财政总预算会计　　B. 行政单位会计　　C. 事业单位会计　　D. 农业企业会计

(3) 行政单位系统的会计组织体系分为(　　)。
　A. 主管会计单位　　B. 二级会计单位　　C. 三级会计单位　　D. 四级会计单位

(4) 我国财政总预算会计的分级包括(　　)。
　A. 中央级财政总预算会计　　B. 省(直辖市、自治区)财政总预算会计
　C. 市(地、州)财政总预算会计　　D. 基层财政总预算会计

(5) 政府与非营利组织会计核算的基本前提包括(　　)。
　A. 会计主体　　B. 持续运行　　C. 会计分期　　D. 货币计量

第 2 章

政府与非营利组织会计基本核算方法

 学习目标提示

- 设置会计科目与账户
- 确定记账方法
- 填制和审核会计凭证
- 登记会计账簿
- 编制会计报表

中英文关键词对照——

- 会计科目 account
- 借贷记账法 double-entry bookkeep system
- 原始凭证 original evidence
- 记账凭证 book evidence
- 会计账簿 book of account
- 会计报表 accounting statement

2.1 政府与非营利组织会计科目与账户

1. 政府与非营利组织会计科目

政府与非营利组织会计科目是对其会计要素按其经济内容或用途所做的科学分类。会计科目是设置账户、处理账务的依据。通过设置会计科目，可以将政府财政总预算及行政事业单位大量经济内容相同的业务归为一类，组织会计核算，清楚地为单位内部管理和外部有关方面提供一系列具体的会计信息。

由于我国的政府与非营利组织会计要素有资产、负债、净资产、收入和支出（民间非营利组织为费用）5项，因此，我国政府与非营利组织会计科目按其反映的经济内容或用途分为资产、负债、净资产、收入和支出（民间非营利组织为费用）5类。

政府与非营利组织会计科目按其提供指标的详细程度，可分为总账科目和明细科目两种。总账科目在会计要素下直接开设，它反映相应会计要素中有关内容的总括信息。例如，在财政总预算会计的资产会计要素下，开设"国库存款""财政周转金放款"等总账科目；在行政单位会计的收入会计要素下，开设"拨入经费""预算外资金收入"等总账科目；在事业单位会计收入会计要素下，开设"财政补助收入""事业收入"等总账科目；在民间非营利组织会计费用会计要素下，开设"业务活动成本"等总账科目。

明细科目在总账科目下开设，反映总账科目的详细信息。例如，在财政总预算会计"国库存款"总账科目下，开设"一般预算存款""基金预算存款"等明细科目；在行政单位会计"拨入经费"总账科目下，开设"拨入经常性经费""拨入专项经费"等明细科目；在事业单位"事业支出"总账科目下，开设"基本支出""项目支出"等明细科目；在民间非营利组织会计的"业务活动成本"总账科目下，开设"提供服务成本""商品销售成本"等明细科目。

政府与非营利组织会计按其适用部门分为事业单位会计科目、行政单位会计科目、财政总预算会计科目、民间非营利组织会计科目四大类，具体内容在以后各章节详细介绍。

2. 政府与非营利组织会计的账户

账户是按照规定的会计科目在账簿中对会计要素的具体内容进行分类核算的工具。会计科目仅是对会计要素分类的项目，而要有分类核算的具体数据，则要通过账户记录来取得。

会计科目与账户是既有联系又有区别的两个概念。两者内在联系表现在，会计科目名称是账户的名称,账户是根据会计科目开设的;设置会计科目和开设账户的目的都是为了提供分类核算的会计信息;会计科目所反映的经济内容和账户所核算的经济内容是一致的。两者相互区别表现在,会计科目仅是分类的项目,没有具体的格式,不存在结构问题,而账户既有其名称,又有具体结构。

与会计科目相对应,政府与非营利组织会计账户可分为总分类账户和明细分类账户。总分类账户是根据总账科目开设的、用以反映会计要素中总分类信息的账户。明细分类账户是根据明细科目开设的,用以反映总分类账户中有关明细分类信息的账户。

2.2 政府与非营利组织会计记账方法

政府与非营利组织会计采用国际通用的借贷记账法。所谓借贷记账法是以"借""贷"作为记账符号,按照"有借必有贷,借贷必相等"的记账规则,在两个或两个以上账户中全面地、相互联系地记录每笔经济业务的一种复式记账法。

在政府与非营利组织会计中,借贷记账法中的"借"表示资产和支出类账户的增加以及负债、净资产和收入类账户的减少或转销,"贷"表示资产和支出类账户的减少或转销以及负债、净资产和收入类账户的增加。

借贷记账法在账户中的运用及规则如表2.1所示。

表2.1 借贷记账法在账户中的运用及规则

借 方	贷 方
1.资产类账户的增加	1.负债类账户的增加
2.支出类账户的增加	2.净资产账户的增加
3.负债类账户的减少	3.收入类账户的增加
4.净资产账户的减少	4.资产账户的减少
5.收入类账户的减少或转销	5.支出类账户的减少或转销

借贷记账法的平衡公式是:

$$资产 = 负债 + 净资产$$

年度预算执行期间,在收入和支出结转的情况下,则平衡公式为:

$$资产 = 负债 + 净资产 + (收入 - 支出)$$

在使用借贷记账法的情况下,试算平衡可以采用余额平衡或发生额平衡。其平衡公式分别为:

$$全部账户借方余额合计 = 全部账户贷方余额合计$$
$$全部账户借方发生额合计 = 全部账户贷方发生额合计$$

2.3 政府与非营利组织会计凭证

政府与非营利组织会计凭证,是用以记录经济业务或会计事项,明确经济责任的书面证明,作为登记账簿的依据的书面证明。政府与非营利组织会计凭证按其填制程序和用途,可分为原始凭证和记账凭证。

1. 原始凭证

(1)原始凭证是在经济业务发生或完成时取得和填制的载明经济业务具体内容和完成情况的书面证明,是进行会计核算的原始资料和主要依据。

从原始凭证的种类来看,政府与非营利组织经济业务内容不同,因此,其原始凭证的具体种类也不完全一样。财政总预算会计由于一般不直接办理预算收支,其原始凭证大部分是国库和单位预算会计及基建财务管理部门报送的会计报表。而行政事业单位预算会计是直接办理预算支出的,其原始凭证大部分是外来单据,如发货票、收款收据等。

政府会计的原始凭证主要包括以下各项:

①国库报来的各种收入日报表及其附件,如各种"缴款书""收入退还书""更正通知书"等。

②各种拨款和转账收款凭证,如预算拨款凭证、各种银行汇款凭证等。

③主管部门报来的各种非包干专项拨款支出报表和基本建设支出月报。

非营利组织会计的原始凭证主要包括以下各项:

①借款凭证。

②收款收据。

③预算拨款凭证。

④材料出、入库单。

⑤往来结算凭证。

⑥固定资产出、入库单。

⑦各种税票。

⑧开户银行转来的收、付款凭证。

⑨其他足以证明会计事项发生经过的凭证和文件等。

(2)原始凭证是具有法律效力的证明文件,是进行会计核算的重要原始依据。因此,为了保证原始凭证能够真实、正确、及时、清晰、完整,原始凭证上填写的日期、业务内容和数字必须真实可靠;原始凭证上规定的项目必须填写齐全,不能遗漏,数字、金额必须计算正确;文字清晰,易于辨认;原始凭证上必须有经济业务经办人员的签名或盖章,以便明确经济责任。尽管政府与非营利组织会计的原始凭证的格式是多种多样的,反映的经济业务也是千差万别的,但原始凭证必须具备如下基本内容:

①凭证的名称。

②填制日期。

③接受凭证单位名称。

④经济业务摘要。

⑤经济业务的实物数量、单价和金额。

⑥填制凭证的单位、人员及经办人员的签章。

(3)为了正确反映经济业务的执行和完成情况,发挥会计的监督作用,财会部门对各种原始凭证要进行严格的审查和核对。只有经过审核合格的原始凭证,才能作为编制记账凭证和登记账簿的依据。审核原始凭证是会计核算工作中必不可少的环节,是国家赋予财会人员的监督权限。

审核原始凭证,主要从以下两个方面进行:

一是审查原始凭证的合法性、合理性。以国家的有关方针、政策、法令、制度和计划、合同等为依据,审核原始凭证所反映的经济业务是否合理合法,有无违反财经制度规定,是否按计划预算,是否按成本开支范围,是否贯彻专款专用的原则,有无贪污盗窃、虚报冒领、伪造凭证等违纪行为。

二是审查原始凭证的完整性、正确性。审查原始凭证的内容和填制手续是否符合规定的要求。首先应审核原始凭证是否具备作为合法凭证所必须具备的基本内容;其次审核原始凭证上有关数量、单价、金额是否正确无误。

原始凭证的审核是一项十分细致而又严肃的工作,必须坚持原则,照章办事。对不合法、不合规、不合理的收支,会计人员有权不予办理。如发现伪造、涂改凭证、弄虚作假、虚报冒领、偷税漏税及其他违法乱纪行为,应及时向领导汇报,严肃处理。对于手续不完备、计算有差错、填写不清楚的原始凭证,应退还给经办部门或人员补齐手续或进行更正。原始凭证经审核无误后,才能作为编制记账凭证和登记会计账簿的依据。

2. 记账凭证

记账凭证是根据审核无误的原始凭证,按照账务核算要求,分类整理后编制的会计凭证,它是确定会计分录、登记账簿报表的依据。

(1)记账凭证的主要内容和要素。政府与非营利组织会计的记账凭证主要由以下要素组成:

①记账凭证的名称、填制单位、填制日期和编号。

②经济业务的主要内容摘要和所附原始凭证的张数。

③会计科目的名称、记账方向和记账金额。

④有关人员的签名与盖章。

(2)记账凭证的种类。财政总预算会计记账凭证的格式如表2.2或表2.3所示;收款、付款及转账凭证的格式依次如表2.4、表2.5和表2.6所示。

表2.2 记账凭证(格式一)

总号_____
年　月　日　　　　　　　　　　　　　分号_____

对方单位	摘要	借方		贷方		金额	记账符号	附凭证　张
		科目编号	科目名称	科目编号	科目名称			

会计主管　　　记账　　　稽核　　　制单

表 2.3　记账凭证(格式二)

总号＿＿＿＿

年　月　日　　　　　　　　　　分号＿＿＿＿

摘　要	总账科目	明细科目	借方金额	贷方金额	记账符号

附凭证　　张

会计主管　　　记账　　　稽核　　　制单

表 2.4　收款凭证

出纳编号＿＿＿＿

借方科目：　　　　　　　　年　月　日　　　　　制单编号＿＿＿＿

对方单位（或缴款人）	摘　要	贷方科目		金　额									记账符号
		总账科目	明细科目	千	百	十	万	千	百	十	元	角	分	
合　计　金　额													

附凭证　　张

会计主管　　　记账　　　稽核　　　出纳　　　制单

表 2.5　付款凭证

出纳编号＿＿＿＿

贷方科目：　　　　　　　　年　月　日　　　　　制单编号＿＿＿＿

对方单位（或缴款人）	摘　要	借方科目		金　额									记账符号
		总账科目	明细科目	千	百	十	万	千	百	十	元	角	分	
合　计　金　额													

附凭证　　张

会计主管　　　记账　　　稽核　　　出纳　　　制单　　　领款人签章

表 2.6　转账凭证

　　　　　　　　　　　　　　　　　　　　　　　　　出纳编号_____
　　　　　　　　　　　　　　　　年　月　日　　　　　制单编号_____

对方单位	摘要	借方		贷方		金　　额									记账符号	附凭证　张
		总账科目	明细科目	总账科目	明细科目	千	百	十	万	千	百	十	元	角	分		

会计主管　　　记账　　　稽核　　　出纳　　　制单　　　领(缴)款人

（3）记账凭证的编制方法。

①记账凭证应根据经审核无误的原始凭证归类整理编制。记账凭证的各项内容必须填列齐全，经复核后凭以记账，制证人必须签名或盖章。

②记账凭证一般根据每项经济业务的原始凭证编制。当天发生的同类会计事项可以适当归并后编制。不同会计事项的原始凭证，不得合并编制一张记账凭证，也不得把几天的会计事项加在一起填制一张记账凭证。

③记账凭证必须附有原始凭证。一张原始凭证涉及几张记账凭证的，可以把原始凭证附在一张主要的记账凭证后面，在其他记账凭证上注明附有原始凭证的记账凭证的编号。结账和更正错误的记账凭证，可以不附原始凭证，但应经主管会计人员签章。

④记账凭证必须清晰、工整，不得潦草。记账凭证由指定人员复核，并经主管会计人员签章后据以记账。

⑤记账凭证应按照会计事项发生的日期顺序整理凭证记账。按照制单的顺序，每月从第一号起连续编号。

⑥记账凭证每月应按顺序号整理，连同所附的原始凭证加上封面，装订成册保管。记账凭证封面样式与财政总预算记账凭证封面样式相同，可参见表2.7。

表 2.7　记账凭证封面

（单位名称）

时间	年　　　月			
册数	本月共　　　册		本册是第　　　册	
张数	本册自第　　　号至第　　　号			

会计主管　　　　　　　　　　装订人

2.4 政府与非营利组织会计账簿

政府与非营利组织会计账簿是由一定格式、互相联系的账页组成,用来序时地、分类地记录和反映各项经济业务的会计簿记。

政府与非营利组织会计账簿一般分为总账、明细账和日记账3种。

1. 总账

总账是按照总账科目设置的反映资金活动总括情况的账簿。总账能够用来记录核算资产、负债、净资产、收入及支出会计要素总括情况和平衡账务,能够控制、核对各明细账,是编制会计报表的依据。总账一般采用三栏式订本账簿。

2. 明细账

明细账是按照规定的明细科目和核算需要而设置的,它是对总账科目进行明细核算的账簿。明细账的格式一般采用三栏式或多栏式。

(1) 财政总预算会计设置的明细账。收入明细账,包括一般预算收入明细账、基金预算收入明细账、专用基金收入明细账、上解收入明细账、财政周转金收入明细账等。

支出明细账,包括一般预算支出明细账、基金预算支出明细账、专用基金支出明细账、补助支出明细账、财政周转金支出明细账等。

往来款项明细账,包括暂付款明细账、暂存款明细账、与下级往来明细账、借入财政周转金明细账、借出财政周转金明细账等。

(2) 行政单位会计设置的明细账。收入明细账,包括拨入经费明细账、预算外资金收入明细账和其他收入明细账等。

支出明细账,包括经费支出明细账、拨出经费明细账等。

往来明细账,包括暂付款明细账、暂存款明细账等。

(3) 非营利组织会计设置的明细账。收入明细账,包括财政补助收入明细账、事业收入明细账、经营收入明细账、拨入专款明细账、附属单位缴款明细账和其他收入明细账等。

支出明细账,包括拨出经费明细账、拨出专款明细账、专用资金支出明细账、事业支出明细账、经营支出明细账和对附属单位补助明细账等。

往来款项明细账,包括应收账款明细账、其他应收款明细账、应付账款明细账和其他应付款明细账等。

3. 日记账

日记账又称序时账,是按经济业务发生的先后顺序连续进行登记的账簿。它主要核算各项货币资金,分为现金日记账和银行存款日记账两种,采用订本式账簿。

为了严密会计核算手续,明确记账人员的责任,提高会计核算的质量,应按照统一的要求使用账簿。

(1) 会计账簿的使用,一般以每一会计年度为限。每一账簿启用时,应首先在账簿扉页及附页上填写"经管人员一览表"和"账户目录"。"经管人员一览表"和"账户目录"的格式如表2.8和表2.9所示。

表 2.8　经管人员一览表

单位名称			
账簿名称			
账簿页数	从第　　页起至第　　页止共　　页		
启用日期	年　　月　　日		
会计机构负责人		会计主管人员	
经管人员		经管日期	移交日期
接办人员		接管日期	监交日期

表 2.9　账户目录

科目编号和名称	页　号	科目编号和名称	页　号

（2）根据审核无误的会计凭证登记账簿。记账时，应将会计凭证的日期、编号、业务内容摘要、金额和其他有关资料逐项记入账内，做到数字准确、摘要清楚、登记及时。记账完毕，要在记账凭证上签名或盖章，并注明已经登记入账的符号"√"，表示已经记账。

（3）手工记账时必须使用蓝、黑墨水书写，不得使用铅笔或圆珠笔。但下列情况可以用红色墨水记账：①按照红字冲账的记账凭证，冲销错误的金额记录。②在不设借贷等栏的多栏式账页中，登记减少数；在三栏式账户的余额栏前，如未印明余额方向的，在余额栏内登记负数余额。③会计制度中规定用红字登记的其他记录。

（4）账簿中书写的文字和数字在格内上面要留有适当空格，不要写满格，一般应占格距的 1/2，用于发生错误时更正，同时也方便查账工作。

（5）顺序连续登记。各种账簿按页次顺序连续登记，不能跳行、隔页。如果发生跳行、隔页，应将空行、空页划线注销，或在空行、空页的摘要栏内注明"此行空白"或"此页空白"字样，并由记账人员签名或盖章。

（6）过次页、承前页。每一张账页登记完毕结转下页时，应结出本页合计数及余额，写在本页最后一行和下页第一行的有关栏内，并在摘要栏注明"过次页"和"承前页"字样。

（7）账簿记录发生错误，不能刮擦、挖补、涂改或用化学药水消除字迹，应分别采用划线更正法、红字冲销法和补充登记法进行更正。

（8）会计人员应按照规定定期（按月、年）将各种会计账簿记录进行结账。结转前必须将本期内发生的各项经济业务全部登记入账。结账时，应结出每个账户的期末余额。结出余额后，应在账户的"借或贷"栏内写明"借"或"贷"的字样，以表示本账户的余额方向。没有余额的账户，应在"借或贷"栏内写"平"字，并在余额栏内用"0"表示。年度终了时，要把各账户的余额结转下年，并在摘要栏内注明"结转下年"字样，并在下年新账第一行预留空行余额栏内，填写上年结转的余额，并在摘要栏注明"上年结转"字样。

2.5 政府与非营利组织会计报表

政府与非营利组织会计报表是指政府与非营利组织根据账簿记录及其他有关资料,按照统一规定内容和格式编制的反映政府与非营利组织在某一时点的财务状况,在某一会计期间的收入、支出情况及其结果的书面报告。

1. 我国政府与非营利组织会计报表的种类

政府与非营利组织会计报表的种类,按其反映的经济内容,可分为资产负债表、收入支出表、预算执行情况表和基本数字表等;按其编报的时间,可分为旬报、月报、季报和年报。

按其反映的时态分类,可分为静态报表和动态报表。按会计报表编报层次来分类,可分为本级报表和汇总报表。

由于政府与非营利组织的经济业务内容存在着一定的差别,因此,政府会计报表和非营利组织会计报表也不尽相同。其具体内容及编制方法,将在后续有关章节中介绍。

2. 政府与非营利组织会计报表编制的基本要求

(1) 数据真实。它要求会计报表中的各项数据能如实反映政府及非营利组织的财务状况和收支情况,数据信息要符合客观性要求。

(2) 计算准确。它要求会计报表中的数字在计算时必须准确无误。

(3) 内容完整。它要求对于按规定上报的会计报表及各项指标,其内容的填列必须完整。

(4) 报送及时。它要求政府与非营利组织在会计期末及时编制会计报表并按期报送有关机关。

思 考 题

1. 请说明政府与非营利组织会计科目与账户的区别与联系?
2. 借贷记账法在预算会计中是如何应用的?
3. 政府与非营利组织会计中的原始凭证包括哪些种类?填制要求有哪些?
4. 政府与非营利组织会计中的记账凭证填制要求应符合哪些要求?
5. 简述政府与非营利组织会计报表的编制要求及种类。

练 习 题

1. 名词解释

会计科目　借贷记账法　原始凭证　记账凭证　会计账簿　会计报表

2. 单项选择题

(1) 某市话剧团收到上级单位通过银行拨来本月经费 2 500 000 元,则应填制(　　)。

A. 收款凭证　　B. 付款凭证　　C. 转账凭证　　D. 原始凭证

(2) 对会计要素按其经济内容或用途所作出的科学分类称为(　　)。

A. 会计科目　　B. 账户　　C. 复式记账　　D. 明细分类

(3) 在借贷记账法下,下列项目中,应记入账户借方的是(　　)。

A. 资产的减少　　B. 负债的减少　　C. 负债的增加　　D. 收入的增加

(4) 下列错误中,能够通过试算平衡查找的是( )。
　　A. 重记经济业务　　B. 漏记经济业务　　C. 借贷方向相反　　D. 借贷金额不等
(5) 会计凭证按( )分类,分为原始凭证和记账凭证。
　　A. 填制程序和用途　B. 形成来源　　　　C. 用途　　　　　　D. 填制方法
(6) 复式记账法是对每项经济业务都以相等的金额,在相互联系的( )中进行登记的一种科学的记账方法。
　　A. 一个账户　　　　B. 两个账户　　　　C. 两个以上账户　　D. 两个或两个以上账户
(7) 月份结账前,发现账簿登记串户,但记账凭证并无错误,可用( )。
　　A. 划线更正法　　　B. 红字更正法　　　C. 补充登记法　　　D. 其他方法更正
(8) 如果发现由于记账凭证错误而使账簿登记发行错误,则不论在月份结账前后,均应使用( )。
　　A. 划线更正法　　　B. 红字更正法　　　C. 补充登记法　　　D. 其他方法更正
(9) 某学校收到上级会计单位拨入经费 500 000 元,并向所属单位转拨经费 150 000 元,则该学校为( )。
　　A. 主管会计单位　　B. 二级会计单位　　C. 基层会计单位　　D. 报销单位
(10) 下列各项,属于财政总预算会计登记账簿的原始凭证的是( )。
　　A. 国库报来的各种收入日报表及其附表　　B. 税务机关的缴款凭证
　　C. 国库经收处的收入日报表　　　　　　　D. 应缴预算收入的单位或个人的缴款书

第 2 篇 政府会计

第 3 章 财政总预算会计概述

学习目标提示

- 财政总预算会计的概念
- 财政总预算会计特点及财政总预算会计的任务
- 财政总预算会计科目体系

中英文关键词对照——

- 财政总预算会计 account for financial budget

3.1 财政总预算会计的概念

1. 财政总预算会计的概念

财政总预算会计是各级政府财政部门核算、反映和监督政府预算执行和财政周转金等各项财政性资金活动的一门专业会计。财政总预算会计的会计主体是各级政府,其执行机构为各级政府的财政机关。

财政机关是组织国家财政收支,办理国家预算、决算的专职管理机关,其主要任务是将物质生产部门创造的一部分国民收入以税收、上缴利润和其他缴款方式集中起来,形成政府的财政资金,再根据国家的社会发展规划和国民经济发展计划,通过预算的形式有计划地进行分配,为国家的行政管理、国民经济建设、国防建设以及教科文卫体等各方面事业的发展服务。

按照"统一领导,分级管理"的国家预算体制原则,我国实行一级政府一级预算,我国的政府预算设立中央、省(自治区、直辖市)、设区的市(自治州)、县(自治县、不设区的市、市辖区)和乡(民族乡、镇)5级预算。与预算组成体系相一致,各级政府预算均设立相应的财政总预算会计,负责核算、反映和监督本级政府预算的执行。中央政府财政部设立中央财政总预算会计;省、自治区、直辖市财政厅(局)设立省(自治区、直辖市)财政总预算会计;设区的市、自治州财政局设立市(州)财政总预算会计;县、自治县、不设区的市、市辖区财政局设立县(市、区)财政总预算会计;乡、民族乡、镇财政所设立乡(镇)财政总预算会计。

2. 财政总预算会计的特点

财政总预算会计的特点是同企业会计、行政单位会计和非营利组织会计相比较而言的。各级政府机关与企业、行政单位和非营利组织的经济活动有着明显的差异。这些经济活动的差异决定了财政总预算会计具有以下几个特点。

(1)财政总预算会计是为政府预算服务的,一是对财政资金进行核算与监督,二是合理调度财政资金。政府预算体现了国家社会发展规划,是国民收入分配的一个重要环节,它对国家社会经济建设和社会发展都起着重要作用。财政总预算会计作为反映和监督政府预算对各项事业的发展起着重要作用。财政总预算会计作为反映和监督政府预算执行情况的专业会计,与企业会计、行政单位会计、非营利组织会计相比,更具有宏观意义。

(2)财政总预算会计核算各级政府的预算执行情况不需要进行成本核算和损益计算。财政总预算会计的对象和职能决定了它主要反映财政资金的收入、支出情况,合理调度财政资金,提高资金使用效益,不必像企业会计和非营利组织会计那样进行成本核算和损益计算。

(3)财政总预算会计所提供的信息不仅要符合一般会计原则,还要符合《预算法》的要求,以满足上级财政部门及本级政府对预算管理和财政决策方面的要求。

(4)财政总预算会计核算采用收付实现制。

3. 财政总预算会计的任务

财政总预算会计的基本任务主要有以下几个方面。

(1)正确、及时地处理日常账务核算工作。财政总预算会计对各项预算资金的收付、往来款项的进出,都要进行会计核算,做到正确、及时,日清月结。每年年度终了,要组织年度财政决算的审核和汇编工作,同时,根据财政体制的有关规定,进行年度上下级财政间的结算和办理上下级之间往来款项的清理工作。

(2)合理调度各项财政资金。财政总预算会计为了保证按照核定预算及时供应好资金,要合理调度好各项财政资金,妥善解决财政资金库存和用款单位资金需求的矛盾,提高财政资金的使用效益。

(3)实行会计监督,参与预算管理。财政总预算会计通过收支核算和预算执行情况的反映和分析,对财政总预算的执行实行会计监督。财政总预算会计也要参与预算的管理,对预算执行过程中出现的问题要及时提出意见和建议,供有关领导和人员决策参考。同时,要协调参与预算执行的国库会计、收入征解会计之间的业务关系,共同做好预算执行的核算、反映和监督工作。

(4)组织和指导本行政区域内政府与非营利组织会计工作。各级财政总预算会计要指导和组织调查本行政区域内所属财政总预算会计和同级行政事业单位的会计工作,发现问题及时改进;省、自治区、直辖市总预算会计在与《财政总预算会计制度》不相违背的前提下,要制定或审定本行政区域内预算会计的有关具体核算办法的补充规定。

(5)做好政府与非营利组织会计有关管理工作。负责对政府与非营利组织会计基础工作的管理,要组织政府与非营利组织会计人员进行业务培训,不断提高会计人员的政策水平和业务素质,要根据不同的具体情况参与对政府与非营利组织会计人员的专业技术考核工作。

3.2 财政总预算会计科目

1. 财政总预算会计科目分类

财政总预算会计科目是对财政总预算会计要素做进一步分类的项目,它是财政总预算会计设置账户、核算和归集经济业务的依据,也是汇总和检查财政总预算资金活动情况及其结果的依据。

(1)按其反映经济内容和用途,可以分为资产类、负债类、净资产类、收入类、支出类5大类。

(2)按其提供指标的详细程度,可以分为总账科目和明细科目两大类。总账科目在会计要素下直接开设,它反映相应会计要素中有关内容的总括信息,是由财政部统一制定的。明细科目是对总账科目核算的具体内容进行详细分类的会计科目,它是总账科目的具体说明,对总账科目起补充和分析的作用,可以根据经济业务内容和内部管理要求自行确定。

2. 财政总预算会计科目

财政总预算会计科目表如表 3.1 所示。

表 3.1　财政总预算会计科目表

序号	编号	科目名称	序号	编号	科目名称
		一、资产类	18	307	专用基金结余
1	101	国库存款	19	321	预算周转金
2	102	其他财政存款	20	322	财政周转基金
3	104	有价证券			四、收入类
4	105	在途款	21	401	一般预算收入
5	111	暂付款	22	405	基金预算收入
6	112	与下级往来	23	407	专用基金收入
7	121	预拨经费	24	411	补助收入
8	122	基建拨款	25	412	上解收入
9	131	财政周转金放款	26	414	调入资金
10	132	借出财政周转金	27	425	财政周转金收入
11	133	待处理财政周转金			五、支出类
		二、负债类	28	501	一般预算支出
12	211	暂存款	29	505	基金预算支出
13	212	与上级往来	30	507	专用基金支出
14	213	借入款	31	511	补助支出
15	214	借入财政周转金	32	512	上解支出
		三、净资产类	33	514	调出资金
16	301	预算结余	34	524	财政周转金支出
17	305	基金预算结余			

思 考 题

1. 什么是财政总预算会计？其核算特点有哪些？
2. 财政总预算会计的任务体现在哪些方面？其会计科目分为哪 5 类？

练 习 题

1. 名词解释

财政总预算会计

2. 单项选择题

(1) 财政总预算会计核算采用(　　)。

　　A. 收付实现制　　B. 权责发生制　　C. 配比原则　　D. 谨慎性原则

(2) 财政总预算会计科目按其反映经济内容和用途可以分为资产类、负债类、(　　)类、收入类、支出类 5 大类。

　　A. 所有者权益　　B. 基金　　C. 净资产　　D. 结余

(3) 不属于财政总预算会计的会计要素是(　　)。

　　A. 资产　　B. 净资产　　C. 收入　　D. 利润

第4章

财政总预算会计资产的核算

 学习目标提示

- 财政总预算会计资产的概念
- 财政性存款的管理和核算
- 有价证券的管理和核算
- 在途款、预拨款项的核算
- 财政周转金管理及财政周转金放款、借出财政周转金、待处理财政周转金核算

中英文关键词对照——
- 资产 assets
- 有价证券 marketable securities
- 财政周转金 cyclical funds of finance
- 在途款 uncollected funds; the funds in transit

财政总预算会计的资产是指一级财政掌管或控制的能够以货币计量的经济资源,包括财政性存款(国库存款和其他财政存款)、有价证券、暂付款及应收款项、预拨款项、财政周转金放款、借出财政周转金、待处理财政周转金等。

4.1 财政性存款

4.1.1 财政性存款的管理

所谓财政性存款是财政部门代表政府所掌管的财政资金,它包括国库存款和其他财政存款。财政存款的支配权属于国家政府财政部门,并由财政总预算会计负责管理,统一收付。

财政总预算会计在管理财政性存款中,应当遵循以下原则:

(1)集中资金,统一调度。各种应由财政部门掌管的资金,都应纳入财政总预算会计的存款账户;并根据事业进度和资金使用情况,保证满足计划内各项正常支出的需求来进行,要充分发挥资金效益,把资金用活用好。

(2)严格控制存款开户。财政部门的预算资金除财政部门有明确规定者以外,一律由财政总预算会计统一在国库或指定的银行开立存款账户,不得在国家规定之外将预算资金或其他财政性资金任意转存其他金融机构。

(3)根据年度预算或季度(分月)用款计划拨付资金,不得办理超预算、无用款计划的拨款。

(4)财政总预算会计的各种会计凭证不得用以提取现金。

(5)在存款余额内支出,不得透支。

4.1.2 国库单一账户制度

1. 国库单一账户制度的概念

国库单一账户制度是目前国外普遍采用的一种有效的政府财政资金管理制度。我国2001年3月,财政部和中国人民银行联合制定发布了《财政国库管理制度改革试点方案》。从2001年起,由国务院确定几个有代表性的部门率先进行财政国库管理制度改革试点(国务院确定了水利部、科技部、财政部、国务院法制办、中国科学院、国家自然科学基金委员会6个部门进行了改革试点)。

国库单一账户制度又称国库集中支付制度,是指通过建立国库单一账户体系对财政性资金的缴库和拨付实行集中管理的国库管理制度。

2. 国库单一账户体系

(1)国库单一账户的概念。国库单一账户是财政部门代表政府在中国人民银行或其分支机构设立的用于记录、核算和反映纳入预算管理的财政收入和财政支出活动,并用于与财政部门在商业银行开设和财政部门为预算单位在商业银行开设的零余额账户进行清算、实现支付的国库存款账户。

(2)国库单一账户体系的构成。

①财政部门在中国人民银行开设国库单一账户。该账户按收入和支出设置分类账,收入账按预算科目进行明细核算,支出账按资金使用性质设立分账册。

②财政部门在商业银行开设零余额账户。该账户用于财政直接支付和与国库单一账户清算。

③财政部门在商业银行开设预算外资金专户。该账户用于记录、核算和反映预算外资金的收入和支出活动,并对预算外资金日常收支进行清算。该账户按收入和支出设置分类账。

④财政部门为预算单位开设的银行账户。财政部门为预算单位开设的银行账户主要是在商业银行开设零余额账户。该账户用于财政授权支付和清算。

⑤特设账户。该账户是经国务院和省级人民政府批准或授权财政部门开设的特殊过渡性专户。该账户用于记录、核算和反映预算单位的特殊专项支出活动,并用于与国库单一账户清算。特设账户由财政部门在代理银行为预算单位开设。

在国库单一账户体系中,国库单一账户和零余额账户是财政资金收支的基本账户。财政资金直接通过国库单一账户等基本账户进行收付,是国际上的普遍做法。

4.1.3 财政性存款的核算

财政性存款包括国库存款和其他财政存款。对两种财政性存款的核算,应分别设置"国库存款"账户和"其他财政存款"账户。

"国库存款"账户属于资产类账户,用来核算各级财政总预算会计在国库的预算资金(包括一般预算资金和基金预算资金)存款。借方登记国库存款的增加数,贷方登记国库存款的减少数,借方余额反映国库存款的结存数。该账户按"一般预算存款"和"基金预算存款"两个二级科目进行明细核算。

"其他财政存款"账户属于资产类账户,用来核算各级财政总预算会计未列在"国库存款"科目反映的各项财政性存款,包括财政周转金、未设国库的乡(镇)财政在商业银行的预算资金存款以及部分由财政部指定的存入商业银行的专用基金存款等。借方登记其他财政存款的增加数,贷方登记其他财政存款的减少数,借方余额反映其他财政存款的实际结存数,年终余额结转下年。该账户按"预算资金存款"(未设国库的乡财政)、"财政周转金存款"及"专用基金存款"等明细科目进行明细核算。

在现行国库单一账户制度下,财政总预算会计还应设置"财政零余额账户存款"和"已结报支出"两个账户。这两个账户是财政国库支付执行机构会计核算所使用的账户。财政国库支付执行机构会计是财政总预算会计的延伸,其会计核算执行《财政总预算会计制度》。根据财政国库支付执行机构核算的特点,需要在现行《财政总预算会计制度》的资产类和负债类分别增设"财政零余额账户存款"和"已结报支出"两个会计总账账户。

"财政零余额账户存款"账户属于资产类账户,用来核算财政国库支付执行机构在银行办理财政直接支付的业务。贷方登记财政国库支付执行机构当天发生直接支付的资金数,借方登记当天国库单一账户存款划入冲销数,该账户当日资金结算后,余额为零。

"已结报支出"账户属于负债类账户,用来核算财政国库资金已结清的支出数。当天业务结束后,该账户余额应等于一般预算支出和基金预算支出之和。年终转账时,做相反分录,借记该科目,贷记"一般预算支出""基金预算支出"科目。

【例4.1】 某市财政局收到国库报来的预算收入日报表,当日收到一般预算收入3 000 000元。会计分录如下:

借:国库存款——一般预算存款　　　　　　　　　　　　　　3 000 000
　贷:一般预算收入　　　　　　　　　　　　　　　　　　　　3 000 000

【例4.2】 某市财政局向某主管局拨付一般预算资金600 000元。会计分录如下:

借:一般预算支出　　　　　　　　　　　　　　　　　　　　600 000
　贷:国库存款——一般预算存款　　　　　　　　　　　　　　600 000

【例4.3】 某市财政局根据预算向某部门拨付基金预算资金300 000元。会计分录如下:

借:基金预算支出　　　　　　　　　　　　　　　　　　　　300 000
　贷:国库存款——基金预算存款　　　　　　　　　　　　　　300 000

【例4.4】 某市财政局按体制结算收到所属县财政局上解的预算收入120 000元。会计分录如下:

借:国库存款——一般预算补助　　　　　　　　　　　　　　120 000
　贷:上解收入　　　　　　　　　　　　　　　　　　　　　　120 000

【例4.5】 某市财政局收到上级拨入的专用基金100 000元。会计分录如下:

借:其他财政存款　　　　　　　　　　　　　　　　　　　　100 000
　贷:专用基金收入　　　　　　　　　　　　　　　　　　　　100 000

【例4.6】 某市财政国库支库执行机构向某预算单位直接支付一般预算资金200 000元。财政国库支付执行机构编制的会计分录如下:

借:一般预算支出——财政直接支付　　　　　　　　　　　　200 000
　贷:财政零余额账户存款　　　　　　　　　　　　　　　　　200 000

【例4.7】 某市财政国库支付执行机构汇总编制了《预算支出结算清单》,其中,汇总的财政直接支付应结算资金为200 000元。该《预算支出结算清单》已与中国人民银行国库划款凭证核对无误,并已送财政总预算会计结算资金。财政国库支付执行机构会计编制的会计分录如下:

借:财政零余额账户存款　　　　　　　　　　　　　　　　　200 000
　贷:已结报支出——财政直接支付　　　　　　　　　　　　　200 000

【例4.8】 财政总预算会计根据财政国库支付执行机构报来的上述《预算支出结算清单》,在与中国人民银行国库划款凭证核对无误后,编制的会计分录如下:

```
借:一般预算支出                                    200 000
    贷:国库存款                                    200 000
```

【例4.9】 财政国库支付执行机构收到代理银行报来的《财政支出日报表》,列示以一般预算安排的授权支出6 000元,以基金预算安排的授权支出4 000元,经与中国人民银行国库划款凭证核对无误。财政国库支付执行机构会计编制的会计分录如下:

```
借:一般预算支出——单位零余额账户额度              6 000
    基金预算支出——单位零余额账户额度              4 000
    贷:已结报支出——财政授权支付                  10 000
```

【例4.10】 财政总预算会计根据代理银行汇总的预算单位零余额账户授权支付数,与中国人民银行国库汇总划款凭证及财政国库支付执行机构汇总的《预算支出结算清单》核对无误后,编制的会计分录如下:

```
借:一般预算支出                                   6 000
    基金预算支出                                   4 000
    贷:国库存款                                  10 000
```

【例4.11】 年终,财政国库支付执行机构将预算支出与有关方面核对一致,其中,一般预算支出中的财政直接支付200 000元,一般预算支出中的单位零余额账户额度6 000元,基金预算支出中的单位零余额账户额度4 000元。财政国库支付执行机构会计编制的会计分录如下:

```
借:已结报支出——财政直接支付                    200 000
          ——财政授权支付                      10 000
    贷:一般预算支出——财政直接支付              200 000
              ——单位零余额账户额度             6 000
      基金预算支出——单位零余额账户额度         4 000
```

4.2 有价证券

1. 有价证券的管理

有价证券是指中央财政以信用方式发行的国家公债。地方各级财政只能用各项财政结余(一般预算结余和基金预算结余)购买中央财政发行的有价证券。

财政总预算会计管理和核算有价证券应遵循以下原则:

(1)只能用各项财政结余(一般预算结余和基金预算结余)购买。

(2)购买有价证券的价款不能列做支出。

(3)当期有价证券兑付的利息以及转让有价证券取得的收入与有价证券的账面成本的差额应分清来源,分别列作一般预算收入或基金预算收入。

(4)购入的有价证券应视同货币资金管理,妥善保管。

2. 有价证券的核算

为了核算有价证券业务,财政总预算会计应设置"有价证券"总分类账户。该账户属于资产类账户,用来核算地方各级政府按国家统一规定用各项财政结余购买的有价证券。借方登记有价证券的购入数,贷方登记本金的兑付数(利息收入通过有关收入账户核算),借方余额反映有价证券的实际库存数。该账户按有价证券的种类和资金性质设明细账进行明细核算。

有价证券到期兑付时,利息按购买时的资金渠道做收入处理,即用一般预算结余资金购买的有价证券,利息做一般预算收入;用基金预算结余资金购买的有价证券,利息做基金预算收入。

【例4.12】 某市财政局用一般预算结余购买国库券100 000元。会计分录如下:
借:有价证券　　　　　　　　　　　　　　　　　　　　　　　100 000
　贷:国库存款——一般预算存款　　　　　　　　　　　　　　100 000

【例4.13】 某市财政局用基金预算结余购买国库券200 000元。会计分录如下:
借:有价证券　　　　　　　　　　　　　　　　　　　　　　　200 000
　贷:国库存款——基金预算存款　　　　　　　　　　　　　　200 000

【例4.14】 某市财政局在以前年度用预算结余购买的国库券到期,其中本金100 000元,利息收入10 000元。会计分录如下:
借:国库存款——一般预算存款　　　　　　　　　　　　　　　110 000
　贷:有价证券　　　　　　　　　　　　　　　　　　　　　　100 000
　　一般预算收入　　　　　　　　　　　　　　　　　　　　　10 000

【例4.15】 某市财政局以前年度用基金预算结余购买的有价证券到期,其中本金20 000元,利息收入4 000元。会计分录如下:
借:国库存款——基金预算存款　　　　　　　　　　　　　　　24 000
　贷:有价证券　　　　　　　　　　　　　　　　　　　　　　20 000
　　基金预算收入　　　　　　　　　　　　　　　　　　　　　4 000

4.3 暂付及应收款项

暂付及应收款项是属于预算往来结算中形成的债权,包括在预算执行过程中,上下级财政结算形成的债权及财政部门对用款单位借垫款所形成的债权。对已经发生的各项债权,属于结算资金,应当按规定及时清理,不能长期挂账。

1.暂付款的核算

暂付款是指各级财政部门借给所属预算单位或其他单位临时急需的款项,它有可能收回,也有可能转化为支出,财政总预算会计应及时组织清理,不能长期挂账。

为了核算暂付款业务,财政总预算会计应设置"暂付款"账户。该账户属于资产类账户,用来核算各级财政部门借给所属预算单位或其他单位临时急需的款项。借方登记借出数,贷方登记收回数或转做预算的支出数,平时借方余额反映尚未结清的暂付数。本科目应及时进行年终清理结算,年终该账户原则上应无余额。该账户应按资金性质及借款单位设明细账进行明细核算。

【例4.16】 某市财政局向市教育局发放临时借款300 000元。会计分录如下:
借:暂付款 300 000
　　贷:国库存款——一般预算存款 300 000

【例4.17】 经批准,同意将上例借款转做对市教育局的拨款。会计分录如下:
借:一般预算支出——教育——教育管理事务——行政运行 300 000
　　贷:暂付款 300 000

【例4.18】 某市财政局用基金预算存款借给市公共事业部门临时借款500 000元。会计分录如下:
借:暂付款 500 000
　　贷:国库存款——基金预算存款 500 000

2. 与下级往来的核算

各级财政机关在预算执行过程中,有时会出现年度内预算收入和预算支出不平衡的情况,如在某个时期可能支出大于收入。此时,下级财政部门可以向上级财政部门申请短期借款,上级财政部门也可以向有结余的下级财政部门借入款项。当上级财政部门将款项借给下级财政部门时,即为上级财政部门的债权,下级财政部门的债务。

在年终决算时,全年上下级财政部门实际上解款或补助款与应上解款或应补助款之间也不完全一致,形成上下级财政之间暂时性借垫款项,因此,也应在上下级财政之间办理结算。

为核算上下级财政部门之间形成的债权债务,财政总预算会计应设置"与下级往来"账户。该账户属于资产类账户,用来核算上级财政与下级财政之间的往来待结算款项。借方登记借给下级财政款以及体制结算中应由下级财政上交的收入数,贷方登记借款收回、转做补助支出款及体制结算应补助下级财政数,借方余额反映下级财政应归还本级财政的款项。需要说明,"与下级往来"账户不是单纯的资产类账户,而是一个双重性质的结算账户,余额可能出现在借方,也有可能出现在贷方,当出现贷方余额时,反映本级财政部门欠下级财政部门的款项,在编制"资产负债表"时用负数表示。该账户按资金性质和下级财政部门名称设明细账进行明细核算。

【例4.19】 在财政体制结算中,某县财政局应上交市财政局350 000元。市财政总预算会计做会计分录如下:
借:与下级往来 350 000
　　贷:上解收入 350 000

【例4.20】 在财政体制结算中,某市财政局应补助所属县财政局1 000 000元。市财政总预算会计做会计分录如下:
借:补助支出 1 000 000
　　贷:与下级往来 1 000 000

【例4.21】 某市财政局借给县财政局临时周转金800 000元。会计分录如下:
借:与下级往来 800 000
　　贷:国库存款——一般预算存款 800 000

【例4.22】 市财政局将上例借款中的100 000元转作对该县的补助款。会计分录如下:
借:补助支出 100 000
　　贷:与下级往来 100 000

【例4.23】 市财政局收到县财政局归还的借款700 000元。会计分录如下:
借:国库存款 ——一般预算存款　　　　　　　　　　　　　700 000
　　贷:与下级往来　　　　　　　　　　　　　　　　　　　　700 000

4.4　在途款的核算

在途款是指在规定的库款报解整理期和决算清理期内收到应属于上年度收入的款项和收回的不应在上年度列支的款项或其他需要作为在途款过渡的资金数。

为了真实、正确反映当年的财政预算收入数,根据国库制度的规定,年度终了后,支库应设立10天的库款报解整理期。为了清理和核实年度财政收支数,保证属于当年的财政收支能全部反映到当年的财政决算中,财政部门年度终了后,可根据需要设置一定期限的上年决算清理期。在库款报解整理期和决算清理期内,有些属于上年度的收入需要补充缴库,有些不合规定的支出需要收回,这些资金活动虽发生在新年度,但其会计事项应属于上年度。从上年度的角度来看,这些款项尚未到达,需要用"在途款"做过渡处理。

为了核算在途款业务,财政总预算会计应设置"在途款"总分类账户。该账户属于资产类账户,用来核算决算清理期和库款报解整理期内发生的上下年度收入、支出业务及需要通过本科目过渡处理的资金数。借方登记收到的属于上年度收入数及收回属于上年度拨款或支出数,贷方登记冲转数。作为过渡性账户,在记入新年度账上后,该账户无余额。

【例4.24】 某市财政局在决算清理期中,收到同级国库报来预算收入日报表,所列属于上年度一般预算收入270 000元。

在上年度会计账上登记:
借:在途款　　　　　　　　　　　　　　　　　　　　　　　270 000
　　贷:一般预算收入　　　　　　　　　　　　　　　　　　　270 000
在本年度会计账上登记:
借:国库存款 ——一般预算存款　　　　　　　　　　　　　270 000
　　贷:在途款　　　　　　　　　　　　　　　　　　　　　　270 000

【例4.25】 某市财政局决算清理期中,收回上年度已列支的基金预算支出80 000元。

在上年度会计账上登记在:
借:在途款　　　　　　　　　　　　　　　　　　　　　　　 80 000
　　贷:基金预算支出　　　　　　　　　　　　　　　　　　　 80 000
在本年度会计账上登记:
借:国库存款 ——基金预算存款　　　　　　　　　　　　　 80 000
　　贷:在途款　　　　　　　　　　　　　　　　　　　　　　 80 000

4.5　预拨款项

预拨款项是按规定预拨给用款单位的待结算资金,包括预拨经费和基建拨款。

1. 预拨经费

预拨经费是指财政部门预拨给行政事业单位尚未列为支出的经费。包括以下两种情况:一是年度预算执行中财政总预算会计用预算资金拨给行政事业单位应在以后各期列支的款项;二是会计年度终了前财政总预算会计预拨给行政事业单位的下年度经费。

为了保证行政事业单位对预算资金的需要,提高资金使用效率和保证预算资金的灵活调度,应加强对预拨经费的管理。

(1)按预算(计划)拨款。各级财政总预算会计在办理预拨款项时,必须根据年初核定的年度预算和季度(分月)用款计划拨付,不得办理超预算、无计划的拨款。

(2)按事业进度和资金使用情况拨款。预拨款项时还应根据事业进度和资金使用情况拨付,既要保证资金需要,又要防止积压浪费;既要考虑本期计划需要,又要结合下期资金正常使用以及上期资金使用和结存情况,以促进各用款单位合理、节约和有效地使用预算资金。

(3)按财政库款实际情况拨款。预拨款项时必须根据财政部门国库存款情况拨付以保证财政资金调度的平衡。

为了核算预拨经费业务,财政总预算会计应设置"预拨经费"总分类账户。该账户属于资产类账户,用来核算财政部门预拨给行政事业单位尚未列为预算支出的经费。借方登记预拨的经费数,贷方登记转列的支出数或收到的用款单位的交回数,借方余额反映尚未转列支出或尚未收回的预拨经费数。该账户应按拨款单位的名称设明细账进行明细核算。

【例 4.26】 某市财政局向市水利局预拨经费 600 000 元。会计分录如下:

借:预拨经费   600 000
　　贷:国库存款——一般预算存款   600 000

【例 4.27】 某市财政局将向市水利局预拨经费 600 000 元,转列支出。会计分录如下:

借:一般预算支出——农林水事务——水利——行政运行   600 000
　　贷:预拨经费   600 000

2. 基建拨款

基建拨款是指财政按基本建设计划拨给受托经办基建支出的专业银行或拨付给基本建设财务管理部门的基本建设款项。

为了核算基建拨款业务,财政总预算会计应设置"基建拨款"总分类账户。该账户属于资产类账户,用来核算拨付给经办基本建设支出的专业银行或拨付基本建设财务管理部门的基本建设拨款或贷款数(直接拨付给建设单位的基本建设资金不通过本账户核算)。借方登记拨出的款项数,贷方登记收到基本建设财务管理部门或受委托的专业银行报来拨付建设单位数及缴回财政数,借方余额反映尚未列报支出数。该账户按拨款单位名称组织明细核算。

【例 4.28】 某市财政局根据基本建设计划拨给市建设银行基建拨款 8 000 000 元。会计分录如下:

借:基建拨款   8 000 000
　　贷:国库存款——一般预算存款   8 000 000

【例 4.29】 月末,市财政局收到市建设银行报来的月报表,上列本月拨付教育行政管理单位基本建设支出 2 000 000 元。会计分录如下:

借:一般预算支出——教育——教育管理事务——一般行政管理事务

                  2 000 000

 贷:基建拨款   2 000 000

4.6 财政周转金

1. 财政周转金的管理

财政周转金是财政部门设置的以信用方式有偿周转使用的资金。它是财政资金的一个组成部分,也是财政支出的一种辅助形式。

(1)财政周转金的使用范围:

①支持农业开发和农村经济的发展。

②支持科学、教育、文化、卫生等各项事业的发展。

③支持老、少、边、穷地区的经济和社会事业的发展。

④支持企业小型技术改造、高新技术产品的开发,帮助企业解决资金临时周转困难。

⑤适合地方财政周转金扶持的其他项目等。

财政周转金作为财政资金中有偿使用的资金,财政部门必须对其加强管理。

(2)财政周转金管理的原则。

①控制规模。它是指财政周转金占该级财政可用资金的比重应确定在一定的幅度内,不能突破这个规模。其财政周转金比率的大小,由上级财政部门核定。

②限定投向。它是指应按照国家有关政策,限定财政周转金的投入方向,既讲求经济效益,更注重社会效益,不能单纯以盈利为目的。

③健全制度。它是指要建立健全财政周转金的管理制度和会计制度,这样财政周转金才能发挥其应有的作用。

④加强监督。它是指对财政周转金的运行过程进行监督,并建立相应的约束机制。

2. 财政周转金放款

财政周转金放款是指财政部门直接贷放给用款单位的财政周转金。

为了核算财政周转金放款业务,财政总预算会计应设置"财政周转金放款"总分类账户。该账户属于资产类账户,用来核算财政有偿资金的拨出、贷付及收回情况。借方登记贷付用款单位数,贷方登记收回数,借方余额反映财政总预算会计掌握的财政有偿资金的放款数。该账户应按用款单位设明细账进行明细核算。

【例 4.30】 某市财政局将财政周转金 1 000 000 元贷放给用款单位。会计分录如下:

借:财政周转金放款   1 000 000

 贷:其他财政存款   1 000 000

3. 借出财政周转金

借出财政周转金是指上级财政部门借给下级财政部门的财政周转金。

为了核算借出财政周转金业务,财政总预算会计应设置"借出财政周转金"总分类账户。该账户属于资产类账户,用来核算上级财政部门借给下级财政部门财政周转金的借出和收回情况。借方登记借出数,贷方登记下级财政部门的归还数,借方余额反映尚未收回的借出数。该账户按借款对象设明细账并组织明细核算。

【例4.31】 某市财政局借给所属某县财政局周转金500 000元。市财政总预算会计做会计分录如下:

  借:借出财政周转金   500 000
    贷:其他财政存款   500 000

【例4.32】 某市财政局收到所属某县财政局归还的周转金500 000元。市财政总预算会计做会计分录如下:

  借:其他财政存款   500 000
    贷:借出财政周转金   500 000

4.待处理财政周转金

待处理财政周转金是指财政周转金放款超过约定的还款期限,经初步审核已经成为呆账,但尚未按规定程序报批核销的财政周转金的放款。待处理财政周转金的处理结果,可能会收回一部分资金,核销一部分资金,也可能核销全部资金。

为了核算待处理财政周转金业务,财政总预算会计应设置"待处理财政周转金"总分类账户。该账户属于资产类账户,用来核算经审核已经成为呆账,但尚未按规定程序报批核销的逾期财政周转金的转入和核销情况。借方登记逾期未还的周转金的转入数,贷方登记按规定程序报经审批的转销数,借方余额反映尚未核销的待处理资金数。该账户按欠款单位名称设明细账进行明细核算。

【例4.33】 某市财政局借出给某部门的农业类贷款300 000元,经初步审核已经成为呆账,尚未转销。会计分录如下:

  借:待处理财政周转金   300 000
    贷:财政周转金放款   300 000

【例4.34】 承上例,上述财政周转金放款经过积极清理后,收回20 000元,另外280 000元按规定程序转销。会计分录如下:

  借:其他财政存款   20 000
    财政周转基金   280 000
    贷:待处理财政周转金   300 000

思 考 题

1. 财政性存款的管理应遵循哪些原则。
2. 财政总预算会计如何核算有价证券。
3. 在什么情况下使用"在途款"账户?试举例并写出会计分录。
4. 简述预拨经费的含义及管理要求。
5. 简述财政周转金的含义及管理原则。

练 习 题

1. 名词解释

财政性存款　有价证券　预拨经费　在途款　财政周转金

2. 单项选择题

(1) 财政周转金存款的核算使用(　　)科目。
　A. 国库存款　　　　B. 其他财政存款　　C. 银行存款　　　D. 现金

(2) 有价证券到期兑付时,用一般预算结余资金购买的有价证券的利息记入(　　)科目。
　A. 基金预算收入　　B. 补助收入　　　　C. 其他收入　　　D. 一般预算收入

(3) 市财政局借给所属县财政局财政有偿使用资金,市财政总预算会计使用(　　)账户。
　A. 借出财政周转金　B. 财政周转金放款　C. 借入财政周转金　D. 财政周转金基金

(4) 购买有价证券的资金只能是(　　)。
　A. 各项财政结余　　B. 各项预算收入　　C. 专用基金　　　　D. 基金预算收入

(5) 财政部门将预算资金借给所属的预算单位应通过(　　)账户。
　A. 与下级往来　　　B. 暂付款　　　　　C. 财政周转金放款　D. 借出财政周转金

3. 综合题

综合练习一

【目的】练习财政性存款的核算。

【资料】某市财政局发生下列经济业务:

(1) 收到国库报来的预算收入日报表显示:当日收到一般预算收入200 000元,当日收到基金预算收入10 000元。

(2) 收到国库转来的有关结算凭证,当日收到上级预算补助80 000元。

(3) 根据预算向某单位拨付一般预算资金700 000元。

(4) 根据预算向某单位拨付基金预算资金20 000元。

(5) 收到上级省财政厅拨入的专用基金45 000元。

【要求】根据以上经济业务,编制会计分录。

综合练习二

【目的】练习有价证券的核算。

【资料】某市财政局发生如下经济业务:

(1) 用一般预算结余购买有价证券75 000元。

(2) 用基金预算结余购买有价证券20 000元。

(3) 收到用基金预算结余购入的有价证券的利息6 000元。

(4) 收到用一般预算结余购入的有价证券到期兑付本金50 000元,利息12 000元。

【要求】根据以上经济业务,编制会计分录。

综合练习三

【目的】练习与下级往来的核算。

【资料】某市财政局发生如下经济业务:

(1) 在财政体制结算中,某县财政局应上交款项400 000元。

(2) 在财政体制结算中,应补助所属某县财政局款项54 000元。

(3) 为满足所属某县财政资金周转调度的需要,借给其款项90 000元。

(4) 续(3),市财政通过结算,确认该县财政应得补助收入90 000元。

【要求】根据以上经济业务,编制会计分录。

综合练习四

【目的】练习在途款的核算。

【资料】某市财政20××年1月发生如下经济业务：

(1) 在库款报解整理期内收到属于上一年度的一般预算收入260 000元。

(2) 在决算清理期内收回上年度已列支的基金预算支出78 000元。

【要求】根据以上经济业务，编制会计分录。

综合练习五

【目的】练习预拨款项的核算。

【资料】某市财政局发生如下经济业务：

(1) 按预算预拨给其所属某单位经费60 000元。

(2) 续(1)，经审核，将预拨给该单位的经费60 000元转作支出。

(3) 根据基建计划拨给市财政局基建财务处基本建设款500 000元。

(4) 续(3)，收到基建财务处报来的基本建设拨款报表，拨款数为450 000元。

(5) 续上(3)和(4)，收到基建财务处缴回余款50 000元。

【要求】根据以上经济业务，编制会计分录。

综合练习六

【目的】练习财政周转金资产的核算。

【资料】某市财政发生如下经济业务：

(1) 贷放给某用款单位农业类某项目财政周转金97 000元。

(2) 续(1)，该单位归还财政周转金97 000元。

(3) 借给某县财政部门工业类财政周转金400 000元。

(4) 续(3)，收到该县财政部门归还的部分前借工业类财政周转金260 000元。

【要求】根据以上经济业务，编制会计分录。

综合练习七

【目的】练习国库单一账户制度的财政总预算会计核算。

【资料】某市财政局20××年发生如下经济业务：

(1) 财政国库支付执行机构为某预算单位直接支付以一般预算安排的款项20 000元。

(2) 财政国库支付执行机构汇总编制了《预算支出结算清单》，其中，汇总的财政直接支付应结算资金数额即为20 000元。该《预算支出结算清单》已与中国人民银行国库划款凭证核对无误，并已送财政总预算会计结算资金。

(3) 财政国库支付执行机构收到代理银行报来的《财政支出日(旬、月)报表》，其中，以一般预算安排的授权支出4 000元，以基金预算安排的授权支出2 000元，该内容已与中国人民银行国库划款凭证核对无误。

(4) 年终，财政国库支付执行机构将预算支出与有关方面核对一致，其中，一般预算支出中的财政直接支付20 000元，一般预算支出中的单位零余额账户额度4 000元，基金预算支出中的单位零余额账户额度2 000元。

【要求】根据上述资料，为财政国库支付执行机构编制会计分录。

第 5 章

财政总预算会计负债和净资产的核算

学习目标提示

- 财政总预算会计负债的概念
- 应付和暂收款项的核算
- 借入款及借入财政周转金的核算
- 净资产的概念
- 结余的核算
- 预算周转金的来源与核算
- 财政周转基金概念、来源渠道与核算

中英文关键词对照——

- 负债 liability
- 借入款 funds borrowed
- 净资产 net assets
- 预算结余 budgetary surplus
- 预算周转金 cyclical funds of budget

5.1 财政总预算会计负债的核算

财政总预算会计的负债是指一级财政所承担的,能以货币计量需要以资产偿付的债务,包括应付及暂收款项、按法定程序核定举借的债务和借入财政周转金。

1. 应付及暂收款项

应付及暂收款项是指在预算执行过程中,上下级财政或财政与其他部门间的往来中形成的债务,包括暂存款和与上级往来等。

(1)暂存款是指各级财政临时发生的应付、暂收和收到不明性质的款项。暂存款属于待结算款项,结算时可能退还,也可能转做支出。暂存款必须及时处理,不得长期挂账。

为核算暂存款业务,财政总预算会计应设置"待处理财政周转金"总分类账户。该账户属于负债类账户,用来核算财政各项临时发生的应付、暂收和收到不明性质的款项。贷方登记收到的款项,借方登记转退或转做收入的款项,贷方余额反映尚未结清的暂存数额。该账户按资金性质、债权单位或款项来源设置明细账进行明细核算。

【例5.1】 某市财政局一般预算存款户收到某单位交来性质不明的款项15 000元。会计分录如下:

借:国库存款——一般预算存款　　　　　　　　　　　　　　15 000
　　贷:暂存款　　　　　　　　　　　　　　　　　　　　　　15 000

【例5.2】 经查明,上例中性质不明的款项为营业税收入。会计分录如下:

借:暂存款　　　　　　　　　　　　　　　　　　　　　　　15 000
　　贷:一般预算收入　　　　　　　　　　　　　　　　　　　15 000

(2)与上级往来业务和与下级往来业务相对应,它也是由于上下级财政之间由于财政资金借款周转或年终财政体制结算发生应上解或应补助财政资金业务引起的。这类经济业务对于下级财政来说,就属于与上级往来业务。

为了核算与上级往来业务,财政总预算会计应设置"与上级往来"总分类账户。该账户属于负债类账户,用来核算与上级财政的往来待结算款项。贷方登记借入或应上交的数额,借方登记归还借款、转做上级补助收入或上级应补助款项的数额,贷方余额反映本级财政欠上级的款项。需要说明,"与上级往来"账户不是单纯的负债类账户,而是一个双重性质的结算账户,余额可能出现在贷方,也可能出现在借方,当出现借方余额时,反映上级财政欠本级财政的款项,在编制"资产负债表"时用负数反映。该账户按资金性质和上级财政部门名称设明细账进行明细核算。

【例 5.3】 某县财政局向市财政局申请一项临时借款 900 000 元。县财政总预算会计做会计分录如下:

借:国库存款——一般预算存款　　　　　　　　　　　　　　　900 000
　　贷:与上级往来　　　　　　　　　　　　　　　　　　　　　900 000

【例 5.4】 市财政局同意将上述临时借款转做预算补助款。县财政总预算会计做会计分录如下:

借:与上级往来　　　　　　　　　　　　　　　　　　　　　　900 000
　　贷:补助收入　　　　　　　　　　　　　　　　　　　　　　900 000

2. 借入款及借入财政周转金

(1) 借入款是指根据国家法律法规,中央财政和地方财政以发行债券等方式举借的债务。

为了核算借入款业务,财政总预算会计应设置"借入款"总分类账户。该账户属于负债类账户,用来核算中央财政和地方财政,按照国家法律、国务院规定,通过向社会发行债券等方式举借的债务。贷方登记借入数,借方登记偿还数,贷方余额反映尚未偿还的债务数。该账户应按照债券种类或债权人设置明细账进行明细核算。

【例 5.5】 中央财政根据有关法律法规向社会发行两年期国债 100 亿元。会计分录如下:

借:国库存款——一般预算存款　　　　　　　　　　　　　10 000 000 000
　　贷:借入款　　　　　　　　　　　　　　　　　　　　　10 000 000 000

【例 5.6】 中央财政以前年度发行的国库券 50 亿元到期,清偿本金 50 亿元,利息 3 亿元。会计分录如下:

借:借入款　　　　　　　　　　　　　　　　　　　　　5 000 000 000
　　贷:国库存款——一般预算存款　　　　　　　　　　　　5 000 000 000
借:一般预算支出　　　　　　　　　　　　　　　　　　　　30 000 000
　　贷:国库存款——一般预算存款　　　　　　　　　　　　　30 000 000

(2) 借入财政周转金是指下级财政部门向上级财政部门借入的用于周转使用的有偿资金。

为了核算借入款业务,财政总预算会计应设置"借入款"总分类账户。该账户属于负债类账户,用来核算下级财政向上级财政借入的有偿使用的财政周转金。贷方登记借入数,借方登记偿还数,贷方余额反映尚未归还的借入财政周转金数。该账户按上级财政单位名称设明细账进行明细核算。

【例 5.7】 某市财政局向省财政厅申请借入有偿使用的财政周转金 5 000 000 元。市财政总预算会计做会计分录如下:

借:其他财政存款　　　　　　　　　　　　　　　　　　　　5 000 000
　　贷:借入财政周转金　　　　　　　　　　　　　　　　　　5 000 000

【例 5.8】 市财政局归还向省财政厅借入的有偿使用的财政周转金 5 000 000 元。市财政总预算会计做会计分录如下:

借:借入财政周转金　　　　　　　　　　　　　　　　　　　5 000 000
　　贷:其他财政存款　　　　　　　　　　　　　　　　　　　5 000 000

5.2 财政总预算会计净资产的核算

净资产是指资产减去负债的差额。财政总预算会计所核算的净资产包括各项结余、预算周转金及财政周转基金等。

1. 结余

结余是指收入减去支出后的差额。它是财政收支相抵后结果,是可以结转使用或下年度重新安排使用的资金。财政总预算会计所核算的结余包括预算结余、基金预算结余和专用基金结余。各项结余必须分别核算,不能混淆。

(1) 预算结余是各级财政预算收支的年终执行结果。其计算公式是:

$$\text{本年预算结余} = \left\{ \begin{array}{c} \text{一般预算收入} \end{array} + \begin{array}{c} \text{补助收入——} \\ \text{一般预算补助} \end{array} + \begin{array}{c} \text{上解收入} \end{array} + \begin{array}{c} \text{调入资金} \end{array} \right\} - \left\{ \begin{array}{c} \text{一般预算支出} \end{array} + \begin{array}{c} \text{补助支出——} \\ \text{一般预算补助} \end{array} + \begin{array}{c} \text{上解支出} \end{array} \right\}$$

为了反映和监督财政部门的预算结余的增减变动及结存情况,财政总预算会计应设置"预算结余"总分类账户。该账户属于净资产类账户,用来核算各级财政预算收支的年终执行结果。贷方登记年终从"一般预算收入"、"补助收入———一般预算补助"、"上解收入"、"调入资金"等账户的转入数,借方登记年终从"一般预算支出"、"补助支出———一般预算补助"、"上解支出"等账户的转入数,贷方余额反映本年预算的滚存结余数。该项结余转入下年度账。

【例5.9】 某市财政局2006年12月31日年终结账前有关收入科目的余额如下(单位:元):

一般预算收入	1 200 000(贷方)
补助收入(一般预算补助)	500 000(贷方)
上解收入	300 000(贷方)
调入资金	400 000(贷方)

该市财政总预算会计年终转账时,会计分录如下:

借:一般预算收入　　　　　　　　　1 200 000
　　补助收入———一般预算补助　　　500 000
　　上解收入　　　　　　　　　　　300 000
　　调入资金　　　　　　　　　　　400 000
　贷:预算结余　　　　　　　　　　2 400 000

【例5.10】 某市财政局2006年12月31日年终结账前有关支出科目的余额如下(单位:元):

一般预算支出	1 600 000(借方)
补助支出(一般预算补助)	300 000(借方)
上解支出	200 000(借方)

该市财政总预算年终转账时,会计分录如下:
借:预算结余　　　　　　　　　　　　　　　　　　　　2 100 000
　　贷:一般预算支出　　　　　　　　　　　　　　　　　1 600 000
　　　　补助支出———一般预算补助　　　　　　　　　　 300 000
　　　　上解支出　　　　　　　　　　　　　　　　　　　 200 000

(2)基金预算结余是指各级财政管理的政府性基金收支的年终执行结果。其计算公式是:

$$\text{本年基金预算结余} = \left\{\text{基金预算收入} + \text{补助收入———基金预算补助}\right\} - \left\{\text{基金预算支出} + \text{补助支出———基金预算补助} + \text{调出资金}\right\}$$

为了反映和监督财政部门的基金预算结余的增减变动及结存情况,财政总预算会计应设置"基金预算结余"总分类账户。该账户属于净资产类账户,它是用来核对各级财政管理的政府性基金收支的年终执行结果。贷方登记年终从"基金预算收入"、"补助收入———基金预算补助"账户的转入数,借方登记年终从"基金预算支出"、"补助支出———基金预算补助"、"调出资金"账户的转入数,贷方余额反映本年基金预算的滚存结余,转入下一年度账。该账户应按基金预算科目所列基金设置明细账进行明细核算。

【例5.11】　某市财政局2006年12月31日年终结账前有关收入科目的余额如下(单位:元):

基金预算收入　　　　　　　　　　890 000(贷方)
补助收入(基金预算补助)　　　　　310 000(贷方)
基金预算支出　　　　　　　　　　500 000(借方)
补助支出(基金预算补助)　　　　　150 000(借方)
调出资金　　　　　　　　　　　　200 000(借方)

该市财政总预算年终转账时,会计分录如下:
借:基金预算收入　　　　　　　　　　　　　　　　　　　890 000
　　补助收入———基金预算补助　　　　　　　　　　　　 310 000
　　贷:基金预算结余　　　　　　　　　　　　　　　　　1 200 000
借:基金预算结余　　　　　　　　　　　　　　　　　　　850 000
　　贷:基金预算支出　　　　　　　　　　　　　　　　　 500 000
　　　　补助支出———基金预算补助　　　　　　　　　　　150 000
　　　　调出资金　　　　　　　　　　　　　　　　　　　 200 000

(3)专用基金结余是指各级财政管理的专用基金收支的年终执行结果。其计算公式是:

$$\text{本年专用基金结余} = \text{专用基金收入} - \text{专用基金支出}$$

为了反映和监督财政部门的专用基金结余的增减变动及结存情况,财政总预算会计应设置"专用基金结余"总分类账户。该账户属于净资产类账户,用来核算财政总预算会计管理的专用基金收支的年终执行结果。贷方登记年终从"专用基金收入"账户的转入数,借方登记年终从"专用基金支出"账户的转入数,贷方余额反映本年度专用基金的滚存结余,转入下一年度账。该账户应按专用基金项目设置明细账进行明细核算。

【例5.12】 某市财政局2006年12月31日年终结账前有关收入科目的余额如下(单位:元):

专用基金收入　　　　　　　　　　　160 000
专用资金支出　　　　　　　　　　　140 000

该市财政总预算会计年终转账时,会计分录如下:

借:专用基金收入　　　　　　　　　　　　　　　　　　160 000
　　贷:专用基金结余　　　　　　　　　　　　　　　　　　160 000
借:专用基金结余　　　　　　　　　　　　　　　　　　140 000
　　贷:专用基金支出　　　　　　　　　　　　　　　　　　140 000

2. 预算周转金

(1)预算周转金的概念。预算周转金各级财政部门是为了调剂预算年度内季节性收入与支出的差额,保证及时用款而设置的周转资金。预算周转金一般用年度预算结余资金设置、补充,或由上级财政部门拨入。

各级财政的预算收支有一定的季节性差异。虽然预算年度内预算收支可以达到基本平衡,但仍可能出现季度月份发生收支脱节现象。而且,预算收入是逐日收取的,而每月的预算支出却要在月初拨出。因此,各级财政部门有必要设置一笔供临时周转垫支的预算周转金,作为平衡季节性预算收支临时周转使用。

设置必要的预算周转金,是各级财政灵活调度预算资金的重要保证。预算周转金不能用于财政开支,未经上级财政部门的批准,不能减少。年终,必须保持原核定数额,逐年结转。预算周转金的数额,应当随着预算支出规模的扩大,逐年有所补充。

(2)预算周转金的核算。为了核算预算周转金业务,财政总预算会计应设置"预算周转金"总分类账户。该账户属于净资产类账户,用来核算各级财政设置的用于平衡季节性预算收支差额周转使用的资金。贷方登记设置数或补充数,借方一般无发生额,贷方余额反映预算周转金的实有数。该账户不单独设置明细账。

【例5.13】 某县财政局经上级财政机关批准,动用上年预算结余600 000元补充预算周转金,以增强该县资金调度能力。会计分录如下:

借:预算结余　　　　　　　　　　　　　　　　　　　　600 000
　　贷:预算周转金　　　　　　　　　　　　　　　　　　600 000

【例5.14】 某乡财政所收到上级某县财政局拨来的资金200 000元,供该乡设立预算周转金。乡财政总预算会计做会计分录如下:

借:国库存款——一般预算存款　　　　　　　　　　　　200 000
　　贷:预算周转金　　　　　　　　　　　　　　　　　　200 000

3. 财政周转基金

(1)财政周转基金的概念。财政周转基金是指各级政府部门按规定设置供有偿周转使用的资金。它反映了一级财政设置的财政周转金的规模。

财政周转基金的来源渠道主要有两个方面:一是由财政预算安排,这部分财政周转金在财政列报预算支出时转入;二是年终结算后用财政周转金收入扣减财政周转金支出后的差额转入。财政周转基会的设置和补充,必须按国家有关规定办理。

(2)财政周转基金的核算。为了核算财政周转基金业务,财政总预算会计应设置"预算周转金"总分类账户。该账户属于净资产类账户,用来核算各级政府部门设置的有偿使用的周转资金。贷方登记用预算资金或用财政周转金净收入(财政周转金收入减财政周转金支出)的设置或补充数,借方登记收回或核销的无法收回的贷款数额,贷方余额反映财政周转基金的总额,年终余额结转下年。该账户可根据实际需要设置相应的明细账。

【例 5.15】 某市财政局用预算资金 700 000 元补充有偿使用的周转金。会计分录如下:

借:一般预算支出　　　　　　　　　　　　　　　　　　700 000
　　贷:国库存款——一般预算存款　　　　　　　　　　700 000

同时

借:其他财政存款　　　　　　　　　　　　　　　　　　700 000
　　贷:财政周转基金　　　　　　　　　　　　　　　　700 000

【例 5.16】 某市财政局本年财政周转金收入 30 000 元,发生利息和手续费等支出共计 10 000 元,净结余 20 000 元转入财政周转基金。会计分录如下:

借:财政周转金收入　　　　　　　　　　　　　　　　　10 000
　　贷:财政周转支出　　　　　　　　　　　　　　　　10 000
借:财政周转金收入　　　　　　　　　　　　　　　　　20 000
　　贷:财政周转基金　　　　　　　　　　　　　　　　20 000

【例 5.17】 经批准,核销确实无法收回的财政周转放款(已记入"待处理财政周转金"账户)50 000 元。会计分录如下:

借:财政周转基金　　　　　　　　　　　　　　　　　　50 000
　　贷:待处理财政周转金　　　　　　　　　　　　　　50 000

思 考 题

1. 财政总预算会计负债的含义及内容。
2. 什么是借入财政周转金?如何进行核算?
3. 财政总预算会计核算的结余的含义及内容。
4. 什么是预算周转金?预算周转金的来源渠道有哪些?为什么要设置预算周转金?
5. 财政周转基金的含义和来源。

练 习 题

1. 名词解释

负债　净资产　预算周转金　财政周转基金

2. 单项选择题

(1)"与上级往来"账户属于( )账户。
　　A. 资产类　　　　　B. 负债类　　　　　C. 净资产类　　　　　D. 收入类
(2)预算周转金属于( )类账户。
　　A. 资产类　　　　　B. 负债类　　　　　C. 净资产类　　　　　D. 支出类
(3)各级财政在动用上年结余设置或补充预算周转金时,在会计上要作( )处理。
　　A. 减少预算结余　　　　　　　　　　B. 增加一般预算支出
　　C. 增加基金预算支出　　　　　　　　D. 增加国库存款

(4)本级财政向上级财政部门借款时,应采用的账户为( )。
　　A.与上级往来　　B.借入款　　C.暂付款　　D.暂存款

3.综合题

综合练习一

【目的】练习暂付款的核算。

【资料】某市财政局20××年发生如下经济业务：

(1)一般预算存款户收到某单位性质不明的款项56 000元。

(2)续(1),经查明,该款项属于误入,予以退回。

(3)因临时急需资金,向上级省财政借入款项400 000元。

(4)续(3),省财政经研究已落实对该笔借款的预算,该市财政将其全数转做收入。

【要求】根据以上经济业务,编制会计分录。

综合练习二

【目的】练习借入财政周转金的核算。

【资料】某市财政局20××年发生如下经济业务：

(1)向上级某省财政厅借入财政周转金400 000元。

(2)续(1),归还向省财政厅借入的财政周转金400 000元。

【要求】根据以上经济业务,编制会计分录。

综合练习三

【目的】练习结余的核算。

【资料】某市财政局20××年年终结算时发生如下经济业务：

(1)"一般预算收入"科目贷方余额10 000 000元,"补助收入——一般预算补助"科目贷方余额2 000 000元,"上解收入"科目贷方余额500 000元,"调入资金"科目贷方余额100 000元,将上述科目贷方余额转入"预算结余"科目贷方。

(2)"一般预算支出"科目借方余额90 000 000元,"补助支出——一般预算补助"科目借方余额1 800 000元,"上解支出"科目借方余额490 000元,将上述支出科目借方余额转入"预算结余"科目借方。

(3)"基金预算收入"科目贷方余额400 000元,"补助收入——基金预算补助"科目贷方余额170 000元,将上述贷方余额转入"基金预算结余"科目贷方。

(4)"基金预算支出"科目借方余额320 000元,"补助支出——基金预算补助"科目借方余额90 000元,"调出资金"科目借方余额70 000元,将上述支出科目借方余额转入"基金预算结余"科目借方。

(5)将"专用基金收入"科目的贷方余额150 000元,转入"专用基金结余"科目贷方。

(6)将"专用基金支出"科目的借方余额110 000元,转入"专用基金结余"科目借方。

【要求】根据以上经济业务,编制会计分录。

综合练习四

【目的】练习预算周转金的核算。

【资料】某市财政局20××年发生如下经济业务：

(1)用预算结余200 000元补充预算周转金。

(2)收到上级某省财政拨来的资金150 000元,供该市增补预算周转金。

【要求】根据以上经济业务,编制会计分录。

综合练习五

【目的】练习财政周转基金的核算。

【资料】某市财政20××年发生如下经济业务：

(1)用预算资金600 000元增补财政周转金。

(2)某市财政局用财政周转金收入(已扣除必要的业务费)60 000元补充财政周转基金。

【要求】根据以上经济业务,编制会计分录。

第6章

财政总预算会计收入和支出的核算

学习目标提示

- 财政总预算会计收入的概念
- 一般预算收入的构成内容及核算
- 基金预算收入的构成内容及核算
- 专用基金收入、资金调拨收入及财政周转金收入的内容及核算
- 财政总预算会计支出概念
- 一般预算支出的构成内容及核算
- 基金预算支出的构成内容及核算
- 专用基金支出、资金调拨支出及财政周转金支出的内容及核算

中英文关键词对照——

- 收入 revenues
- 一般预算收入 general revenues of budget
- 基金预算收入 budgetary revenues of funds
- 专用基金收入 special revenues of funds
- 一般预算支出 general expenditure of budget
- 基金预算支出 budgetary expenditure of funds
- 专用基金支出 special expenditure of funds

6.1 财政总预算会计的收入

财政收入是国家为实现其职能，根据法令和法规所取得的非偿还性资金，是一级财政的资金来源。财政收入包括一般预算收入、基金预算收入、专用基金收入、资金调拨收入和财政周转金收入等。

6.1.1 一般预算收入

1. 一般预算收入的构成内容

一般预算收入是通过一定的形式和程序，有计划组织的由国家支配，纳入预算管理的资金。

按照2007年《政府预算收支科目》，一般预算收入分为类、款、项、目四级。类、款两级科目设置情况如下。

第一类 税收收入。分设20款：增值税、消费税、营业税、企业所得税、企业所得税退税、个人所得税、资源税、固定资产投资方向调节税、城市维护建设税、房产税、印花税、城镇土地使用税、土地增值税、车船使用和牌照税、船舶吨税、车辆购置税、关税、耕地占用税、契税、其他税收收入。具体内容如下：

（1）增值税。反映按《中华人民共和国增值税暂行条例》征收的国内增值税、进口货物增值税和经审批退库的出口货物增值税。

（2）消费税。反映按《中华人民共和国消费税暂行条例》征收的国内消费税、进口消费品消费税和经审批退库的出口消费品消费税。

（3）营业税。反映税务部门按《中华人民共和国营业税暂行条例》征收的营业税。

（4）企业所得税。反映税务部门按《中华人民共和国企业所得税暂行条例》征收的企业所得税以及按照《中华人民共和国外商投资企业和外国企业所得税法》征收的外商投资企业和外国企业所得税。税务机关对港澳台商投资企业征收的企业所得税也在本类有关科目反映。

（5）企业所得税退税。反映财政部门按"先征后退"政策审批退库的企业所得税。其口径与"企业所得税"相同。

（6）个人所得税。反映按《中华人民共和国个人所得税法》、《对储蓄存款利息所得征收个人所得税的实施办法》征收的个人所得税。

（7）资源税。反映按《中华人民共和国资源税暂行条例》征收的资源税。

（8）固定资产投资方向调节税。反映地方税务局按《中华人民共和国固定资产方向调节税暂行条例》补征的固定资产投资方向调节税。

（9）城市维护建设税。反映按《中华人民共和国城市维护建设税暂行条例》征收的城市维护建设税。

（10）房产税。反映地方税务局按《中华人民共和国房产税暂行条例》征收的房产税以及按照《城市房地产暂行条例》征收的城市房地产税。

（11）印花税。它反映按《中华人民共和国印花税暂行条例》征收的印花税。

（12）城镇土地使用税。反映按《中华人民共和国城镇土地使用税暂行条例》征收的城镇土地使用税。

（13）土地增值税。反映按《中华人民共和国土地增值税暂行条例》征收的土地增值税。

（14）车船使用和牌照税。反映按《中华人民共和国车船使用税暂行条例》征收的车船使用税以及按《车船使用牌照税暂行条例》征收的车船使用牌照税。

（15）船舶吨税。它反映船舶吨税收入。

（16）车辆购置税。它反映按《中华人民共和国车辆购置税暂行条例》征收的车辆购置税。

（17）关税。它反映海关按《中华人民共和国进出口关税条例》征收的除特定区域进口自用物资关税以外的关税。

（18）耕地占用税。它反映按《中华人民共和国耕地占用税暂行条例》征收的耕地占用税。

（19）契税。它反映按《契税暂行条例》征收的契税。

（20）其他税收收入。反映除上述项目以外其他税收收入。

第二类 非税收入。分设6款：专项收入、行政事业性收费收入、罚没收入、国有资本经营收入、国有资源（资产）有偿使用收入、其他收入。具体内容如下：

（1）专项收入包括排污费收入；水资源收入；教育费附加收入；矿产资源补偿费收入；铀产品出售收入；探矿权、采矿权使用费及价款收入；内河航道养护费收入；公路运输管理费收入；水路运输管理费收入；三峡库区移民专项收入；其他专项收入。

（2）行政事业性收费收入。反映依据法律、行政法规、国务院有关规定、国务院财政部门与计划部门共同发布的规章或者规定以及省、自治区、直辖市的地方性法规、政府规章或者规定，省、自治区、直辖市人民政府财政部门与计划（物价）部门共同发布的规定所收取的各项收费收入。

（3）罚没收入。反映执法机关依法收缴的罚款（罚金）、没收款、赃款，没收物资、赃物的变价款。

（4）国有资本经营收入。反映经营、使用国有财产等取得的收入。

（5）国有资源（资产）有偿使用收入。反映有偿转让国有资源（资产）使用费而取得的收入。

(6)其他收入。包括捐赠收入等。

第三类 贷款转贷回收本金收入。分设4款:国内贷款回收本金收入、国外贷款回收本金收入、国内转贷回收本金收入、国外转贷回收本金收入。

第四类 转移性收入。分设5款:返还性收入、财力性转移支付收入、专项转移支付收入、上年结余收入、调入资金。具体内容如下:

(1)返还性收入。反映下级政府收到上级政府的返还性收入。

(2)财力性转移支付收入。反映政府间财力性转移支付收入。

(3)专项转移支付收入。反映政府间专项转移支付收入。

(4)上年结余收入。反映各类资金的上年结余。

(5)调入资金。反映不同性质资金之间的调入收入。

2. 一般预算收入的组织机构

国家预算收入的执行,需要设立专门机构组织各项预算收入的收纳和监督工作。我国担负这项工作的主要是征收机关和国家金库。

(1)征收机关,是指具体负责预算收入征集、管理和监督的机构。

我国的征收机关包括税务机关、财政机关和海关等。其具体分工为:

①税务机关。它负责征收各项工商税收、企业所得税以及按有关规定由税务机关负责征收的各项其他税收及其他预算收入。

②财政机关。它负责征收国有企业上缴利润、行政性收费及其他收入等。

③海关。它负责征收关税以及国家指定其负责征收的其他预算收入。

凡不属上述范围的预算收入,以国家规定负责征收管理的单位为征收机关。未经国家批准,不得自行增设征收机关。

(2)国家金库,又称国库,它是办理政府预算收入的缴纳和库款支拨的专门机构,是惟一执行政府预算的出纳机关。政府预算的一切收入都要通过国库来收纳,一切支出都要通过国库来支付,并定期将库款收支和库款结存情况向同级财政部门报告。

我国国库实行委托国库制,即中国人民银行负责经办国库业务。根据《中华人民共和国国家金库条例》的规定,原则上一级财政设立一级国库。目前我国国库分为总库、分库、中心支库、支库四级。中国人民银行总行设总库;省、自治区、直辖市设分库;各地(市)中心支行设中心支库;县(市)支行设支库;计划单列市可设分库,其业务受省分库领导。在支行以下的办事处、分理处、营业所设国库经收处。国库经收处收纳报解财政库存款,它不是一级独立的国库,其业务工作受支库领导。

3. 预算收入的缴库方式

(1)就地缴库,是指由基层缴款单位或缴款人按征收机关规定的缴款期限直接向当地国库或国库经收处缴款的方式。

(2)集中缴库,是指由基层缴款单位将应缴的款项通过银行汇到上级主管部门,由主管部门按征收机关规定的缴款期限汇总后向国库或国库经收处缴款的方式。

(3)自收汇缴,是指缴款人直接向基层税务机关或海关缴款,由税务机关或海关将所收到的款项汇总后向国库或国库经收处缴款的方式。

4. 预算收入的划分

预算收入的划分，是指国库在收到预算收入后，应根据预算体制的规定，将预算收入在中央预算和地方预算之间，以及各级地方预算之间正确地进行划分。

按照"分税制"财政管理体制的规定，我国预算收入可分为中央预算固定收入、地方预算固定收入、中央预算与地方预算共享收入。

（1）中央预算固定收入，主要包括关税、海关代征消费税和增值税、消费税、中央所得税、地方银行和外资银行及非银行金融企业（包括信用社）所得税、铁道部门、各银行总行、保险总公司等集中缴纳的收入（包括营业税、所得税、利润和城市维护建设税、中央企业上缴利润等）。

（2）地方预算固定收入，主要包括营业税（不含铁道部门，各银行总行、各保险总公司集中缴纳的营业税）、地方企业所得税（不含上述地方银行和外资银行及非银行金融企业所得税）、地方企业上缴利润、个人所得税、城镇土地使用税、城市维护建设税（不含铁道部门、各银行总行、各保险总公司集中缴纳的部分）、房产税、车船使用和牌照税、印花税、耕地占用税、契税、土地增值税、国有土地有偿使用收入等。

（3）中央预算与地方预算共享收入，主要包括增值税、资源税、证券交易税等。

5. 预算收入的报解

预算收入的报解是指通过国库向上级国库和财政部门报告预算收入的情况，并将属于上级财政的预算收入解缴到中心支库、分库和总库。"报"就是国库要向各级财政机关报告预算收入的情况，以便各级财政机关掌握预算收入的进度和情况；"解"就是国库要对各级预算收入划分和办理收入分成后，将财政库款解缴到各级财政的国库存款账户上。

6. 一般预算收入的列报基础

一般预算收入一般以本年度缴入基层国库（支金库）的数额为准。财政总预算会计凭国库报送的"一般预算收入日报表"及其所附凭证入账。

已建乡（镇）国库的地区、乡（镇）财政的本级收入以乡（镇）国库的收到数为准。县（含县本级）以下各级财政的各项一般预算收入（含固定收入与共享收入）仍以缴入基层国库的数额为准。

未建乡（镇）国库的地区，乡（镇）财政的本级收入以乡（镇）财政总预算会计收到县级财政返回的数额为准。

基层国库在年度库款报解整理期内收到经收处报来的上年度收入，记入上年度账。整理期结束后，收到的上年度收入一律记入新年度账。

7. 一般预算收入的核算

为了反映和监督各级财政部门组织纳入预算的各项收入的执行情况，财政总预算会计应设置"一般预算收入"账户，该账户属于收入类账户。用来核算各级财政部门组织的纳入预算的各项收入。贷方登记从国库报来的各项预算收入数，以红字记录亏损补贴数和退库数，借方登记年终将贷方余额全数转入"预算结余"的数额，平时贷方余额反映当年预算收入的累计数。该账户按《政府预算收支科目》中的"一般预算收入"科目设置明细账进行明细核算。

【例6.1】 某市财政局收到国库报来的"预算收入日报表"，当日收到国内企业增值税

收入为7 000 000元。会计分录如下:
　　借:国库存款——一般预算存款　　　　　　　　　　　　7 000 000
　　　贷:一般预算收入——税收收入——增值税——
　　　　国内增值税——国有企业增值税　　　　　　　　　　　　7 000 000

【例6.2】　某市财政局收到当地环保部门征收并上缴国库的排污费为300 000元。会计分录如下:
　　借:国库存款——一般预算存款　　　　　　　　　　　　　300 000
　　　贷:一般预算收入——非税收入——专项收入——
　　　　排污费收入——排污费收入　　　　　　　　　　　　　　300 000

【例6.3】　某市财政局收到公安部门征收并上缴国库的居民身份证工本费收入为400 000元。会计分录如下:
　　借:国库存款——一般预算存款　　　　　　　　　　　　　400 000
　　　贷:一般预算收入——非税收入——行政性收费收入——
　　　　公安行政性收费收入——居民身份证工本费　　　　　　400 000

【例6.4】　年终,某市财政局将"一般预算收入"账户贷方余额940 000元全部转入"预算结余"账户。会计分录如下:
　　借:一般预算收入　　　　　　　　　　　　　　　　　　　940 000
　　　贷:预算结余　　　　　　　　　　　　　　　　　　　　　940 000

8.预算收入退库的核算

凡是缴纳入库的预算收入,即为国家预算资金,除同级财政机关外,任何单位或个人无权动用。但是某些已经缴入国库的各项预算收入,由于技术性差错或办理财务结算等原因,需要通过一定的手续和方式全部或部分退还给缴款单位或缴款人,这就要发生预算收入退库。收入退库是一项政策性很强的工作,必须加强管理和监督,严格按照国家规定的退库范围和审批程序办理。

(1)预算收入退库的范围。根据财政部规定,属于下列范围的事项可以办理收入退库。

①由于工作疏忽,发生技术性差错需要退库的。如预算收入错缴,应缴中央的预算收入,误缴入地方预算;应缴入地方预算的收入,误缴入中央预算;缴入地方预算的收入,在上下级之间错缴预算级次等。

②改变企业隶属关系办理财务结算需要退库的。如原属中央的企业下放给地方,企业行政隶属关系改变,在年度中原已缴入中央预算的收入要退给地方。

③企业按计划上缴税利,超过应缴税额需要退库的。

④财政部明文规定或专项批准的其他退库项目。

预算收入的退库范围,由国家统一规定,各地不得自行决定。凡不符合规定的收入退库,各级财政机关、税务机关不得办理审批手续,各级国库拒绝办理。

(2)预算收入退库的原则。预算收入退库关系到国家和缴款单位的经济利益,在办理退库时,应按下列原则执行。

①预算收入的退库,必须经财政机关或由财政机关授权的主管收入机关批准,由各级国库办理,国库经收处只办理库款收纳,不办理预算收入退库。

②预算收入库款的退付,应按预算收入的级次办理,中央预算收入的退库,从中央级库

款中退付;地方各级预算固定收入的退库,从地方各级库款中退付;各级分成收入的退库(包括总额分成和固定比例分成收入的退库),按规定的分成比例,分别从上级和本级库款中退付。

③办理收入退库,必须由申请退库的单位提出书面申请,经财政机关或主管收入机关审查批准后,才能退付,不能凭电话通知或白条子办事。

④各级预算收入的退库,原则上通过转账办理,不能支付现金。对个别特殊情况,必须退付现金时,财政、征收机关应从严审查核实后,在收入退还书上加盖"退付现金"的戳记。由收款人持其向指定的国库按规定审查退款。

(3) 预算收入退库的手续。收入退库的审批,是分级进行的,对各项预算收入退库,应由同级财政部门或财政部门授权的单位审批,不得越权审批。属于中央预算收入的退库,必须经财政部或财政部授权的主管收入机关批准,地方财政机关无权审批;属于地方预算收入的退库,由地方财政机关或其授权的主管收入机关,在规定的退库范围内审查批准,超过规定范围的退库事项,应当报经财政部批准。

缴款单位或缴款人申请退库,应向财政机关或收入机关填具"退库申请书",严格履行退库手续。"退库申请书"的基本内容包括:单位名称(或个人姓名)、主管部门、预算级次、征收机关、原缴款书日期和编号、预算科目、缴款金额、申请退库原因、申请退库金额及审查批准机关的审批意见和核定的退库金额等。"退库申请书"经财政机关或财政机关授权的主管收入机关审核批准后,在"退库申请书"上签署审批意见和核定退库金额,并填制"收入退还书",加盖财政部门拨款印鉴或县以上税务机关公章后,交申请单位或申请人持其向指定的国库办理退库。

"收入退还书"是通知国库退付库款的唯一合法的凭证。一式五联:第一联为报查联,由退款国库盖章后退签发收入退还书的机关;第二联为付款凭证,由退款国库作付出传票;第三联为收入凭证,由收款单位开户行做收入传票;第四联为收账通知,由收款单位开户银行通知收款单位收账;第五联为付款通知,由国库随收入日报表,送退款的财政机关。

(4) 预算收入退库的账务处理。预算收入退库的会计分录,与预算收入入库的会计分录恰好相反。国库办理收入退库时,可以从当日同级预算的相同预算科目的收入数中抵付。这样,国库根据收入退还书办理收入退库之后,当日的"预算收入日报表"和"分成收入计算日报表"就可能出现两种情况。

第一种情况,当日退库科目的收入数与退库数相抵,收入数大于退库数,应将其差额用蓝字填入"预算收入日报表"和"分成收入计算日报表"。财政总预算会计收到国库报来的"预算收入日报表"和"分成收入计算日报表",仍按正常的上解、留存比例进行核算,对退库部分的款项不需另外进行账务处理。

第二种情况,当日退库科目的退库数与收入数相抵,收入数小于退库数,应将其差额用红字填入"预算收入日报表"和"分成收入计算日报表"。财政总预算会计在收到国库报来的"预算收入日报表"和"分成收入计算日报表"后,应冲减预算收入数,同时按规定的上解、留成比例用红字冲减上解支出和国库存款。

【例6.5】 某市财政局弥补某企业政策性亏损600 000元。根据国库送来的"预算收入日报表"及所附"收入退还书"付款通知联,编制会计分录如下:

借：国库存款　　　　　　　　　　　　　　　　　　600 000（红字）
　　贷：一般预算收入　　　　　　　　　　　　　　　　600 000（红字）

【例6.6】　某市财政局收到国库报来的"预算收入日报表"、"分成收入计算日报表"及所附的"缴款书"与"收入退还书"，列明当日收入为负数20 000元（当日预算收入70 000元，收入退库90 000元）。会计分录如下：

借：国库存款　　　　　　　　　　　　　　　　　　20 000
　　贷：一般预算收入　　　　　　　　　　　　　　　　20 000

(5)一般预算收入的错误更正。各级财政部门、税务部门、海关、国库在办理预算收入的收纳、退还和报解时，都应当认真负责，防止差错。如果发生差错，则不论本月或以前月份发生的错误，都应当在发现错误的月份办理更正手续。对不同类型的错误，要采用不同的方法予以更正。

发生"缴款书"的预算级次、预算科目等填写错误，应由收入机关填制"更正通知书"，送国库更正；如果是国库在编制预算收入日报表中发生错误，应由国库填制"更正通知书"，进行更正；如果是国库在办理库款分成留解、划解库款中发生错误，应由国库另编冲正传票更正。

征收机关更正"缴款书"的"更正通知书"为一式三联：第一联征收机关留存；第二联、第三联送国库审核签章更正后，第二联由国库留存，凭以更正当日收入的账表，第三联随"收入日报表"送同级财政机关。国库更正"收入日报表"的"更正通知书"为一式三联：第一联国库留存，凭以更正当日收入的账表；第二联随"收入日报表"送财政机关；第三联随"收入日报表"送征收机关。

预算收入错误的更正，一般分别按下面情况处理：

第一种情况，预算级次的更正。如果将上级预算收入更正为本级预算收入时，应补做预算收入记录；如将本级预算收入更正为上级预算收入时，应冲销原来的预算收入记录。

第二种情况，预算科目的更正。如果预算科目发生错误，应先用红字填制记账凭单，冲销原来的错误记录。然后，再根据更正的内容用蓝字填制一张正确的记账凭单，并据以登记账簿。

【例6.7】　某市财政局将中央预算收入200 000元，误作为本级参与分成的预算收入登记入账，现根据"预算收入日报表"和"分成收入计算日报表"以及"更正通知"予以更正。上解60%，留存40%。

市财政总预算会计应根据"更正通知书"等凭证对错误记录予以更正。会计分录如下：

借：国库存款　　　　　　　　　　　　　　　　　　80 000
　　贷：一般预算收入　　　　　　　　　　　　　　　　80 000
借：国库存款　　　　　　　　　　　　　　　　　　80 000
　　贷：与上级往来　　　　　　　　　　　　　　　　　80 000

6.1.2　基金预算收入

1. 基金预算收入的构成内容

基金预算收入是按规定收取、转入或通过当年财政安排，由财政部门管理并具有指定用途的政府性基金等。按照2007年《政府预算收支科目》,基金预算收入分为类、款、项、目四级,其科目设置情况如下。

第一类 非税收入。设1款:政府性基金收入。反映各级政府及其所属部门根据法律、行政法规以及中共中央、国务院有关文件规定,向公民、法人和其他组织无偿征收的具有专项用途的财政资金(包括基金、附加和专项收费)。

政府性基金收入设45项:

(1)三峡工程建设基金收入。

(2)农网还贷资金收入。

①中央农网还贷资金收入;②地方农网还贷资金收入。

(3)能源建设基金收入。

①能源基地建设基金收入;②电源基地建设基金收入。

(4)库区维护建设基金收入。

①库区维护基金收入;②库区建设基金收入;③库区后期扶持基金收入;④库区移民后期扶持基金收入;⑤库区移民扶助金收入;⑥三峡库区移民后期扶持基金收入;⑦棉花滩水电站库区后期扶持基金收入。

(5)煤代油专项资金收入。

(6)铁路建设基金收入。

(7)铁路建设附加费收入。

(8)民航基础设施建设基金收入。

(9)民航机场管理建设费收入。

(10)养路费收入。

(11)公路客货运附加费收入。

①客运站场建设费;②公路客运设建设专用基金;③公路货运发展建设基金;④客货运输设施建设基金;⑤客票附加费;⑥物附加费;⑦公路客运附加费;⑧公路货运附加费;⑨客运车辆公路基础设施建设费;⑩货运车辆公路基础设施建设费。

(12)燃油附加费收入。

(13)水运客货运附加费。

(14)转让政府还贷道路收费权收入。

①转让政府还贷公路收费权收入;②转让政府还贷城市道路收费权收入。

(15)港口建设费收入。

(16)下放港口以港养港收入。

(17)邮政补贴专项资金收入。

(18)散装水泥专项资金收入。

(19)墙体材料专项基金收入。

(20)外贸发展基金收入。

(21)旅游发展基金收入。

(22)援外合资合作项目基金收入。

(23)对外承包工程保函风险专项资金收入。

(24)国家茧丝绸发展风险基金收入。

（25）烟草商业税后利润收入。

（26）文化事业建设费收入。

①中央所属企事业单位文化事业建设费收入；②地方所属企事业单位文化事业建设费收入；③中央和地方所属企事业单位文化事业建设费收入。

（27）地方教育附加收入。

（28）地方教育基金收入。

（29）国家电影事业发展专项资金收入。

（30）农业发展基金收入。

（31）新菜地开发基金收入。

（32）国有土地使用权出让金收入。

①土地净收益；②计提用于农业土地开发的资金；③其他土地出让金收入。

（33）新增建设用地土地有偿使用费收入。

①中央新增建设用地土地有偿使用费收入；②地方新增建设用地土地有偿使用费收入。

（34）林业建设基金。

（35）育林基金收入。

（36）森林植被恢复费。

（37）中央水利建设基金收入。

①中央水利建设基金划转收入；②中央其他水利建设基金收入。

（38）地方水利建设基金收入。

①地方水利建设基金划转收入；②地方其他水利建设基金收入。

（39）南水北调工程建设基金收入。

（40）灌溉水源灌排工程补偿费收入。

（41）水资源补偿费收入。

（42）残疾人就业保障金收入。

（43）政府住房基金收入。

①上缴管理费用；②计提廉租住房资金；③公有住房出售收入；④其他政府住房基金收入。

（44）城镇公用事业附加收入。

（45）其他基金收入。

第二类：转移性收入。设3款：

（1）政府性基金转移收入。设2项：政府性基金补助收入和政府性基金上解收入。

（2）上年结余收入。设1项：政府性基金预算上年结余收入。

（3）调入资金。设1项：政府性基金预算调入资金。

2. 基金预算收入的核算

为了反映和监督各级财政部门管理的政府性基金预算收入，财政总预算会计应设置"基金预算收入"账户。该账户属于收入类账户，用来核算各级财政部门的管理和政府性基金预算收入。贷方登记平时取得的收入数，借方登记年终将贷方余额全数转入"基金预算结余"的数额，平时贷方余额反映当年基金预算收入的累计数。该账户按《政府预算收支科目》中的"基金预算收入"科目设明细账进行明细核算。

【例6.8】 某市财政局收到养路费收入为300 000元。会计分录如下：
借：国库存款——基金预算存款　　　　　　　　　　300 000
　　贷：基金预算收入——非税收入——
　　　　政府性基金收入——养路费收入　　　　　　　300 000

【例6.9】 某市财政局收到公路货运发展建设基金50 000元。会计分录如下：
借：国库存款——基金预算存款　　　　　　　　　　 50 000
　　贷：基金预算收入——非税收入——政府性基金收入——
　　　　公路客货运附加费收入——公路货运发展建设基金　50 000

【例6.10】 年终，某市财政局将"基金预算收入"账户贷方余额600 000元，全部转入"基金预算结余"账户。会计分录如下：
借：基金预算收入　　　　　　　　　　　　　　　　600 000
　　贷：基金预算结余　　　　　　　　　　　　　　　600 000

6.1.3 专用基金收入的核算

专用基金收入是指财政总预算会计管理的各项专用基金，如粮食风险基金。专用基金必须专款专用，不得随意改变用途，在管理上应当先收后支，量入为出。专用基金一般要求开设专户存储。

为了核算各项专用基金收入，财政总预算会计应设置"专用基金收入"账户。该账户属于收入类账户，用来核算各级财政部门按规定设置或取得的专用基金收入。贷方登记取得的专用基金收入数，借方登记退还数和年终将贷方余额全数转入"专用基金结余"的数额，平时贷方余额反映专用基金收入的累计数。该账户不单独设置明细账。

【例6.11】 某市财政局从省财政厅取得专用基金收入450 000元。会计分录如下：
借：其他财政存款　　　　　　　　　　　　　　　　450 000
　　贷：专用基金收入　　　　　　　　　　　　　　　450 000

【例6.12】 某市财政局从本级预算支出中安排粮食风险基金620 000元。会计分录如下：
借：一般预算支出　　　　　　　　　　　　　　　　620 000
　　贷：国库存款——一般预算存款　　　　　　　　　620 000
同时
借：其他财政存款　　　　　　　　　　　　　　　　620 000
　　贷：专用基金收入　　　　　　　　　　　　　　　620 000

【例6.13】 某市财政局，年终"专用基金收入"账户贷方余额500 000元，全部转入"专用基金结余"账户。会计分录如下：
借：专用基金收入　　　　　　　　　　　　　　　　500 000
　　贷：专用基金结余　　　　　　　　　　　　　　　500 000

6.1.4 资金调拨收入的核算

1. 资金调拨收入的内容

资金调拨收入是指根据财政体制规定在各级财政之间进行资金调拨以及本级财政各项资金之间的调剂所形成的收入,包括补助收入、上解收入和调入资金等。

(1)补助收入,是指上级财政按财政体制规定或因专项资金需要补助给本级财政的收入。包括:税收返还收入、按财政体制规定由上级财政对本级财政补助的收入、上级财政对本级财政的专项补助和临时补助。

(2)上解收入,是指按财政体制规定,下级财政上交给本级财政的收入。包括按财政体制规定由国库在下级预算收入中直接划解给本级财政的收入、按财政管理体制结算后由下级财政补缴给本级财政的收入、各种专项上解收入等。

(3)调入资金,是指为平衡一般预算收支,从基金的预算结余以及按规定从其他渠道调入的资金。调入资金属于预算资金的横向调度,不涉及上下级预算资金变动。调入资金仅用于地方财政弥补财政总决算赤字,在年终决算时,一次性使用。未经财政部批准,不得扩大调入资金范围。

2. 资金调拨收入的核算

为了反映和监督各级财政部门资金调拨收入的执行情况,应设置"补助收入"、"上解收入"和"调入资金"总分类账户。

"补助收入"属于收入类账户,用来核算上级财政部门拨来的补助款。贷方登记收入数,借方登记退还数和年终转入"预算结余"或"基金预算结余"账户的数额。平时贷方余额反映上级补助收入的累计数。该账户按补助收入性质设明细账进行明细核算。

"上解收入"属于收入类账户,用来核算下级财政上缴的预算上解款。贷方登记上解数,借方登记退还数和年终转入"预算结余"账户的数额,平时贷方余额反映下级上解收入的累计数。该账户按上解地区设明细账进行明细核算。

"调入资金"属于收入类账户,用来核算各级财政部门为平衡一般预算收支从有关渠道调入的资金。贷方登记调入数,借方登记年终转入"预算结余"账户的数额,平时贷方余额反映调入资金的累计数。该账户按调入资金的性质设置明细账进行明细核算。

【例6.14】 某市财政局收到省财政厅拨来的一般补助款900 000元。会计分录如下:
借:国库存款——一般预算补助　　　　　　　　　　　　　900 000
　　贷:补助收入　　　　　　　　　　　　　　　　　　　900 000

【例6.15】 某市财政局按省财政厅文件,将上月通过预算往来的临时借款150 000元,转做对该市的预算补助款。会计分录如下:
借:与上级往来　　　　　　　　　　　　　　　　　　　150 000
　　贷:补助收入　　　　　　　　　　　　　　　　　　　150 000

【例6.16】 某市财政局收到某县财政局的预算上解款700 000元。会计分录如下:
借:国库存款——一般预算补助　　　　　　　　　　　　　700 000
　　贷:上解收入　　　　　　　　　　　　　　　　　　　700 000

【例6.17】 某市财政局从基金预算结余中调出资金800 000元用以平衡预算收支。

会计分录如下:
  借:调出资金   800 000
    贷:国库存款——基金预算存款   800 000
  借:国库存款——一般预算存款   800 000
    贷:调入资金   800 000

6.1.5 财政周转金收入的核算

1. 财政周转金收入的内容

财政周转金收入是指财政部门在办理财政周转金借出或放款业务中收取的资金占用费收入,以及财政周转金在银行的存款利息收入。

各级财政部门在办理财政周转金借出或放款业务中,收取适当资金占用费,对财政周转金的建设和使用都有重要意义。其表现如下:

(1)可以增强用款单位的责任感,提高资金使用效益,并促进用款单位及时还款。

(2)可以弥补财政周转金放款的风险和可能的资金损失。财政周转金虽然是有偿使用的资金,但它投入的项目,通常是社会效益大,但风险较高,信用机构大多不愿投入的项目。在贷放过程中,往往会发生收不回来的呆账。

(3)可以逐步增加财政周转基金,避免或减少财政周转金的贬值。

2. 财政周转金收入的核算

为了反映和监督财政周转金收入,财政总预算会计应设置"财政周转金收入"总分类账户。该账户属于收入类账户,用来核算财政周转金利息及占用费的收入情况。贷方登记取得的利息收入和占用费收入数额,借方登记年终从"财政周转金支出"账户余额转入数额,平时贷方余额反映财政周转金收入的累计数。年终,首先将"财政周转金支出"转入本账户进行对冲,然后将冲销后的余额全部转入"财政周转基金"账户。该账户应设置"利息收入"和"占用费收入"两个明细账进行明细核算。

【例6.18】 某市财政局收到银行转来的财政周转金利息收入20 000元。会计分录如下:
  借:其他财政存款   200 000
    贷:财政周转金收入——利息收入   20 000

【例6.19】 年终,结转财政周转金净收益10 000元。会计分录如下:
  借:财政周转金收入   10 000
    贷:财政周转基金   10 000

6.2 财政总预算会计支出的核算

预算支出是一级政府为实现其职能,对筹集的财政资金进行的再分配。

6.2.1 一般预算支出

1. 一般预算支出的内容

一般预算支出是指国家对集中的一般预算收入有计划地分配和使用而形成的支出。

按照2007年《政府预算收支科目》，一般预算支出按支出功能设置为类、款、项三级科目。

支出功能分类主要反映政府各项职能活动及其政策目标。根据社会主义市场经济条件下政府职能活动情况及国际通行做法，将政府支出分为类、款、项三级。其中，一般预算支出类、款两级科目设置情况如下。

（1）一般公共服务。分设31款：人大事务、政协事务、政府办公厅（室）及相关机构事务、发展与改革事务、统计信息事务、财政事务、税收事务、审计事务、海关事务、人事事务、纪检监察事务、人口与计划生育事务、商贸事务、知识产权事务、工商行政管理事务、食品和药品监督管理事务、质量技术监督与检验检疫事务、国土资源事务、海洋管理事务、测绘事务、地震事务、气象事务、民族事务、宗教事务、港澳台侨事务、档案事务、共产党事务、民主党派事务、群众团体事务、国债事务、其他一般公共服务支出。

（2）外交。分设8款：外交管理事务、驻外机构、对外援助、国际组织、对外合作与交流、对外宣传、边界勘界联检、其他外交支出。

（3）国防。分设3款：现役部队及国防后备力量、国防动员、其他国防支出。

（4）公共安全。分设10款：武装警察、公安、国家安全、检察、法院、司法、监狱、劳教、国家保密、其他公共安全支出。

（5）教育。分设10款：教育管理事务、普通教育、职业教育、成人教育、广播电视教育、留学教育、特殊教育、教师进修及干部继续教育、教育附加及基金支出、其他教育支出。

（6）科学技术。分设9款：科学技术管理事务、基础研究、应用研究、技术研究与开发、科技条件与服务、社会科学、科学技术普及、科技交流与合作、其他科学技术支出。

（7）文化体育与传媒。分设6款：文化、文物、体育、广播影视、新闻出版、其他文化体育与传媒支出。

（8）社会保障和就业。分设17款：社会保障和就业管理事务、民政管理事务、财政对社会保险基金的补助、补充全国社会保障基金、行政事业单位离退休、企业关闭破产补助、就业补助、抚恤、退役安置、社会福利、残疾人事业、城市居民最低生活保障、其他城镇社会救济、农村社会救济、自然灾害生活救助、红十字事业、其他社会保障和就业支出。

（9）医疗卫生。分设10款：医疗卫生管理事务、医疗服务、社区卫生服务、医疗保障、疾病预防控制、卫生监督、妇幼保健、农村卫生、中医药、其他医疗卫生支出。

（10）环境保护。分设10款：环境保护管理事务、环境监测与监察、污染防治、自然生态保护、天然林保护、退耕还林、风沙荒漠治理、退牧还草、已垦草原退耕还草、其他环境保护支出。

（11）城乡社区事务。分设7款：城乡社区管理事务、城乡社区规划与管理、城乡社区公共设施、城乡社区住宅、城乡社区环境卫生、建设市场管理与监督、其他城乡社区事务支出。

（12）农林水事务。分设7款：农业、林业、水利、南水北调、扶贫、农业综合开发、其他农林水事务支出。

（13）交通运输。分设4款：公路水路运输、铁路运输、民用航空运输、其他交通运输支出。

（14）工业商业金融等事务。分设18款：采掘业、制造业、建筑业、电力、信息产业、旅游业、涉外发展、粮油事务、商业流通事务、物资储备、金融业、烟草事务、安全生产、国有资产监管、中小企业事务、可再生能源、能源节约利用、其他工业商业金融等事务支出。

(15)其他支出。分设4款：预备费、年初预留、住房改革支出、其他支出。

(16)转移性支出。分设5款：返还性支出、财力性转移支付、专项转移支付、调出资金、年终结余。

2.财政总预算会计预算支出的管理与核算要求

(1)严格执行《中华人民共和国预算法》。办理拨款支出需以预算为准。

(2)对主管部门(主管会计单位)，提出的季度(分月)用款计划及分"款"、"项"填制的"预算经费请拨单"，应认真审核。根据经审核批准的拨款申请，结合库款余存情况向用款单位拨款。

(3)财政总预算会计应根据预算管理的要求和拨款的实际情况分"款"、"项"核算，列报当前预算支出。

(4)主管会计单位应在计划内控制用款，不得随意改变资金用途。"款"、"项"之间如确需调剂，应填制"科目流用申请书"，报经同级财政部门核准后使用。财政会计凭核定的流用数调整预算支出明细账。

3.预算支出的支付方式和程序

在采用国库单一账户制度下，预算支出的支付方式主要分为财政直接支付和财政授权支付两种方式。两种支付方式的概念、主要内容及其相应的支付程序如下：

(1)财政直接支付，是指由财政部门开具支付令，通过国库单一账户体系，直接将财政资金支付到收款人(即商品和劳务供应者)或用款单位账户的支付方式。实行财政直接支付的支出主要包括工资支出、购买支出、中央对地方的专项转移支出、拨付企业大型工程项目或大型设备采购的资金等。

在财政直接支付方式下，预算单位按照批准的部门预算和资金使用计划，向财政国库支付执行机构提出支付申请，财政国库支付执行机构根据批复的部门预算和资金使用计划及相关要求对支付申请审核无误后，向代理银行签发支付令，并通知中国人民银行国库部门。通过全国银行清算系统的实时清算，财政资金先由代理银行的财政零余额账户划拨到收款人的银行账户，再从国库单一账户拨补到代理银行财政零余额账户。

财政直接支付主要通过转账方式进行，也可以采取"国库支票"支付。采取"国库支票"支付方式，财政国库支付执行机构根据预算单位的要求签发支票，并将签发给收款人的支票交给预算单位，由预算单位转给收款人。收款人持支票到其开户银行入账，收款人开户银行再与代理银行进行清算。在每日营业终了前，由国库单一账户与代理银行进行清算。

(2)财政授权支付，是指预算单位根据财政授权，自行开具支付令，通过国库单一账户体系将资金支付到收款人账户的支付方式。实行财政授权支付的支出包括未实行财政直接支付的购买支出和零星支出。

在财政授权支付方式下，预算单位应当按照批复的部门预算和资金使用计划，向财政国库支付执行机构申请授权支付的月度用款限额。财政国库支付执行机构对预算单位申请的月度用款限额进行审批之后，应当通知代理银行、预算单位、通知中国人民银行国库部门。

4.政府采购资金财政直接拨付的管理

(1)政府采购资金财政直接拨付。政府采购资金是指采购机关获取货物、工程和服务时支付的资金,包括财政性资金(预算资金、预算外资金)和与财政性资金相配套的单位自筹资金。预算资金是指财政预算安排的资金,包括预算执行中追加的资金。预算外资金是指按规定缴入财政专户和经财政部门批准留用的未纳入财政预算收入管理的财政性资金。单位自筹资金是指采购机关按照政府采购拼盘项目要求,按规定用单位自有资金安排的资金。

政府采购资金财政直接拨付是指财政部门按政府采购合同约定,将政府采购资金通过代理银行(国有商业银行或股份制商业银行)直接支付给中标供应商的拨款方式。

(2) 政府采购资金的直接拨付方式分为财政全额直接拨付方式、财政差额直接拨付方式和采购卡支付方式3种。

①财政全额直接拨付方式是指财政部门和采购机关按照先集中后支付的原则,在采购活动开始前,采购机关必须先将单位自筹资金和预算外资金汇集到政府采购资金专户;需要支付资金时,财政部门根据合同履行情况,将预算资金、已经汇集的单位自筹资金和预算外资金,通过政府采购资金专户一并拨付给中标供应商。

②财政差额直接拨付方式是指财政部门和采购机关按照政府采购拼盘项目合同中约定的各方负担的资金比例,分别将预算资金和预算外资金及单位自筹资金支付给供应商。对于实行财政差额直接拨付方式的采购项目,采购机关应当在确保具备支付应分担资金能力的前提下开展采购活动,并且应当按照先支付预算单位自筹资金和预算外资金,后支付预算资金的资金支付顺序执行,即采购机关必须经财政部门政府采购主管机构确认已先支付了单位自筹资金和预算外资金后,方可提出支付预算资金的申请。

③采购卡支付方式是指采购机关使用选定的某家商业银行发行的借记卡,支付采购资金的行为,采购卡支付方式适用于采购机关经常性的零星采购项目。

5. 预算支出的核算

为了反映和监督各级财政部门组织的预算支出的执行情况,财政总预算会计应设置"一般预算支出"账户。该账户属于支出类账户,用来核算财政总预算会计办理的,应由预算资金支付的各项支出。借方登记办理的直接支出数、将预拨行政事业单位经费转列的支出数、直接拨付基本建设用款单位的支出数、实行限额管理的基本建设支出数及由建设银行报来的银行支出数等,贷方登记支出的收回或冲销转账数,平时借方余额反映一般预算支出的累计数。该账户按《政府预算收支科目》中的"一般预算支出"科目设置明细账进行明细核算。

【例6.20】 某市财政局支付市人大办公费200 000元。会计分录如下:
借:一般预算支出——一般公共服务——人大事务——行政运行 200 000
　　贷:国库存款——一般预算存款 200 000

【例6.21】 某市财政局拨给市卫生局本月经费500 000元。会计分录如下:
借:一般预算支出——医疗卫生——医疗卫生管理事务——行政运行
　　　 500 000
　　贷:国库存款——一般预算存款 500 000

【例6.22】 月初,某市财政局将上月预拨给市教育局的经费300 000元转列支出。会计分录如下:
借:一般预算支出—教育——教育管理事务——行政运行 300 000
　　贷:预拨经费 300 000

【例 6.23】 年终,某市财政局将当年一般预算支出借方余额 2 300 000 元转"预算结余"账户。会计分录如下:

借:预算结余　　　　　　　　　　　　　　　　　　　　　2 300 000
　贷:一般预算支出　　　　　　　　　　　　　　　　　　　　2 300 000

【例 6.24】 某市财政局与采购单位商定,对某种材料的采购采用财政全额直接拨付方式支付政府采购资金。该市财政总预算会计根据政府采购预算、政府采购合同等文件的规定,将预算资金 1 000 000 元划入政府采购资金专户。会计分录如下:

借:暂付款——政府采购款　　　　　　　　　　　　　　　　1 000 000
　贷:国库存款　　　　　　　　　　　　　　　　　　　　　　1 000 000

同时

借:其他财政存款　　　　　　　　　　　　　　　　　　　　1 000 000
　贷:暂存款——政府采购款　　　　　　　　　　　　　　　　1 000 000

【例 6.25】 采购单位根据政府采购预算、政府采购合同等文件的规定,将单位自筹配套资金共计 300 000 元的政府采购配套资金划入政府采购资金专户。财政总预算会计会计分录如下:

借:其他财政存款　　　　　　　　　　　　　　　　　　　　　300 000
　贷:暂存款——政府采购配套资金——某采购单位　　　　　　300 000

【例 6.26】 根据政府采购合同,财政总预算会计将政府采购款 1 000 000 元和政府采购配套资金 300 000 元划入供应商账户。会计分录如下:

借:暂存款——政府采购款　　　　　　　　　　　　　　　　1 000 000
　　　　——政府采购配套资金——某采购单位　　　　　　　　300 000
　贷:其他财政存款　　　　　　　　　　　　　　　　　　　　1 300 000

【例 6.27】 续上例 1 至例 3,财政总预算会计将安排的政府采购预算资金 1 000 000 元列报支出。会计分录如下:

借:一般预算支出　　　　　　　　　　　　　　　　　　　　1 000 000
　贷:暂付款——政府采购款　　　　　　　　　　　　　　　　1 000 000

【例 6.28】 某市财政总预算会计收到某国有商业银行交来的政府采购资金专户的利息收入 8 000 元。会计分录如下:

借:其他财政存款　　　　　　　　　　　　　　　　　　　　　　8 000
　贷:暂存款　　　　　　　　　　　　　　　　　　　　　　　　　8 000

【例 6.29】 某市财政总预算会计将政府采购资金专户的利息收入 8 000 元全额缴入同级财政国库。会计分录如下:

借:暂存款　　　　　　　　　　　　　　　　　　　　　　　　　8 000
　贷:其他财政存款　　　　　　　　　　　　　　　　　　　　　　8 000

同时

借:国库存款　　　　　　　　　　　　　　　　　　　　　　　　8 000
　贷:一般预算收入　　　　　　　　　　　　　　　　　　　　　　8 000

6.2.2 基金预算支出

1. 基金预算支出的内容

基金预算支出是指用基金预算收入安排的支出。按照2007年《政府预算收支科目》，基金预算支出按支出功能设置为类、款、项三级科目。类级科目综合反映政府职能活动；款级科目反映为完成某项政府职能所进行的某一方面的工作；目级科目反映为完成某一方面的工作所发生的具体支出事项。其中，类、款两级科目设置情况如下：

(1)教育。设1款：教育附加及教育基金支出（包括2项即地方教育附加支出和教育基金支出）。

(2)文化体育与传媒。设1款：其他文化体育与传媒支出（包括2项即文化事业建设费支出、国家电影发展专项支出）。

(3)社会保障和就业。设1款：残疾人事业（包括1项即残疾人就业保障金支出）。

(4)城乡社区事务。设3款：政府住房基金支出（包括5项即管理费用支出、廉租住房支出、购房补贴支出、住房专项维修资金、其他政府住房基金支出），国有土地使用权出让金支出（包括7项即前期土地开发支出、土地出让业务费用、城市建设支出、土地开发支出、农业土地开发支出、耕地开发专项支出、其他土地使用权出让金支出）以及城镇公用事业附加支出。

(5)农林水事务。设4款：

①农业。包括2项即农业发展基金支出、新菜地开发基金支出。

②林业。包括3项即林业建设基金支出、育林基金支出、森林植被恢复费支出。

③水利。包括11项即灌溉水源灌排工程补偿费支出、库区维护基金支出、库区建设基金支出、库区后期扶持基金支出、库区移民后期扶持基金支出、库区移民扶持金支出、三峡库区移民后期扶持基金支出、棉花滩水电站库区后期扶持基金支出、中央水利建设基金支出、地方水利建设基金支出、水资源补偿费支出。

④南水北调。包括1项即南水北调工程基金支出。

(6)交通运输。设3款：公路水路运输、铁路运输、民用航空运输。

①公路水路运输。包括7项即养路费支出、公路客运附加费支出、燃油附加费支出、转让政府还贷道路收费权支出、港口建设费支出、水运客货运附加费支出、下放港口以港养港支出。

②铁路运输。包括2项即铁路建设基金支出、铁路建设附加费支出。

③民用航空运输。包括2项即民航基础建设基金支出、民航机场管理建设费支出。

(7)工业商业金融等事务。设8款：制造业、建筑业、电力、信息产业、旅游业、涉外发展、烟草事务、其他工业商业金融等事务支出。

①制造业。包括1项即散装水泥专项资金支出。

②建筑业。包括1项即墙体材料专项基金支出。

③电力。包括5项即三峡工程建设基金支出、中央农网还贷资金支出、地方农网还贷资金支出、能源基地建设基金支出、电源基地建设基金支出。

④信息产业。包括1项即邮政补贴专项资金支出。

⑤旅游业。包括1项即旅游发展基金支出。

⑥涉外发展。包括4项即外贸发展基金支出、国家蚕丝绸发展风险基金支出、对外承包工程保函风险专项资金支出、援外合资合作项目基金支出。

⑦烟草事务。包括1项即烟草商业税后利润支出。

⑧其他工业商业金融等事务支出。包括1项即煤代油基金支出。

（8）转移性支出。设3款：政府性基金转移支付、调出资金、年终结余。

①政府性基金转移支付。包括2项即政府性基金补助支出、政府性基金上解支出。

②调出资金。包括1项即政府性基金预算调出资金。

③年终结余。包括1项即政府性基金年终结余。

2. 基金预算支出的核算

"基金预算支出"该账户属于支出类账户，用来核算各级政府部门用基金预算收入安排的支出。借方登记发生的基金支出数，贷方登记支出的收回或冲销转账数，平时借方余额反映基金预算支出累计数。该账户应按《政府预算收支科目》中的"基金预算支出"科目（不含基金预算调拨支出类）设置明细账进行明细核算。

【例6.30】 某市财政局根据基金预算向农业部门支付新菜地开发款240 000元。会计分录如下：

借：基金预算支出——农林水事务——农业——新菜地开发基金支出
                 240 000
 贷：国库存款——基金预算存款   240 000

【例6.31】 年终，某市财政局将当年基金预算支出借方余额700 000元转入"基金预算结余"账户。会计分录如下：

借：基金预算结余   700 000
 贷：基金预算支出   700 000

6.2.3 专用基金支出的核算

专用基金支出是各级政府财政部门用专用基金收入安排的支出。专用基金必须按规定用途开支，做到先收后支，量入为出，专款专用。

为了反映和监督各级财政部门专用基金的支出情况，财政总预算会计应设置"专用基金支出"总分类账户。该账户属于支出类账户，用来核算各级财政部门用专用基金收入安排的支出。借方登记发生的专用基金支出数，贷方登记支出的收回数，平时借方余额反映专用基金支出的累计数。明细账可不单独设置。

【例6.32】 某市财政局根据粮食风险基金700 000元，用于满足秋粮收购的资金需要。会计分录如下：

借：专用基金支出   700 000
 贷：其他财政存款   700 000

【例6.33】 年终，某市财政局将专用基金支出账户余额100 000元转入"专用基金结余"账户。会计分录如下：

借：专用基金结余   100 000
 贷：专用基金支出   100 000

6.2.4 资金调拨支出的核算

1. 资金调拨支出的内容

资金调拨支出是指根据财政管理体制规定在各级财政之间进行资金调拨以及在本级财政各项资金之间的调剂所形成的支出,包括补助支出、上解支出、调出资金等。

(1)补助支出,是指本级财政按财政体制规定或因专项、临时性资金需求等原因对下级财政进行补助而形成的支出。主要有税收返还支出、按财政体制规定对下级财政进行的补助以及对下级财政专项补助或临时性补助等。

(2)上解支出,是按财政体制规定由本级财政上交给上级财政的款项。主要有按财政体制规定由国库在本级预算收入中直接划解给上级财政的支出,按财政体制结算应上解给上级财政的支出,各种专项上解支出等。

(3)调出资金,是为了平衡一般预算收支而从基金预算的地方财政税费附加收入结余中调出,补充预算的资金。

2. 资金调拨支出的核算

为了反映和监督各级财政资金调拨支出的执行情况,财政总预算会计应设置"补助支出"、"上解支出"和"调出资金"总分类账户。

"补助支出"属于支出类账户,用来核算本级财政对下级财政的补助支出。借方登记发生的补助支出数或从"与下级往来"账户的转入数,贷方登记支出的退还数或年终转入"预算结余"、"基金预算结余"账户的数额,平时借方余额反映补助支出的累计数。该账户应按资金性质和补助地区设明细账进行明细核算。

"上解支出"属于支出类账户,用来核算解缴上级财政的款项。借方登记发生的上解支出数;贷方登记支出的退转数或年终转入"预算结余"的数额。平时借方余额反映上解支出的累计数。该账户可不单独设置明细账。

"调出资金"属于支出类账户,用来核算各级财政部门从基金预算的地方财政税费附加收入结余中调出,用于平衡一般预算收支的资金。借方登记发生的上解支出数,贷方登记支出的退转数或年终转入"基金预算结余"的数额,平时借方余额反映调出资金的累计数。该账户应按资金性质设置明细账进行明细核算。

【例6.34】 某市财政局拨付某县财政局自然灾害补助款600 000元。会计分录如下:

借:补助支出 600 000
　　贷:国库存款——一般预算补助 600 000

【例6.35】 某市财政局向省财政厅上解款项2 200 000元。会计分录如下:

借:上解支出 2 200 000
　　贷:国库存款——一般预算补助 2 200 000

6.2.5 财政周转支出的核算

财政周转金支出是指地方政府部门从上级借入财政周转金所支付的占用费以及财政周转金管理使用过程中按规定开支的相关费用。

为了反映和监督财政周转金支出的情况,财政总预算会计应设置"财政周转金支出"总分类账户。该账户属于支出类账户,用来核算借入上级财政周转金支付的占用费及周转金管理使用过程中按规定开支的相关费用支出情况。借方登记支付的占用费及手续费等,贷方登记年终转入"财政周转金收入"的数额,平时借方余额反映支付的占用费、手续费的累计数额。该账户应设置"占用费支出"和"业务费支出"两个明细账,其中"占用费支出"核算因借入上级财政周转金而支付的资金占用费,"业务费支出"核算委托银行放款支付的手续费以及经财政部门确定的有关费用支出。

【例6.36】 某市财政局按规定向省财政厅支付借入财政有偿使用资金的占用费50 000元。会计分录如下:

借:财政周转金支出——占用费支出　　　　　　　　　　　　50 000
　　贷:其他财政存款　　　　　　　　　　　　　　　　　　　　50 000

【例6.37】 某市财政局,年终,将财政周转金支出借方余额22 000元,进行转账。会计分录如下:

借:财政周转金收入　　　　　　　　　　　　　　　　　　　　22 000
　　贷:财政周转金支出　　　　　　　　　　　　　　　　　　　22 000

思 考 题

1. 财政总预算会计核算的收入包括哪些内容?
2. 什么是一般预算收入?一般预算收入是怎样分类的?
3. 什么是基金预算收入?基金预算收入是怎样分类的?
4. 财政总预算会计核算的支出包括哪些内容?
5. 什么是基金预算支出?基金预算支出是怎样分类的?

练 习 题

1. **名词解释**

收入　支出　一般预算收入　基金预算收入　专用基金收入　财政周转金收入
一般预算支出　基金预算支出　专用基金支出　财政周转金支出

2. **单项选择题**

(1)按规定财政周转金利息或占用费收入扣除必要的业务费后,应用于补充(　　)。
　A.财政周转金收入　B.财政周转基金　C.预算周转金　D.一般预算收入
(2)财政周转金占用费支出和业务费支出,应记入(　　)账户。
　A.财政周转金支出　B.财政周转基金　C.预算周转金　D.一般预算支出
(3)"调入资金"账户年终余额转入(　　)账户。
　A.基金预算结余　B.预算结余　C.预算周转金　D.专用基金结余
(4)财政总预算会计收到上级拨入的粮食风险基金记入(　　)账户。
　A.基金预算收入　B.一般预算收入　C.专用基金收入　D.预算周转金
(5)"调出资金"账户年终余额转入(　　)账户
　A.基金预算结余　B.预算结余　C.预算周转金　D.专用基金结余

3. **综合题**

综合练习一

【目的】练习一般预算收入的核算。
【资料】某市财政局20××年发生如下经济业务:

（1）收到国库报来的一般预算收入日报表，其中，增值税 270 000 元，营业税 230 000 元，企业所得税 188 000 元，资源税 10 000 元，消费税 10 000 元。

（2）按财政体制结算向所属某未设国库的镇财政拨付一般预算收入资金 80 000 元。

【要求】根据以上经济业务，编制会计分录。

综合练习二

【目的】练习基金预算收入和专用基金收入的核算。

【资料】某市财政局 2007 年发生如下经济业务：

（1）收到国库报来的基金预算收入日报表，其中，能源建设基金收入 50 000 元，铁路建设基金收入 40 000 元，民航基础设施建设基金收入 40 000 元，民航机场管理建设费收入 20 000 元。

（2）收到国库报来的基金预算收入日报表，其中，三峡工程建设基金收入 200 000 000 元。养路费收入 100 000 元，农业发展基金收入 600 000 元，文化事业建设费收入 220 000 元。

（3）到上级某省财政厅拨入的粮食风险基金 610 000 元。

【要求】根据以上经济业务，编制会计分录。

综合练习三

【目的】练习一般预算支出的核算。

【资料】某市财政局 2007 年发生如下经济业务：

（1）根据预算向广播电影电视局开拨出广播电影电视事业费 510 000 元。

（2）将上月预拨给审计局的审计事业费 370 000 元转列本月支出。

（3）根据预算向公安局拨出公检法司经费 480 000 元。

（4）收到基建财务处的拨款月报，本月基本建设支出 610 000 元。

（5）根据预算向某政府机关拨付行政管理费 300 000 元。

【要求】根据以上经济业务，编制会计分录。

综合练习四

【目的】练习基金预算支出与专用基金支出的核算。

【资料】某市财政局 2007 年发生如下经济业务：

（1）根据基金预算拨付交通部门公路建设基金 2 000 000 元。

（2）根据基金预算拨付文化部门文化事业建设费 1 500 000 元。

（3）根据有关文件拨付粮食部门粮食风险基金 700 000 元。

【要求】根据以上经济业务，编制会计分录。

综合练习五

【目的】练习政府采购业务核算。

【资料】某市财政局 2006 年发生如下经济业务：

（1）与采购单位商定，对商品的采购采用财政全额直接拨付方式支付政府采购资金。该市财政总预算会计根据政府采购预算、政府采购合同等文件的规定，将预算资金 600 000 元划入政府采购资金专户。

（2）采购单位根据政府采购预算、政府采购合同等文件的规定，将单位自筹的政府采购配套资金 150 000 元划入政府采购资金专户。

（3）根据政府采购预算、政府采购合同等有关文件和资料，将政府采购款 600 000 元和政府采购配套资金 150 000 元划入供应商账户。

（4）财政总预算会计将安排的政府采购预算资金 600 000 元列报支出。

【要求】根据以上经济业务，编制会计分录。

第7章

财政总预算会计报表

学习目标提示

- 财政总预算会计报表的概念、种类
- 财政总预算会计年终清理结算的内容
- 财政总预算会计报表的编制方法

中英文关键词对照——
- 年终清理 year-end clearing
- 收入支出表 income and disbursement sheet
- 资产负债表 balance sheet

7.1 财政总预算会计报表概述

1. 财政总预算会计报表的概念和种类

财政总预算会计报表是反映各级政府预算收支执行情况及其结果的书面报告，是各级政府和上级财政部门了解情况、掌握政策、指导预算执行工作的重要资料，也是编制下年度预算的基础。

各级财政总预算会计必须定期编制和汇总财政会计报表，并定期向同级人民政府和上级财政部门报告本行政区域预算执行情况。

财政总预算会计报表分为以下几种：

（1）按照编报时间可分为旬报、月报和年报。预算执行情况表反映预算收支的完成情况，其旬报、月报和年报的格式及内容不尽相同。月度和年度的资产负债表的表式完全相同，但内容却不尽一致。

（2）按照报表反映的内容可分为资产负债表、预算执行情况表、财政周转金收支情况表、财政周转金投放情况表、预算执行情况说明书及其他附表。其他附表有基本数字表、行政事业单位收支汇总表以及所附会计报表。

（3）按编制单位可分为本级报表和汇总报表。

2. 财政总预算会计报表的编制要求

各级财政总预算会计报表的编制必须做到：数字正确、报送及时、内容完整。要达到这个要求，在编制财政总预算会计报表中应注意以下问题：

（1）要严格按照统一规定的种类、格式、内容、计算方法和编制口径填制，以保证信息的统一可比，便于汇总和分析。汇总报表的单位，要把所属单位的报表汇集齐全、防止漏报。

（2）各级报表的数字，必须从本级有关账簿中产生，切实做到账表相符，有根有据。不能估列代编，更不能弄虚作假。

（3）各级财政总预算会计要加强日常会计核算工作，督促有关单位及时记账、结账。所有预算会计单位都应在规定的期限内报送报表，以便主管部门和财政部门及时汇总。

3. 财政总预算会计报表的编制程序

财政总预算会计报表的编报是自下而上地由乡（镇）、县（市）、市（设区的市）、省（自治区、直辖市）以及计划单列市财政机关，根据统一的财政总预算会计科目、统一编制的口径、统一的报送时间，从基层单位开始，逐级汇总编报，不得估列代编。单位预算会计报表是同级财政总预算会计报表的组成部分，由各级行政事业单位逐级汇总，各主管部门向同级财政机关报送。参与政府预算执行的国家金库也要分别向同级财政机关报送预算收入和预算支出的各种报表。这些报表也是财政总预算会计报表的组成部分,逐级汇总编成定期的政府预算收支情况表,由财政部报送国务院。地方各级财政总预算收支执行情况表,由财政机关同时报送同级人民政府。

4. 年终清理、年终结算和年终结账

(1) 年终清理,是指各级财政总预算会计在年度终了时,在规定的时间内,对全年各项预算资金的收支及有关财务活动进行全面清查和整理的工作。其主要目的是划清年度收支,核实收支数字,结清往来款项,以及如实反映全年预算执行结果;分析全年预算执行情况,总结预算管理的经验,检查财经纪律遵守情况。年终清理的主要事项如下:

① 核对年度预算。预算数字是考核决算和办理收支结算的依据,也是进行会计结算的依据。年终前,各级财政总预算会计,应配合预算管理部门把本级财政总预算与上、下级财政总预算和本级各单位预算之间的全年预算数核对清楚。追加追减、上划下划数字,必须在年度终了前核对完毕。为了便于年终清理,本年预算的追加追减和企事业单位的上划下划,一般截至本年度11月底为止。各项预算拨款,一般截至本年度12月25日为止。

② 清理本年预算收支。凡属本年的一般预算收入,都要认真清理,年终前必须如数缴入国库。督促国库在年终库款报解整理期内,迅速报齐当年的预算收入。应在本年预算支领列报的款项,非特殊原因,应在年终前办理完毕。此外,还应清理基金预算收支和专用基金收支。凡属应列入本年的收入应及时催收,并缴入国库或指定的银行账户。

③ 组织征收机关和国库进行年度对账。年度终了后,按照国库制度的规定,支库应设置10天的库款报解整理期(设置决算清理期的年度,库款报解整理期相应顺延)。各经收处本年度12月31日前所收款项均应在"库款报解整理期"内报送支库,列入当年决算。同时,各级国库要按年度决算对账办法编制收入对账单,分送同级财政部门、征收机关核对签章,保证财政收入数字的一致。

④ 清理核对当年拨款支出。各级财政总预算会计对本级各单位的拨款支出应与单位的拨款收入核对清楚。对于当年安排的非包干使用的拨款,其结余部分应根据具体情况处理。属于单位正常周转占用的资金,仍可作为预算支出处理;属于应收回的拨款,应及时收回,并按收回数冲减预算支出。属于预拨下年度的经费,不得列入当年预算支出。

⑤ 清理往来款项。各级财政的暂收、暂付等各种往来款项,要在年度终了前认真清理结算,做到人欠收回,欠人归还,应转做各项收入或各项支出的款项,要及时转入本年有关收支账。

⑥ 清理财政周转金收支。各级财政部门或周转金管理机构应对财政周转金收支款项、上下级财政之间的财政周转金借入、借出款项进行清理。同时对于各项财政周转金贷放款进行清理。财政周转金的明细账由财政业务部门核算的,各预算部门或周转金管理机构应与业务部门的明细账进行核对,做到账账相符。

(2) 年终结算。各级财政总预算会计要在年终清理的基础上进行年终结算。年终结算主要是按照财政管理体制的规定,结清上下级财政会计之间的预算调拨收支和往来款项。应当按照财政管理体制的规定,计算出全年应补助、应上解和应返还的数额与年度预算执行过程中已补助、已上解和已返还数额进行比较,结合借垫款项,计算出全年最后应补或应退数额,并填制"年终财政决算结算单",经核对无误后,作为年终财政结算凭证,据以入账。

(3)年终结账。各级财政总预算会计经过年终清理和结算,把各项结算收支记入旧账后,即可办理年终结账工作。年终结账工作包括年终转账、结清旧账和记入新账三个环节。

①年终转账。财政总预算会计在年终转账时,首先计算出各账户12月份合计数和全年累计数,结出12月末余额,然后据此编制结账前"资产负债表",试算平衡无误后再将应冲转的各项收入、支出账户余额,填制12月份记账凭证(凭证按12月份连续编号,填制实际处理日期),分别转入"预算结余"、"基金预算结余"和"专用基金结余"账户冲销。将当年"财政周转金支出"转入"财政周转金收入"账户冲销,并将财政周转金收支相抵后的余额转入"财政周转基金"。

②结清旧账。年终转账后,将各个收入和支出账户的借方、贷方结出全年总计数,然后在下面划双红线,表示本账户全部结清。据此编制结账后的"资产负债表",进行试算平衡,对年终有余额的账户,在"摘要"栏内注明"结转下年"字样,并在下面划双红线,表示旧账余额结束,转入新账。

③记入新账。根据本年度各个总账账户和明细账账户年终转账后的余额编制年终决算"资产负债表"和有关明细表后,将表内各账户的余额直接记入新年度有关总账和明细账各账户预留空行的余额栏内,并在"摘要"栏注明"上年结转"字样,以区别新年度发生数。

7.2 财政总预算会计报表的编制

资产负债表是反映各级人民政府财政资金状况的会计报表。它提供某一特定日期各级政府所控制的资产、承担的负债以及拥有的净资产情况。

资产负债表只要求编制和汇总月报与年报。

1. 各月资产负债表的编制

各月资产负债表以"资产+支出=负债+净资产+收入"平衡公式为依据,左方为资产部类,右方为负债部类,两方总计数相等。月末时资产、负债、净资产的项目可直接依据月末有关账户记录的数据直接填列或分析计算填列。12月份结账前的资产负债表的编制方法也是一样。

2. 年资产负债表的编制

年末资产负债表(结账后)的编制与各月报编制略有不同,要在收支各账户清理结转的基础上才能完成该项工作。会计人员应在12月份结账前的资产负债表的基础上,结转全年收支账户后,以"资产=负债+净资产"平衡公式为依据编制结账后的资产负债表(结账后的所有收支账户应无余额)。

下面通过实例说明财政总预算会计年末资产负债表(结账后)的编制。

某市财政总预算会计根据12月末的有关账户余额,编制年终结账前的资产负债表,如表7.1所示。

根据年终结账前的资产负债表,按年终结账办法的规定,市财政总预算会计填制12月31日的记账凭证,办理年终转账业务。

表7.1　资产负债表(结账前)

20××年12月31日　　　　　　　　　　　　　　　　　万元

资产部类			负债部类		
科目名称	年初数	期末数	科目名称	年初数	期末数
资产类			负债类		
国库存款		1 560	暂存款		585
其他财政存款		205	与上级往来		300
有价证券		120	借入款		120
在途款		230	借入财政周转金		70
暂付款		620	负债类合计		1 075
与下级往来		150	净资产		
预拨经费		475	预算结余		1 050
基建拨款		420	基金预算结余		805
财政周转金放款		370	专用基金结余		500
借出财政周转金		140	预算周转金		650
待处理财政周转金		15	财政周转基金		565
资产类合计		4 305	净资产合计		3 570
支出类			收入类		
一般预算支出		30 000	一般预算收入		31 090
基金预算支出		630	基金预算收入		250
专用基金支出		50	专用基金收入		60
补助支出		450	补助收入		3 200
上解支出		5 000	上解收入		515
调出资金		120	调入资金		785
财政周转金支出		5	财政周转金收入		15
支出类合计		36 255	收入类合计		35 915
资产部类合计		40 560	负债部类合计		40 560

说明:补助收入中属于一般预算补助的金额为 2 800 万元,属于基金预算补助的金额为 400 万元;补助支出中属于一般预算补助的金额为 150 万元,属于基金预算补助的金额为 300 万元。

(1)将"一般预算收入"、"补助收入(一般预算补助)"、"上解收入"、"调入资金"转入"预算结余"科目的贷方。

　　借:一般预算收入　　　　　　　　　　　　　　　　　310 900 000
　　　　补助收入———一般预算补助　　　　　　　　　　 28 000 000
　　　　上解收入　　　　　　　　　　　　　　　　　　　 5 150 000
　　　　调入资金　　　　　　　　　　　　　　　　　　　 7 850 000
　　　　贷:预算结余　　　　　　　　　　　　　　　　　 351 900 000

(2) 将"一般预算支出"、"补助支出(一般预算补助)"、"上解支出"转入"预算结余"科目的借方。

借:预算结余　　　　　　　　　　　　　　　　　　　　351 500 000
　　贷:一般预算支出　　　　　　　　　　　　　　　　　300 000 000
　　　　补助支出——一般预算补助　　　　　　　　　　　1 500 000
　　　　上解支出　　　　　　　　　　　　　　　　　　　50 000 000

(3) 将"基金预算收入"、"补助收入"(基金预算补助)转入"基金预算结余"科目的贷方。

借:基金预算收入　　　　　　　　　　　　　　　　　　2 500 000
　　补助收入——基金预算补助　　　　　　　　　　　　4 000 000
　　贷:基金预算结余　　　　　　　　　　　　　　　　　6 500 000

(4) 将"基金预算支出"、"补助支出"(基金预算补助)、"调出资金"转入"基金预算结余"科目的借方。

借:基金预算结余　　　　　　　　　　　　　　　　　　10 500 000
　　贷:基金预算支出　　　　　　　　　　　　　　　　　6 300 000
　　　　补助支出——基金预算补助　　　　　　　　　　　3 000 000
　　　　调出资金　　　　　　　　　　　　　　　　　　　1 200 000

(5) 将"专用基金收入"转入"专用基金结余"科目的贷方。

借:专用基金收入　　　　　　　　　　　　　　　　　　　600 000
　　贷:专用基金结余　　　　　　　　　　　　　　　　　　600 000

(6) 将"专用基金支出"转入"专用基金结余"科目的借方。

借:专用基金结余　　　　　　　　　　　　　　　　　　　500 000
　　贷:专用基金支出　　　　　　　　　　　　　　　　　　500 000

(7) 将"财政周转金支出"转入"财政周转金收入"科目的借方。

借:财政周转金收入　　　　　　　　　　　　　　　　　　50 000
　　贷:财政周转金支出　　　　　　　　　　　　　　　　　50 000

(8) 将"财政周转金收入"贷方余额转入"财政周转基金"科目的贷方。

借:财政周转金收入　　　　　　　　　　　　　　　　　　100 000
　　贷:财政周转基金　　　　　　　　　　　　　　　　　　100 000

根据上述年终转账的会计分录编制年终决算的资产负债表,如表 7.2 所示。

表 7.2　资产负债表(结账后)

20××年 12 月 31 日　　　　　　　　　　　　　　　　　　　　　　　　　万元

资产部类			负债部类		
科目名称	年初数	期末数	科目名称	年初数	期末数
资产类			负债类		
国库存款		1 560	暂存款		585
其他财政存款		205	与上级往来		300
有价证券		120	借入款		120
在途款		230	借入财政周转金		70

续表7.2

资产部类			负债部类		
科目名称	年初数	期末数	科目名称	年初数	期末数
暂付款		620	负债类合计		1 075
与下级往来		150	净资产		
预拨经费		475	预算结余		1 090
基建拨款		420	基金预算结余		405
财政周转金放款		370	专用基金结余		510
借出财政周转金		140	预算周转金		650
待处理财政周转金		15	财政周转基金		575
资产类合计		4 305	净资产合计		3 230
支出类			收入类		
一般预算支出			一般预算收入		
基金预算支出			基金预算收入		
专用基金支出			专用基金收入		
补助支出			补助收入		
上解支出			上解收入		
调出资金			调入资金		
财政周转金支出			财政周转金收入		
支出类合计			收入类合计		
资产部类合计		4 305	负债部类合计		4 305

3. 汇总资产负债表的编制

财政总预算会计应先编出本级财政的资产负债表,然后与审核无误的所属下级财政总预算会计的资产负债表汇总编制成本地区财政汇总的资产负债表。在汇编的过程中,应将本级财政的"与下级往来"与下级财政的"与上级往来"、本级财政的"上解收入"与下级财政的"上解支出"、本级财政的"补助收入"与下级财政的"补助支出"等核对无误后互相冲销,以免重复汇总。

预算执行情况表又称预算收支表,是财政总预算会计用于反映预算收支执行情况的会计报表。根据需要该表可分为旬报、月报和年报。

(1)旬报的编制。旬报用于反映从月初至本旬末为止的预算收支的完成情况的报表。于每月上、中旬后报送下旬免报,以月报代替。旬报的内容、报送时间由财政部根据情况规定,并逐级布置。旬报要求及时、迅速、时效性很强。

(2)月报的编制。月报用于在反映从月初至本月末止的预算收支完成情况的报表。按收支配比要求,具体可分为一般预算收入月报、一般预算支出月报、基金预算收支月报;也可以根据实际需要将一般预算收支与基金预算收支合并编报,如表7.3、表7.4所示。

表 7.3 ××年×月份预算支出月报

金额单位：

预算科目	当月数	累计数	预算科目	当月数	累计数

表 7.4 ××年×月份预算支出月报

金额单位：

科目名称	本月完成数	累计完成数	科目名称	本月完成数	累计完成数

(3)年报的编制。年报是财政总预算会计年终编制的全面反映全年预算收支执行结果的报表。年报一般分为财政年度收支决算总表、收入决算明细表、支出决算明细表、基金预算收支决算总表和基金收支明细表等。

年度财政收支决算总表是年报中非常重要的会计报表，它主要反映各级财政总预算收入、支出和结余的总括情况，应按《政府预算收支科目》分"类"，分"款"分"项"，填列反映。

财政总预算会计在预算收支执行结果的报表时，还应编写预算收支执行情况说明书及其他附表，以便以文字和有关附表补充说明年度财政收支情况。

财政周转金报表由财政周转金收支情况表、财政周转金投放情况表和财政周转基金变动情况表组成。

1. 财政周转金收支情况表

财政周转金收支情况表是用来反映各级财政周转金收入、支出及结余分配情况的报表。该表分左、右两方。左方反映财政周转金利息收入、占用费收入情况；右方反映财政周转金占用费、业务费支出情况。该表应根据"财政周转金收入"和"财政周转金支出"明细账填列。财政周转金收支情况表的格式，如表 7.5 所示。

表 7.5 财政周转金收支情况表

财政周转金收入		财政周转金支出	
项　　目	金　　额	项　　目	金　　额
利息收入		占用费支出	
占用费收入		业务支出	
		其中:转入财政周转基金	
合　计		合　计	

2. 财政周转金投放情况表

财政周转金投放情况表是反映年度财政周转金运行情况的报表。它分左右两方列示，左方反映一级财政拥有的财政周转金的来源，包括本级财政设置的财政周转基金向上级财政借入的周转金，其他可以用作周转的资金；右方反映财政周转金放款数和借给下级财政的周转金,其中财政周转金放款数按归口部门分列,借给下级财政的周转金按归口部门或下级财政部门列示。财政周转金投放情况表,如表7.6所示。

表7.6 财政周转金投放情况表

项　　目	年初数	本期增加数	本期减少数	期末数	项　　目	年初数	本期借(放)数	本期回收数	期末数
财政周转基金					财政周转金放款				
向上级借入					1				
					2				
					3				
					借出财政周转金				
合计					合计				

该表应根据"财政周转基金"、"借入财政周转金"、"借出财政周转金"和"财政周转金放款"等账户分析填列。

3. 财政周转基金变动情况表

财政周转基金变动情况表是用来反映财政周转基金年度内增减变化情况的报表。该表应根据"财政周转基金"、"待处理财政周转金"等账户的数据填列。"财政周转基金年初数"加上"本年预算安排"、"本年占用费及利息转入"、"上级拨入"和"其他",减去"本年核销(待处理周转金)数",即为"财政周转基金年末数"。填列该表时,有关预算安排增加数和其他增加数应按实有项目列出细目。"待处理财政周转金"的"本年核销数"是指按规定的程序报经批准核销的数额;未经批准,不得自行核销。财政周转基金变动情况表的格式,如表7.7所示。

表7.7 财政周转基金变动情况表

序号	项　　目	金额	序号	项　　目	金额
1	财政周转基金年初数		1	待处理周转金年初数	
2	本年预算安排		2	本年增加数	
3	1		3	本年减少数	
4	2		4	其中:	
5	3		5	收回数	
6			6	本年核销数	
7	本年占用费及利息转入				
8	上级拨入				
9	其他				
10	1				
11	2				
12	3				
	财政周转基金期末数			待处理周转金期末数	

思 考 题

1. 简述财政总预算会计报表的种类。
2. 编制财政总预算会计报表中应注意哪些问题?
3. 财政总预算会计的年终清理工作主要包括哪些内容?
4. 财政总预算会计的年终结账工作一般可分为哪几个阶段?各阶段工作的主要内容是什么?
5. 财政总预算会计应如何编制资产负债表?

练 习 题

1. 名词解释

   财政总预算会计报表　年终清理

2. 单项选择题

   (1) 为了便于年终清理,各项预算拨款,一般截至本年度(　　)为止。
   　A. 12月25日　　B. 12月20日　　C. 12月30日　　D. 11月30日
   (2) 年度终了后,按照国库制度的规定,支库应设置(　　)天的库款报解整理期。
   　A. 20　　B. 15　　C. 10　　D. 5
   (3) 财政总预算会计年终结账工作包括(　　)、结清旧账和记入新账三个环节。
   　A. 年终清理　　B. 年终转账　　C. 年终结算　　D. 年终对账
   (4) 下列需要编制"旬报"的会计报表是(　　)。
   　A. 资产负债表　　　　　　　　B. 预算执行情况表
   　C. 财政周转金收支情况表　　　D. 财政周转金投放情况表

3. 综合题

   某市财政总预算会计12月末年终结账前的资产负债表如下,请编制结账后的资产负债表。

资产负债表(结账前)

20××年12月31日　　　　　　　　　　　　　　　　　　　　　　万元

资产部类			负债部类		
科目名称	年初数	期末数	科目名称	年初数	期末数
资产类			负债类		
国库存款		2 200	暂存款		35
其他财政存款		640	与上级往来		
有价证券		470	借入款		
在途款			借入财政周转金		69
暂付款		50	负债类合计		104
与下级往来			净资产		
预拨经费		590	预算结余		2 081
基建拨款		950	基金预算结余		1 150
财政周转金放款		700	专用基金结余		690
借出财政周转金			预算周转金		817

续表

资产部类			负债部类		
科目名称	年初数	期末数	科目名称	年初数	期末数
待处理财政周转金			财政周转基金		820
资产类合计		5 600	净资产合计		5 558
支出类			收入类		
一般预算支出		6 800	一般预算收入		7 000
基金预算支出		896	基金预算收入		870
专用基金支出		600	专用基金收入		510
补助支出		645	补助收入		540
上解支出		355	上解收入		310
调出资金		324	调入资金		76
财政周转金支出		48	财政周转金收入		300
支出类合计		9 668	收入类合计		9 606
资产部类合计		15 268	负债部类合计		15 268

第8章

行政单位会计概述

学习目标提示

- 行政单位会计概念
- 行政单位会计的特点及所要完成任务
- 我国《行政单位会计制度》包括的内容
- 我国行政单位会计科目体系

中英文关键词对照——

- 行政单位 service
- 行政单位会计 service accounting

8.1 行政单位会计概念及特点

8.1.1 行政单位会计的概念

行政单位是指进行国家行政管理,组织经济建设和文化建设,维护社会公共秩序的单位,行政单位会计包括国家权力机关、国家行政机关、各级审判机关和检察机关、部队等。国家权力机关即全国人民代表大会和地方各级人民代表大会及其常务委员会;国家行政机关即国务院和地方各级人民政府及其工作机构。行政单位的人员列入国家行政编制,经费全部由国家财政提供。

有些单位(如各党派、人民团体和各种协会等)不属于行政单位,但是由于其经费主要由国家财政拨款,或者其财务收支业务与行政单位类似,因此,也视同行政单位。有些单位虽然没有列入行政编制,但是由于其完全行使行政管理职能,因此也视同行政单位。

行政单位从编制部门预算进行预算管理的角度大体上可以分为人大、政协、民主党派、党务部门、综合性部门、公检法司部门、专业管理部门、一般政务部门和人民团体等。

行政单位会计是核算、反映、监督行政单位预算执行情况及其结果的专业会计。其核算对象是行政单位在执行单位预算过程中的收入、支出、结余以及资金运动中形成的资产、负债和净资产。

行政单位会计与政府财政会计是构成我国政府会计的主要组成部分。

8.1.2 行政单位会计的特点

行政单位会计的特点主要表现在以下几个方面:
(1)行政单位的资金来源是国家无偿拨款,一般不允许任何种类的借款。
(2)会计核算一般采用收付实现制。
(3)会计核算以资金收支为中心,不核算利润。

8.1.3 行政单位会计的任务

行政单位会计的任务是会计职能的具体体现,目前我国行政单位会计的任务包括以下三个方面。

(1)反映预算执行情况,以提供管理当局经管责任的财务信息。行政单位的首要任务是向信息使用者提供反映行政单位管理当局经管责任完成情况的财务信息,行政单位的性质决定了其向会计信息使用者提供是否按照国家规定的用途使用资金并完成制定任务的会计信息。

（2）参与预算编制，合理安排资金收支，保证资金供应与有效使用。行政单位会计部门应积极参与单位的管理决策，协助编制单位预算，及时取得保证单位行使政府职能所需的资金。对于已经取得的预算，会计部门有责任参与本单位业务计划和开支计划的安排，以保证资金的有效利用。

（3）实行会计监督，维护国家财经纪律。行政单位本身是贯彻国家各项政策法规的职能部门，令行禁止是其基本要求，行政单位有责任对本单位预算执行情况以及本单位履行经管责任的情况进行必要的监督，在权力范围内制止违反财经法纪的行为。

8.2 行政单位会计制度及科目

8.2.1 行政单位会计制度

为了进一步规范行政单位的会计核算，提高会计信息质量，根据《中华人民共和国会计法》和其他有关法律、行政法规、部门规章，财政部对《行政单位会计制度》(1998)进行了修订。修订后的《行政单位会计制度》于2014年1月1日起实施。该制度共八章。

第一章总则。对制定行政单位会计制度的目的、适用范围、会计对象、记账方法等作出规定。

行政单位会计制度适用于各级各类国家机关、政党组织（以下统称行政单位）。（适用范围）

行政单位会计核算目标是向会计信息使用者提供与行政单位财务状况、预算执行情况等有关的会计信息，反映行政单位受托责任的履行情况，有助于会计信息使用者进行管理、监督和决策。（会计目标）

行政单位会计信息使用者包括人民代表大会、政府及其有关部门、行政单位自身和其他会计信息使用者。（会计信息使用者）

行政单位应当对其自身发生的经济业务或者事项进行会计核算。（会计主体）

行政单位会计核算应当以行政单位各项业务活动持续正常地进行为前提。（持续经营）

行政单位应当划分会计期间，分期结算账目和编制财务报表。（会计分期）

会计期间至少分为年度和月度。会计年度、月度等会计期间的起讫日期采用公历日期。

行政单位会计核算应当以人民币作为记账本位币。发生外币业务时，应当将有关外币金额折算为人民币金额计量。（货币计量）

行政单位会计应当按照业务或事项的经济特征确定会计要素。会计要素包括资产、负债、净资产、收入和支出。（会计对象）

行政单位会计核算一般采用收付实现制，特殊经济业务和事项应当按照规定采用权责发生制核算。（确认基础）

行政单位应当采用借贷记账法记账。

行政单位的会计记录应当使用中文，少数民族地区可以同时使用本民族文字。

第二章会计信息质量要求，行政单位的会计信息要具有客观性、相关性、可比性、及时性、全面性、明晰性等质量特征。

第三章至第七章对资产、负债、净资产、收入和支出的概念、分类和确认等进行了说明。

第八章会计科目,包括行政单位使用的总分类科目,会计科目使用要求以及会计科目使用说明。

第九章财务报告,规定了财务报告的内容、格式、编制说明。

第十章附则。说明了行政单位会计核算需要依据的相关制度,规定了新《行政单位会计制度》的施行时间。

8.2.2 行政单位会计科目

现行《行政单位会计制度》规定行政单位的会计科目按会计要素可以分为资产、负债、净资产、收入和支出五大类。各类行政单位统一适用的会计科目如表8.1所示。

表8.1 行政单位会计科目

序号	科目编号	会计科目名称	序号	科目编号	会计科目名称
		一、资产类			二、负债类
1	1001	库存现金	18	2001	应缴财政款
2	1002	银行存款	19	2101	应缴税费
3	1011	零余额账户用款额度	20	2201	应付职工薪酬
4	1021 102101 102102	财政应返还额度 　财政直接支付 　财政授权支付	21	2301	应付账款
5	1212	应收账款	22	2302	应付政府补贴款
6	1213	预付账款	23	2305	其他应付款
7	1215	其他应收款	24	2401	长期应付款
8	1301	存货	25	2901	受托代理负债
9	1501	固定资产			三、净资产类
10	1502	累计折旧	26	3001	财政拨款结转
11	1511	在建工程	27	3002	财政拨款结余
12	1601	无形资产	28	3101	其他资金结转结余
13	1602	累计摊销	29	3501 350101 350111 350121 350131 350141 350151 350152	资产基金 　预付款项 　存货 　固定资产 　在建工程 　无形资产 　政府储备物资 　公共基础设施
14	1701	待处理财产损溢	30	3502	待偿债净资产
15	1801	政府储备物资			四、收入类
16	1802	公共基础设施	31	4001	财政拨款收入
17	1901	受托代理资产	32	4011	其他收入
					五、支出类
			33	5001	经费支出
			34	5101	拨出经费

行政单位应当按照下列规定运用会计科目：

（1）行政单位应当对有关法律、法规允许进行的经济活动，按照会计制度的规定使用会计科目进行核算；行政单位不得以会计制度规定的会计科目及使用说明作为进行有关法律、法规禁止的经济活动的依据。

（2）行政单位对基本建设投资的会计核算在执行会计制度的同时，还应当按照国家有关基本建设会计核算的规定单独建账、单独核算。

（3）行政单位应当按照会计制度的规定设置和使用会计科目，因没有相关业务不需要使用的总账科目可以不设；在不影响会计处理和编报财务报表的前提下，行政单位可以根据实际情况自行增设会计制度规定以外的明细科目，或者自行减少、合并会计制度规定的明细科目。

（4）按照财政部规定对固定资产和公共基础设施计提折旧的，相关折旧的账务处理应当按照会计制度规定执行；按照财政部规定不对固定资产和公共基础设施计提折旧的，不设置"累计折旧"科目，在进行账务处理时不考虑会计制度其他科目说明中涉及的"累计折旧"科目。

（5）会计制度统一规定会计科目的编号，以便于填制会计凭证、登记账簿、查阅账目、实行会计信息化管理。行政单位不得随意打乱重编会计制度规定的会计科目编号。

思 考 题

1. 什么是行政单位？它包括哪些组织？
2. 什么是行政单位会计？行政单位会计的特点是什么？
3. 行政单位会计的任务有哪些？
4. 行政单位会计制度主要包括哪些内容？
5. 行政单位会计科目分为哪五类？使用时应当遵循哪些要求？

练 习 题

1. 名词解释

   行政单位　行政单位会计

2. 单项选择题

   （1）下列不采用行政单位会计的是（　　）。
   A. 各级政府　　　B. 学校　　　C. 检察院　　　D. 党派

   （2）行政单位的资金来源是（　　）。
   A. 服务收费　　　B. 经营收入　　　C. 国家无偿拨款　　　D. 税收收入

   （3）行政单位的会计核算以（　　）为中心。
   A. 资金收支　　　B. 销售　　　C. 利润　　　D. 成本

   （4）下列对于行政单位会计的说法不对的是（　　）。
   A. 以收付实现制为核算基础　　　B. 资金来源渠道比较多
   C. 资金来源从本质上说是无偿的　　　D. 国家权力机关执行行政单位会计

   （5）行政单位为保障机构正常运转和完成工作任务所发生的资金耗费和损失是指（　　）。
   A. 负债　　　B. 收入　　　C. 支出　　　D. 净资产

3. 多项选择题

(1) 行政单位会计基本假设包括(   )。
  A. 会计主体   B. 持续经营   C. 会计分期   D. 货币计量

(2) 下列属于行政单位会计要素的有(   )。
  A. 资产   B. 负债   C. 收入   D. 所有者权益

(3) 关于行政单位会计特征正确的是(   )。
  A. 资金来源是国家无偿拨款   B. 一般不允许任何种类的借款
  C. 不核算利润   D. 反映预算执行情况

(4) 关于行政单位会计科目使用的说法正确的是(   )。
  A. 行政单位应当按照会计制度的规定设置和使用会计科目
  B. 因没有相关业务不需要使用的总账科目可以不设
  C. 不能自行增设会计制度规定以外的明细科目
  D. 不得随意打乱重编会计制度规定的会计科目编号

4. 判断题

(1) 行政单位不以营利为目的,所以只能采用收付实现制作为会计核算基础。(   )

(2) 行政单位不得以会计制度规定的会计科目及使用说明作为进行有关法律、法规禁止的经济活动的依据。(   )

(3) 行政单位会计信息使用者只包括人民代表大会、政府及其有关部门、行政单位自身。(   )

(4) 行政单位应当对其自身发生的经济业务或者事项进行会计核算。(   )

第9章

行政单位资产的核算

学习目标提示

- 行政单位流动资产的管理与核算
- 行政单位固定资产的管理与核算
- 行政单位无形资产的管理与核算

> 中英文关键词对照——
> - 资产 assets
> - 流动资产 current assets/ floating assets
> - 未达账项 outstanding item
> - 固定资产 fixed assets
> - 在建工程 construction-in-proless
> - 无形资产 intangible assets

资产是指行政单位占有或者使用的,能以货币计量的经济资源,包括流动资产、固定资产、在建工程、无形资产等。占有是指行政单位对经济资源拥有法律上的占有权。由行政单位直接支配,供社会公众使用的政府储备物资、公共基础设施等,也属于行政单位核算的资产。

行政单位对符合资产定义的经济资源,应当在取得对其相关的权利并且能够可靠地进行货币计量时确认。符合资产定义并确认的资产项目,应当列入资产负债表。

行政单位的资产应当按照取得时实际成本进行计量。除国家另有规定外,行政单位不得自行调整其账面价值。

9.1 行政单位的流动资产

流动资产是指可以在1年以内(含1年)变现或者耗用的资产,包括库存现金、银行存款、零余额账户用款额度、财政应返还额度、应收及预付款项、存货等。

9.1.1 库存现金的管理与核算

1. 现金的概念与管理要求

行政单位的现金指的是库存现金,即行政单位在预算执行过程中为保证日常开支需要而存放在财务部门的货币资金。根据国家现金管理制度和结算制度的规定,行政单位收支的各项款项必须按照国务院颁发的《现金管理暂行条例》的规定办理,现金管理的要求主要是:

(1)严格遵守库存现金限额。库存现金限额是指银行对行政单位核定的一个单位可以保留库存现金的最高限额。一般以不超过3天零星开支所需的现金为准。行政单位现金的数额,必须严格控制在银行核定的库存现金限额之内,超过限额的部分,必须及时存入银行。

(2)严格现金收付手续。行政单位办理任何现金收支,都必须以合法的原始凭证为依据。出纳人员付出现金时,应当在原始单据上加盖"现金付讫"戳记。收取现金时,应当开给对方收款收据。

(3)不得坐支现金。坐支现金是指用本单位收入的现金直接支付支出。按照银行制度的规定,行政单位每天收入的现金,必须当天送存开户银行,不能直接支用,不许任意坐支,因特殊原因需要坐支现金的,应事先报开户银行审查批准,由开户银行核定坐支范围和限额,坐支单位应定期向银行报送坐支金额和使用情况。

(4)钱账分管,互相牵制。为了保证现金的安全,防止各种错误和弊端的发生,各单位会计和出纳应分开,会计和出纳人员要明确分工,各负其责,互相牵制。实行会计管账不管钱,出纳管钱不管账,这是行政单位加强内部控制的重要制度。

(5)日清月结,如实反映现金库存数额。现金收付应及时入账,每日终了,出纳人员应当结出现金的账面余额,并与现金实际库存数额核对相符。

(6)严格遵守现金使用范围。根据《现金管理暂行条例》规定,各单位在下列范围内可使用现金:

①支付给职工个人的工资、奖金、津贴;

②支付给个人的劳动报酬;

③根据国家规定颁发给个人的科学、技术、文化、教育、卫生、体育等各种奖金;

④各种劳保、福利费以及国家规定对个人的其他支出;

⑤向个人收购农副产品和其他物资的价款;

⑥支付出差人员必须随身携带的差旅费;

⑦结算起点以下的零星支出;

⑧中国人民银行确定需要支付现金的其他支出。

属于上述限定范围内的开支可以根据需要向银行提取现金支付;不属于上述范围的款项,必须通过银行进行转账结算。

2. 库存现金的核算

为了反映行政单位现金收支和结存情况,应设置"库存现金"账户。现金按照实际收入和支出数额记账。该账户属于资产类账户,其借方反映现金的增加,贷方反映现金的减少,月末借方余额反映库存现金的余额。

行政单位有外币现金的,应当分别按照人民币、外币种类设置"现金日记账"进行明细核算。有关外币现金业务的账务处理参见"银行存款"科目的相关规定。

库存现金的主要账务处理如下:

(1)从银行等金融机构提取现金,按照实际提取的金额,借记"库存现金"科目,贷记"银行存款"、"零余额账户用款额度"等科目;将现金存入银行等金融机构,借记"银行存款",贷记"库存现金"科目;将现金退回单位零余额账户,借记"零余额账户用款额度"科目,贷记"库存现金"科目。

【例9.1】 某行政单位开出现金支票从银行提取现金1 000元备用。会计分录如下:

借:库存现金　　　　　　　　　　　　　　　　　　　　　　　　1 000
　　贷:银行存款　　　　　　　　　　　　　　　　　　　　　　　　1 000

【例9.2】 开出"财政授权支付凭证",从零余额账户提取库存现金5 000元备用。会计分录如下:

借:库存现金　　　　　　　　　　　　　　　　　　　　　　　　5 000
　　贷:零余额账户用款额度　　　　　　　　　　　　　　　　　　5 000

(2)因支付内部职工出差等原因所借的现金,借记"其他应收款"科目,贷记"库存现金"科目;出差人员报销差旅费时,按照应报销的金额,借记有关科目,按照实际借出的现金金额,贷记"其他应收款"科目,按照其差额,借记或贷记"库存现金"科目。

【例9.3】 某行政单位工作人员李某因公出差预借差旅费3 000元。会计分录如下:
借:其他应收款——李某　　　　　　　　　　　　　　　　　　　3 000
　贷:库存现金　　　　　　　　　　　　　　　　　　　　　　　　　3 000

【例9.4】 承上例,李某出差回来报销差旅费2 800元,退回现金200元。会计分录如下:
借:经费支出　　　　　　　　　　　　　　　　　　　　　　　　　2 800
　库存现金　　　　　　　　　　　　　　　　　　　　　　　　　　　200
　贷:其他应收款——李某　　　　　　　　　　　　　　　　　　　3 000

(3)因开展业务或其他事项收到现金,借记"库存现金"科目,贷记有关科目;因购买服务、商品或者其他事项支出现金,借记有关科目,贷记"库存现金"科目。

【例9.5】 收到按规定不上交财政的零星杂项收入库存现金1 500元。会计分录如下:
借:库存现金　　　　　　　　　　　　　　　　　　　　　　　　　1 500
　贷:其他收入　　　　　　　　　　　　　　　　　　　　　　　　　1 500

【例9.6】 某行政单位用现金购买办公用品400元。会计分录如下:
借:经费支出　　　　　　　　　　　　　　　　　　　　　　　　　　400
　贷:库存现金　　　　　　　　　　　　　　　　　　　　　　　　　　400

(4)收到受托代理的现金时,借记"库存现金"科目,贷记"受托代理负债"科目;支付受托代理的现金时,借记"受托代理负债"科目,贷记"库存现金"科目。

为了随时掌握现金的收支和结存情况,行政单位应当设置"现金日记账",由出纳人员根据收付款凭证,按照业务发生顺序逐笔登记。每日终了,应当计算当日的现金收入合计数、现金支出合计数和结余数,并将结余数与实际库存数核对,做到账款相符。

3.库存现金的核对

每日终了结算现金收支,核对库存现金时发现有待查明原因的现金短缺或溢余,应通过"待处理财产损溢"科目核算。

属于现金短缺,应当按照实际短缺的金额,借记"待处理财产损溢"科目,贷记"库存现金"科目。

属于现金溢余,应当按照实际溢余的金额,借记"库存现金"科目,贷记"待处理财产损溢"科目。待查明原因后作如下处理:

如为现金短缺,属于应由责任人赔偿或向有关人员追回的部分,借记"其他应收款"科目,贷记"待处理财产损溢"科目。

如为现金溢余,属于应支付给有关人员或单位的,借记"待处理财产损溢"科目,贷记"其他应付款"科目。

【例9.7】 现金核对时发现短缺50元,属于无法查明原因的,根据管理权限经批准后列作支出。会计分录如下:
借:待处理财产损溢　　　　　　　　　　　　　　　　　　　　　　　50
　贷:库存现金　　　　　　　　　　　　　　　　　　　　　　　　　　50

借:经费支出 50
　　贷:待处理财产损溢 50

【例9.8】 上月现金溢余100元无法查明原因的,根据管理权限经批准后列作收入。会计分录如下:

借:待处理财产损溢 100
　　贷:其他收入 100

9.1.2 银行存款的管理与核算

1. 银行存款账户的开立与管理要求

行政单位按照规定除可以保留必要的小额现金收付以外,大量的资金都必须存入银行或其他金融机构,办理转账结算。

银行存款是行政单位存入银行或其他金融机构各种款项,因此,按照中国人民银行《支付结算办法》的规定,行政单位应在银行开立账户,以办理存款、取款和转账等结算。行政单位在银行开立存款账户,必须遵守中国人民银行颁布的《银行账户管理办法》的各项规定。

2. 银行存款结算方式

根据银行结算制度的规定,银行结算方式主要包括支票、银行汇票、银行本票、商业汇票、汇兑、委托收款、托收承付等结算方式。行政单位涉及银行结算的业务主要是由预算资金的领拨和经费的支用引起的,所以,行政单位经常使用的银行结算方式主要是支票和汇兑。

3. 银行存款的核算

为了反映行政单位存入银行或者其他金融机构的各种存款的收支和结存情况,行政单位应设置"银行存款"账户。银行存款按照实际收入和支出数额记账。该账户属于资产类账户,借方登记银行存款的增加,贷方登记银行存款的减少,余额在借方,表示银行存款的实有数额。

行政单位应当按开户银行或其他金融机构、存款种类及币种等,分别设置"银行存款日记账",由出纳人员根据收付款凭证,按照业务的发生顺序逐笔登记,每日终了应结出余额。

(1)将款项存入银行或者其他金融机构时,借记"银行存款"科目,贷记"库存现金"、"其他收入"等有关科目。

【例9.9】 某行政单位将现金4 000元存入银行。会计分录如下:
借:银行存款 4 000
　　贷:库存现金 4 000

【例9.10】 某行政单位收到财政部门拨入的经费450 000元,款项已通过银行收妥。会计分录如下:
借:银行存款 450 000
　　贷:财政拨款收入 450 000

(2)提取和支出存款时,借记有关科目,贷记"银行存款"科目。

【例9.11】 某行政单位开出银行结算凭证,支付业务费用9 000元。会计分录如下:

借:经费支出　　　　　　　　　　　　　　　　　　　　　　　9 000
　贷:银行存款　　　　　　　　　　　　　　　　　　　　　　　9 000

(3)收到银行存款利息时,借记"银行存款"科目,贷记"其他收入"等科目;支付银行手续费或银行扣收罚金等时,借记"经费支出"科目,贷记"银行存款"科目。

【例9.12】 某行政单位收到开户银行转来的入账通知单,本月银行存款利息为650元。会计分录如下:

借:银行存款　　　　　　　　　　　　　　　　　　　　　　　650
　贷:其他收入——存款利息　　　　　　　　　　　　　　　　650

(4)收到受托代理的银行存款时,借记"银行存款"科目,贷记"受托代理负债"科目;支付受托代理的存款时,借记"受托代理负债"科目,贷记"银行存款"科目。

行政单位发生外币业务的,应当按照业务发生当日或当期期初的即期汇率,将外币金额折算为人民币金额记账,并登记外币金额和汇率。期末,各种外币账户的期末余额,应当按照期末的即期汇率折算为人民币,作为外币账户期末人民币余额。调整后的各种外币账户人民币余额与原账面余额的差额,作为汇兑损溢计入当期支出。

4.银行存款的核对

"银行存款日记账"应定期与"银行对账单"核对,至少每月核对一次。月度终了,行政单位账面余额与银行对账单余额之间如有差额,必须逐笔查明原因并进行处理,按月编制"银行存款余额调节表",调节相符。

银行存款日记账的账面余额与银行对账单余额不符的原因有两个:一是双方或一方记账有错误;二是存在未达账项。

未达账项是指因凭证传递时间不同,结算一方已经登记入账而另一方尚未入账的款项。未达账项有以下几种情况:银行已收款入账,单位尚未收款入账;银行已付款入账,单位尚未付款入账;单位已付款入账,银行尚未付款入账;单位已收款入账,银行尚未收款入账。

出现未达账项后,应编制"银行存款余额调节表"。编制"银行存款余额调节表"应遵循以下原则:将本单位"银行存款日记账"的余额和"银行对账单"的余额各自加进对方已收而本单位未收的未达账项,减去对方已付而本单位未付的未达账项以后,检查两方余额是否相等。如双方余额相符,即可结束,如不符则应进一步核对,看是哪一方有错账,如果是企业有错账,可自行更正;如果是银行有错账,则应向银行提供更正依据,更正后,双方余额应该相符。

"银行存款余额调节表"的编制只是财产清查中银行存款清查的方法,因此,不需要更改账簿记录,对未达账项也不需作任何账务处理,待接到银行转来的收、付款通知单后才能入账。

【例9.13】 某行政单位20××年6月30日的银行存款日记账账面余额为168 000元,而银行对账单余额为228 000元,经逐笔核对发现有以下未达账项:

(1)29日,单位委托银行收款3 400元,银行已办理收款入账,单位尚未收到收款单据。

(2)29日,单位开出转账支票59 200元,已经入账,持票人尚未到银行办理转账手续,银行尚未登记入账。

(3)29日,银行代单位支付水电费1 600元,已经入账,单位尚未收到结算凭证和电费收据,尚未入账。

(4)30 日,单位送存转账支票 1 000 元,银行尚未入账。

根据以上资料,编制"银行存款余额调节表",如表 9.1 所示。

表 9.1 银行存款余额调节表

20××年 6 月 30 日 元

项 目	金 额	项 目	金 额
银行存款日记账余额	168 000	银行对账单余额	228 000
加:银行已收 单位未收	3 400	加:单位已收 银行未收	1 000
减:银行已付 单位未付	1 600	减:单位已付 银行未付	59 200
调节后余额	169 800	调节后余额	169 800

以上经调节后的双方余额相等,说明双方账簿的记录是正确的。

9.1.3 零余额账户用款额度的管理与核算

1. 零余额账户用款额度的定义

零余额账户用款额度是指实行国库集中支付的行政单位根据财政部门批复的用款计划收到和支用的零余额账户用款额度。

零余额账户用于财政授权支出。该账户每日发生的支付,于当日营业终了前由代理银行在财政部批准的用款额度内与国库单一账户清算;财政授权的转账业务一律通过预算单位零余额账户办理。年度终了,零余额用款额度必须清零。

2. 零余额账户用款额度的核算

为了核算实行国库集中支付的行政单位根据财政部门批复的用款计划收到和支用的零余额账户用款额度,行政单位应设置"零余额账户用款额度"账户。资产类账户,借方登记在财政授权支付方式下,收到代理银行盖章的"财政支付到账通知书"所列数额;贷方登记授权支付的支出数,期末借方金额,反映行政单位尚未支用的零余额用款账户额度。年度终了注销单位零余额账户用款额度后,本科目应无余额。

零余额账户用款额度的主要账务处理如下:

(1)收到"财政授权支付额度到账通知书"时,根据通知书所列数额,借记"零余额账户用款额度"科目,贷记"财政拨款收入"科目。

【例 9.14】 收到代理银行转来的"财政授权支付额度到账通知书",列示本月财政授权支付额度为 100 000 元(基本支出拨款)。会计分录如下:

借:零余额账户用款额度 100 000
　　贷:财政拨款收入——财政授权支付(基本支出拨款) 100 000

(2)按规定支用额度时,借记"经费支出"等科目,贷记"零余额账户用款额度"科目。

【例 9.15】 开出财政授权支付凭证,支付水费 2 400 元。会计分录如下:

借:经费支出——基本支出——公用支出(水电费) 2 400
　　贷:零余额账户用款额度 2 400

(3)从零余额账户提取现金时,借记"库存现金"科目,贷记"零余额账户用款额度"科目。

(4)年度应当将本年未下达和已经下达但未使用的授权支付额度予以注销;下年初,应当确认恢复到账的授权支付额度。具体核算方法将在"财政应返还额度"科目中详细讲解。

9.1.4 财政应返还额度的管理与核算

1. 财政应返还额度的内容

财政应返还额度指实行国库集中支付的行政单位应收财政返还的资金额度,即行政单位年终注销的、需要在次年恢复的年度未实现的用款额度。

行政单位的年度预算指标包括财政直接支付额度和财政授权额度。财政直接支付额度由财政部门完成支付;财政授权支付额度下达到代理银行,由行政单位完成支付。年度终了,行政单位需要对年度未实现的用款额度进行注销,形成财政应返还额度,以待在次年予以恢复。

行政单位的财政应返还额度包括财政应返还直接额度和财政应返还授权额度。

(1)财政应返还直接额度,是财政直接支付额度本年预算指标与当年财政实际支付数的差额。

(2)财政应返还授权额度,是财政授权支付额度本年预算指标与当年行政单位实际支付数的差额,包括以下两个部分:

①未下达的授权额度,是指当年预算已经安排,但财政部门当年没有下达到行政单位代理银行的授权额度,即授权额度的本年预算指标与当年下达数之间的差额。

②未使用的授权额度,是指财政部门已经将授权额度下达到代理银行,但行政单位当年尚未完成实际支付的数额,即授权额度的本年下达数与当年实际使用数之间的差额。

2. 财政应返还额度的核算

为了核算实行国库集中支付的行政单位应收财政返还的资金额度的增减变化情况,应设置"财政应返还额度",资产类账户,期末借方余额,反映行政单位应收财政返还的资金额度。本科目应当设置"财政直接支付"、"财政授权支付"两个明细科目进行明细核算。

财政应返还额度的主要账务处理如下:

(1)年终注销。

①财政直接支付额度的注销。年末,行政单位根据本年度财政直接支付预算指标数与财政直接支付实际支出数的差额,借记"财政应返还额度——财政直接支付"科目,贷记"财政拨款收入"科目。

②财政授权支付额度的注销。年末,对未使用的授权额度,行政单位依据代理银行提供的对账单作注销额度的相关账务处理,借记"财政应返还额度——财政授权支付"科目,贷记"零余额账户用款额度"科目;对于未下达的授权额度,行政单位本年度财政授权支付预算指标数大于零余额账户用款额度下达数的,根据未下达的用款额度的数额,借记"财政应返还额度——财政授权支付"科目,贷记"财政拨款收入"科目

【例9.16】 年末,某行政单位本年度公共财政预算基本经费拨款的财政直接支付额度预算指标为3 800 000元,当年财政已经实际完成支付3 720 000元,未实现财政直接支付额度为80 000元,予以注销。会计分录如下:

借：财政应返还额度——财政直接支付　　　　　　　　　　80 000
　　贷：财政拨款收入——基本支出拨款　　　　　　　　　　　80 000

【例9.17】　年末，某行政单位本年度公共财政预算基本经费拨款的财政授权支付额算指标为1 250 000元。根据代理银行提供的对账单，本年已经下达的财政授权支付额度为1 230 000元，行政单位已经实际使用了授权额度1 200 000元，未实现的授权额度50 000元。其中：未下达的授权额度为20 000元，未使用的授权额度为30 000元。会计分录如下：

借：财政应返还额度——财政授权支付　　　　　　　　　　50 000
　　贷：财政拨款收入——基本支出拨款　　　　　　　　　　　20 000
　　　　零余额账户用款额度　　　　　　　　　　　　　　　　30 000

（2）年初恢复额度。

①财政直接支付额度的恢复。收到恢复预算额度通知时不冲销"财政应返还额度——财政直接支付"科目，只进行预算记录。待年度预算执行过程中，财政部门使用以前年度的财政直接支付额度发生支出时，另行确认。

②财政授权支付额度的恢复。年初，行政单位根据代理银行提供的额度恢复到账通知书作恢复额度的相关账务处理，确认已经下达的授权额度数额。借记"零余额账户用款额度"科目，贷记"财政应返还额度——财政授权支付"科目。

【例9.18】　年初，某行政单位收到"财政授权支付额度恢复到账通知书"，上年注销的授权额度50 000元已经全额恢复，并且已经下达到代理银行。会计分录如下：

借：零余额账户用款额度　　　　　　　　　　　　　　　　50 000
　　贷：财政应返还额度——财政授权支付　　　　　　　　　　50 000

（3）使用以前年度财政资金额度。

①财政直接支付额度的使用。本年使用以前年度的财政直接支付额度发生支出时，借记"经费支出"科目，贷记"财政应返还额度——财政直接支付"科目。

②财政授权支付额度的使用。行政单位使用以前年度财政授权支付额度发生支出时，借记"经费支出"等科目，贷记"零余额账户用款额度"科目。

9.1.5　应收及预付款项的管理与核算

应收及预付款项是指行政单位在开展业务活动中形成的各项债权，包括应收账款、预付账款、其他应收款等。

1. 应收账款

应收账款是行政单位出租资产、出售物资等应当收取的款项。应收账款应当在资产已出租或物资已出售、且尚未收到款项时确认。

为了核算行政单位出租资产、出售物资等应当收取的款项，应设置"应收账款"账户，行政单位收到的商业汇票，也通过本科目核算。资产类账户，借方登记出租、出售物资等应收的款项，贷方登记收回数，期末借方余额，反映行政单位尚未收回的应收账款。本科目应当按照购货、接受服务单位（或个人）或开出、承兑商业汇票的单位等进行明细核算。

应收账款应当在资产已出租或物资已出售、且尚未收到款项时确认。

应收账款的主要账务处理如下：

(1)出租资产发生的应收账款。

①出租资产尚未收到款项时,按照应收未收金额借记"应收账款"科目,贷记"其他应付款"科目。

②收回应收账款时,借记"银行存款"等科目,贷记"应收账款"科目;同时,借记"其他应付款"科目,按照应缴的税费,贷记"应缴税费"科目,按照扣除应缴税费后的净额,贷记"应缴财政款"科目。

【例9.19】 某行政单位经批准将一闲置的房屋出租给王××,租赁合同显示租金为每年120 000元,按季度支付。会计分录如下:

房屋已经交付使用,租金尚未收到。

借:应收账款——王××	120 000
贷:其他应付款——应缴出租收入	120 000

收到本季度租金30 000元,存入单位的银行账户,应缴税费为3 600元。

借:银行存款	30 000
贷:应收账款——王××	30 000

同时

借:其他应付款——应缴出租收入	30 000
贷:应缴税费	3 600
应缴财政款——资产出租收入	26 400

(2)出售物资发生的应收账款。

①物资已发出并到达约定状态且尚未收到款项时,按照应收未收金额,借记"应收账款"科目,贷记"待处理财产损溢"科目。

②收回应收账款时,借记"银行存款"等科目,贷记"应收账款"科目。

【例9.20】 某行政单位出售一批不需用物资给A公司,价值20 000元,物资已发出,但尚未收到款项。会计分录如下:

电脑发出时

借:应收账款——A公司	20 000
贷:待处理财产损溢	20 000

收到价款时

借:银行存款	20 000
贷:应收账款——A公司	20 000

(3)收到商业汇票的核算。行政单位收到商业汇票也通过"应收账款"科目核算。

①出租资产收到商业汇票,按照商业汇票的票面金额,借记"应收账款"科目,贷记"其他应付款"科目。

②出售物资收到商业汇票,按照商业汇票的票面金额,借记"应收账款"科目,贷记"待处理财产损溢"科目。

③商业汇票到期收回款项时,借记"银行存款"等科目,贷记"应收账款"科目。其中,出租资产收回款项的,还应当同时借记"其他应付款"科目,按照应缴的税费,贷记"应缴税费"科目,按照扣除应缴税费后的净额,贷记"应缴财政款"科目。

行政单位应当设置"商业汇票备查簿",逐笔登记每一笔应收商业汇票的种类、号数、出票日期、到期日、票面金额、交易合同号等相关信息资料。商业汇票到期结清票款或退票后,应当在备查簿内逐笔注销。

(4)应收账款的核销。逾期3年或以上、有确凿证据表明确实无法收回的应收账款,按规定报经批准后予以核销。核销的应收账款应在备查簿中保留登记。

①转入待处理财产损溢时,按照待核销的应收账款金额,借记"待处理财产损溢"科目,贷记"应收账款"科目。

②已核销的应收账款在以后期间收回的,借记"银行存款"科目,贷记"应缴财政款"等科目。

【例9.21】 某行政单位有一笔应收账款3 000元,逾期3年以上、有确凿证据表明确实无法收回,按规定程序申请核销。会计分录如下:

借:待处理财产损溢　　　　　　　　　　　　　　　　　　3 000
　　贷:应收账款——D公司　　　　　　　　　　　　　　　　3 000

【例9.22】 上述应收账款3 000元已经批准予以核销。会计分录如下:

借:资产基金——应收及预付款　　　　　　　　　　　　　3 000
　　贷:待处理财产损溢　　　　　　　　　　　　　　　　　　3 000

2. 预付账款

预付账款行政单位按照购货、服务合同规定预付给供应单位(或个人)的款项。预付账款应当在已支付款项且尚未收到物资或服务时确认。

为了核算行政单位按照购货、服务合同规定预付给供应单位(或个人)的款项,应设置"预付账款"账户,行政单位依据合同规定支付的定金,也通过本科目核算。可以收回的订金,不通过本科目核算,应当通过"其他应收款"科目核算。该账户属资产类账户,借方登记向供应单位预付的款项,贷方登记收到所购物资或服务时结转的预付款项。期末借方余额,反映行政单位实际预付但尚未结算的款项。本科目应当按照供应单位(或个人)进行明细核算。

预付账款的主要账务处理如下:

(1)预付款项。发生预付账款时,借记"预付账款"科目,贷记"资产基金——应收及预付款项"科目;同时,借记"经费支出"科目,贷记"财政拨款收入"、"零余额账户用款额度"、"银行存款"等科目。

【例9.23】 某行政单位签订了购办公设备的合同,合同总价300 000元,按照政府采购购货合同规定支付给供货商定金20 000元,采取财政直接支付方式。会计分录如下:

借:预付账款　　　　　　　　　　　　　　　　　　　　　20 000
　　贷:资产基金——应收及预付款　　　　　　　　　　　　20 000
同时
借:经费支出　　　　　　　　　　　　　　　　　　　　　20 000
　　贷:财政拨款收入　　　　　　　　　　　　　　　　　　20 000

(2)收到所购物资或服务。收到所购物资或服务时,按照相应预付账款金额,借记"资产基金——预付款项"科目,贷记"预付账款"科目;发生补付款项的,按照实际补付的款项,借记"经费支出"科目,贷记"财政拨款收入"、"零余额账户用款额度"、"银行存款"等科目。收到物资的,同时按照收到所购物资的成本,借记有关资产科目,贷记"资产基金"及相关明细科目。

【例9.24】 收到上述购买的办公设备,补付款项 280 000 元,采取财政直接支付方式。会计分录如下:

借:经费支出	280 000
贷:财政拨款收入	280 000
借:资产基金——应收及预付款	20 000
贷:预付账款	20 000
借:固定资产	300 000
贷:资产基金——固定资产	300 000

(3)预付账款退回。发生当年预付账款退回的,借记"资产基金——预付款项"科目,贷记本科目;同时,借记"财政拨款收入"、"零余额账户用款额度"、"银行存款"等科目,贷记"经费支出"科目。

发生以前年度预付账款退回的,借记"资产基金——预付款项"科目,贷记本科目;同时,借记"财政应返还额度"、"零余额账户用款额度"、"银行存款"等科目,贷记"财政拨款结转"、"财政拨款结余"、"其他资金结转结余"等科目。

(4)预付账款的核销。逾期3年或以上、有确凿证据表明确实无法收到所购物资和服务,且无法收回的预付账款,按照规定报经批准后予以核销。核销的预付账款应在备查簿中保留登记。

①转入待处理财产损溢时,按照待核销的预付账款金额,借记"待处理财产损溢"科目,贷记本科目。

②已核销的预付账款在以后期间又收回的,借记"零余额账户用款额度"、"银行存款"等科目,贷记"财政拨款结转"、"财政拨款结余"、"其他资金结转结余"等科目。

3. 其他应收款

其他应收款是指行政单位除应收账款、预付账款以外的其他各项应收及暂付款项,包括职工预借的差旅费、拨付给内部有关部门的备用金、应向职工收取的各种垫付款项等。

为了核算行政单位除应收账款、预付账款以外的其他各项应收及暂付款项,应设置"其他应收款"账户,资产类账户,借方登记发生的各种其他应收款,贷方登记收回的或转销数。期末借方余额,反映行政单位尚未收回的其他应收款。本科目应当按照其他应收款的类别以及债务单位(或个人)进行明细核算。

其他应收款的主要账务处理如下:

(1)其他应收款的发生。因职工预借差旅费、垫付各种暂付款而发生其他应收及暂付款项时,借记"其他应收款"科目,贷记"零余额账户用款额度"、"银行存款"等科目。

【例9.25】 某行政单位20××年10月份为职工代垫房租和水电费 80 000 元。会计分录如下:

借:其他应收款	80 000
贷:银行存款	80 000

(2)其他应收款的收回或转销。收回或转销应收暂付款时,借记"银行存款"、"零余额账户用款额度"或有关支出等科目,贷记"其他应收款"科目。

【例9.26】 承上例,某行政单位期末从应付工资中扣除代垫款项。会计分录如下:

借:应付工资薪酬 80 000
　　贷:其他应收款 80 000

(3)备用金的发放。行政单位内部实行备用金制度的,有关部门使用备用金以后应当及时到财务部门报销并补足备用金。财务部门核定并发放备用金时,借记"其他应收款"科目,贷记"库存现金"等科目。根据报销数用现金补足备用金定额时,借记"经费支出"科目,贷记"库存现金"等科目,报销数和拨补数都不再通过"其他应收款"科目核算。

【例 9.27】 某行政单位内部实行备用金制度,向某业务部门核定并发放备用金 3 000元。会计分录如下:

借:其他应收款——备用金——××部门 5 000
　　贷:库存现金 5 000

(4)其他应收款的核销。逾期 3 年或以上、有确凿证据表明确实无法收回的其他应收款,按规定报经批准后予以核销。核销的其他应收款应在备查簿中保留登记。

①转入待处理财产损溢时,按照待核销的其他应收款金额,借记"待处理财产损溢"科目,贷记"其他应收款"科目。

②已核销的其他应收款在以后期间又收回的,如属于在核销年度内收回的,借记"银行存款"等科目,贷记"经费支出"科目;如属于在核销年度以后收回的,借记"银行存款"等科目,贷记"财政拨款结转"、"财政拨款结余"、"其他资金结转结余"等科目。

9.1.6 存货的管理与核算

1.存货的概念

存货是指行政单位在工作中为耗用而储存的资产,包括材料、燃料、包装物和低值易耗品及未达到固定资产标准的家具、用具、装具等。

存货应当在其到达存放地点并验收时确认,按照实际发生成本进行初始计量。

2.存货的计价

存货在取得时,应当按照其实际成本入账。

(1)购入的存货,其成本包括购买价款、相关税费、运输费、装卸费、保险费以及其他使得存货达到目前场所和状态所发生的支出。

(2)置换换入的存货,其成本按照换出资产的评估价值,加上支付的补价或减去收到的补价,加上为换入存货支付的其他费用(运输费等)确定。

(3)接受捐赠、无偿调入的存货,其成本按照有关凭据注明的金额加上相关税费、运输费等确定;没有相关凭据可供取得,但依法经过资产评估的,其成本应当按照评估价值加上相关税费、运输费等确定;没有相关凭据可供取得、也未经评估的,其成本比照同类或类似存货的市场价格加上相关税费、运输费等确定;没有相关凭据也未经评估,其同类或类似存货的市场价格无法可靠取得,该存货按照名义金额入账。

(4)委托加工存货的成本按照未加工存货的成本加上加工费用和往返运输费等确定。

(5)存货发出时,应当根据实际情况采用先进先出法、加权平均法或者个别计价法确定发出存货的实际成本。计价方法一经确定,不得随意变更。

3.存货的核算

为了核算行政单位在工作中为耗用而储存的各种资产的实际成本,应设置"存货"账户。资产类账户,借方登记取得存货的实际成本,贷方登记由于领用、对外销售、捐赠、报废、毁损等原因减少的存货实际成本,期末借方余额,反映行政单位存货的实际成本。本科目应当按照存货的种类、规格和保管地点等进行明细核算。行政单位有委托加工存货业务的,应当在"存货"科目下设置"委托加工存货成本"科目。出租、出借的存货,应当设置备查簿进行登记。

行政单位接受委托人指定受赠人的转赠物资,应当通过"受托代理资产"科目核算,不通过"存货"科目核算。

行政单位随买随用的零星办公用品等,可以在购进时直接列作支出,不通过"存货"科目核算。

(1)取得存货的核算。由于存货取得渠道不同,会计处理有所不同。

①购入的存货验收入库,按照确定的成本,借记"存货"科目,贷记"资产基金——存货"科目;同时,按照实际支付的金额,借记"经费支出"科目,贷记"财政拨款收入"、"零余额账户用款额度"、"银行存款"等科目;对于尚未付款的,应当按照应付未付的金额,借记"待偿债净资产"科目,贷记"应付账款"科目。

【例9.28】 某行政单位购入材料一批,价款100 000元,运费1 000元,收到货物并验收合格入库,价款采用财政授权支付方式支付。会计分录如下:

验收入库
借:存货　　　　　　　　　　　　　　　　　　　　　　　101 000
　贷:资产基金——存货　　　　　　　　　　　　　　　　　　101 000
借:经费支出　　　　　　　　　　　　　　　　　　　　　　101 000
　贷:零余额账户用款额度　　　　　　　　　　　　　　　　　101 000

②换入的存货验收入库,按照确定的成本,借记"存货"科目,贷记"资产基金——存货"科目;同时,按实际支付的补价、运输费等金额,借记"经费支出"科目,贷记"财政拨款收入"、"零余额账户用款额度"、"银行存款"等科目。

③接受捐赠、无偿调入的存货验收入库,按照确定的成本,借记"存货"科目,贷记"资产基金——存货"科目;同时,按实际支付的相关税费、运输费等金额,借记"经费支出"科目,贷记"财政拨款收入"、"零余额账户用款额度"、"银行存款"等科目。

【例9.29】 某行政单位接受某企业捐赠一批B材料,所附发票表明其价值为84 000元。材料已送达行政单位仓库,行政单位无需支付相关税费、运输费。会计分录如下:

借:存货——B材料　　　　　　　　　　　　　　　　　　　84 000
　贷:资产基金——存货　　　　　　　　　　　　　　　　　　84 000

④委托加工的存货出库,借记"存货"科目下的"委托加工存货成本"明细科目,贷记"存货"科目下的相关明细科目。支付加工费用和相关运输费等时,借记"经费支出"科目,贷记"财政拨款收入"、"零余额账户用款额度"、"银行存款"等科目;同时,按照相同的金额,借记"存货"科目下的"委托加工存货成本"明细科目,贷记"资产基金——存货"科目。委托加工完成的存货验收入库时,按照委托加工存货的成本,借记"存货"科目下的相关明细科目,贷记"存货"科目下的"委托加工存货成本"明细科目。

(2)发出存货的核算。

①开展业务活动等领用、发出存货,按照领用、发出存货的实际成本,借记"资产基

金——存货"科目,贷记本科目。

【例9.30】 某行政单位开出"材料出库单",业务活动领用A材料一批,采用加权平均法计算出其价值为4 000元。会计分录如下:

借:资产基金——存货　　　　　　　　　　　　　　　　　4 000
　　贷:存货——A材料　　　　　　　　　　　　　　　　　　　4 000

②经批准对外捐赠、无偿调出存货时,按照对外捐赠、无偿调出存货的实际成本,借记"资产基金——存货"科目,贷记"存货"科目。对外捐赠、无偿调出存货发生由行政单位承担的运输费等支出,借记"经费支出"科目,贷记"财政拨款收入"、"零余额账户用款额度"、"银行存款"等科目。

③经批准对外出售、置换换出的存货,应当转入待处理财产损溢,按照相关存货的实际成本,借记"待处理财产损溢"科目,贷记"存货"科目。

【例9.31】 某行政单位经批准将不需要的B材料对外出售,其账面余额为4 500元,按评估价值确定的销售价格为3 000元。会计分录如下:

批准销售后
借:待处理财产损溢——待处理财产价值　　　　　　　　　4 500
　　贷:存货——B材料　　　　　　　　　　　　　　　　　　　4 500
将材料交付购买单位
借:资产基金——存货　　　　　　　　　　　　　　　　　4 500
　　贷:待处理财产损溢——待处理财产价值　　　　　　　　　4 500
收到销售价款存入银行账户
借:银行存款　　　　　　　　　　　　　　　　　　　　　3 000
　　贷:待处理财产损溢——处理净收入　　　　　　　　　　　3 000
销售材料应交增值税120元
借:待处理财产损溢——处理净收入　　　　　　　　　　　120
　　贷:应缴税费——应交增值税　　　　　　　　　　　　　　120
结转存货出售净收入
借:待处理财产损溢——处理净收入　　　　　　　　　　　2 880
　　贷:应缴财政款　　　　　　　　　　　　　　　　　　　　2 880

④报废、毁损的存货,应当转入待处理财产损溢,按照相关存货的账面余额,借记"待处理财产损溢"科目,贷记"存货"科目。

【例9.32】 某行政单位的A材料经批准予以报废,其账面余额9 200元。处理过程中,发生清理费用600元,取得变价收入250元。会计分录如下:

转入清理
借:待处理财产损溢——待处理财产价值　　　　　　　　　9 200
　　贷:存货——A材料　　　　　　　　　　　　　　　　　　　9 200
核销
借:资产基金　　　　　　　　　　　　　　　　　　　　　9 200
　　贷:待处理财产损溢——待处理财产价值　　　　　　　　　9 200
支付清理费用

借:待处理财产损溢——处理净收入　　　　　　　　　　　600
　　贷:银行存款　　　　　　　　　　　　　　　　　　　600
取得变价收入
借:银行存款　　　　　　　　　　　　　　　　　　　　250
　　贷:待处理财产损益——处理净收入　　　　　　　　　250
结转清理净损益
借:经费支出——财政拨款支出——基本支出　　　　　　350
　　贷:待处理财产损溢——处理净收入　　　　　　　　　350

(3) 存货的清查。行政单位的存货应当定期进行清查盘点,每年至少盘点一次。对于发生的存货盘盈、盘亏,应当及时查明原因,按规定报经批准后进行账务处理。

①盘盈的存货,按照取得同类或类似存货的实际成本确定入账价值;没有同类或类似存货的实际成本,按照同类或类似存货的市场价格确定入账价值;同类或类似存货的实际成本或市场价格无法可靠取得,按照名义金额入账。

盘盈的存货,按照确定的入账价值,借记"存货"科目,贷记"待处理财产损溢"科目。报经批准予以处理时,借记"待处理财产损溢——待处理财产价值"科目,贷记"资产基金——存货"科目。

②盘亏的存货,转入待处理财产损溢时,按照其账面余额,借记"待处理财产损溢"科目,贷记"存货"科目。报经批准予以核销时,借记"资产基金——存货",贷记"待处理财产损溢——待处理财产价值"科目。

9.2　行政单位的固定资产

9.2.1　固定资产的概念及其分类

1. 固定资产的概念及标准

固定资产是指使用期限超过1年(不含1年)、单位价值在规定标准以上,并在使用过程中基本保持原有物质形态的资产。

根据有关规定,行政单位固定资产价值限额标准为:

①一般设备。单位价值在1 000元以上。

②专用设备。单位价值在1 500元以上。

③大批同类物资。单位价值虽未达到规定标准,但耐用时间超过1年(不含1年)的大批同类物资,应当作为固定资产核算。

2. 固定资产的分类

固定资产一般分为六类:房屋及构筑物;通用设备;专用设备;文物和陈列品;图书、档案;家具、用具、装具及动植物。

行政单位应当根据固定资产定义、有关主管部门对固定资产的统一分类,结合本单位的具体情况,制定适合本单位的固定资产目录、具体分类方法,作为进行固定资产核算的依据。

9.2.2 固定资产的确认与计量

1. 固定资产的确认

行政单位的固定资产在取得时进行初始确认。由于来源渠道不同,确认时间有所不同。

(1)购入、换入、无偿调入、接受捐赠不需安装的固定资产,在固定资产验收合格时确认。

(2)购入、换入、无偿调入、接受捐赠需要安装的固定资产,在固定资产安装完成交付使用时确认。

(3)自行建造、改建、扩建的固定资产,在建造完成交付使用时确认。

取得固定资产时,应当按照其成本入账。

2. 固定资产的计价

行政单位的固定资产应当按照取得时的实际成本记账。由于行政单位的固定资产的取得渠道较多,因此,固定资产的计价有多种具体情况。

(1)购入的固定资产,其成本包括实际支付的购买价款、相关税费、使固定资产交付使用前所发生的可归属于该项资产的运输费、装卸费、安装费和专业人员服务费等。

以一笔款项购入多项没有单独标价的固定资产,按照各项固定资产同类或类似固定资产市场价格的比例对总成本进行分配,分别确定各项固定资产的入账价值。

(2)自行建造的固定资产,其成本包括建造该项资产至交付使用前所发生的全部必要支出。固定资产的各组成部分需要分别核算的,按照各组成部分固定资产造价确定其成本;没有各组成部分固定资产造价的,按照各组成部分固定资产同类或类似固定资产市场造价的比例对总造价进行分配,确定各组成部分固定资产的成本。

(3)自行繁育的动植物,其成本包括在达到可使用状态前所发生的全部必要支出。

(5)在原有固定资产基础上进行改建、扩建、修缮的固定资产,其成本按照原固定资产的账面价值("固定资产"科目账面余额减去"累计折旧"科目账面余额后的净值)加上改建、扩建、修缮发生的支出,再扣除固定资产拆除部分账面价值后的金额确定。

(6)置换取得的固定资产,其成本按照换出资产的评估价值加上支付的补价或减去收到的补价,加上为换入固定资产支付的其他费用(运输费等)确定。

(7)接受捐赠、无偿调入的固定资产,其成本按照有关凭据注明的金额加上相关税费、运输费等确定;没有相关凭据可供取得,但依法经过资产评估的,其成本应当按照评估价值加上相关税费、运输费等确定;没有相关凭据可供取得、也未经评估的,其成本比照同类或类似固定资产的市场价格加上相关税费、运输费等确定;没有相关凭据也未经评估,其同类或类似固定资产的市场价格无法可靠取得,所取得的固定资产应当按照名义金额入账。

9.2.3 固定资产的核算

1. 账户的设置

(1)设置"固定资产"账户,用来核算行政单位各类固定资产的原价。资产类账户,借方登记固定资产原价的增加数,贷方登记固定资产原价的减少数,期末余额在借方,反映行政单位现有固定资产的原价。

行政单位应当设置"固定资产登记簿"和"固定资产卡片",按照固定资产类别、项目和使用部门等进行明细核算。出租、出借的固定资产,应当设置备查簿进行登记。

固定资产核算的有关说明如下:

①固定资产的各组成部分具有不同的使用寿命、适用不同折旧率的,应当分别将各组成部分确认为单项固定资产。

②购入需要安装的固定资产,应当先通过"在建工程"科目核算,安装完毕交付使用时再转入"固定资产"科目核算。

③行政单位的软件,如果其构成相关硬件不可缺少的组成部分,应当将该软件的价值包括在所属的硬件价值中,一并作为固定资产,通过"固定资产"科目进行核算;如果其不构成相关硬件不可缺少的组成部分,应当将该软件作为无形资产,通过"无形资产"科目核算。

④行政单位购建房屋及构筑物不能够分清支付价款中的房屋及构筑物与土地使用权部分的,应当全部作为固定资产,通过"固定资产"科目核算;能够分清支付价款中的房屋及构筑物与土地使用权部分的,应当将其中的房屋及构筑物部分作为固定资产,通过"固定资产"科目核算,将其中的土地使用权部分作为无形资产,通过"无形资产"科目核算;境外行政单位购买具有所有权的土地,作为固定资产,通过"固定资产"科目核算。

⑤行政单位借入、以经营租赁方式租入的固定资产,不通过"固定资产"科目核算,应当设置备查簿进行登记。

(2)设置"累计折旧"账户,用来核算行政单位固定资产、公共基础设施计提的累计折旧。资产类账户,贷方登记按月计提的折旧金额,借方登记处置固定资产时折旧的减少额,期末贷方余额,反映行政单位计提的固定资产、公共基础设施折旧累计数。本科目应当按照固定资产、公共基础设施的类别、项目等进行明细核算。占有公共基础设施的行政单位,应当在本科目下设置"固定资产累计折旧"和"公共基础设施累计折旧"两个一级明细科目,分别核算对固定资产和公共基础设施计提的折旧。

(3)设置"在建工程"账户,资产类账户,用来核算行政单位已经发生必要支出,但尚未完工交付使用的各种建筑(包括新建、改建、扩建、修缮等)工程、设备安装工程和信息系统建设工程的实际成本。借方登记为工程发生的支出,贷方登记完工交付使用的工程成本,期末借方余额,反映行政单位尚未完工的在建工程的实际成本。

不能够增加固定资产、公共基础设施使用效能或延长其使用寿命的修缮、维护等,不通过本科目核算。

本科目应当按照具体工程项目等进行明细核算;需要分摊计入不同工程项目的间接工程成本,应当通过本科目下设置的"待摊投资"明细科目核算。

行政单位的基本建设投资应当按照国家有关规定单独建账、单独核算,同时按照本制度的规定至少按月并入本科目及其他相关科目反映。行政单位应当在本科目下设置"基建工程"明细科目,核算由基建账套并入的在建工程成本。有关基建并账的具体账务处理另行规定。

2. 固定资产增加的核算

固定资产来源渠道不同,会计处理有所不同。取得固定资产时,应当按照其成本入账。

(1)购入固定资产。

①购入不需安装的固定资产,按照确定的固定资产成本,借记"固定资产"科目,贷记

"资产基金——固定资产"科目;同时,按照实际支付的金额,借记"经费支出"科目,贷记"财政拨款收入"、"零余额账户用款额度"、"银行存款"等科目。

②购入需要安装的固定资产,先通过"在建工程"科目核算。安装完工交付使用时,借记"固定资产"科目,贷记"资产基金——固定资产"科目;同时,借记"资产基金——在建工程"科目,贷记"在建工程"科目。

③购入固定资产分期付款或扣留质量保证金的,在取得固定资产时,按照确定的固定资产成本,借记"固定资产"科目(不需安装)或"在建工程"科目(需要安装),贷记"资产基金——固定资产、在建工程"科目;同时,按照已实际支付的价款,借记"经费支出"科目,贷记"财政拨款收入"、"零余额账户用款额度"、"银行存款"等科目;按照应付未付的款项或扣留的质量保证金等金额,借记"待偿债净资产"科目,贷记"应付账款"或"长期应付款"科目。

【例9.33】 某行政单位20××年1月经批准,通过政府采购购买业务用计算机5台,价款总计73 100元,验收合格,交付使用。款项由财政直接支付。

借:经费支出——基本支出(公用支出)(专用设备购置费) 73 100
　　贷:财政拨款收入——财政直接支付(基本支出拨款) 73 100
借:固定资产 73 100
　　贷:资产基金——固定资产 73 100

(2)自行建造的固定资产。

①工程完工交付使用时,按照自行建造过程中发生的实际支出,借记"固定资产"科目,贷记"资产基金——固定资产"科目;同时,借记"资产基金——在建工程"科目,贷记"在建工程"科目。

【例9.34】 某行政单位自行建造的一台安防设备,完工经验收后交付使用,其建造成本为42 500元。会计分录如下:

借:固定资产——安防设备 42 500
　　贷:资产基金——固定资产 42 500
借:资产基金——在建工程 42 500
　　贷:在建工程——安防设备建造工程 42 500

②已交付使用但尚未办理竣工决算手续的固定资产,按照估计价值入账,待确定实际成本后再进行调整。

(3)自行繁育的动植物。

①购入需要繁育的动植物,按照购入的成本,借记"固定资产"科目(未成熟动植物),贷记"资产基金——固定资产"科目;同时,按照实际支付的金额,借记"经费支出"科目,贷记"财政拨款收入"、"零余额账户用款额度"、"银行存款"等科目。

②发生繁育费用,按照实际支付的金额,借记"固定资产"科目(未成熟动植物),贷记"资产基金——固定资产"科目;同时,借记"经费支出"科目,贷记"财政拨款收入"、"零余额账户用款额度"、"银行存款"等科目。

③动植物达到可使用状态时,借记"固定资产"科目(成熟动植物),贷记"固定资产"科目(未成熟动植物)。

(4)改建、扩建、修缮的固定资产。

①将固定资产转入改建、扩建、修缮时,按照固定资产的账面价值,借记"在建工程"科目,贷记"资产基金——在建工程"科目;同时,按照固定资产的账面价值,借记"资产基金——固定资产"科目,按照固定资产已计提折旧,借记"累计折旧"科目,按照固定资产的账面余额,贷记"固定资产"科目。

②工程完工交付使用时,按照确定的固定资产成本,借记"固定资产"科目,贷记"资产基金——固定资产"科目;同时,借记"资产基金——在建工程"科目,贷记"在建工程"科目。

【例9.35】 某行政单位为改善办公条件,决定对一栋旧房进行改建,该旧房原价500 000元,累计折旧200 000元。会计分录如下:

  借:资产基金——固定资产   300 000
    累计折旧   200 000
    贷:固定资产   500 000
  借:在建工程   300 000
    贷:资产基金——在建工程   300 000

【例9.36】 为房屋改造分期购进各种材料(非政府采购)共计124 000元。会计分录如下:

  借:经费支出   124 000
    贷:零余额账户用款额度——财政授权支付 124 000
  借:在建工程   124 000
    贷:资产基金——在建工程   124 000

【例9.37】 支付人工费用共计18 000元。会计分录如下:

  借:经费支出   18 000
    贷:零余额账户用款额度——财政授权支付 18 000
  借:在建工程   18 000
    贷:资产基金——在建工程   18 000

【例9.38】 工程改造完成,交付使用,进行转账。会计分录如下:

  借:资产基金——在建工程   442 000
    贷:在建工程   442 000
  借:固定资产   442 000
    贷:资产基金——固定资产   442 000

(5)置换取得的固定资产。按照确定的成本,借记"固定资产"科目(不需安装)或"在建工程"科目(需安装),贷记"资产基金——固定资产、在建工程"科目;按照实际支付的补价、相关税费、运输费等,借记"经费支出"科目,贷记"财政拨款收入"、"零余额账户用款额度"、"银行存款"等科目。

(6)接受捐赠、无偿调入的固定资产。按照确定的成本,借记"固定资产"科目(不需安装)或"在建工程"科目(需要安装),贷记"资产基金——固定资产、在建工程"科目;按照实际支付的相关税费、运输费等,借记"经费支出"科目,贷记"财政拨款收入"、"零余额账户用款额度"、"银行存款"等科目。

(7)盘盈固定资产

盘盈的固定资产,按照取得同类或类似固定资产的实际成本确定入账价值;没有同类或类似固定资产的实际成本,按照同类或类似固定资产的市场价格确定入账价值;同类或类似固定资产的实际成本或市场价格无法可靠取得,按照名义金额入账。盘盈的固定资产,按照确定的入账价值,借记"固定资产"科目,贷记"待处理财产损溢"科目。

3. 固定资产折旧的核算

《行政单位会计制度》规定,行政单位对固定资产、公共基础设施是否计提折旧由财政部另行规定。如果行政单位需要准确反映固定资产的价值,提供的会计信息兼顾预算管理与财务管理的需要,应当建立固定资产折旧制度。

固定资产、公共基础设施计提折旧是指在固定资产、公共基础设施预计使用寿命内,按照确定的方法对应折旧金额进行系统分摊。

(1)计提折旧的范围。

行政单位的以下固定资产不计提折旧:文物及陈列品、图书、档案、动植物、以名义金额入账的固定资产、境外行政单位持有的能够与房屋及构筑物区分、拥有所有权的土地。其他资产都要计提折旧。

按照规定对固定资产、公共基础设施计提折旧的,折旧金额应当根据固定资产、公共基础设施原价和折旧年限确定。

(2)固定资产、公共基础设施计提折旧的几点说明。

①行政单位应当根据固定资产、公共基础设施的性质和实际使用情况,合理确定其折旧年限。省级以上财政部门、主管部门对行政单位固定资产、公共基础设施折旧年限作出规定的,从其规定。

②行政单位一般应当采用年限平均法或工作量法计提固定资产、公共基础设施折旧。

③行政单位固定资产、公共基础设施的应折旧金额为其成本,计提固定资产、公共基础设施折旧不考虑预计净残值。

④行政单位一般应当按月计提固定资产、公共基础设施折旧。当月增加的固定资产、公共基础设施,当月不提折旧,从下月起计提折旧;当月减少的固定资产、公共基础设施,当月照提折旧,从下月起不提折旧。

⑤固定资产、公共基础设施提足折旧后,无论能否继续使用,均不再计提折旧;提前报废的固定资产、公共基础设施,也不再补提折旧;已提足折旧的固定资产、公共基础设施,可以继续使用的,应当继续使用,规范管理。

⑥固定资产、公共基础设施因改建、扩建或修缮等原因而提高使用效能或延长使用年限的,应当按照重新确定的固定资产、公共基础设施成本以及重新确定的折旧年限,重新计算折旧额。

(3)累计折旧的主要账务处理。

①按月计提固定资产、公共基础设施折旧时,按照应计提折旧金额,借记"资产基金——固定资产、公共基础设施"科目,贷记"累计折旧"科目。

【例9.39】 某行政单位20××年1月经批准,通过政府采购购置复印机一台,货款21 000元,增值税为3 570元,验收后交付使用。款项由财政直接支付。预计使用年限5年,按月计提折旧。会计分录如下:

  借:经费支出——基本支出——公用支出(专用设备购置费)   24 570
   贷:财政拨款收入——财政直接支付——基本支出拨款   24 570

借：固定资产——专用设备 24 570
  贷：资产基金——固定资产 24 570

从 20××年 2 月开始该复印机每月应计提折旧

$$\frac{24\,570}{12\times 5}=409.50(元)$$

借：资产基金——固定资产 409.50
  贷：累计折旧 409.50

②固定资产、公共基础设施处置时，按照所处置固定资产、公共基础设施的账面价值，借记"待处理财产损溢"科目（出售、置换换出、报废、毁损、盘亏）或"资产基金——固定资产、公共基础设施"科目（无偿调出、对外捐赠），按照固定资产、公共基础设施已计提折旧，借记"累计折旧"科目，按照固定资产、公共基础设施的账面余额，贷记"固定资产"、"公共基础设施"科目。

【例 9.40】 经批准报废电视机一台，原价 3 200 元，累计折旧 3 000 元，残值收入 200 元，收进库存现金。会计分录如下：

借：待处理财产损溢——待处理财产价值 200
  累计折旧 3 000
  贷：固定资产——电视机 3 200
借：资产基金——固定资产 200
  贷：待处理财产损溢（待处理财产价值） 200
借：库存现金 200
  贷：待处理财产损溢（处理净收入） 200
借：待处理财产损溢（处理净收入） 200
  贷：应缴财政款 200

4．固定资产的后续支出

（1）为增加固定资产使用效能或延长其使用寿命而发生的改建、扩建或修缮等后续支出，应当计入固定资产成本，通过"在建工程"科目核算，完工交付使用时转入"固定资产"科目。有关账务处理参见改扩建及在建工程的账务处理。

（2）为维护固定资产正常使用而发生的日常修理等后续支出，应当计入当期支出但不计入固定资产成本，借记"经费支出"科目，贷记"财政拨款收入"、"零余额账户用款额度"、"银行存款"等科目。

【例 9.41】 为保证空调制冷系统运行的稳定性，对单位信息中心的空调进行维护，发生项目支出 570 元，款项通过单位的零余额账户支付。会计分录如下：

借：经费支出——财政拨款支出——项目支出 570
  贷：零余额账户用款额度 570

5．固定资产减少的核算

（1）出售、置换换出固定资产。经批准出售、置换换出的固定资产转入待处理财产损溢时，按照固定资产的账面价值，借记"待处理财产损溢"科目，按照已计提折旧，借记"累计折旧"科目，按照固定资产的账面余额，贷记"固定资产"科目。

【例9.42】 某行政单位报主管部门和同级财政部门审批同意,将一台不需用的办公设备对外出售。该设备的账面余额为40 000元,已计提折旧15 200元,出售该设备取得价款28 000元,款项已经收到并存入银行,出售该设备应缴税费为1 400元,以银行转账方式支付相关费用200元。已将出售该设备的净收入26 400元缴入国库。会计分录如下:

①转入待处理资产
借:待处理财产损溢——待处理资产价值　　　　　　　　　　24 800
　　累计折旧——固定资产累计折旧　　　　　　　　　　　　15 200
　　贷:固定资产——办公设备　　　　　　　　　　　　　　　40 000
②出售
借:资产基金——固定资产　　　　　　　　　　　　　　　　24 800
　　贷:待处理财溢——待处理资产价值　　　　　　　　　　　24 800
③收款
借:银行存款　　　　　　　　　　　　　　　　　　　　　　28 000
　　贷:待处理财产损溢——处理净收入　　　　　　　　　　　28 000
同时
借:待处理财产损溢——处理净收入　　　　　　　　　　　　1 400
　　贷:应缴税费　　　　　　　　　　　　　　　　　　　　　1 400
④支付费用
借:待处理财产损溢——处理净收入　　　　　　　　　　　　200
　　贷:银行存款　　　　　　　　　　　　　　　　　　　　　200
⑤净收入缴入国库
借:待处理财产损溢——处理净收入　　　　　　　　　　　　26 400
　　贷:应缴财政款　　　　　　　　　　　　　　　　　　　　26 400

(2)无偿调出、对外捐赠固定资产。经批准无偿调出、对外捐赠固定资产时,按照固定资产的账面价值,借"资产基金——固定资产"科目,按照已计提折旧,借记"累计折旧"科目,按照固定资产的账面余额,贷记"固定资产"科目。

无偿调出、对外捐赠固定资产发生由行政单位承担的拆除费用、运输费等,按照实际支付的金额,借记"经费支出"科目,贷记"财政拨款收入"、"零余额账户用款额度"、"银行存款"等科目。

(3)报废、毁损固定资产。报废、毁损的固定资产转入待处理财产损溢时,按照固定资产的账面价值,借记"待处理财产损溢"科目,按照已计提折旧,借记"累计折旧"科目,按照固定资产的账面余额,贷记"固定资产"科目。见累计折旧的账务处理。

(4)盘亏固定资产。行政单位的固定资产应当定期进行清查盘点,每年至少盘点一次。对于固定资产发生盘亏的,应当及时查明原因,按照规定报经批准后进行账务处理。

盘亏的固定资产,按照盘亏固定资产的账面价值,借记"待处理财产损溢"科目,按照已计提折旧,借记"累计折旧"科目,按照固定资产账面余额,贷记"固定资产"科目。

6.在建工程的核算(非基本建设项目)

行政单位的在建工程是指行政单位已经发生必要支出,但尚未交付使用的建设工程,包括建筑工程、设备安装工程和信息系统建设工程。建筑工程是指为新建、改建、扩建、修缮房屋建筑物和附属构筑物设施而进行的工程项目。设备安装工程是指为保证设备的正常运转而进行的设备装配、调试工程项目。信息系统建设工程是指为建设管理信息系统而进行的工程项目。

行政单位的在建工程应当在属于在建工程的成本发生时确认。

(1) 建筑工程。

将固定资产转入改建、扩建或修缮等时，按照固定资产的账面价值，借记"在建工程"科目，贷记"资产基金——在建工程"科目；同时，按照固定资产的账面价值，借记"资产基金——固定资产"科目，按照固定资产已计提折旧，借记"累计折旧"科目，按照固定资产的账面余额，贷记"固定资产"科目。

将改建、扩建或修缮的建筑部分拆除时，按照拆除部分的账面价值（没有固定资产拆除部分的账面价值的，比照同类或类似固定资产的实际成本或市场价格及其拆除部分占全部固定资产价值的比例确定），借记"资产基金——在建工程"科目，贷记"在建工程"科目。改建、扩建或修缮的建筑部分拆除获得残值收入时，借记"银行存款"等科目，贷记"经费支出"科目；同时，借记"资产基金——在建工程"科目，贷记"在建工程"科目。

根据工程进度支付工程款时，按照实际支付的金额，借记"经费支出"科目，贷记"财政拨款收入"、"零余额账户用款额度"、"银行存款"等科目；同时按照相同的金额，借记本科目，贷记"资产基金——在建工程"科目。根据工程价款结算账单与施工企业结算工程价款时，按照工程价款结算账单上列明的金额（扣除已支付的金额），借记"在建工程"科目，贷记"资产基金——在建工程"科目；同时，按照实际支付的金额，借记"经费支出"科目，贷记"财政拨款收入"、"零余额账户用款额度"、"银行存款"等科目，按照应付未付的金额，借记"待偿债净资产"科目，贷记"应付账款"科目。

支付工程价款结算账单以外的款项时，借记"在建工程"科目，贷记"资产基金——在建工程"科目；同时，借记"经费支出"科目，贷记"财政拨款收入"、"零余额账户用款额度"、"银行存款"等科目。

工程项目结束，需要分摊间接工程成本的，按照应当分摊到该项目的间接工程成本，借记"在建工程"科目（××项目），贷记"在建工程"科目（待摊投资）。

建筑工程项目完工交付使用时，按照交付使用工程的实际成本，借记"资产基金——在建工程"科目，贷记"在建工程"科目；同时，借记"固定资产"、"无形资产"科目（交付使用的工程项目中有能够单独区分成本的无形资产），贷记"资产基金——固定资产、无形资产"科目。

建筑工程项目完工交付使用时扣留质量保证金的，按照扣留的质量保证金金额，借记"待偿债净资产"科目，贷记"长期应付款"等科目。

为工程项目配套而建成的、产权不归属本单位的专用设施，将专用设施产权移交其他单位时，按照应当交付专用设施的实际成本，借记"资产基金——在建工程"科目，贷记"在建工程"科目。

工程完工但不能形成资产的项目，应当按照规定报经批准后予以核销。转入待处理财产损溢时，按照不能形成资产的工程项目的实际成本，借记"待处理财产损溢"科目，贷记"在建工程"科目。

(2)设备安装工程。

购入需要安装的设备,按照购入的成本,借记"在建工程"科目,贷记"资产基金——在建工程"科目;同时,按照实际支付的金额,借记"经费支出"科目,贷记"财政拨款收入"、"零余额账户用款额度"、"银行存款"等科目。

发生安装费用时,按照实际支付的金额,借记"在建工程"科目,贷记"资产基金——在建工程"科目;同时,借记"经费支出"科目,贷记"财政拨款收入"、"零余额账户用款额度"、"银行存款"等科目。

设备安装完工交付使用时,按照交付使用设备的实际成本,借记"资产基金——在建工程"科目,贷记"在建工程"科目;同时,借记"固定资产"、"无形资产"科目(交付使用的设备中有能够单独区分成本的无形资产),贷记"资产基金——固定资产、无形资产"科目。

【例9.43】 某行政单位购入一套需要安装、调试的专业设备。设备价值及运费共计27 500元,通过单位的零余额账户支付,所用资金为公共财政预算项目经费拨款。通过单位的零余额账户支付设备安装费1 500元。设备安装完工,通过验收并交付使用。工程实际成本为29 000元。会计分录如下:

支付设备价款和运费时

借:在建工程——设备安装工程 27 500
  贷:资产基金——在建工程 27 500

同时

借:经费支出——财政拨款支出——项目支出 27 500
  贷:零余额账户用款额度 27 500

支付安装费时

借:在建工程——设备安装工程 1 500
  贷:资产基金——在建工程 1 500

同时

借:经费支出——财政拨款支出——项目支出 1 500
  贷:零余额账户用款额度 1 500

设备安装验收交付使用时

借:资产基金——在建工程 29 000
  贷:在建工程——设备安装工程 29 000

同时

借:固定资产——专业设备 29 000
  贷:资产基金——固定资产 29 000

(3)信息系统建设工程。发生各项建设支出时,按照实际支付的金额,借记"在建工程"科目,贷记"资产基金——在建工程"科目;同时,借记"经费支出"科目,贷记"财政拨款收入"、"零余额账户用款额度"、"银行存款"等科目。

信息系统建设完成交付使用时,按照交付使用信息系统的实际成本,借记"资产基金——在建工程"科目,贷记"在建工程"科目;同时,借记"固定资产"、"无形资产"科目,贷记"资产基金——固定资产、无形资产"科目。

(4)在建工程的毁损。毁损的在建工程成本,应当转入"待处理财产损溢"科目进行处理。转入待处理财产损溢时,借记"待处理财产损溢"科目,贷记"在建工程"科目。

9.3 行政单位的无形资产

9.3.1 无形资产的概念

无形资产是指不具有实物形态而能为行政单位提供某种权利的非货币性资产,包括著作权、土地使用权、专利权、非专利技术等。行政单位购入的不构成相关硬件不可缺少组成部分的软件,应当作为无形资产核算。

无形资产应当在完成对其权属的规定登记或其他证明单位取得无形资产时确认。

9.3.2 无形资产的计价

(1)取得无形资产时,应当按照其实际成本入账。

(2)委托软件公司开发软件,视同外购无形资产进行处理。

(3)自行开发并按法律程序申请取得的无形资产,按照依法取得时发生的注册费、聘请律师费等费用确定成本。

(4)置换取得的无形资产,其成本按照换出资产的评估价值加上支付的补价或减去收到的补价,加上为换入无形资产支付的其他费用(登记费等)确定。

(5)接受捐赠、无偿调入的无形资产,其成本按照有关凭据注明的金额加上相关税费确定;没有相关凭据可供取得,但依法经过资产评估的,其成本应当按照评估价值加上相关税费确定;没有相关凭据可供取得,也未经评估的,其成本比照同类或类似资产的市场价格加上相关税费确定;没有相关凭据也未经评估,其同类或类似无形资产的市场价格无法可靠取得,所取得的无形资产应当按照名义金额入账。

9.3.3 无形资产的核算

1. 账户的设置

(1)设置"无形资产"账户,用来核算各项无形资产的原价,资产类账户,借方登记增加的无形资产原值,贷方登记减少的无形资产原值,期末借方余额,反映行政单位无形资产的原值。本科目应当按照无形资产的类别、项目等进行明细核算。

(2)设置"累计摊销"账户,用来核算行政单位无形资产计提的累计摊销。资产类账户,贷方登记按月计提的摊销金额,借方登记处置无形资产时减少的摊销额,期末贷方余额,反映行政单位计提的无形资产摊销累计数。本科目应当按照无形资产的类别、项目等进行明细核算。

2. 无形资产增加的核算

(1)外购的无形资产,按照确定的成本,借记"无形资产"科目,贷记"资产基金——无形资产"科目;同时,按照实际支付的金额,借记"经费支出"科目,贷记"财政拨款收入"、"零余额账户用款额度"、"银行存款"等科目。

购入无形资产尚未付款的,取得无形资产时,按照确定的成本,借记"无形资产"科目,贷记"资产基金——无形资产"科目;同时,按照应付未付的款项金额,借记"待偿债净资产"科目,贷记"应付账款"科目。

【例9.44】 某行政单位用财政拨款资金(项目支出经费)购入一项专利权,通过单位的零余额账户支付购买价款、相关税费共计180 000元,已经完成专利权属变更的登记。会计分录如下:

借:无形资产——专利权　　　　　　　　　　　　　　180 000
　贷:资产基金——无形资产　　　　　　　　　　　　　　180 000
同时
借:经费支出——财政拨款支出——项目支出　　　　　　180 000
　贷:零余额账户用款额度　　　　　　　　　　　　　　180 000

(2)委托软件公司开发软件,视同外购无形资产进行处理。

软件开发前按照合同约定预付开发费用时,借记"预付账款"科目,贷记"资产基金——预付款项"科目;同时,借记"经费支出"科目,贷记"财政拨款收入"、"零余额账户用款额度"、"银行存款"等科目。

软件开发完成交付使用,并支付剩余或全部软件开发费用时,按照软件开发费用总额,借记"无形资产"科目,贷记"资产基金——无形资产"科目;按照实际支付的金额,借记"经费支出"科目,贷记"财政拨款收入"、"零余额账户用款额度"、"银行存款"等科目;按照冲销的预付开发费用,借记"资产基金——预付款项"科目,贷记"预付账款"科目。

【例9.45】 某行政单位委托某软件公司开发一项应用软件,开发费用共计150 000元。会计分录如下:

①用财政拨款资金(项目支出经费),通过零余额账户支付开发预付款50 000元。

借:预付账款——软件公司　　　　　　　　　　　　　　50 000
　贷:资产基金——预付款项　　　　　　　　　　　　　　50 000
同时
借:经费支出——财政拨款支出——项目支出　　　　　　50 000
　贷:零余额账户用款额度　　　　　　　　　　　　　　50 000

②软件开发完成交付使用。通过零余额账户支付剩余开发费用100 000元。

借:无形资产——专利权　　　　　　　　　　　　　　150 000
　贷:资产基金——无形资产　　　　　　　　　　　　　　150 000
同时
借:经费支出——财政拨款支出——项目支出　　　　　　100 000
　贷:零余额账户用款额度　　　　　　　　　　　　　　100 000
同时
借:资产基金——预付款项　　　　　　　　　　　　　　50 000
　贷:预付账款——软件公司　　　　　　　　　　　　　　50 000

(3)自行开发并按法律程序申请取得的无形资产,按照确定的成本,借记"无形资产"科目,贷记"资产基金——无形资产"科目;同时,按照实际支付的金额,借记"经费支出"科目,贷记"财政拨款收入"、"零余额账户用款额度"、"银行存款"等科目。依法取得前所发生的研究开发支出，应当于发生时直接计入当期支出，但不计入无形资产的成本。借记"经费支出"科目，贷记"财政拨款收入"、"零余额账户用款额度"、"财政应返还额度"、"银行存款"等科目。

（4）置换取得的无形资产，按照确定的成本，借记"无形资产"科目，贷记"资产基金——无形资产"科目；按照实际支付的补价、相关税费等，借记"经费支出"科目，贷记"财政拨款收入"、"零余额账户用款额度"、"银行存款"等科目。

（5）接受捐赠、无偿调入无形资产时，按照确定的成本，借记"无形资产"科目，贷记"资产基金——无形资产"科目；按照发生的相关税费，借记"经费支出"科目，贷记"零余额账户用款额度"、"银行存款"等科目。

3. 无形资产价值摊销

行政单位应按照会计制度的规定对无形资产进行价值摊销，以名义金额计量的无形资产除外。

摊销是指在无形资产使用寿命内，按照确定的方法对应摊销金额进行系统分摊。摊销金额应根据无形资产原价和摊销年限确定。

（1）有关说明。

①行政单位应当采用年限平均法计提无形资产摊销。

②行政单位无形资产的应摊销金额为其成本。

③行政单位应当按照以下原则确定无形资产的摊销年限：

法律规定了有效年限的，按照法律规定的有效年限作为摊销年限；法律没有规定有效年限的，按照相关合同或单位申请书中的受益年限作为摊销年限；法律没有规定有效年限、相关合同或单位申请书也没有规定受益年限的，按照不少于 10 年的期限摊销。非大批量购入、单价小于 1 000 元的无形资产，可以于购买的当期，一次将成本全部摊销。

④行政单位应当自无形资产取得当月起，按月计提摊销；无形资产减少的当月，不再计提摊销。

⑤无形资产提足摊销后，无论能否继续带来服务潜力或经济利益，均不再计提摊销；核销的无形资产，如果未提足摊销，也不再补提摊销。

⑥因发生后续支出而增加无形资产成本的，应当按照重新确定的无形资产成本，重新计算摊销额。

（2）累计摊销的账务处理。

按月计提摊销额时，按照应计提的金额，借记"资产基金——无形资产"科目，贷记"累计摊销"科目。

无形资产处置时，按照所处置无形资产的账面价值，借记"待处理财产损溢"科目（出售、置换换出、核销）或"资产基金——无形资产"科目（无偿调出、对外捐赠），按照已计提摊销，借记"累计摊销"科目，按照无形资产的账面余额，贷记"无形资产"科目。

【例9.46】 某行政单位计提当月无形资产摊销额 5 200 元。会计分录如下：

借：资产基金——无形资产　　　　　　　　　　　　　　　　　5 200
　　贷：累计摊销　　　　　　　　　　　　　　　　　　　　　　　　5 200

4. 无形资产后续支出的核算

(1) 为增加无形资产使用效能而发生的后续支出,如对软件进行升级改造或扩展其功能等所发生的支出,应当计入无形资产的成本,借记"无形资产"科目,贷记"资产基金——无形资产"科目;同时,借记"经费支出"科目,贷记"财政拨款收入"、"零余额账户用款额度"、"银行存款"等科目。

【例9.47】 某行政单位使用上级拨入的专项资金对单位的管理信息系统进行升级,共发生支出20 000元,款项通过银行转账支付。会计分录如下:

借:无形资产——管理信息系统　　　　　　　　　　　　　　20 000
　　贷:资产基金——无形资产　　　　　　　　　　　　　　　20 000
同时
借:经费支出——其他资金支出——项目支出　　　　　　　　20 000
　　贷:银行存款　　　　　　　　　　　　　　　　　　　　　20 000

(2) 为维护无形资产的正常使用而发生的后续支出,如对软件进行的漏洞修补、技术维护等所发生的支出,应当计入当期支出但不计入无形资产的成本,借记"经费支出"科目,贷记"财政拨款收入"、"零余额账户用款额度"、"银行存款"等科目。

【例9.48】 某行政单位使用财政拨入的基本经费对单位的办公软件进行维护,共发生支出1 500元,款项通过零余额账户支付。会计分录如下:

借:经费支出——财政拨款支出——基本支出　　　　　　　　1 500
　　贷:零余额账户用款额度　　　　　　　　　　　　　　　　1 500

5. 无形资产处置的核算

(1) 报经批准出售、置换换出无形资产转入待处理财产损溢时,按照待出售、置换换出无形资产的账面价值,借记"待处理财产损溢"科目,按照已计提摊销,借记"累计摊销"科目,按照无形资产的账面余额,贷记"无形资产"科目。

【例9.49】 某行政单位报经主管部门和同级财政部门审批同意,将一项专有技术对外出售。该技术的账面余额为52 000元,已计提摊销12 000元。会计分录如下:

借:待处理财产损溢——待处理资产价值　　　　　　　　　　40 000
　　累计摊销　　　　　　　　　　　　　　　　　　　　　　12 000
　　贷:无形资产——专有技术　　　　　　　　　　　　　　　52 000

(2) 报经批准无偿调出、对外捐赠无形资产,按照无偿调出、对外捐赠无形资产的账面价值,借记"资产基金——无形资产"科目,按照已计提摊销,借记"累计摊销"科目,按照无形资产的账面余额,贷记"无形资产"科目。无偿调出、对外捐赠无形资产发生由行政单位承担的相关费用支出等,按照实际支付的金额,借记"经费支出"科目,贷记"财政拨款收入"、"零余额账户用款额度"、"银行存款"等科目。

(3) 无形资产预期不能为行政单位带来服务潜力或经济利益的,应当按规定报经批准后将无形资产的账面价值予以核销。待核销的无形资产转入待处理财产损溢时,按照待核销无形资产的账面价值,借记"待处理财产损溢"科目,按照已计提摊销,借记"累计摊销"科目,按照无形资产的账面余额,贷记"无形资产"科目。

9.4 行政单位的其他资产

9.4.1 政府储备物资

政府储备物资是指行政单位储存管理的各项政府应急或救灾储备物资等。政府储备物资应当在其到达存放地点并验收时确认。

1. 政府储备物资的计价

(1)取得时成本的确定。取得政府储备物资时,应当按照其成本入账。

①购入的政府储备物资,其成本包括购买价款、相关税费、运输费、装卸费、保险费以及其他使政府储备物资达到目前场所和状态所发生的支出;单位支付的政府储备物资保管费、仓库租赁费等日常储备费用,不计入政府储备物资的成本。

②接受捐赠、无偿调入的政府储备物资,其成本按照有关凭据注明的金额加上相关税费、运输费等确定;没有相关凭据可供取得,但依法经过资产评估的,其成本应当按照评估价值加上相关税费、运输费等确定;没有相关凭据可供取得、也未经评估的,其成本比照同类或类似政府储备物资的市场价格加上相关税费、运输费等确定。

③盘盈的政府储备物资,按照取得同类或类似政府储备物资的实际成本确定入账价值;没有同类或类似政府储备物资的实际成本,按照同类或类似政府储备物资的市场价格确定入账价值。

(2)发出时成本的确定。政府储备物资发出时,应当根据实际情况采用先进先出法、加权平均法或者个别计价法确定发出政府储备物资的实际成本。计价方法一经确定,不得随意变更。

2. 政府储备物资的核算

(1)账户的设置。为了核算行政单位直接储存管理的各项政府应急或救灾储备物资等,行政单位应设置"政府储备物资"账户,资产类账户,借方登记增加的政府储备物资的成本,贷方登记调出等原因减少的政府储备物资的成本,期末借方余额,反映行政单位管理的政府储备物资的实际成本。本科目应当按照政府储备物资的种类、品种、存放地点等进行明细核算。

负责采购并拥有储备物资调拨权力的行政单位(简称"采购单位")将政府储备物资交由其他行政单位(简称"代储单位")代为储存的,由采购单位通过本科目核算政府储备物资,代储单位将受托代储的政府储备物资作为受托代理资产核算。

(2)主要账务处理。

①购入的政府储备物资验收入库,按照确定的成本,借记"政府储备物资"科目,贷记"资产基金——政府储备物资"科目;同时,按实际支付的金额,借记"经费支出"科目,贷记"财政拨款收入"、"零余额账户用款额度"、"银行存款"等科目。

②接受捐赠、无偿调入的政府储备物资,按照确定的成本,借记"政府储备物资"科目,贷记"资产基金——政府储备物资"科目,由行政单位承担运输费用等的,按实际支付的相

关税费、运输费等金额,借记"经费支出"科目,贷记"财政拨款收入"、"零余额账户用款额度"、"银行存款"等科目。

③经批准对外捐赠、无偿调出政府储备物资时,按照对外捐赠、无偿调出政府储备物资的实际成本,借记"资产基金——政府储备物资"科目,贷记"政府储备物资"科目。

对外捐赠、无偿调出政府储备物资发生由行政单位承担的运输费等支出时,借记"经费支出"科目,贷记"财政拨款收入"、"零余额账户用款额度"、"银行存款"等科目。

④行政单位报经批准将不需储备的物资出售时,应当转入待处理财产损溢,按照相关储备物资的账面余额,借记"待处理财产损溢"科目,贷记"政府储备物资"科目。

⑤盘盈、盘亏或报废、毁损政府储备物资。行政单位管理的政府储备物资应当定期进行清查盘点,每年至少盘点一次。对于发生的政府储备物资盘盈、盘亏或者报废、毁损,应当及时查明原因,按规定报经批准后进行账务处理。

盘盈的政府储备物资,按照确定的入账价值,借记"政府储备物资"科目,贷记"待处理财产损溢"科目。

盘亏或者报废、毁损的政府储备物资,转入待处理财产损溢时,按照其账面余额,借记"待处理财产损溢"科目,贷记"政府储备物资"科目。

9.4.2 公共基础设施

1. 公共基础设施的概念

行政单位的公共基础设施是指由行政单位占有并直接负责维护管理、供社会公众使用的工程性公共基础设施资产,包括城市交通设施、公共照明设施、环保设施、防灾设施、健身设施、广场及公共构筑物等其他公共设施。

公共基础设施应当在对其取得占有权利时确认。

2. 公共基础设施的计价

公共基础设施在取得时,应当按照其成本入账。

(1)自行建设的公共基础设施,其成本包括建造该公共基础设施至交付使用前所发生的全部必要支出。

公共基础设施的各组成部分需要分别核算的,按照各组成部分公共基础设施造价确定其成本;没有各组成部分公共基础设施造价的,按照各组成部分公共基础设施同类或类似市场造价的比例对总造价进行分配,确定各组成部分公共基础设施的成本。

(2)接受其他单位移交的公共基础设施,其成本按照公共基础设施的原账面价值确认

3. 公共基础设施的核算

(1)账户的设置。行政单位设置"公共基础设施"科目,核算由行政单位占有并直接负责维护管理、供社会公众使用的工程性公共基础设施资产的成本。资产类账户,借方登记增加的公共基础设施的成本,贷方登记减少的公共基础设施的成本,期末借方余额,反映行政单位管理的公共基础设施的实际成本。

科目应当按照公共基础设施的类别和项目进行明细核算。行政单位应当结合本单位的具体情况,制定适合于本单位管理的公共基础设施目录、分类方法,作为进行公共基础设施核算的依据。

与公共基础设施配套使用的修理设备、工具器具、车辆等动产,作为管理公共基础设施的行政单位的固定资产核算,不通过本科目核算。

与公共基础设施配套、供行政单位在公共基础设施管理中自行使用的房屋构筑物等,能够与公共基础设施分开核算的,作为行政单位的固定资产核算,不通过本科目核算。

(2)主要账务处理。

①自行建设公共基础设施建设完工交付使用时,按照确定的成本,借记"公共基础设施"科目,贷记"资产基金——公共基础设施"科目;同时,借记"资产基金——在建工程"科目,贷记"在建工程"科目。已交付使用但尚未办理竣工决算手续的公共基础设施,按照估计价值入账,待确定实际成本后再进行调整。

②接受其他单位移交的公共基础设施,其成本按照公共基础设施的原账面价值确认,借记"公共基础设施"科目,贷记"资产基金——公共基础设施"科目。

③与公共基础设施有关的后续支出,分以下情况处理:

为增加公共基础设施使用效能或延长其使用寿命而发生的改建、扩建或大型修缮等后续支出,应当计入公共基础设施成本,通过"在建工程"科目核算,完工交付使用时转入"公共基础设施"科目。

为维护公共基础设施的正常使用而发生的日常修理等后续支出,应当计入当期支出,借记有关支出科目,贷记"财政拨款收入"、"零余额账户用款额度"、"银行存款"等科目。

④行政单位管理的公共基础设施向其他单位移交、毁损、报废时,应当按照规定报经批准后进行账务处理。经批准向其他单位移交公共基础设施时,按照移交公共基础设施的账面价值,借记"资产基金——公共基础设施"科目,按照已计提折旧,借记"累计折旧"科目,按照公共基础设施的账面余额,贷记"公共基础设施"科目。

⑤报废、毁损的公共基础设施,转入待处理财产损溢时,按照待处理公共基础设施的账面价值,借记"待处理财产损溢"科目,按照已计提折旧,借记"累计折旧"科目,按照公共基础设施的账面余额,贷记"公共基础设施"科目。

9.4.3 受托代理资产

1. 受托代理资产的概念

行政单位接受委托方委托管理的各项资产,包括受托指定转赠的物资、受托储存管理的物资等。受托代理资产应当在行政单位收到受托代理的资产时确认。

2. 受托代理资产的计价

接受委托人委托需要转赠给受赠人的物资,其成本按照有关凭据注明的金额确定;没有相关凭据可供取得的,其成本比照同类或类似物资的市场价格确定。

接受委托人委托储存管理的物资,其成本按照有关凭据注明的金额确定。

3. 受托代理资产的核算

(1)账户的设置。设置"受托代理资产"账户,用来核算行政单位接受委托方委托管理的各项资产的价值。资产类账户,借方登记收到的受托代理资产的价值,贷方登记交付的或转出的受托代理资产的价值,期末借方余额,反映单位受托代理资产中实物资产的价值。本科目应当按照资产的种类和委托人进行明细核算;属于转赠资产的,还应当按照受赠人进行明细核算。

行政单位收到受托代理资产为现金和银行存款的,不通过本科目核算,应当通过"库存现金"、"银行存款"科目进行核算。

(2)主要账务处理。

①受委托转赠的物资验收入库,按照确定的成本,借记本科目,贷记"受托代理负债"科目;受托协议约定由行政单位承担相关税费、运输费等的,还应当按照实际支付的相关税费、运输费等金额,借记"经费支出"科目,贷记"银行存款"等科目。

将受托转赠物资交付受赠人时,按照转赠物资的成本,借记"受托代理负债"科目,贷记本科目。

转赠物资的委托人取消了对捐赠物资的转赠要求,且不再收回捐赠物资的,应当将转赠物资转为存货或固定资产,按照转赠物资的成本,借记"受托代理负债"科目,贷记本科目;同时借记"存货"、"固定资产"科目,贷记"资产基金——存货、固定资产"科目。

②受委托储存的物资验收入库,按照确定的成本,借记本科目,贷记"受托代理负债"科目。

支付由受托单位承担的与受托储存管理的物资相关的运输费、保管费等费用时,按照实际支付的金额,借记"经费支出"科目,贷记"银行存款"等科目。

根据委托人要求交付受托储存管理的物资时,按照储存管理物资的成本,借记"受托代理负债"科目,贷记本科目。

9.5 行政单位的财产处理

行政单位财产的处理包括资产的出售、报废、毁损、盘盈、盘亏,以及货币性资产损失核销等。

9.5.1 账户的设置

设置"待处理财产损溢"账户,本科目用来核算行政单位待处理财产的价值及财产处理损溢。行政单位财产的处理,一般应当先记入本科目,按照规定报经批准后及时进行相应的账务处理。年终结账前一般应处理完毕。平时期末如为借方余额,反映尚未处理完毕的各种财产的价值及净损失;期末如为贷方余额,反映尚未处理完毕的各种财产净溢余。年度终了,报经批准处理后,本科目一般应无余额。

本科目应当按照待处理财产项目进行明细核算;对于在财产处理过程中取得收入或发生相关费用的项目,还应当设置"待处理财产价值"、"处理净收入"明细科目,进行明细核算。

9.5.2 账务处理

(1)按照规定报经批准处理无法查明原因的现金短缺或溢余。

①无法查明原因的现金短缺,报经批准核销的,借记"经费支出"科目,贷记"待处理财产损溢"科目。

②无法查明原因的现金溢余,报经批准后,借记"待处理财产损溢"科目,贷记"其他收入"科目。

(2)按照规定报经批准核销无法收回的应收账款、其他应收款。

①转入待处理财产损溢时,借记"待处理财产损溢"科目,贷记"应收账款"、"其他应收款"科目。

②对无法收回的其他应收款予以核销时,借记"经费支出"科目,贷记"待处理财产损溢"科目。

③对无法收回的应收账款予以核销时,借记"其他应付款"等科目,贷记"待处理财产损溢"科目。

(3)按照规定报经批准核销预付账款、无形资产。

①转入待处理财产损溢时,借记"待处理财产损溢"科目(核销无形资产的,还应借记"累计摊销"科目),贷记"预付账款"、"无形资产"科目。

②予以核销时,借记"资产基金——预付款项、无形资产"科目,贷记"待处理财产损溢"科目。

(4)出售、置换换出存货、固定资产、无形资产、政府储备物资等。

①转入待处理财产损溢时,借记"待处理财产损溢"科目——待处理财产价值(出售、置换换出固定资产的,还应当借记"累计折旧"科目;出售、置换换出无形资产的,还应当借记"累计摊销"科目),贷记"存货"、"固定资产"、"无形资产"、"政府储备物资"等科目。

②实现出售、置换换出时,借记"资产基金"及相关明细科目,贷记"待处理财产损溢"科目——待处理财产价值。

③出售、置换换出资产过程中收到价款、补价等收入,借记"库存现金"、"银行存款"等科目,贷记"待处理财产损溢"科目——处理净收入。

④出售、置换换出资产过程中发生相关费用,借记"待处理财产损溢"科目——处理净收入,贷记"库存现金"、"银行存款"、"应缴税费"等科目。

⑤出售、置换换出完毕并收回相关的应收账款后,按照处置收入扣除相关税费后的净收入,借记"待处理财产损溢"科目——处理净收入,贷记"应缴财政款"。若处置收入小于相关税费的,按照相关税费减去处置收入后的净支出,借记"经费支出"科目,贷记"待处理财产损溢"科目——处理净收入。

(5)盘亏、毁损、报废各种实物资产。

①转入待处理财产损溢时,借记"待处理财产损溢"科目——待处理财产价值(处置固定资产、公共基础设施的,还应当借记"累计折旧"科目),贷记"存货"、"固定资产"、"在建工程"、"政府储备物资"、"公共基础设施"等科目。

②报经批准予以核销时,借记"资产基金"及相关明细科目,贷记"待处理财产损溢"科目——待处理财产价值。

③毁损、报废各种实物资产过程中取得的残值变价收入、发生相关费用,以及取得的残值变价收入扣除相关费用后的净收入或净支出的账务处理,比照出售资产进行处理。

(6)核销不能形成资产的在建工程成本。转入待处理财产损溢时,借记"待处理财产损溢"科目,贷记"在建工程"科目。报经批准予以核销时,借记"资产基金——在建工程"科目,贷记"待处理财产损溢"科目。

(7)盘盈存货、固定资产、政府储备物资等实物资产。转入待处理财产损溢时,借记"存货"、"固定资产"、"政府储备物资"等科目,贷记"待处理财产损溢"科目。报经批准予以处理时,借记"待处理财产损溢"科目,贷记"资产基金"及相关明细科目。

思 考 题

1. 现金的管理要求有哪些?
2. 银行存款结算方式有哪些?行政单位常用的结算方式有哪几种?
3. 什么是财政应返还额度?包括的内容有哪些?
4. 行政单位的其他应收款包括什么?
5. 行政单位的存货包括什么?如何计价?
6. 存货采购成本的构成有哪些?
7. 行政单位的固定资产包括什么?如何分类?如何计价?
8. 行政单位固定资产折旧计提的范围?折旧计提的方法有哪几个?
9. 行政单位无形资产如何计价?
10. 行政单位的资产包括哪些内容?

练 习 题

1. 名词解释

资产 流动资产 零余额账户用款额度 未达账项 应收账款 预付账款 存货 固定资产 无形资产 政府储备物资 公共基础设施 受托代理资产

2. 单项选择题

(1)下面行政单位的支出不能用现金支付的是( )。
 A. 向个人收购农副产品   B. 支付个人劳务报酬
 C. 出差人员必须随身携带的差旅费 D. 政府采购方式购买设备

(2)造成行政单位银行存款日记账余额与银行对账单余额不相符的原因是( )。
 A. 银行有错账   B. 单位有错账   C. 存在未达帐项   D. ABC 都有可能

(3)财政授权支付的转账业务可以通过( )完成。
 A. 基本存款账户   B. 一般存款账户   C. 零余额账户   D. 临时存款账户

(4)行政单位随用随买的办公用品,可以在购进时借记的会计科目为( )。
 A. 存货   B. 固定资产   C. 经费支出   D. 应收账款

(5)自行建造、改建、扩建的固定资产的确认时间是( )。
 A. 建造完成交付使用时确认   B. 固定资产安装完成交付使用时确认
 C. 固定资产验收合格时确认   D. 其他时间进行确认

(6)为增加固定资产使用效能或延长其使用寿命而发生的改建、扩建或修缮等后续支出,应当通过下列哪一个科目进行核算( )。
 A. 在建工程   B. 累计折旧   C. 固定资产   D. 资产基金——固定资产

(7)存货发出时,应当根据实际情况选择适当的成本确定方法,下列各项中不得采用的成本确定方法是( )。
 A. 加权平均法   B. 后进先出法   C. 个别计价法   D. 先进先出法

(8)行政单位报废、毁损的固定资产转入待处理财产损溢时,按照固定资产的账面价值,借记"( )"科目。
 A. 待处理财产损溢   B. 固定资产   C. 无形资产   D. 在建工程

(9)行政单位的软件,如果其构成相关硬件不可缺少的组成部分,应当通过下列哪个科目进行核算( )。
　　A. 无形资产　　　　B. 在建工程　　　　C. 在途物资　　　　D. 固定资产

3. 多项选择题

(1)关于行政单位资产说法正确的是( )。
　　A. 符合资产定义并确认的资产项目,应当列入资产负债表
　　B. 应当按照取得时实际成本进行计量
　　C. 可以根据市场情况调整其账面价值
　　D. 能以货币计量的经济资源

(2)以下关于行政单位零余额用款额度说法正确的是( )。
　　A. 实行国库集中支付的财政部门批复的用款计划收到和支用的零余额账户用款额度
　　B. 零余额用款额度年末必须清零
　　C. 财政授权支付的转账业务通行政单位零余额账户办理
　　D. 零余额用款额度年末可以保留余额

(3)行政单位固定资产不计提折旧的是( )。
　　A. 文物及陈列品　　B. 图书、档案　　C. 动植物　　D. 以名义金额入账的固定资产

(4)下列选项中,属于行政单位无形资产的有( )。
　　A. 著作权　　　　　B. 土地使用权　　　C. 专利权　　　　D. 非专利技术

(5)下列选项中,属于行政单位流动资产的有( )。
　　A. 库存现金　　　　B. 在建工程　　　　C. 银行存款　　　D. 零余额账户用款额度

(6)行政单位购入的存货,其成本包括( )。
　　A. 购买价款　　　　B. 相关税费　　　　C. 运输费　　　　D. 装卸费

(7)行政单位经常使用的银行结算方式主要是( )。
　　A. 支票　　　　　　B. 汇兑　　　　　　C. 托收承付　　　D. 委托收款

4. 判断题

(1)政府储备物资属于行政单位核算的资产。( )
(2)"零余额账户用款额度"科目在年度终了注销单位零余额账户用款额度后无余额。( )
(3)行政单位应当对很可能收不回的应收账款、其他应收款计提坏账准备。( )
(4)预付账款应当在已支付款项但尚未收到物资或服务时确认。( )
(5)行政单位摊销无形资产时,当月减少的无形资产,当月摊销,从下月起不再摊销。( )
(6)行政事业单位对无法查明的现金溢余或短缺应先通过"待处理财产损益"科目核算,待查明原因后再计入相关科目。( )
(7)年末,"零余额账户用款额度"科目余额应结转下年。( )
(8)存货发出时,应当根据实际情况采用先进先出法、加权平均法或者个别计价法确定发出存货的实际成本,计价方法之间可以根据情况灵活改变。( )
(9)行政单位的资产应当按照取得时的实际成本进行计量。除国家另有规定外,行政单位不得自行调整其账面价值。( )
(10)单位购入需要安装的固定资产,应借记"固定资产"科目。( )

5. 综合题

综合练习一

【目的】练习行政单位流动资产的核算。
【资料】某行政单位20××年5月发生如下关于流动资产的业务:
(1)开出现金支票从零余额账户提取现金6 000元,以备日常开支。

(2)以现金购买办公用品300元,直接交付有关部门使用。

(3)李某出差预借差旅费600元。

(4)通过开户银行转账支付本月单位办公楼电费3 000元,所用资金为公共财政预算基本经费拨款。

(5)收到开户银行转来的入账通知单,本月银行存款利息350元。

(6)李某出差回来,报销差旅费650元,不足款以现金支付。

(7)出纳人员在结账时发现现金短款1 200元,无法查清短款原因,报经批准后,由责任人王某赔偿500元(尚未赔付),其余短款计入当期费用。

(8)购入材料验收入库,按照确定的买价、税费等支付5 000元,采取授权支付方式。

(9)收到基本户银行存款的利息计3 100元。

(10)收到银行转来的"授权支付到账通知书",本月用于基本支出的财政授权支付用款额度100 000元已经下达到行政单位在代理银行开设的零余额账户。

(11)开出授权支付凭证,通知代理银行向单位的车辆定点保养单位支付公务用车维修费5 200元。所用资金为公共财政预算基本经费拨款。

(12)出租办公用房给甲公司,月租金100 000元,每月收一次租金,房子已出租1个月,但仍未收到租金。月末,尚未收到租金。

(13)收到甲公司租金100 000元,应交5%的营业税(假设不考虑其他税费)。

(14)与某会议中心签订预订大型会议场地合同,根据合同规定,场地租金共计60 000元,预订时交纳定金50%,其余部分在会议结束后支付。行政单位通过零余额账户支付定金,款项为公共财政预算基本经费拨款。

(15)上述会议结束,通过零余额账户支付差额款30 000元。

(16)以政府集中采购的方式购入B材料一批,价值总计27 800元。款项已经通过财政直接支付方式支付,材料已经验收入库。

(17)发出D材料委托某企业进行加工,D材料的账面余额为5 000元。通过零余额账户向加工企业支付加工费2 000元。

(18)委托加工完成,加工后的G材料已经交付行政单位,并验收入库。

(19)经批准向偏远山区小学捐赠图书一批,该批图书的实际成本是30 000元,由本单位承担运输费1 500元。

(20)盘点时发现短缺一批图书,图书的原价为60 000元,报经批准后予以核销。

【要求】根据以上经济业务编制会计分录。

综合练习二

【目的】练习行政单位非流动资产的核算。

【资料】某行政单位20××年5月发生如下非流动资产的业务:

(1)经批准报废房屋1栋,该房屋的账面价值2 500 000元,已提折旧1 500 000元,发生清理费用3 000元,以银行存款支付,房屋残料变价出售收入35 000元,存入银行。

(2)以财政直接支付的方式购买某种网络设备,价值50 000元,收到银行转来的"财政直接支付入账通知书"。设备不需安装,已验收投入使用。

(3)收到上级单位无偿调入某种专用设备1架,估计价值5 000元。

(4)与某建筑公司签订协议,由其承包为单位的办公楼进行修缮。办公楼的账面余额为3 100 000元,已经计提折旧1 240 000元,账面价值为1 860 000元。此项工程不需拆除原有建筑物。工程款在完工时一次性支付,共计650 000元,工程款已由财政部门以直接支付的方式拨付施工企业。办公楼修缮工程完成,通过工程验收。

(5)接受某友好城市捐赠的通用设备2台,该设备按照同类设备的市场价格评估每台价值60 000元,单位以银行存款支付设备的运杂费1 000元,保险费1 000元。

(6)报主管部门和同级财政部门审批同意,将一台不需用的办公设备对外出售。该设备的账面余额为38 000元,已计提折旧16 000元,出售该设备取得价款28 000元,款项已经收到并存入银行,出售该设备应缴税费为1 400元,以银行转账方式支付相关费用500元。已将出售该设备的净收入26 100元缴入国库。

(7)与某软件公司签订合同,委托该公司开发会计软件,总合同款为180 000元。根据合同先预付开发费用60 000元。经申请,采用财政授权支付的方式,已开出财政授权支付凭证支付预付款。

(8)软件公司完成开发并交付使用,开出财政授权支付凭证支付剩余款项。

(9)上述软件开始使用,计提本月应摊销的无形资产摊销额12 000元。

(10)使用财政拨付的专项资金对会计软件进行了升级,发生支出共20 000元,款项通过银行转账支付。

(11)经批准将其拥有的一项软件技术捐赠给某贫困县。无形资产原值80 000元,已经计提摊销26 000元。调出时,无相关税费发生。

(12)某行政单位为抗震救灾物资管理单位。根据物资储备制度的要求,以财政直接支付方式购入抗震救灾物资一批,价款共计180 000元。物资款已经支付,物资验收入库。

(13)某地区发生地震,经批准向灾区无偿调出政府储备物资,该批物资的实际成本是70 000元。

【要求】根据以上经济业务编制会计分录。

第10章

行政单位会计负债和净资产的核算

学习目标提示

- 负债的概念及内容
- 应缴财政款、应缴税费、应付职工薪酬、应付及暂存款项、应付政府补贴款的含义及核算
- 净资产的概念和内容
- 财政拨款结转、财政拨款结余、其他资金结转结余、资产基金、待偿债净资产等的含义及核算

中英文关键词对照——

- 负债 liabilities
- 净资产 net assets

10.1 行政单位会计的负债

负债是指行政单位所承担的能以货币计量,需要以资产等偿还的债务。行政单位的负债按照流动性,分为流动负债、非流动负债。

行政单位对于符合负债定义的债务,应当在确定承担偿债责任并且能够可靠地进行货币计量时确认。符合负债定义并确认的负债项目,应当列入资产负债表;行政单位承担或有责任(偿债责任需要通过未来不确定事项的发生或不发生予以证实)的负债,不列入资产负债表,但应当在报表附注中披露。

行政单位的负债,应当按照承担的相关合同金额或实际发生额进行计量。

10.1.1 流动负债的核算

流动负债是指预计在 1 年内(含 1 年)偿还的负债,包括应缴财政款、应缴税费、应付职工薪酬、应付及暂存款项、应付政府补贴款等。

1. 应缴财政款的核算

应缴财政款是指行政单位按照规定取得的应当上缴财政的款项,包括罚没收入、行政事业性收费、政府性基金、国有资产处置和出租收入等。属于财政管理的非税收收入。

应缴财政款应当在收到应缴财政的款项时确认。

为了核算行政单位取得的按规定应当上缴财政的款项情况,应设置"应缴财政款"账户。负债类账户,贷方登记按照规定取得的应当上缴财政的款项,借方登记实际上缴财政的款项。平时贷方余额,反映行政单位应当上缴财政但尚未缴纳的款项。年终清缴后,一般应无余额。本科目应当按照应缴财政款项的类别进行明细核算。

行政单位按照国家税法等有关规定应当缴纳的各种税费,通过"应缴税费"科目核算,不在本科目核算。

应缴财政款的主要账务处理如下:

(1)取得按照规定应上缴财政的款项时,借记"银行存款"等科目,贷记"应缴财政款"科目。

【例10.1】 发放许可证照,收取工本费、手续费 15 260 元,款项已送存银行。会计分录如下:

借:银行存款　　　　　　　　　　　　　　　　　　　　　15 260
　　贷:应缴财政款——行政性收费收入　　　　　　　　　15 260

【例10.2】 某行政单位是政府性基金的收取单位,开出非税收收入专用票据,征收某

政府性基金 150 000 元,款项已经由缴款人缴入单位的银行账户。会计分录如下:
  借:银行存款   150 000
    贷:应缴财政款——应缴政府性基金   150 000
  (2)处置资产取得应当上缴财政的处置净收入的账务处理,参见"待处理财产损溢"科目。
  (3)上缴应缴财政的款项时,按照实际上缴的金额,借记"应缴财政款"科目,贷记"银行存款"科目。

  【例 10.3】 某行政单位将行政事业性收费 250 000 元上缴财政。会计分录如下:
  借:应缴财政款——应缴行政事业性收费   250 000
    贷:银行存款   250 000

  2. 应缴税费的核算
  应缴税费是指行政单位按照国家税法等有关规定应当缴纳的各种税费,包括营业税、城市维护建设税、教育费附加、房产税、车船税、城镇土地使用税等。
  应缴税费应当在产生缴纳税费义务时确认。
  为了核算行政单位按照规定应当缴纳的各种税费,应设置"应缴税费"账户。负债类账户,贷方登记按照规定计算应缴纳的税费,借方登记实际缴纳的税费,期末贷方余额,反映行政单位应缴未缴的税费金额。本科目应当按照应缴纳的税费种类进行明细核算。
  行政单位代扣代缴的个人所得税,也通过本科目核算。
  应缴税费的主要账务处理如下:
  (1)因资产处置等发生营业税、城市维护建设税、教育费附加等缴纳义务的,按照税法等规定计算的应缴税费金额,借记"待处理财产损溢"科目,贷记"应缴税费"科目;实际缴纳时,借记本科目,贷记"银行存款"等科目。
  (2)因出租资产等发生营业税、城市维护建设税、教育费附加等缴纳义务的,按照税法等规定计算的应缴税费金额,借记"应缴财政款"等科目,贷记"应缴税费"科目;实际缴纳时,借记本科目,贷记"银行存款"等科目。

  【例 10.4】 经财政部门的批准,将一闲置的房屋对外出租,取得了租金收入 10 000 元,已经记入"应缴财政款"科目。按规定出租的房屋应缴纳的营业税为 500 元,城市维护建设税为 35 元,教育费附加为 15 元。会计分录如下:
  计算应缴纳税费时
  借:应缴财政款——国有资产出租收入   550
    贷:应缴税费——应缴营业税   500
       ——应缴城市维护建设税   35
       ——应缴教育费附加   15
  (3)代扣代缴个人所得税,按照税法等规定计算的应代扣代缴的个人所得税金额,借记"应付职工薪酬"科目(从职工工资中代扣个人所得税)或"经费支出"科目(从劳务费中代扣个人所得税),贷记本科目。实际缴纳时,借记"应缴税费"科目,贷记"财政拨款收入"、"零余额账户用款额度"、"银行存款"等科目。
  3. 应付职工薪酬的核算
  应付职工薪酬是指行政单位按照有关规定应付的职工工资、津贴补贴等,包括基本工资、奖金、国家统一规定的津贴补贴、社会保险费、住房公积金等。

应付职工薪酬应当在规定支付职工薪酬的时间确认。

为了核算行政单位按照有关规定应付给职工及为职工支付的各种薪酬,应设置"应付职工薪酬"账户。负债类账户,贷方登记国家有关规定应付给职工的各种薪酬及相关支出,借方登记支付给职工的薪酬以及缴纳为职工负担的社会保险费、住房公积金等,期末贷方余额,反映行政单位应付未付的职工薪酬。本科目应当根据国家有关规定按照"工资(离退休费)"、"地方(部门)津贴补贴"、"其他个人收入"以及"社会保险费"、"住房公积金"等进行明细核算。

外部人员的劳务费用不通过本科目核算。

应付职工薪酬的主要账务处理如下:

(1)发生应付职工薪酬时,按照计算的应付职工薪酬金额,借记"经费支出"科目,贷记"应付职工薪酬"科目。

(2)向职工支付工资、津贴补贴等薪酬时,按照实际支付的金额,借记"应付职工薪酬"科目,贷记"财政拨款收入"、"零余额账户用款额度"、"银行存款"等科目。

(3)从应付职工薪酬中代扣为职工垫付的水电费、房租等费用时,按照实际扣除的金额,借记"应付职工薪酬"科目(工资),贷记"其他应收款"等科目。

(4)从应付职工薪酬中代扣代缴个人所得税,按照代扣代缴的金额,借记"应付职工薪酬"科目(工资),贷记"应缴税费"科目。

(5)从应付职工薪酬中代扣代缴社会保险费和住房公积金,按照代扣代缴的金额,借记"应付职工薪酬"科目(工资),贷记"其他应付款"科目。

(6)缴纳单位为职工承担的社会保险费和住房公积金时,借记"应付职工薪酬"科目(社会保险费、住房公积金),贷记"财政拨款收入"、"零余额账户用款额度"、"银行存款"等科目。

【例10.5】 某行政单位本月职工薪酬总额363 400元,应付工资为168 000元,应付地方津贴补贴98 000元,应付其他个人收入12 000,单位承担职工社会保险费58 800、职工住房公积金26 600元。会计分录如下:

```
借:经费支出——财政拨款支出——基本支出        363 400
    贷:应付职工薪酬——工资                      168 000
              ——地方津贴补贴                    98 000
              ——其他个人收入                    12 000
              ——社会保险费                      58 800
              ——住房公积金                      26 600
```

【例10.6】 承上例,该单位通过零余额账户向职工支付本月工资、津贴补贴。税法规定,代缴个人所得税21 500元,应由职工个人承担的社会保险费11 760,应由职工个人承担的住房公积金26 600元。扣除社会保险费、个人所得税后,本月实际支付在职人员工资、津贴补贴、其他个人收入共218 140元,款项已经转入职工个人工资卡。会计分录如下:

```
借:应付职工薪酬——工资                         168 000
            ——地方津贴补贴                      98 000
            ——其他个人收入                      12 000
```

    贷：零余额账户用款额度　　　　　　　　　　　　　　　　218 140
        应缴税费——应缴个人所得税　　　　　　　　　　　　21 500
        其他应付款——社会保险费　　　　　　　　　　　　　11 760
                ——住房公积金　　　　　　　　　　　　　26 600

【例10.7】 承上例，该单位通过零余额账户，将本月由单位和职工个人承担的社会保险费转入社会保障机构账户。将本月由单位和职工个人承担的住房公积金转入公积金管理中心账户。会计分录如下：
    借：应付职工薪酬——社会保险费　　　　　　　　　　　58 800
                ——住房公积金　　　　　　　　　　　　　26 600
        其他应付款——社会保险费　　　　　　　　　　　　　11 760
                ——住房公积金　　　　　　　　　　　　　26 600
        贷：零余额账户用款额度　　　　　　　　　　　　　　　123 760

【例10.8】 通过零余额账户，代缴本月职工个人所得税21 500元。会计分录如下：
    借：应缴税费——应缴个人所得税　　　　　　　　　　　　21 500
        贷：零余额账户用款额度　　　　　　　　　　　　　　　21 500

4. 应付及暂存款的核算

应付及暂存款项是指行政单位在开展业务活动中发生的各项债务，包括应付账款、其他应付款等。

（1）应付账款的核算。应付账款是行政单位因购买物资或服务、工程建设等而应付的偿还期限在1年以内（含1年）的款项。

应付账款应当在收到所购物资或服务、完成工程时确认。

为了核算行政单位因购买物资或服务、工程建设等而应付的偿还期限在1年以内（含1年）的款项，应设置"应付账款"账户。负债类账户，贷方登记应付未付的金额，借方登记实际支付以及核销的金额，期末贷方余额，反映行政单位尚未支付的应付账款。本科目应当按照债权单位（或个人）进行明细核算。

应付账款的主要账务处理如下：

①收到所购物资或服务、完成工程但尚未付款时，按照应付未付款项的金额，借记"待偿债净资产"科目，贷记"应付账款"科目。

【例10.9】 某行政单位购进甲材料一批，计5 000元，材料已验收入库，款未付。会计分录如下：

材料验收入库时
    借：存货——甲材料　　　　　　　　　　　　　　　　　5 000
        贷：资产基金——存货　　　　　　　　　　　　　　　　5 000
    借：待偿债净资产　　　　　　　　　　　　　　　　　　　5 000
        贷：应付账款　　　　　　　　　　　　　　　　　　　　5 000

②偿付应付账款时，借记"应付账款"科目，贷记"待偿债净资产"科目；同时，借记"经费支出"科目，贷记"财政拨款收入"、"零余额账户用款额度"、"银行存款"等科目。

【例10.10】 某行政单位通过零余额账户偿付上述应付账款。会计分录如下：
    借：应付账款　　　　　　　　　　　　　　　　　　　　　5 000
        贷：待偿债净资产　　　　　　　　　　　　　　　　　　5 000

借:经费支出 5 000
　　贷:零余额账户用款额度——财政授权支付 5 000

③无法偿付或债权人豁免偿还的应付账款,应当按照规定报经批准后进行账务处理。经批准核销时,借记"应付账款"科目,贷记"待偿债净资产"科目。核销的应付账款应在备查簿中保留登记。

【例10.11】　某行政单位前欠A公司货款20 000元,因该公司解散无法偿还,经批准核销此笔货款。行政单位应在备查簿中保留此笔货款。会计分录如下:

借:应付账款——A公司 20 000
　　贷:待偿债净资产——应付账款 20 000

(2)应付政府补贴款的核算。应付政府补贴款是指负责发放政府补贴的行政单位,按照有关规定应付给政府补贴接受者的各种政府补贴款。

应付政府补贴款应当在规定发放政府补贴的时间确认。

为了核算行政单位按照规定应支付给政府补贴接受者的各种政府补贴款的情况,应设置"应付政府补贴款"账户。负债类账户,贷方登记应付未付的政府补贴款金额,借方登记实际支付金额,期末贷方余额,反映行政单位应付未付的政府补贴金额。本科目应当按照应支付的政府补贴种类进行明细核算。

行政单位还应当按照补贴接受者建立备查簿,进行相应明细核算。

应付政府补贴款的主要账务处理如下:

①发生应付政府补贴时,按照规定计算出的应付政府补贴金额,借记"经费支出"科目,贷记"应付政府补贴款"科目。

②支付应付的政府补贴款时,借记"应付政府补贴款"科目,贷记"零余额账户用款额度"、"银行存款"等科目。

【例10.12】　某地区助学金由该市教育局负责发放给当地学校,政府规定在学期开始时发放助学金。20××年9月开学,教育局确认给予A学校、B学校、C学校的助学金分别为60 000元、60 000元、80 000元,并通过零余额账户发放。会计分录如下:

借:经费支出 200 000
　　贷:应付政府补贴款——助学金——A学校 60 000
　　　　　　　　　　　　　　　　——B学校 60 000
　　　　　　　　　　　　　　　　——C学校 80 000
借:应付政府补贴款——助学金——A学校 60 000
　　　　　　　　　　　　　　——B学校 60 000
　　　　　　　　　　　　　　——C学校 80 000
　　贷:零余额账户用款额度 200 000

(3)其他应付款的核算。其他应付款是指行政单位除应缴财政款、应缴税费、应付职工薪酬、应付政府补贴款、应付账款以外的其他各项偿还期在1年以内(含1年)的应付及暂存款项,包括收取的押金、保证金、未纳入行政单位预算管理的转拨资金、代扣代缴职工社会保险费和住房公积金等。

为了核算行政单位的其他应付款的情况,应设置"其他应付款"。负债类账户,贷方登记发生的其他应付款金额,借方登记支付的或核销的其他应付款金额,期末贷方余额,反映行政单位尚未支付的其他应付款。本科目应当按照其他应付款的类别以及债权单位(或个人)进行明细核算。

其他应付款的主要账务处理如下：
①发生其他各项应付及暂存款项时,借记"银行存款"等科目,贷记"其他应付款"科目。
②支付其他各项应付及暂存款项时,借记"其他应付款"科目,贷记"银行存款"等科目。

【例10.13】 某行政单位出租固定资产给A单位,收到A单位交来押金50 000元,将款项存入银行。收回固定资产时开出转账支票将押金退还给A单位。会计分录如下：

借：银行存款　　　　　　　　　　　　　　　　　　50 000
　　贷：其他应付款——A单位　　　　　　　　　　　　50 000
借：其他应付款——A单位　　　　　　　　　　　　50 000
　　贷：银行存款　　　　　　　　　　　　　　　　　　50 000

③因故无法偿付或债权人豁免偿还的其他应付款项,应当按规定报经批准后进行账务处理。经批准核销时,借记"其他应付款"科目,贷记"其他收入"科目。

核销的其他应付款应在备查簿中保留登记。

【例10.14】 出租固定资产给A单位,因其没有按合同要求维护固定资产,按合同规定不退还A单位交来的押金30 000元,经批准核销。会计分录如下：

借：其他应付款——A单位　　　　　　　　　　　　30 000
　　贷：其他收入　　　　　　　　　　　　　　　　　　30 000

10.1.2　非流动负债的核算

非流动负债是指流动负债以外的负债,包括长期应付款。

长期应付款是指行政单位发生的偿还期限超过1年(不含1年)的应付款项,包括跨年度分期付款购入固定资产的价款等。

长期应付款应当按照以下条件确认：
①因购买物资、服务等发生的长期应付款,应当在收到所购物资或服务时确认。
②因其他原因发生的长期应付款,应当在承担付款义务时确认。

为了核算行政单位发生的偿还期限超过1年(不含1年)的应付款项,应设置"长期应付款"账户。负债类账户,贷方登记发生的长期应付款金额,借方登记偿付或核销的长期应付款金额,期末贷方余额,反映行政单位尚未支付的长期应付款。本科目应当按照长期应付款的类别以及债权单位(或个人)进行明细核算。

长期应付款的主要账务处理如下：

(1)发生长期应付款时,按照应付未付的金额,借记"待偿债净资产"科目,贷记"长期应付款"科目。

(2)偿付长期应付款时,借记"经费支出"科目,贷记"财政拨款收入"、"零余额账户用款额度"、"银行存款"等科目；同时,借记"长期应付款"科目,贷记"待偿债净资产"科目。

(3)无法偿付或债权人豁免偿还的长期应付款,应当按照规定报经批准后进行账务处理。经批准核销时,借记本科目,贷记"待偿债净资产"科目。

核销的长期应付款应在备查簿中保留登记。

【例10.15】 某行政单位根据需要,购入检测设备一台,价款为70 000元。根据购买合同,行政单位收到设备时应支付设备款 40 000 元,其余款项在 12 个月后偿付。现行政单位收到检测设备,该设备不需要安装,已经通过验收。行政单位通过零余额账户支付设备价款 40 000 元,所用资金为公共财政预算项目支出经费。会计分录如下:

收到设备时
借:固定资产——检测设备　　　　　　　　　　　　　　　70 000
　　贷:资产基金——固定资产　　　　　　　　　　　　　　70 000
付部分款时
借:经费支出——财政拨款支出——项目支出　　　　　　40 000
　　贷:零余额账户用款额度　　　　　　　　　　　　　　40 000
借:待偿债净资产　　　　　　　　　　　　　　　　　　　30 000
　　贷:长期应付账款——设备供应商　　　　　　　　　　30 000
12 个月后,通过零余额账户偿付购买设备的剩余款项 30 000 元。
借:经费支出——财政拨款支出——项目支出　　　　　　30 000
　　贷:零余额账户用款额度　　　　　　　　　　　　　　30 000
同时
借:长期应付款——设备供应商　　　　　　　　　　　　　30 000
　　贷:待偿债净资产　　　　　　　　　　　　　　　　　30 000

10.1.3　受托代理负债的核算

受托代理负债是指行政单位接受委托,取得受托管理资产时形成的负债。行政单位的受托代理负债,包括接受转赠资产形成的负债和接受代储物资形成的负债等。

受托代理负债与受托代理资产相对应,受托代理负债应当在行政单位收到受托代理资产并产生受托代理义务时确认。

为了核算行政单位的受托代理负债,应设置"受托代理负债"账户。负债类账户,贷方登记取得受托管理资产时形成的负债,借方登记交付受托代理资产减少的负债,期末贷方余额,反映行政单位尚未清偿的受托代理负债。本科目应当按照委托人等进行明细核算;属于指定转赠物资和资金的,还应当按照指定受赠人进行明细核算。

本科目的账务处理参见"受托代理资产"、"库存现金"、"银行存款"等科目。

10.2　行政单位会计的净资产

净资产是指行政单位资产扣除负债后的余额,是行政单位某一时点的资产净额,净资产的确认依赖于资产、负债及其他会计要素的确认。

行政单位的净资产由形成的结转(余)、资产基金和待偿债净资产组成,具体包括财政拨款结转、财政拨款结余、其他资金结转结余、资产基金、待偿债净资产等。

10.2.1　财政拨款结转的核算

财政拨款结转是指行政单位当年预算已执行但尚未完成,或因故未执行,下一年度需要按照原用途继续使用的财政拨款滚存资金,包括基本支出结转、项目支出结转。

基本支出结转是行政单位基本支出拨款与其支出相抵后余额的累计,是下一年度需要继续用于维持行政单位正常运行和完成日常工作任务的财政拨款滚存资金。基本支出结转资金原则上结转到下一预算年度,用于人员经费支出和日常公用经费支出。

项目支出结转是行政单位项目支出拨款与其支出相抵后余额的累计,是下一年度需要继续用于完成特定任务的财政拨款滚存资金。项目支出结转原则上不得调整用途,限定用于规定的项目支出。

按照形成的时间不同,结转资金分为当年结转资金和累计结转资金。当年结转资金是行政单位本预算年度财政拨款收入与其支出相抵后形成的结转资金;累计结转资金是行政单位截止到期末形成的历年累计财政拨款结转资金。

为了核算行政单位滚存的财政拨款结转资金,应设置"财政拨款结转"账户。净资产类账户,期末贷方余额,反映行政单位滚存的财政拨款结转资金数额。

本科目应当设置"基本支出结转"、"项目支出结转"两个明细科目;在"基本支出结转"明细科目下按照"人员经费"和"日常公用经费"进行明细核算,在"项目支出结转"明细科目下按照具体项目进行明细核算;本科目还应当按照《政府收支分类科目》中"支出功能分类科目"的项级科目进行明细核算。

有公共财政预算拨款、政府性基金预算拨款等两种或两种以上财政拨款的行政单位,还应当按照财政拨款种类分别进行明细核算。

本科目还可以根据管理需要按照财政拨款结转变动原因,设置"收支转账"、"结余转账"、"年初余额调整"、"归集上缴"、"归集调入"、"单位内部调剂"、"剩余结转"等明细科目,进行明细核算。

财政拨款结转的主要账务处理如下:

(1)调整以前年度财政拨款结转。因发生差错更正,以前年度支出收回等原因,需要调整财政拨款结转的,按照实际调增财政拨款结转的金额,借记有关科目,贷记"财政拨款结转"科目(年初余额调整);按照实际调减财政拨款结转的金额,借记"财政拨款结转"科目(年初余额调整),贷记有关科目。

【例10.16】 某行政单位收回上一年度因计算错误多支付的物业管理费15 000元,款项已经存入单位的零余额账户。

此事项属于上年发生差错的更正,需要调增上一年度的财政拨款结转资金。

借:零余额账户用款额度　　　　　　　　　　　　　　　15 000
　　贷:财政拨款结转——年初余额调整——基本支出结转　　15 000

(2)从其他单位调入财政拨款结余资金。按照规定从其他单位调入财政拨款结余资金时,按照实际调增的额度数额或调入的资金数额,借记"零余额账户用款额度"、"银行存款"等科目,贷记"财政拨款结转"科目(归集调入)及其明细。

【例10.17】 某行政单位从上级单位调入财政拨款结余资金80 000元,用于补充本单位的公用经费支出,款项已经转入单位的零余额账户。会计分录如下:

借:零余额账户用款额度　　　　　　　　　　　　　　　80 000
　　贷:财政拨款结转——归集调入——基本支出结转　　　80 000

(3)上缴财政拨款结转。按照规定上缴财政拨款结转资金时,按照实际核销的额度数额或上缴的资金数额,借记"财政拨款结转"科目(归集上缴)及其明细,贷记"财政应返还额度"、"零余额账户用款额度"、"银行存款"等科目。

【例10.18】 某行政单位根据上级单位的统筹安排,将尚未使用的财政应返还额度(财政直接支付)64 000元上缴上级单位。会计分录如下:

借:财政拨款结转——归集上缴——基本支出结转　　　　　64 000
　　贷:财政应返还额度——财政直接支付　　　　　　　　　　64 000

(4)单位内部调剂结余资金。经财政部门批准对财政拨款结余资金改变用途,调整用于其他未完成项目等,按照调整的金额,借记"财政拨款结余"科目(单位内部调剂)及其明细,贷记"财政拨款结转"科目(单位内部调剂)及其明细。

【例10.19】 某行政单位经财政部门批准将本单位完成的某项目的结余资金50 000元调整用于其他未完成项目。会计分录如下:

借:财政拨款结余——单位内部调剂　　　　　　　　　　　50 000
　　贷:财政拨款结转——单位内部调剂　　　　　　　　　　　50 000

(5)结转本年财政拨款收入和支出。

①年末,将财政拨款收入本年发生额转入"财政拨款结转"科目,借记"财政拨款收入——基本支出拨款、项目支出拨款"科目及其明细,贷记"财政拨款结转"科目(收支转账——基本支出结转、项目支出结转)及其明细。

②年末,将财政拨款支出本年发生额转入"财政拨款结转"科目,借记"财政拨款结转"科目(收支转账——基本支出结转、项目支出结转)及其明细,贷记"经费支出——财政拨款支出——基本支出、项目支出"科目及其明细。

【例10.20】 年末,某行政单位本年度财政拨款收入和支出账户资料如下:

"财政拨款收入——基本支出拨款"科目的贷方累计发生额为725 000元;
"财政拨款收入——项目支出拨款"科目的贷方累计发生额为125 000元;
"经费支出——财政拨款支出——基本支出"的借方累计发生额为668 000元;
"经费支出——财政拨款支出——项目支出"的借方累计发生额为115 000元。

①基本支出结转

借:财政拨款收入——基本支出拨款　　　　　　　　　　　725 000
　　贷:经费支出——财政拨款支出——基本支出　　　　　　　668 000
　　　　财政拨款结转——收支转账——基本支出结转　　　　　57 000

②项目支出结转

借:财政拨款收入——项目支出拨款　　　　　　　　　　　125 000
　　贷:经费支出——财政拨款支出——项目支出　　　　　　　115 000
　　　　财政拨款结转——收支转账——项目支出结转　　　　　10 000

(6)将完成项目的结转资金转入财政拨款结余。年末完成上述财政拨款收支转账后,对各项目执行情况进行分析,按照有关规定将符合财政拨款结余性质的项目余额转入财政拨款结余,借记"财政拨款结转"科目(结余转账——项目支出结转)及其明细,贷记"财政拨款结余"(结余转账——项目支出结转)科目及其明细。

【例10.21】 年末,某行政单位对财政拨款项目执行情况进行分析,本年度财政拨款项目中,A项目已经完成,项目当年剩余资金为5 000元;B项目因故终止,当年剩余资金为

2 000 元。做财政拨款结转资金转出的处理。会计分录如下:

借:财政拨款结转——结余转账——项目支出结转——A 项目　　5 000
　　　　　　　　　　　　　　　　　　　　　　——B 项目　　2 000
　贷:财政拨款结余——结余转账——项目支出结余——A 项目　　5 000
　　　　　　　　　　　　　　　　　　　　　　——B 项目　　2 000

(7)年末冲销有关明细科目余额。年末收支转账后,将本科目所属"收支转账"、"结余转账"、"年初余额调整"、"归集上缴"、"归集调入"、"单位内部调剂"等明细科目余额转入"剩余结转"明细科目;转账后,"财政拨款结转"科目除"剩余结转"明细科目外,其他明细科目应无余额。

10.2.2　财政拨款结余的核算

财政拨款结余是指行政单位当年预算工作目标已完成,或因故终止,剩余的财政拨款滚存资金。

按照部门预算管理的要求,行政单位预算年度的基本经费的收支相抵后的余额全部结转至下一年度继续使用,用于维持正常运行和完成日常工作任务,全额列入财政拨款结转,不会形成基本支出结余。所以,财政拨款结余即是项目支出结余。

项目支出结余是行政单位已经完成项目或因故终止项目剩余的滚存资金。项目支出结余资金应统筹用于编制以后年度部门预算,或按照同级财政部门的规定在单位内部、部门之间调剂使用。年末,行政单位应当对财政拨款项目的执行情况进行分析,将符合财政补助结余资金性质的数额从"财政补助结转——项目支出结转"转到"财政补助结余"账户,形成当年的财政拨款结余资金。

按照形成的时间不同,结余资金分为当年结余资金和累计结余资金。当年结余资金是行政单位本预算年度财政拨款收入与其支出相抵后形成的结余资金;累计结转资金是行政单位截止到期末形成的历年累计财政拨款结余资金。

为了核算行政单位滚存的财政拨款项目支出结余资金,应设置"财政拨款结余"账户。净资产类账户。本科目期末贷方余额,反映行政单位滚存的财政拨款结余资金数额。

本科目应当按照具体项目、《政府收支分类科目》中"支出功能分类科目"的项级科目等进行明细核算。

有公共财政预算拨款、政府性基金预算拨款等两种或两种以上财政拨款的行政单位,还应当按照财政拨款的种类分别进行明细核算。

本科目还可以根据管理需要按照财政拨款结余变动原因,设置"结余转账"、"年初余额调整"、"归集上缴"、"单位内部调剂"、"剩余结转"等明细科目,进行明细核算。

财政拨款结余的主要账务处理如下:

(1)调整以前年度财政拨款结余。因发生差错更正、以前年度支出收回等原因,需要调整财政拨款结余的,按照实际调增财政拨款结余的金额,借记有关科目,贷记"财政拨款结余"科目(年初余额调整);按照实际调减财政拨款结余的金额,借记"财政拨款结余"科目(年初余额调整),贷记有关科目。

【例 10.22】　某行政单位财政拨款的 F 项目上年度已经结项,剩余的项目资金已经转入该项目的结余资金中。审查时发现,误将一项应当计入基本支出的会议费计入了 F 项目

的支出。该笔会议费支出为10 000元,需要调整上年度的财政拨款结余和财政拨款结转。会计分录如下:

　　借:财政拨款结转——年初余额调整——基本支出结转　　10 000
　　　贷:财政拨款结余——年初余额调整——F项目　　　　　　10 000

(2)上缴财政拨款结余。按照规定上缴财政拨款结余时,按照实际核销的额度数额或上缴的资金数额,借记"财政拨款结余"科目(归集上缴)及其明细,贷记"财政应返还额度"、"零余额账户用款额度"、"银行存款"等科目。

【例10.23】 某行政单位通过零余额账户上缴上级单位M项目结余的资金6 000元。会计分录如下:

　　借:财政拨款结余——归集上缴——D项目　　6 000
　　　贷:零余额账户用款额度　　　　　　　　　　6 000

(3)单位内部调剂结余资金。经财政部门批准将本单位完成项目结余资金调整用于基本支出或其他未完成项目支出时,按照批准调剂的金额,借记"财政拨款结余"科目(单位内部调剂)及其明细,贷记"财政拨款结转"(单位内部调剂)科目及其明细。参见例10.19。

(4)将完成项目的结转资金转入财政拨款结余。年末,对财政拨款各项目执行情况进行分析,按照有关规定将符合财政拨款结余性质的项目余额转入本科目,借记"财政拨款结转"(结余转账——项目支出结转)科目及其明细,贷记"财政拨款结余"科目(结余转账——项目支出结转)及其明细。参见例10.21。

(5)年末冲销有关明细科目余额。年末,将本科目所属"结余转账"、"年初余额调整"、"归集上缴"、"单位内部调剂"等明细科目余额转入"剩余结余"明细科目;转账后,"财政拨款结余"科目除"剩余结余"明细科目外,其他明细科目应无余额。

10.2.3　其他资金结转结余的核算

其他资金结转结余是指行政单位除财政拨款收支以外的各项收支相抵后剩余的滚存资金。其他资金结转结余属于非财政资金结转结余,是行政单位依法取得的除财政拨款收入以外的各项资金收支形成的差额。其他资金结转结余包括项目结转和非项目结余。

项目结转是行政单位除财政拨款收支以外的项目资金收入、支出相抵后剩余的滚存资金。项目结转区分年末已完成项目和尚未完成项目,按照非同级财政部门、主管部门或上级单位等拨款单位的要求进行管理。年末已完成项目,应当向原拨款单位报送项目资金使用情况接受检查、验收,剩余的资金或缴回原拨款单位,或经批准留归本单位用于其他非项目用途。年末未完成的结转资金,结转下一年度继续用于该项目的支出,原则上不得用于其他方面。

非项目结余是行政单位除财政拨款收支以外的非项目资金收入、支出相抵后剩余的滚存资金。非项目结余资金可以用于补充项目资金,在单位内部行调剂使用。

为了核算行政单位其他资金结转结余除财政拨款收支以外的其他各项收支相抵后剩余的滚存资金,应设置"其他资金结转结余"账户。净资产类账户。本科目期末贷方余额,反映行政单位滚存的各项非财政拨款资金结转结余数额。

本科目应当设置"项目结转"和"非项目结余"明细科目,分别对项目资金和非项目资金进行明细核算。对于项目结转,还应当按照具体项目进行明细核算。

本科目还可以根据管理需要按照其他资金结转结余变动原因,设置"收支转账"、"年初余额调整"、"结余调剂"、"剩余结转结余"等明细科目,进行明细核算。

其他资金结转结余的主要账务处理如下:

(1)调整以前年度其他资金结转结余。因发生差错更正、以前年度支出收回等原因,需要调整其他资金结转结余的,按照实际调增的金额,借记有关科目,贷记"其他资金结转结余"科目(年初余额调整)及其相关明细。按照实际调减的金额,借记"其他资金结转结余"科目(年初余额调整)及其相关明细,贷记有关科目。

【例10.24】 某行政单位发现一笔上年度的记账错误,将从非同级财政部门取得的一项拨款27 000元(非项目资金),误作为同级财政拨款记入了"财政拨款收入——基本支出拨款"科目,需要调整其他资金结转结余。会计分录如下:

借:财政拨款结转——年初余额调整——基本支出结转　　　　27 000
　　贷:其他资金结转结余——年初余额调整——非项目结余　　27 000

(2)结转本年其他资金收入和支出

①年末,将其他收入中的项目资金收入本年发生额转入"其他资金结转结余"科目,借记"其他收入"科目及其明细,贷记"其他资金结转结余"科目(项目结转——收支转账)及其明细;将其他收入中的非项目资金收入本年发生额转入"其他资金结转结余"科目,借记"其他收入"科目及其明细,贷记"其他资金结转结余"科目(非项目结余——收支转账)。

②年末,将其他资金支出中的项目支出本年发生额转入本科目,借记"其他资金结转结余"科目(项目结转——收支转账)及其明细,贷记"经费支出——其他资金支出"科目(项目支出)及其明细、"拨出经费"科目(项目支出)及其明细;将其他资金支出中的基本支出本年发生额转入"其他资金结转结余"科目,借记"其他资金结转结余"科目(非项目结余——收支转账),贷记"经费支出——其他资金支出"科目(基本支出)、"拨出经费"科目(基本支出)。

【例10.25】 年末,某行政单位有关本年其他资金收入和支出的资料如下:

"其他收入——项目资金"本年贷方发生额为100 000元;

"其他收入——非项目资金"本年贷方发生额为45 000元;

"经费支出——其他资金支出——项目支出"本年方发生额为61 000元;

"经费支出——其他资金支出——基本支出"本年借方发生额为19 000元;

"拨出经费——项目支出"本年借方发生额为13 000元;

"拨出经费——基本支出"本年借方发生额为12 000元。

项目结余的处理

借:其他收入——项目资金　　　　　　　　　　　　　　　　100 000
　　贷:经费支出——其他资金支出——项目支出　　　　　　　61 000
　　　　拨出经费——项目支出　　　　　　　　　　　　　　　13 000
　　　　其他资金结转结余——收支转账——项目结转　　　　26 000

非项目结余的处理

借:其他收入——非项目资金　　　　　　　　　　　　　　　　45 000
　　贷:经费支出——其他资金支出——基本支出　　　　　　　19 000
　　　　拨出经费——基本支出　　　　　　　　　　　　　　　12 000
　　　　其他资金结转结余——收支转账——非项目结余　　　14 000

(3)缴回或转出项目结余。完成上述转账后,对本年末各项目执行情况进行分析,区分年末已完成项目和尚未完成项目。在此基础上,对完成项目的剩余资金根据不同情况进行账务处理:

①需要缴回原项目资金出资单位的,按照缴回的金额,借记"其他资金结转结余"科目(项目结转——结余调剂)及其明细,贷记"银行存款"、"其他应付款"等科目。

②将项目剩余资金留归本单位用于其他非项目用途的,按照剩余的项目资金金额,借记"其他资金结转结余"科目(项目结转——结余调剂)及其明细,贷记"其他资金结转结余"科目(非项目结余——结余调剂)。

【例10.26】 年末,某行政单位将本年其他资金收入和支出的处理后,对各项目的执行情况进行了分析。

年末尚未完成项目剩余的资金为10 000元,已经完成的项目剩余的资金为25 000元。按规定已经完成的M项目资金9 000元应缴回原出资单位,N项目剩余资金16 000元留归本单位其他非项目用途。

应缴回原出资单位的项目剩余资金的处理

借:其他资金结转结余——项目结转——结余调剂——M项目　　9 000
　　贷:其他应付款——出资单位　　　　　　　　　　　　　　　　9 000

应留归本单位的N项目剩余资金的处理

借:其他资金结转结余——项目结转——结余调剂——N项目　　16 000
　　贷:其他资金结转结余——非项目结余——结余调剂　　　　　16 000

(4)用非项目资金结余补充项目资金。按照实际补充项目资金的金额,借记"其他资金结转结余"科目(非项目结余——结余调剂),贷记"其他资金结转结余"科目(项目结转——结余调剂)及其明细。

(5)年末冲销有关明细科目余额。年末收支转账后,将本科目所属"收支转账"、"年初余额调整"、"结余调剂"等明细科目余额转入"剩余结转结余"明细科目;转账后,"其他资金结转结余"科目除"剩余结转结余"明细科目外,其他明细科目应无余额。

10.2.4 资产基金的核算

资产基金是指行政单位的预付账款、存货、固定资产、在建工程、无形资产、政府储备物资、公共基础设施等非货币性资产在净资产中占用的金额。

资产基金应当在发生预付账款,取得存货、固定资产、在建工程、无形资产、政府储备物资、公共基础设施时确认,在非货币性资产实现或发出、耗用时予以冲减。

为了核算行政单位非货币性资产在净资产中占用的金额,应设置"资产基金"账户。净资产类账户。贷方登记发生的预付账款、取得非货币性资产而增加的资产基金,借方登记收到预付账款购买的物资或服务、由于非货币性资产减少应当冲减的资产基金。期末贷方余额,反映行政单位非货币性资产在净资产中占用的金额。

本科目应当设置"预付款项"、"存货"、"固定资产"、"在建工程"、"无形资产"、"政府储备物资"、"公共基础设施"等明细科目,进行明细核算。

资产基金的主要账务处理如下:

(1)发生预付账款,取得存货、固定资产、在建工程、无形资产、政府储备物资、公共基础设施时。

①发生预付账款时,按照实际发生的金额,借记"预付账款"科目,贷记"资产基金"科目(预付款项);同时,按照实际支付的金额,借记"经费支出"科目,贷记"财政拨款收入"、"零余额账户用款额度"、"银行存款"等科目。

【例10.27】 行政单位采购一批材料,按照购货合同已预付给供应单位50 000元的货款,款项已通过零余额账户支付,材料尚未收到。会计分录如下:

借:预付账款	50 000
贷:资产基金——预付款项	50 000
借:经费支出	50 000
贷:零余额账户用款额度	50 000

②取得存货、固定资产、在建工程、无形资产、政府储备物资、公共基础设施等资产时,按照取得资产的成本,借记"存货"、"固定资产"、"在建工程"、"无形资产"、"政府储备物资"、"公共基础设施"等科目,贷记"资产基金"科目(存货、固定资产、在建工程、无形资产、政府储备物资、公共基础设施);同时,按照实际发生的支出,借记"经费支出"科目,贷记"财政拨款收入"、"零余额账户用款额度"、"银行存款"等科目。

【例10.28】 某行政单位通过政府采购一批计算机,价值150 000元,款项从零余额账户支付。计算机已经验收投入使用。会计分录如下:

借:固定资产	150 000
贷:资产基金——固定资产	150 000
借:经费支出	150 000
贷:零余额账户用款额度	150 000

【例10.29】 某行政单位政府采购一套资产管理软件,价值50 000元,已经由财政直接支付,所用资金为公共财政预算项目支出拨款。会计分录如下:

借:无形资产	50 000
贷:资产基金——无形资产	50 000
借:经费支出	50 000
贷:财政拨款收入——项目支出拨款	50 000

(2)收到预付账款购买的物资或服务时。按照相应的预付账款金额,借记"资产基金"科目(预付款项),贷记"预付账款"科目。

【例10.30】 该行政单位收到前述采用预付货款方式采购的材料。会计分录如下:

借:资产基金——预付款项	50 000
贷:预付账款	50 000
借:存货	50 000
贷:资产基金——存货	50 000

(3)领用和发出存货、政府储备物资时。按照领用和发出存货、政府储备物资的成本,借记"资产基金"科目(存货、政府储备物资),贷记"存货"、"政府储备物资"科目。

【例10.31】 行政单位的某处室领用材料500元。会计分录如下:

借:资产基金——存货	500
贷:存货	500

(4)计提固定资产折旧、公共基础设施折旧、无形资产摊销时。按照计提的折旧、摊销金额,借记"资产基金"科目(固定资产、公共基础设施、无形资产),贷记"累计折旧"、"累计摊销"科目。

【例10.32】 行政单位对办公用计算机计提固定资产折旧。会计分录如下:
  借:资产基金——固定资产   1 500
    贷:累计折旧   1 500

(5)无偿调出、对外捐赠存货、固定资产、无形资产、政府储备物资、公共基础设施时。

①无偿调出、对外捐赠存货、政府储备物资时,按照存货、政府储备物资的账面余额,借记"资产基金"科目及其明细,贷记"存货"、"政府储备物资"等科目。

②无偿调出、对外捐赠固定资产、公共基础设施、无形资产时,按照相关固定资产、公共基础设施、无形资产的账面价值,借记"资产基金"科目及其明细,按照已计提折旧、已计提摊销的金额,借记"累计折旧"、"累计摊销"科目,按照固定资产、公共基础设施、无形资产的账面余额,贷记"固定资产"、"公共基础设施"、"无形资产"科目。

(6)待处理财产的资产基金,通过"待处理财产损溢"科目核算,有关账务处理参见"待处理财产损溢"科目。

10.2.5 待偿债净资产

待偿债净资产是指行政单位因发生应付账款和长期应付款而相应需在净资产中冲减的金额。待偿债净资产是一项抵减基金,在债务发生时暂时冲减净资产的金额,待偿还债务时予以转回。待偿债净资产与部分负债相对应,在负债发生时予以抵减,在负债偿付时予以转回。

为了核算行政单位因发生应付账款和长期应付款而相应需在净资产中冲减的金额,应设置"待偿债净资产"账户。净资产类账户。偿付或核销应付账款、长期应付款贷记本科目,发生应付账款、长期应付款时借记本科目,期末借方余额,反映行政单位因尚未支付的应付账款和长期应付款而需相应冲减净资产的金额。

待偿债净资产的主要账务处理如下:

(1)发生应付账款、长期应付款时,按照实际发生的金额,借记"待偿债净资产"科目,贷记"应付账款"、"长期应付款"等科目。

(2)偿付应付账款、长期应付款时,按照实际偿付的金额,借记"应付账款"、"长期应付款"等科目,贷记"待偿债净资产"科目;同时,按照实际支付的金额,借记"经费支出"科目,贷记"财政拨款收入"、"零余额账户用款额度"、"银行存款"等科目。

(3)因债权人原因,核销确定无法支付的应付账款、长期应付款时,按照报经批准核销的金额,借记"应付账款"、"长期应付款"科目,贷记"待偿债净资产"科目。

【例10.33】 某行政单位与某供应商签订购买合同,购买一台专用设备及相关维护用品。设备的价款为35 000元,款项要求在18个月后支付;维护用品价值5 200元,款项在要求3个月后支付。行政单位收到供应商交付的专用设备及其维护用品。会计分录如下:
  借:待偿债净资产   40 200
    贷:长期应付款——某供应商   35 000
      应付账款——某供应商   5 200

借:固定资产——专用设备　　　　　　　　　　　　　　　　35 000
　　存货——维护用品　　　　　　　　　　　　　　　　　　5 200
　贷:资产基金——固定资产　　　　　　　　　　　　　　　35 000
　　　　　　——存货　　　　　　　　　　　　　　　　　　5 200

思 考 题

1. 行政单位流动负债包括哪些内容?
2. 什么是资产基金? 包括哪些内容?
3. 什么是应缴财政款? 包括哪些内容?

练 习 题

1. 名词解释

负债　应缴税费　应付职工薪酬　应付账款　应付政府补贴款　其他应付款　长期应付款
受托代理负债　财政拨款结转　财政拨款结余　其他资金结转结余　待偿债净资产

2. 单项选择题

(1) 应缴财政款应当按照类别进行明细核算,确认时点为(　　)。
　　A. 规定应收相关款项的时间　　　B. 收到应缴财政的款项时
　　C. 承担付款义务时　　　　　　　D. 上缴应缴财政的款项时
(2) 以下账户中,不属于行政单位会计制度科目的是(　　)。
　　A. 应缴财政款　　B. 应缴税费　　C. 应缴预算款　　D. 应付职工薪酬
(3) 下列属于行政单位应缴财政款核算内容的是(　　)。
　　A. 营业税　　B. 职工工资　　C. 罚没收入　　D. 代扣代缴职工社会保险费
(4) 年末将其他收入中的项目资金收入本年发生额转入(　　)科目。
　　A. 财政拨款结余　B. 财政拨款结转　C. 其他资金结转　D. 其他资金结转结余
(5) 无法偿付或债权人豁免偿还的应付账款,经批准核销后账务处理为(　　)。
　　A. 借记"应收账款"科目,贷记"待偿债净资产"科目
　　B. 借记"应付账款"科目,贷记"待偿债净资产"科目
　　C. 借记"待偿债净资产"科目,贷记"应收账款"科目
　　D. 借记"待偿债净资产"科目,贷记"应付账款"科目

3. 多项选择题

(1) 关于行政单位负债正确的是(　　)。
　　A. 能以货币计量　　　　　　　B. 需要以资产等偿还
　　C. 按照流动性分类　　　　　　D. 包括短期负债和长期负债
(2) 下列选项中,不属于行政单位负债科目的有(　　)。
　　A. 应付账款　　B. 预付账款　　C. 其他应收款　　D. 其他应付款
(3) 关于应缴财政款不正确的是(　　)。
　　A. 财政管理的非税收入　　　　B. 收到应缴财政的款项时确认
　　C. 支付罚款时确认　　　　　　D. 收到应付补贴款时确认
(4) "其他应付款"科目核算的内容包括(　　)。
　　A. 收取的押金　　　　　　　　B. 未纳入行政单位预算管理的转拨资金
　　C. 代扣代缴职工社会保险费和住房公积金　D. 应付政府补贴
(5) 行政单位的净资产包括(　　)。

  A. 财政拨款结转、结余   B. 其他资金结转结余
  C. 资产基金   D. 待偿债净资产

4. 判断题

(1)行政单位按照国家有关规定应当缴纳的各种税费,通过"应缴财政款"科目核算。(　　)

(2)应付账款科目核算行政单位因购买物资或服务、工程建设等而应付的偿还期限在1年以内(不含1年)的款项。(　　)

(3)行政单位的负债,应当按照承担的相关合同金额或实际发生额进行计量。(　　)

(4)行政单位代扣代缴的个人所得税,通过"应缴财政款"科目核算。(　　)

(5)财政拨款结余是行政单位当年预算工作目标尚未完成的、留存下年继续使用财政拨款资金。(　　)

5. 综合题

综合练习一

【目的】练习行政单位负债的核算

【资料】某行政单位20××年12月发生如下负债业务:

(1)依据有关规定收取行政性收费500元,存入银行。

(2)依法对某企业的违法行为处以罚款6 000元,款项存入银行。

(3)将单位的一个200平米办公用房出租,取得租金收入50 000元,发生相关税费2 500元。

(4)将上述应缴财政款项上缴国库。

(5)将上述税款上缴国库。

(6)本月职工薪酬总额为820 000元,其中:在职职工工资600 000元、离退休费100 000元、地方津贴补贴60 000元、为职工承担的社会保险费20 000元、住房公积金60 000元。

(7)从职工薪酬中代扣代缴社会保险费14 000元、住房公积金60 000元、个人所得税20 000元。

(8)通过财政直接支付职工工资、津贴补贴,财政直接支付方式代缴社会保险费、住房公积金和个人所得税。

(9)单位为职工承担的社会保险费20 000元、住房公积金60 000元,由财政直接支付。

(10)向乙企业购入材料一批3 500元,已验收入库,款项未付。

(11)欠乙企业材料款3 500元用财政直接支付方式偿还。

(12)本单位负责向公益养老院发放政府补贴。某新设立的养老院有100张床位,按规定每张床位政府给予一次性补助1 000元,应付的政府补款为100 000元,所用资金为公共财政预算项目支出拨款,通过单位的零余额账户支付。

(13)代职工订阅杂志、报刊,预收款项2 200元,款存款项存入银行。

(14)开出转账支票支付为职工订报刊款。

(15)某行政单位以分期付款方式从某公司购入一台设备,应付价款为180 000元,分3年支付,每年年末支付60 000元。款项通过零余额账户支付。

【要求】根据以上经济业务编制会计分录。

综合练习二

【目的】练习行政单位净资产的核算

【资料】某行政单位发生如下经济业务:

(1)因通过零余额账户采购的部分办公设备退货而发生以前年度的支出收回15 000元。

(2)按照规定收到从其他单位调入的财政拨款结余资金10 000元,存入本单位零余额账户。

(3)按照规定上缴财政拨款结转资金(财政直接支付)60 000元。

(4)经财政部门批准对财政拨款结余M资金20 000元改变用途供其他未完成项目N使用。

(5)年末,财政拨款收入、支出本年发生额如下:

财政拨款收入(基本支出拨款)	2 500 000
财政拨款收入(项目支出拨款)	400 000
经费支出——财政拨款支出(基本支出)	1 100 000
——财政拨款支出(项目支出)	185 000

将财政拨款收入本年发生额和财政拨款支出本年发生额分别进行结转。

(6)收回一笔逾期3年且已核销的项目预付账款12 000元,存入零余额账户。

(7)对年末已执行完成项目和尚未完成项目进行分析,发现F项目有32 000元需要缴回原项目资金出资单位,已通过银行支付。

(8)为建设本单位的资产管理信息系统,以政府集中采购方式购入一批专用物资、专用设备和专用软件。其中,专用物资的价值为7 000元,已经验收入库;专用设备的价值为55 000元,不需要安装调试,已经交付使用;专用软件的价值为46 000元,其不构成相关硬件不可缺少的组成部分。款项已经由财政直接支付,所用资金为公共财政预算项目支出拨款。

(9)订购的特种物资到货,已经验收入库。为该订购物资支付的预付款金额为50 000元。

(10)以分期付款方式购买了一台价值150 000元的大型设备,款项分3年支付。现因设备供应商破产,最后一笔款项50 000元无法偿付,报经批准予以核销。

【要求】根据以上经济业务编制会计分录。

第 11 章

行政单位会计收入和支出的核算

学习目标提示

- 行政单位各项收入的概念、内容、管理和核算
- 行政单位各项支出的概念、分类、管理和核算

中英文关键词对照——

- 收入 revenues
- 支出 expenditure

行政单位的收支与企业的收支存在较大的差别。企业取得收入是成本的补偿和获取利润的途径；行政单位取得收入只是国家维持行政单位履行职能能力的手段。企业的支出在于获取收入，最终取得利润；行政单位的支出是为开展业务活动所发生的各项资金耗费及损失。

11.1 行政单位会计的收入

收入是指行政单位依法取得的非偿还性资金，包括财政拨款收入和其他收入。

行政单位的收入一般按收付实现制确认。在收付实现制基础下，收入应当在收到款项时予以确认，并按照实际收到的金额进行计量。

行政单位收入的特殊经济业务和事项可以采用权责发生制确认。在权发生制基础下，收入应当在发生时予以确认，并按照实际发生的数额计量。

11.1.1 行政单位的预算管理

1. 行政单位预算管理的内容

行政单位预算是财政预算的重要组成部分。我国的各级预算由财政总预算和部门（或单位）预算组成，行政单位的预算属于部门（或单位）预算，隶属于不同级次的财政总预算。

我国的财政预算体系包括中央预算和地方预算，如果行政单位隶属于中央机关，由中央财政拨付经费，则该行政单位为中央行政单位；如果行政单位隶属于地方机关，由地方财政拨付经费，则该行政单位为地方行政单位。

预算是行政单位根据其职责和工作任务编制的年度财务收支计划，由收入预算和支出预算组成。行政单位的收入预算包括财政拨款收入和其他收入，支出预算包括经费支出和拨出经费。行政单位取得的各项收入和发生的各项支出，均应当全部纳入单位预算，实行收入、支出统一管理。

2. 行政单位预算管理的级次

按照预算管理权限，行政单位预算管理分一级预算单位、二级预算单位和基层预算单位三个级次。向同级财政部门申报预算的行政单位，为一级预算单位；向上一级预算单位申报预算并有下级预算单位的行政单位，为二级预算单位；向一级预算单位申报预算，且没有下级预算单位的行政单位，为基层预算单位。一级预算单位有下级预算单位的，为主管预算单位。各级预算单位应当按照预算管理级次申报预算，并按照批准的预算组织实施，定期将预算执行情况向上一级预算单位或者同级财政部门报告。

3. 行政单位预算管理的办法

根据《行政单位财务规则》的规定,财政部门对行政单位实行收支统一管理,定额、定项拨款,超支不补,结转和结余按规定使用的预算管理办法。

(1)收支统一管理。行政单位的收入预算、支出预算构成单位预算的整体,在预算编制、核定和实施等方面统一进行管理。行政单位应当将全部收入和全部支出统一编入预算,报请财政部门或上级预算单位核定。财政部门根据预算政策、行政单位的工作目标和计划、资产状况等情况,核定行政单位的年度收支预算。行政单位按照财政或上级预算单位核定的预算,统一组织预算收入、支出的实施。

(2)定额、定项拨款。行政单位的预算拨款包括基本支出拨款和项目支出拨款,基本支出拨款是财政部门拨给行政单位用于维持正常运行和完成日常工作任务所需要的款项,项目支出拨款是财政部门拨给单位在基本支出以外完成特定任务所需。基本支出拨款实行定额拨款的办法,按照拨款标准核定拨款的数额。项目支出拨款实行定项拨款的办法,根据项目的具体情况核定拨款的数额。

(3)超支不补,结转和结余按规定使用。行政单位的预算核定后,除特殊因素外,超预算发生的支出,财政部门或主管预算单位不再追加预算。如果当期形成结转或结余资金,应当按照同级财政部门的有关规定执行。对结转和结余资金的管理,各地财政部门的做法不尽相同。结转资金原则上按原用途使用,确需改变用途的,应报经批准。结余资金应当实行不同的管理办法,原则上统筹用于编制以后年度的单位预算。

11.1.2 财政拨款收入的核算

财政拨款收入是指行政单位从同级财政部门取得的财政预算资金。

为了核算行政单位从同级财政部门取得的财政预算资金,应设置"财政拨款收入"账户,收入类账户。贷方登记不同拨款方式下取得的财政拨款额、年末财政直接支付预算指标数与实际支出数的差额、财政授权支付预算指标数大于额度下达数的差额,借方登记年末财政直接支付资金的收回、转入财政拨款结转的金额。年终结账后,本科目应无余额。

本科目应当设置"基本支出拨款"和"项目支出拨款"两个明细科目,分别核算行政单位取得用于基本支出和项目支出的财政拨款资金;同时,按照《政府收支分类科目》中"支出功能分类科目"的项级科目进行明细核算;在"基本支出拨款"明细科目下按照"人员经费"和"日常公用经费"进行明细核算,在"项目支出拨款"明细科目下按照具体项目进行明细核算。

有公共财政预算拨款、政府性基金预算拨款等两种或两种以上财政拨款的行政单位,还应当按照财政拨款的种类分别进行明细核算。

财政拨款收入的主要账务处理如下:

(1)财政直接支付方式。

①财政部门以财政直接支付方式为行政单位支付相关费用,包括工资福利支出、补助补贴支出、各种服务支出等,行政单位应当在收到国库支付执行机构委托代理银行转来的"财政直接支付入账通知书"及相关原始凭证,借记"经费支出"科目,贷记本科目。

【例11.1】 某行政单位收到国库支付执行机构委托代理银行转来的"财政直接支付入账通知书"及原始凭证,该单位的一笔培训费用55 000元已经完成支付,资金性质为公共财政预算资金。会计分录如下：

借：经费支出——财政拨款支出——基本支出　　　　　　　　　55 000
　　贷：财政拨款收入——基本支出拨款　　　　　　　　　　　　　55 000

②收回本年度财政直接支付的资金。财政部门已经完成直接支付的资金在本年度收回，行政单位应当冲销当期已经确认的财政拨款收入，借记"财政拨款收入"科目，贷记"经费支出"等科目。

【例11.2】　行政单位收到"财政直接支付收回通知"，前述财政部门以财政直接支付方式为行政单位支付的培训费用，因培训内容调整缩短了培训时间，培训费用由原来的55 000元减少到40 000元，差额15 000元已经收回。会计分录如下：

借：财政拨款收入——基本支出拨款　　　　　　　　　　　　　15 000
　　贷：经费支出——财政拨款支出——基本支出　　　　　　　　　15 000

③以财政直接支付方式购买资产。行政单位以财政直接支付方式购买存货、固定资产、无形资产、政府储备物资，以及支付工程结算的款项等，需要进行"双分录"会计核算一方面要确认所形成的经费支出和财政拨款收入，同时还要确认所形成的资产及所对应的资产基金。

【例11.3】　某行政单位以政府集中采购的方式购入办公用品一批，价值总计10 000元。款项已经通过财政直接支付方式全额支付，办公用品已经验收入库。会计分录如下：

借：经费支出——财政拨款支出——基本支出　　　　　　　　　10 000
　　贷：财政拨款收入——基本支出拨款　　　　　　　　　　　　　10 000

同时

借：存货——办公用品　　　　　　　　　　　　　　　　　　　10 000
　　贷：资产基金——存货　　　　　　　　　　　　　　　　　　　10 000

④财政直接支付额度的年终注销。年末，行政单位根据本年度财政直接支付预算指标数与财政直接支付实际支出数的差额，借记"财政应返还额度——财政直接支付"科目，贷记本科目。

【例11.4】　某行政单位本年度财政直接支付预算指标数为850 000元，财政直接支付实际支出数为820 000元，年终注销未使用的财政直接支付额度30 000元。会计分录如下：

借：财政应返还额度——财政直接支付　　　　　　　　　　　　30 000
　　贷：财政拨款收入——基本支出拨款　　　　　　　　　　　　　30 000

（2）财政授权支付方式。行政单位根据收到的"财政授权支付额度到账通知书"，借记"零余额账户用款额度"等科目，贷记本科目。

①财政授权支付额度的下达。在财政授权支付方式下，行政单位在收到代理银行转来"授权支付到账通知书"时，即可确认财政拨款收入，同时确认已经到账的零余额账户用款额度。借记"零余额账户用款额度"等科目，贷记"财政拨款收入"。

【例11.5】　某行政单位收到代理银行转来的"授权支付到账通知"，本月该单位财政授权支付额度为150 000元，已经下达到代理银行，其中基本支出拨款120 000元，项目支出拨款30 000。会计分录如下：

借：零余额账户用款额度　　　　　　　　　　　　　　　　　　150 000
　　贷：财政拨款收入——基本支出拨款　　　　　　　　　　　　　120 000
　　　　财政拨款收入——项目支出拨款　　　　　　　　　　　　　30 000

②财政授权支付额度的年终注销。年末,如行政单位本年度财政授权支付预算指标数大于财政授权支付额度下达数,根据两者间的差额,借记"财政应返还额度——财政授权支付"科目,贷记本科目。

【例 11.6】 某行政单位本年度财政授权支付预算指标数为 345 000 元,财政授权支付额度下达数为 322 000 元,年终注销未下达的财政授权额度 23 000 元。会计分录如下:

借:财政应返还额度——财政授权支付　　　　　　　　　　　23 000
　　贷:财政拨款收入——基本支出拨款　　　　　　　　　　　23 000

(3)其他方式。在国库集中收付制度下,除财政直接支付和财政授权支付是两种主要的财政支付方式之外,还有其他支付方式,主要是财政实拨资金。

财政实拨资金是财政部门的国库支付执行机构按照批复的部门预算和资金使用计划,开出拨款凭证将财政拨款划转到行政单位在商业银行开设的存款账户。

财政实拨资金主要适用于未实行国库集中收付制度的行政单位,以及一些特殊事项财政款项的拨付。

实际收到财政拨款收入时,借记"银行存款"等科目,贷记本科目。

【例 11.7】 某行政单位收到开户银行转来的"到账通知书",财政部门拨入的项目经费 150 000 元已经到账。会计分录如下:

借:银行存款　　　　　　　　　　　　　　　　　　　　　　150 000
　　贷:财政拨款收入——项目支出拨款　　　　　　　　　　　150 000

年末,将财政拨款收入本年发生额转入财政拨款结转时,借记"财政拨款收入",贷记"财政拨款结转"科目。

11.1.3　其他收入的核算

其他收入是指行政单位依法取得的除财政拨款收入以外的各项收入,如从非同级财政部门、上级主管部门等取得的用于完成项目或专项任务的资金、库存现金溢余、银行存款利息等。

如果行政单位取得的一项收入并非是从同级财政部门取得的财政预算资金,即可确认为其他收入。

其他收入是行政单位收入的组成部分,行政单位应当将其他收入全面、完整地纳入单位预算,不准发生转移收入、私账外账和小金库等违反财经纪律的行为。行政单位的其他收入按照规定应当缴纳税金的,必须按照税收法规缴纳相关税金。

为了核算行政单位取得的除财政拨款收入以外的其他各项收入,应设置"其他收入"账户,收入类账户。贷方登记收到的其他收入,借方登记年末转入其他资金结转结余的金额,年终结账后,本科目应无余额。

本科目应当按照其他收入的类别、来源单位、项目资金和非项目资金进行明细核算。对于项目资金收入,还应当按照具体项目进行明细核算。

行政单位从非同级财政部门、上级主管部门等取得指定转给其他单位,且未纳入本单位预算管理的资金,不通过本科目核算,应当通过"其他应付款"科目核算。

其他收入的主要账务处理如下:

(1)从非同级财政部门、上级主管部门取得资金。行政单位从非同级财政部门、上级主管部门取得资金时,按照实际收到的金额,借记"银行存款"、"库存现金"等科目,贷记"其他收入"科目。

【例11.8】 某市级行政单位收到省财政部门拨来的补助款项78 000元,用于完成一项指定的项目。行政单位收到开户银行转来的"到账通知书"。会计分录如下:

借:银行存款 78 000
　　贷:其他收入——省财政补助收入——项目资金——某项目 78 000

【例11.9】 某行政单位收到开户银行转来的"到账通知书",系主管部门拨来的用于维持单位正常运行的款项52 000元。会计分录如下:

借:银行存款 52 000
　　贷:其他收入——主管部门补助收入——非项目资金 52 000

(2)服务收入和其他来源的收入。行政单位收到后勤服务收入、银行存款利息,以及发生现金溢余、无法偿还的其他应付款项时,应当按照实际收到或发生的金额借记"银行存款"、"库存现金"、"其他应付款"等科目,贷记"其他收入"科目。此类收入所取得的资金一般为非项目资金,要求按收入的类别组织核算。

【例11.10】 某行政单位在对外办公区域向外来办事人员提供复印服务,没有实行独立核算。某日复印服务收到现金200元。会计分录如下:

借:库存现金 200
　　贷:其他收入——复印服务收入 200

【例11.11】 某行政单位的一项其他应付款因故无法偿付,金额为2 000元报经批准后进行核销。会计分录如下:

借:其他应付款 2 000
　　贷:其他收入——无法偿付的其他应付款项 2 000

年末,将"其他收入"科目本年发生额转入其他资金结转结余时,借记"其他收入"科目,贷记"其他资金结转结余"科目。

11.2　行政单位会计的支出

行政单位的支出是指行政单位为保障机构正常运转和完成工作任务所发生的资金耗费和损失,包括经费支出和拨出经费。

行政单位的支出一般应当在支付款项时予以确认,并按照实际支付金额进行计量。

采用权责发生制确认的支出,应当在其发生时予以确认,并按照实际发生额进行计量。

11.2.1　支出的管理要求

行政单位支出管理是行政单位财务管理的重要内容,也是财政部门或上级主管部门考核行政单位预算执行情况的一个重要方面。行政单位需要严格按照有关规定,采取切实可行、科学的办法、措施对支出进行管理。行政单位支出的管理要求如下:

(1)加强支出的预算管理。行政单位应当将各项支出全部纳入单位预算,各项支出由单位财务部门按照批准的预算和有关规定审核办理。

(2)加强支出的规范性管理。行政单位的支出应当严格执行国家规定的开支范围及标准,建立健全支出管理理制度,对节约潜力大、管理薄弱的支出进行重点管理和控制

(3)加强项目资金管理。行政单位从财政部或者上级预算单位取得的项目资金,应当按照批准的项目和用途使用,专款专用、单独核算,并按照规定向同级财政部门或者上级预算单位报告资金使用情况,接受财政部门和上级预算单位的检查监督。项目完成后,行政单位应当向同级财政部门或者上级预算单位报送项目支出决算和使用效果的书面报告。

(4)加强国库集中支付和政府采购管理。行政单位应当严格执行国库集中支付制度和政府采购制度等规定。

(5)加强支出的绩效管理。行政单位应当加强支出的绩效管理,提高资金的使用效益。

(6)加强票据管理。行政单位应当依法加强各类票据管理,确保票据来源合法、内容真实、使用正确,不得使用虚假票据。

11.2.2 经费支出

经费支出是指行政单位自身开展业务活动使用各项资金发生的基本支出和项目支出。

为了核算行政单位在开展业务活动中发生的各项支出,行政单位应设置"经费支出"账户。支出类账户。年终结账后,本科目应无余额。应当分别按照"财政拨款支出"和"其他资金支出"、"基本支出"和"项目支出"等分类进行明细核算;并按照《政府收支分类科目》中"支出功能分类科目"的项级科目进行明细核算;"基本支出"和"项目支出"明细科目下应当按照《政府收支分类科目》中"支出经济分类科目"的款级科目进行明细核算。同时在"项目支出"明细科目下按照具体项目进行明细核算。

有公共财政预算拨款、政府性基金预算拨款等两种或两种以上财政拨款的行政单位,还应当按照财政拨款的种类分别进行明细核算。

经费支出的主要账务处理如下:

(1)计提单位职工薪酬时,按照计算出的金额,借记"经费支出"科目,贷记"应付职工薪酬"科目。

(2)支付外部人员劳务费,按照应当支付的金额,借记"经费支出"科目,按照代扣代缴个人所得税的金额,贷记"应缴税费"科目,按照扣税后实际支付的金额,贷记"财政拨款收入"、"零余额账户用款额度"、"银行存款"等科目。

【例11.12】 经计算,应付临时聘用人员的劳务费用总额为68 000元,代扣代缴个人所得税的金额为8 160元。行政单位已经通过开户银行将实付款项59 840元转入临时聘用人员的工资卡中,所用资金为非财政拨款资金。会计分录如下:

借:经费支出——其他资金支出——基本支出　　　　　　68 000
　　贷:银行存款　　　　　　　　　　　　　　　　　　59 840
　　　　应缴税费——个人所得税　　　　　　　　　　　　8 160

(3)支付购买存货、固定资产、无形资产、政府储备物资和工程结算的款项,按照实际支付的金额,借记"经费支出"科目,贷记"财政拨款收入"、"零余额账户用款额度"、"银行存款"等科目;同时,按照采购或工程结算成本,借记"存货"、"固定资产"、"无形资产"、"在建工程"、"政府储备物资"等科目,贷记"资产基金"及其明细科目。

【例11.13】 采购专用材料一批,价值总计11 700元。款项已经通过财政直接支付方

式支付,所用资金为公共财政预算基本经费拨款,材料已验收入库。会计分录如下:

  借:经费支出——财政拨款支出——基本支出   11 700
   贷:财政拨款收入——基本支出拨款   11 700
  借:存货——专用材料   11 700
   贷:资产基金——存货   11 700

  (4)发生预付账款的,按照实际预付的金额,借记"经费支出"科目,贷记"财政拨款收入"、"零余额账户用款额度"、"银行存款"等科目;同时,借记"预付账款"科目,贷记"资产基金——预付款项"科目。

  (5)偿还应付款项时,按照实际偿付的金额,借记"经费支出"科目,贷记"财政拨款收入"、"零余额账户用款额度"、"银行存款"等科目;同时,借记"应付账款"、"长期应付款"科目,贷记"待偿债净资产"科目。

  (6)发生其他各项支出时,按照实际支付的金额,借记"经费支出"科目,贷记"财政拨款收入"、"零余额账户用款额度"、"银行存款"等科目。

  (7)行政单位因退货等原因发生支出收回的,属于当年支出收回的,借记"财政拨款收入"、"零余额账户用款额度"、"银行存款"等科目,贷记"经费支出"科目;属于以前年度支出收回的,借记"财政应返还额度"、"零余额账户用款额度"、"银行存款"等科目,贷记"财政拨款结转"、"财政拨款结余"、"其他资金结转结余"等科目。

  (8)年末,将本科目本年发生额分别转入财政拨款结转和其他资金结转结余时,借记"财政拨款结转"、"其他资金结转结余"科目,贷记"经费支出"科目。

11.2.3 拨出经费

  拨出经费是指行政单位纳入单位预算管理、拨付给所属单位的非同级财政拨款资金,包括拨给所属单位的专项经费和补助经费等。

  为核算行政单位向所属单位拨出的纳入单位预算管理的非同级财政拨款资金,行政单位应设置"拨出经费"科目。本科目应当分别按照"基本支出"和"项目支出"进行明细核算;还应当按照接受拨出经费的具体单位和款项类别等分别进行明细核算。年终结账后,本科目应无余额。

  拨出经费的主要账务处理如下:

  (1)向所属单位拨付非同级财政拨款资金等款项时,借记"拨出经费"科目,贷记"银行存款"等科目。

  【例11.14】 向所属 M 单位拨付非同级财政拨款资金10 000元,对其业务活动进行补助。会计分录如下:

  借:拨出经费——项目支出——M 单位   10 000
   贷:银行存款   10 000

  【例11.15】 向所属 N 单位拨付非同级财政拨款资金100 000元,此款项为购置专项设备的专项经费。会计分录如下:

  借:拨出经费——基本支出——N 单位——专项设备购购置 100 000
   贷:银行存款   100 000

  (2)收回拨出经费时,借记"银行存款"等科目,贷记"拨出经费"科目。

【例11.16】 所属N单位完成了专项设备购置工作,实际支出资金95 000元,余款5 000元由行政单位收回,存入单位的银行账户。会计分录如下:

借:银行存款   5 000
    贷:拨出经费——项目支出——B单位——专项设备购置   5 000

(3)年末,将"拨出经费"科目本年发生额转入其他资金结转结余时,借记"其他资金结转结余"科目,贷记"拨出经费"科目。

思 考 题

1.行政单位的收入、支出包括哪些内容?
2.行政单位预算管理的内容有哪些?
3.行政单位预算管理的级次如何划分?
4.行政单位的其他收入包括哪些内容?
5.行政单位支出的管理要求有哪些?

练 习 题

1.名词解释

财政拨款收入   其他收入   经费支出   拨出经费

2.单项选择题

(1)( )是行政单位按照规定取得的应当上缴财政的款项,包括罚没收入、行政事业性收费、政府性基金、国有资产处置和出租收入等。

    A.应缴税费   B.应缴财政款   C.应付职工薪酬   D.应付账款

(2)核算行政单位向所属单位拨出的纳入单位预算管理的非同级财政拨款资金的会计科目是( )。

    A.拨出经费   B.经费支出   C.其他支出   D.无偿调拨支出

(3)财政直接支付的方式下,年末,行政单位根据本年度财政直接支付预算指标数与财政直接支付实际支出数的差额,借记( )科目,贷记"财政拨款收入"科目。

    A.财政应返还额度——财政授权支付   B.财政应返还额度——财政直接支付
    C.财政直接支付   D.零余额账户用款额度

(4)代扣代缴由单位负担的个人所得税时,会计处理为( )。

    A.借:经费支出 贷:其他应付款   B.借:经费支出 贷:应缴税费
    C.借:应付职工薪酬 贷:其他应付款   D.借:应付职工薪酬 贷:应缴税费

(5)因故无法偿付的其他应付款项,按规定报批核销的,应转入的会计科目是( )。

    A.待偿债净资产   B.待处理财产损溢   C.营业外收入   D.其他收入

3.多项选择题

(1)下列选项中,不属于行政单位收入的有( )。

    A.其他收入
    B.财政拨款收入
    C.依法取得的应当上缴财政的行政事业性收费
    D.依法取得的应当上缴财政的罚没收入

(2)关于行政单位收入正确的说法是( )。

    A.收入一般按照收付实现制确认   B.收入应在收到款项时予以确认
    C.收入按照实际收到的金额进行计量   C.收入在交易实现时

(3)以下属于行政单位拨出经费的是(　　)。
　　A.拨给所属单位的专项经费　　　B.上缴上级单位的专项经费
　　C.拨给所属单位的补助经费　　　D.上缴上级单位的补助经费
(4)行政单位的收入包括(　　)。
　　A.补助收入　　B.财政拨款收入　　C.其他收入　　D.附属单位缴款收入
(5)行政单位的支出包括(　　)。
　　A.上缴支出　　B.补助支出　　C.经费支出　　D.拨出经费

4. 判断题
(1)行政单位收入的特殊经济业务和事项可以采用权责发生制确认。(　　)
(2)经费支出是指行政单位纳入单位预算管理、拨付给所属单位的同级财政拨款资金。(　　)
(3)权发生制基础下，收入应当在发生时予以确认，并按照实际发生的数额计量。(　　)
(4)在财政授权支付方式下，行政单位在收到代理银行转来"授权支付到账通知书"时，借记"银行存款"。(　　)
(5)行政单位计提单位职工薪酬时，按照计算出的金额贷记"经费支出"。

5. 综合题
综合练习一
【目的】练习行政单位收入的核算。
【资料】某市级行政单位20××年12月发生如下收入业务：
(1)收到银行转来的"财政直接支付入账通知书"，财政部门为该行政单位支付了一笔日常行政活动经费50 000元。
(2)收到银行转来的"财政直接支付入账通知书"，财政部门为该行政单位支付在职人员工资150 000元。
(3)收到银行转来的"财政直接支付入账通知书"，财政部门为该单位支付了为开展某项专业业务活动所发生的费用60 000元。
(4)上个月以财政直接支付方式购买的部分办公设备因质量问题退货，收回资金50 000元。
(5)收到银行转来的财政授权支付额度到账通知书，收到财政部门拨入一笔财政授权支付用款额度40 000元，规定用于该单位的日常行政活动开支。
(6)收到银行转来的财政授权支付额度到账通知书，收到财政部门拨入一笔财政授权支付用款额度20 000元，规定用于开展某专项活动。
(7)收到基本账户开户银行的存款利息通知，本期银行存款利息收入10 000元。
(8)收到后勤服务收入40 000元。
(9)收到甲公司为某项目投入资金50 000元。
(10)出纳人员结账时发现有2 000元的现金溢余，无法查明原因，按照规定报经批准作为其他收入处理。
(11)本年度财政授权支付的预算指标数为1 600 000元，其中：基本支出拨款指标数为1 100 000元，项目支出拨款指标数为500 000元。汇总当年财政授权支付额度下达数1 300 000元，其中：基本支出拨款支付额度下达数900 000元，项目支出拨款支付额度下达数400 000元。年末确定行政单位应收财政返还的资金额度为200 000元。
(12)年终结账，该行政单位"财政拨款收入"总账账户的贷方余额为6 550 000元，"财政拨款收入"明细账户的贷方余额为："基本支出拨款——日常公用经费"3 000 000元；"基本支出拨款——人员经费"2 550 000元；"财政拨款收入——项目支出拨款"1 000 000元。
(13)年终结账，该单位"其他收入"总账账户的贷方余额为130 000元，"其他收入"明细账户的贷方余额为："利息收入"20 000元；"后勤服务收入"50 000元；"项目专项收入"60 000元。

【要求】根据以上经济业务编制会计分录。

综合练习二

【目的】练习行政单位支出的核算。

【资料】某行政单位20××年12月发生如下支出业务。

(1)12月"工资汇总表"的职工薪酬总额为850 000元,其中:基本工资为400 000元,津贴补贴为100 000元,年终一次性奖金为300 000元,社会保障缴费为50 000元,由财政直接支付。

(2)支付外聘人员劳务费50 000元,其中:代扣代缴个人所得税5 000元。劳务费通过单位零余额账户支付。

(3)通过单位零余额账户购买属于基本支出预算的日常办公用品,金额为3 000元,属于行政单位随买随用的零星办公用品,直接交给有关业务部门使用。

(4)购买属于基本支出预算的常用的专用材料一批,金额为20 000元,通过单位零余额账户支付,材料已验收入库。

(5)财政部门委托其代理银行转来的财政直接支付入账通知书,财政部门为该行政单位支付了办公设备购置费120 000元。

(6)收财政部门委托其代理银行转来的财政直接支付入账通知书,财政部门预付本单位购买办公设备的货款35 000元给甲公司。

(7)收到财政部门委托其代理银行转来的财政直接支付入账通知书,财政部门为该行政单位偿还上月欠甲企业材料价款14 000元,这批材料属于基本支出预算的日常用材料。

(8)收到财政部门委托其代理银行转来的财政直接支付入账通知书,财政部门为本单位支付水费2 000元、电费5 000元,水电费属于基本支出预算的商品和服务支出。

(9)行政单位通过其代理银行支付本单位物业管理费10 000元,该费用属于本单位基本支出预算的商品和服务支出。

(10)通过单位零余额账户支付某一专门会议费用50 000元。

(11)经批准,对本单位的办公用房进行维修,维修总支出350 000元,此款通过单位零余额账户支付。

(12)年终结账,"经费支出"总账科目借方余额为56 780 000元,"经费支出"有关明细账科目借方余额情况如下:

财政拨款支出(基本支出)   56 000 000
财政拨款支出(项目支出)   690 000
其他资金支出(项目支出)   90 000

(13)根据核定的预算,通过开户银行向所属A单位转拨预算资金500 000元,其中:基本支出经费300 000元,项目支出经费200 000。

【要求】根据以上经济业务编制会计分录。

第12章

行政单位的财务报表

学习目标提示

- 行政单位财务报表的概念、种类
- 行政单位财务报表的编制

中英文关键词对照——

- 财务报表 financial statement
- 资产负债表 balance sheet
- 收入支出表 revenue and expenditure statement

12.1 行政单位财务报表概述

12.1.1 行政单位财务报表的概念

在日常的会计核算中,行政单位通过记账、算账工作,把各项经济业务分类地登记在会计账簿中,提供了单位预算资金和其他资金活动的大量数据资料,但是这些资料零星地分散在凭证和账簿中,不能集中、总括地反映各单位资金活动的全貌。所以为了使财政部门、上级机关和本单位领导等能了解、掌握单位预算执行情况和财务活动的全面状况,以便指导单位的财务管理和会计工作,应定期将日常会计核算资料进行综合、汇总、分析,编制成具有完整指标体系的财务报表。

1. 财务报表及其组成

财务报表是反映行政单位财务状况和预算执行结果等的书面文件,由会计报表及其附注构成。行政单位应当按照财政部门和主管预算单位的要求编制财务报表,向财务报表使用者提供与行政单位财务状况、预算执行等有关的财务信息,反映行政单位受托责任的履行情况。

编制财务报表是行政单位会计工作的一项重要内容,也是日常会计核算工作的总结阶段。因此,行政单位应严格按照会计制度的规定编制并提供真实、完整的财务报表,行政单位不得违反规定,随意改变会计报表格式、编制依据和方法,不得随意改变会计报表有关数据的会计口径,应当根据登记完整、核对无误的账簿记录和其他有关资料编制,行政单位财务报表应当由单位负责人和主管会计工作的负责人、会计机构负责人(会计主管人员)签名并盖章。

2. 行政单位财务报表的作用

编制和披露财务报表,对于加强预算管理和单位财务管理具有重要作用。其主要作用表现在以下几个方面:

(1)利用会计报表有关资料,可以分析和检查行政单位预算执行情况,发现预算管理和财务管理工作中存在的问题,以便采取有效措施,改进预算管理工作,提高财务管理水平,并为编制下期计划和预算提供资料。

(2)各级主管部门利用下级单位的会计报表,可以考核各单位执行国家有关方针政策的情况,督促各单位认真遵守财经制度和法规,维护财经纪律。主管部门汇总全系统的会计报表,还可以分析和检查全系统的预算执行情况,提高全系统预算管理水平。

(3)财政机关通过行政单位上报的会计报表,可以掌握各单位的预算执行进度,正确地核算预算支出,了解各单位执行预算的情况、行政单位提供服务能力的持续状况以及存在的问题,提高预算管理质量,从而为下期供应财政资金的决策积累必要的信息。

(4)政府审计部门通过对行政单位的财务收支的真实性、合法性及效益进行审查,并向社会公布行政单位受托责任内履行情况,社会公众可以通过财务了解行政单位使用公共财政预算资金的情况,对行政单位实施社会监督。

12.1.2 行政单位财务报表的种类

行政单位的财务报表按照不同的标准进行分类。

(1)按照财务报表的内容分类,可以分为资产负债表、收入支出表、财政拨款收入支出表、会计报表附注。

(2)按照财务报表编制的时间分类,可以分为为年度报表和中期报表。以短于一个完整的会计年度的期间(如季度和月度)编制的财务报表称为中期财务报表。以整个会计年度的会计事项为基础编制的财务报表称为年度财务报表。行政单位资产负债表、财政拨款收入支出表和附注应当至少按照年度编制,收入支出表应当按照月度和年度编制。

为了使财政部门、上级机关和本单位领导等能了解、掌握单位预算执行情况和财务活动的全面状况,行政单位在年度终了前,应根据财政部门或主管部门的决算编审工作要求,对各项收支账目、往来款项,货币资金和财产物资进行全面的清理结算。并在此基础上办理年度结账,编报决算。

12.2 行政单位财务报表的编制

12.2.1 行政单位财务报表的编制要求

行政单位的财务报表要发挥其作用,要保证数字准确、内容完整、报送及时。

1. 数字真实

行政单位的财务报表应当根据登记完整、核对无误的账簿记录和其关资料编制,要做到数字真实、计算准确。编制财务报表前,应认真核对有关账目,切实做到账证相符、账账相符、账实相符和账表相符,不得估列代编。

2. 内容完整

行政单位应当根据会计制度编制并提供真实、完整的财务报表。不得违反规定,随意改变会计制度规定的财务报表格式、编制依据和方法,不得随意改变财务报表有关数据的会计口径。财务报表必须内容完整,按照统一规定的报表种类、格式和内容编报齐全,不能漏报。

3. 报送及时

行政单位必须按照国家或上级机关规定的期限和程序,在保证报表真实、完整性的前提下,在规定的期限内报送上级单位。财政部门和上级单位对于屡催不报送报表的单位,有权暂停其预算拨款或预算外资金的拨付。

4. 责任明确

行政单位财务报表应当由单位负责人和主管会计工作的负责人、会计机构负责人(会计主管人员)签名并盖章。

12.2.2 资产负债表的编制

1. 资产负债表的概念

资产负债表是反映行政单位在某一特定日期财务状况的报表。资产负债表应当按照资产、负债和净资产分类、分项列示。

行政单位的资产负债表是行政单位最基本、最重要的报表。

通过编制资产负债表，可以全面了解、分析行政单位所掌握的经济资源的规模，以及经济资源的分布和结构；可以反映行政单位所承担的债务总额，以及债务的种类和构成；可以反映行政单位资产与负债相抵形成的资产净额，以及结转(余)和基金的具体内容。

2. 资产负债表的结构

资产负债表一般分为两部分，即表头和主体。表头由表名、编号、编制单位、编制时间和货币单位组成。资产负债表主体部分项目包括资产、负债和净资产三个会计要素，分左、右两部分排列，左方是资产项目，资产项目按流动资产、非流动资产、公共服务与受托资产排列；右方为负债部类，具体包括负债和净资产项目。负债项目按流动负债、非流动负债、受托代理负债排列；净资产项目分别各项结转和结余、资产基金、待偿债净资产排列。左右两方总额平衡，即"资产＝负债＋净资产"。

3. 资产负债表的编制方法

"年初余额"栏内各项数字，应当根据上年年末资产负债表"期末余额"栏内数字填列。如果本年度资产负债表规定的各个项目的名称和内容同上年度不相一致，应对上年年末资产负债表各项目的名称和数字按照本年度的规定进行调整，填入本表"年初余额"栏内。

"期末余额"栏各项目的内容和填列方法如下：

(1)"库存现金"项目，反映行政单位期末库存现金的金额。本项目应当根据"库存现金"科目的期末余额填列；期末库存现金中有属于受托代理现金的，本项目应当根据"库存现金"科目的期末余额减去其中属于受托代理的现金金额后的余额填列。

(2)"银行存款"项目，反映行政单位期末银行存款的金额。本项目应当根据"银行存款"科目的期末余额填列；期末银行存款中有属于受托代理存款的，本项目应当根据"银行存款"科目的期末余额减去其中属于受托代理的存款金额后的余额填列。

(3)"财政应返还额度"项目，反映行政单位期末财政应返还额度的金额。本项目应当根据"财政应返还额度"科目的期末余额填列。

(4)"应收账款"项目，反映行政单位期末尚未收回的应收账款金额。本项目应当根据"应收账款"科目的期末余额填列。

(5)"预付账款"项目，反映行政单位预付给物资或者服务提供者款项的金额。本项目应当根据"预付账款"科目的期末余额填列。

(6)"其他应收款"项目，反映行政单位期末尚未收回的其他应收款余额。本项目应当根据"其他应收款"科目的期末余额填列。

(7)"存货"项目,反映行政单位期末为开展业务活动耗用而储存的存货的实际成本。本项目应当根据"存货"科目的期末余额填列。

(8)"固定资产"项目,反映行政单位期末各项固定资产的账面价值。本项目应当根据"固定资产"科目的期末余额减去"累计折旧"科目中"固定资产累计折旧"明细科目的期末余额后的金额填列。

"固定资产原价"项目,反映行政单位期末各项固定资产的原价。本项目应当根据"固定资产"科目的期末余额填列。

"固定资产累计折旧"项目,反映行政单位期末各项固定资产的累计折旧金额。本项目应当根据"累计折旧"科目中"固定资产累计折旧"明细科目的期末余额填列。

(9)"在建工程"项目,反映行政单位期末除公共基础设施在建工程以外的尚未完工交付使用的在建工程的实际成本。本项目应当根据"在建工程"科目中属于非公共基础设施在建工程的期末余额填列。

(10)"无形资产"项目,反映行政单位期末各项无形资产的账面价值。本项目应当根据"无形资产"科目的期末余额减去"累计摊销"科目的期末余额后的金额填列。

"无形资产原价"项目,反映行政单位期末各项无形资产的原价。本项目应当根据"无形资产"科目的期末余额填列。

"累计摊销"项目,反映行政单位期末各项无形资产的累计摊销金额。本项目应当根据"累计摊销"科目的期末余额填列。

(11)"待处理财产损溢"项目,反映行政单位期末待处理财产的价值及处理损溢。本项目应当根据"待处理财产损溢"科目的期末借方余额填列;如"待处理财产损溢"科目期末为贷方余额,则以"-"号填列。

(12)"政府储备物资"项目,反映行政单位期末储存管理的各种政府储备物资的实际成本。本项目应当根据"政府储备物资"科目的期末余额填列。

(13)"公共基础设施"项目,反映行政单位期末占有并直接管理的公共基础设施的账面价值。本项目应当根据"公共基础设施"科目的期末余额减去"累计折旧"科目中"公共基础设施累计折旧"明细科目的期末余额后的金额填列。

"公共基础设施原价"项目,反映行政单位期末占有并直接管理的公共基础设施的原价。本项目应当根据"公共基础设施"科目的期末余额填列。

"公共基础设施累计折旧"项目,反映行政单位期末占有并直接管理的公共基础设施的累计折旧金额。本项目应当根据"累计折旧"科目中"公共基础设施累计折旧"明细科目的期末余额填列。

(14)"公共基础设施在建工程"项目,反映行政单位期末尚未完工交付使用的公共基础设施在建工程的实际成本。本项目应当根据"在建工程"科目中属于公共基础设施在建工程的期末余额填列。

(15)"受托代理资产"项目,反映行政单位期末受托代理资产的价值。本项目应当根据"受托代理资产"科目的期末余额(扣除其中受托储存管理物资的金额)加上"库存现金"、"银行存款"科目中属于受托代理资产的现金余额和银行存款余额的合计数填列。

(16)"应缴财政款"项目,反映行政单位期末按规定应当上缴财政的款项(应缴税费除外)。本项目应当根据"应缴财政款"科目的期末余额填列。

(17)"应缴税费"项目,反映行政单位期末应缴未缴的各种税费。本项目应当根据"应缴税费"科目的期末贷方余额填列;如"应缴税费"科目期末为借方余额,则以"-"号填列。

(18)"应付职工薪酬"项目,反映行政单位期末尚未支付给职工的各种薪酬。本项目应当根据"应付职工薪酬"科目的期末余额填列。

(19)"应付账款"项目,反映行政单位期末尚未支付的偿还期限在1年以内(含1年)的应付账款的金额。本项目应当根据"应付账款"科目的期末余额填列。

(20)"应付政府补贴款"项目,反映行政单位期末尚未支付的应付政府补贴款的金额。本项目应当根据"应付政府补贴款"科目的期末余额填列。

(21)"其他应付款"项目,反映行政单位期末尚未支付的其他各项应付及暂收款项的金额。本项目应当根据"其他应付款"科目的期末余额填列。

(22)"一年内到期的非流动负债"项目,反映行政单位期末承担的1年以内(含1年)到偿还期的非流动负债。本项目应当根据"长期应付款"等科目的期末余额分析填列。

(23)"长期应付款"项目,反映行政单位期末承担的偿还期限超过1年的应付款项。本项目应当根据"长期应付款"科目的期末余额减去其中1年以内(含1年)到偿还期的长期应付款金额后的余额填列。

(24)"受托代理负债"项目,反映行政单位期末受托代理负债的金额。本项目应当根据"受托代理负债"科目的期末余额(扣除其中受托储存管理物资对应的金额)填列。

(25)"财政拨款结转"项目,反映行政单位期末滚存的财政拨款结转资金。本项目应当根据"财政拨款结转"科目的期末余额填列。

(26)"财政拨款结余"项目,反映行政单位期末滚存的财政拨款结余资金。本项目应当根据"财政拨款结余"科目的期末余额填列。

(27)"其他资金结转结余"项目,反映行政单位期末滚存的除财政拨款以外的其他资金结转结余的金额。本项目应当根据"其他资金结转结余"科目的期末余额填列。

"项目结转"项目,反映行政单位期末滚存的非财政拨款未完成项目结转资金。本项目应当根据"其他资金结转结余"科目中"项目结转"明细科目的期末余额填列。

(28)"资产基金"项目,反映行政单位期末预付账款、存货、固定资产、在建工程、无形资产、政府储备物资、公共基础设施等非货币性资产在净资产中占用的金额。本项目应当根据"资产基金"科目的期末余额填列。

(29)"待偿债净资产"项目,反映行政单位期末因应付账款和长期应付款等负债而相应需在净资产中冲减的金额。本项目应当根据"待偿债净资产"科目的期末借方余额以"-"号填列。

4.资产负债表的编制举例

【例12.1】 某行政单位20××年12月31日结账后各资产、负债和净资产类会计科目的余额如表12.1所示,编制年末资产负债表。

表 12.1 会计科目余额表

20××年12月31日 单位:元

资产	借方余额	贷方余额	负债和净资产	借方余额	贷方余额
库存现金	4 000		应缴财政款		0
银行存款	71 500		应缴税费		0
财政应返还额度	58 000		应付职工薪酬		0
应收账款	32 000		应付账款		65 500
预付账款	13 000		应付政府补贴款		0
其他应收款	4 500		其他应付款		32 800
存货	332 000		长期应付款		39 800
固定资产	1 957 500		受托代理负债		163 200
累计折旧		507 500	财政拨款结转		92 000
其中:固定资产累计折旧		507 500	财政拨款结余		53 000
在建工程	246 000		其他资金结转结余		43 000
无形资产	266 000		其中:项目结转		18 600
累计摊销		53 000	资产基金		2 366 000
待处理财产损溢	51 000		待偿债净资产	105 100	
政府储备物资	112 000				
公共基础设施	0				
受托代理资产	163 200				
资产总计	3 310 700	560 500	负债和净资产总计	105 100	2 855 300

年末资产负债表如表 12.2 所示。

表 12.2 资产负债表

会行政01表

编制单位: 年 月 日 单位:元

资产	年初余额	期末余额	负债和净资产	年初余额	期末余额
流动资产:			流动负债:		
库存现金	3 500	4 000	应缴财政款	0	0
银行存款	82 800	71 500	应缴税费	0	0
财政应返还额度	81 000	58 000	应付职工薪酬	0	0
应收账款	25 000	32 000	应付账款	58 200	65 500
预付账款	6 000	13 000	应付政府补贴款	0	0
其他应收款	8 100	4 500	其他应付款	13 200	32 800
存货	323 500	332 000	一年内到期的非流动负债	0	0

续表 12.2

资产	年初余额	期末余额	负债和净资产	年初余额	期末余额
流动资产合计	529 900	515 000	流动负债合计	71 400	98 300
固定资产	1 120 000	1 450 000	非流动负债:		
固定资产原价	1 512 000	1 957 500	长期应付款	43 500	39 800
减:固定资产累计折旧	392 000	507 500	受托代理负债	133 100	163 200
在建工程	250 000	246 000	负债合计	248 000	301 100
无形资产	230 000	213 000			
无形资产原价	287 500	266 000			
减:累计摊销	57 500	53 000			
待处理财产损溢	0	51 000	财政拨款结转	85 000	92 000
政府储备物资	82 000	112 000	财政拨款结余	46 000	53 000
公共基础设施	0	0	其他资金结转结余	56 200	43 000
公共基础设施原价	0	0	其中:项目结转	32 700	18 600
减:公共基础设施累计折旧	0	0	资产基金	2 011 500	2 366 000
公共基础设施在建工程	0	0	待偿债净资产	-101 700	-105 100
受托代理资产	133 100	163 200	净资产合计	2 097 000	2 488 900
资产总计	2 345 000	2 750 200	负债和净资产总计	2 345 000	2 750 200

12.2.3 收入支出表的编制

1. 收入支出表的概念

收入支出表是反映行政单位在某一会计期间全部预算收支执行结果的报表。属于动态报表。收入支出表应当按照收入、支出的构成和结转结余情况分类、分项列示。

收入支出表所提供的财务信息,可以反映行政单位以前年度积累的各项结转结余资金的内容与金额,以及各项结转结余资金的调整及变动情况;可以反映行政单位本期收入、支出的内容与金额,以及本期收入与支出相抵形成的结转和结余资金;可以反映行政单位期末各项结转结余资金的内容与金额。

2. 收入支出表的结构

收入支出表分为两个部分,即表头和主体。表头由表名、编号、编制单位、编制时期和货币单位组成。主体部分从上至下按年初各项资金结转结余、各项资金结转结余调整及变动、收入合计、支出合计、本期收支差额、年末各项资金结转结余的顺序分层次排列。月报的收入支出表不需要填列"年初各项资金结转结余""年末各项资金结转结余"两栏数字。

收入支出表分为月报收入支出表和年报收入支出表。月度收入支出表由"本月数"和"本年累计数"两栏组成。"本月数"栏反映各项目的本月实际发生数,"本年累计数"栏反映各项目自年初起至报告期末止的累计实际发生数。

年度收入支出表由"上年数"和"本年数"两栏组成。"上年数"栏反映年度各项目的实际发生数,"本年数"栏反映各项目的本年实际发生数。

收入支出表具体结构如表 12.3 所示。

表 12.3　收入支出表　　　　　　　　　　会行政 02 表

编制单位：　　　　　　　　　　　年　月　　　　　　　　　　　单位：元

项　　目	本月数	本年累计数
一、年初各项资金结转结余		
（一）年初财政拨款结转结余		
1.财政拨款结转		
2.财政拨款结余		
（二）年初其他资金结转结余		
二、各项资金结转结余调整及变动		
（一）财政拨款结转结余调整及变动		
（二）其他资金结转结余调整及变动		
三、收入合计		
（一）财政拨款收入		
1.基本支出拨款		
2.项目支出拨款		
（二）其他资金收入		
1.非项目收入		
2.项目收入		
四、支出合计		
（一）财政拨款支出		
1.基本支出		
2.项目支出		
（二）其他资金支出		
1.非项目支出		
2.项目支出		
五、本期收支差额		
（一）财政拨款收支差额		
（二）其他资金收支差额		
六、年末各项资金结转结余		
（一）年末财政拨款结转结余		
1.财政拨款结转		
2.财政拨款结余		
（二）年末其他资金结转结余		

3.收入支出表的编制方法

本表"本月数"栏反映各项目的本月实际发生数。在编制年度收入支出表时,应当将本栏改为"上年数"栏,反映上年度各项目的实际发生数;如果本年度收入支出表规定的各个项目的名称和内容同上年度不一致,应对上年度收入支出表各项目的名称和数字按照本年度的规定进行调整,填入本年度收入支出表的"上年数"栏。

本表"本年累计数"栏反映各项目自年初起至报告期末止的累计实际发生数。编制年度收入支出表时,应当将本栏改为"本年数"。

本表"本月数"栏各项目的内容和填列方法如下:

(1)"年初各项资金结转结余"项目及其所属各明细项目,反映行政单位本年初所有资金结转结余的金额。各明细项目应当根据"财政拨款结转"、"财政拨款结余"、"其他资金结转结余"及其明细科目的年初余额填列。本项目及其所属各明细项目的数额,应当与上年度收入支出表中"年末各项资金结转结余"中各明细项目的数额相等。

(2)"各项资金结转结余调整及变动"项目及其所属各明细项目,反映行政单位因发生需要调整以前年度各项资金结转结余的事项,以及本年因调入、上缴或交回等导致各项资金结转结余变动的金额。

(3)"财政拨款结转结余调整及变动"项目,根据"财政拨款结转"、"财政拨款结余"科目下的"年初余额调整"、"归集上缴"、"归集调入"明细科目的本期贷方发生额合计数减去本期借方发生额合计数的差额填列;如为负数,以"-"号填列。

(4)"其他资金结转结余调整及变动"项目,根据"其他资金结转结余"科目下的"年初余额调整"、"结余调剂"明细科目的本期贷方发生额合计数减去本期借方发生额合计数的差额填列;如为负数,以"-"号填列。

(5)"收入合计"项目,反映行政单位本期取得的各项收入的金额。本项目应当根据"财政拨款收入"科目的本期发生额加上"其他收入"科目的本期发生额的合计数填列。

"财政拨款收入"项目及其所属明细项目,反映行政单位本期从同级财政部门取得的各类财政拨款的金额。本项目应当根据"财政拨款收入"科目及其所属明细科目的本期发生额填列。

"其他资金收入"项目及其所属明细项目,反映行政单位本期取得的各类非财政拨款的金额。本项目应当根据"其他收入"科目及其所属明细科目的本期发生额填列。

(6)"支出合计"项目,反映行政单位本期发生的各项资金支出金额。本项目应当根据"经费支出"和"拨出经费"科目的本期发生额的合计数填列。

"财政拨款支出"项目及其所属明细项目,反映行政单位本期发生的财政拨款支出金额。本项目应当根据"经费支出——财政拨款支出"科目及其所属明细科目的本期发生额填列。

"其他资金支出"项目及其所属明细项目,反映行政单位本期使用各类非财政拨款资金发生的支出金额。本项目应当根据"经费支出——其他资金支出"和"拨出经费"科目及其所属明细科目的本期发生额的合计数填列。

(7)"本期收支差额"项目及其所属各明细项目,反映行政单位本期发生的各项资金收入和支出相抵后的余额。

"财政拨款收支差额"项目,反映行政单位本期发生的财政拨款资金收入和支出相抵后的余额。本项目应当根据本表中"财政拨款收入"项目金额减去"财政拨款支出"项目金额后的余额填列;如为负数,以"-"号填列。

"其他资金收支差额"项目,反映行政单位本期发生的非财政拨款资金收入和支出相抵后的余额。本项目应当根据本表中"其他资金收入"项目金额减去"其他资金支出"项目金额后的余额填列;如为负数,以"-"号填列。

(8)"年末各项资金结转结余"项目及其所属各明细项目,反映行政单位截至本年末的各项资金结转结余金额。各明细项目应当根据"财政拨款结转"、"财政拨款结余"、"其他资金结转结余"科目的年末余额填列。

上述"年初各项资金结转结余"、"年末各项资金结转结余"项目及其所属各明细项目,只在编制年度收入支出表时填列。

12.2.4 财政拨款收入支出表的编制

1. 财政拨款收入支出表的概念

财政拨款收入支出表是反映行政单位在某一会计期间财政拨款收入、支出、结转及结余情况的报表。本表以财政拨款资金为内容,全面反映行政单位财政拨资金的取得、运用及结转结余的具体情况。财政拨款收支出表分别财政拨款资金的类别、基本支出与项目支出、人员经费与日常公用经费等具体项目列示,揭示行政单位财政拨款资金的运动过程和结果。

2. 财政拨款收入支出表的结构

财政拨款收入支出表分为两个部分,即表头和主体。表头由表名、编号、编制单位、编制时期和货币单位组成。主体部分采用多栏式结构,财政拨款收入支出表的项目,根据行政单位取得的财政拨款种类分项设置,包括公共财政预算拨款、政府性基金预算拨款和其他类型的预算拨款。在各财政预算拨款中,分别设置"基本支出"和"项目支出","两个具体项目。其"基本支出"分别"人员经费"和"日常公用经费"列示,"项目支出"分具体项目列示。具体格式如表12.4所示。

3. 财政拨款收入支出表的编制方法

财政拨款收入支出表各栏目的数字,应当根据各结转结余科目及其明细科目、收支科目及其明细科目的余额或发生额填列。财政拨款收入支出表一般按年编报,也可以按月编报。月报、年报的财政拨款收入支出表在内容上一致,只是填列的期间有所区别。

财政拨款收入支出表各栏及其对应项目的内容和填列方法如下:

(1)"年初财政拨款结转结余"栏中各项目,反映行政单位年初各项财政拨款结转和结余的金额。各项目应当根据"财政拨款结转"、"财政拨款结余"及其明细科目的年初余额填列。本栏目中各项目的数额,应当与上年度财政拨款收入支出表中"年末财政拨款结转结余"栏中各项目的数额相等。

(2)"调整年初财政拨款结转结余"栏中各项目,反映行政单位对年初财政拨款结转结余的调整金额。各项目应当根据"财政拨款结转"、"财政拨款结余"科目中"年初余额调整"科目及其所属明细科目的本年发生额填列。如调整减少年初财政拨款结转结余,以"-"号填列。

表 12.4 财政拨款收入支出表　　　　　　　　　会行政 03 表

编制单位：　　　　　　　　　　年度　　　　　　　　　　　单位：元

项目	年初财政拨款结转结余		调整年初财政拨款结转结余	归集调入或上缴	单位内部调剂		本年财政拨款收入	本年财政拨款支出	年末财政拨款结转结余	
	结转	结余			结转	结余			结转	结余
一、公共财政预算资金										
（一）基本支出										
1、人员经费										
2、日常公用经费										
（二）项目支出										
1、										
2、										
二、政府性基金预算资金										
（一）基本支出										
1、人员经费										
2、日常公用经费										
（二）项目支出										
1、										
2、										
总计										

单位负责人：　　　　　　　　　　　　　　　　　制表人：

（3）"归集调入或上缴"栏中各项目，反映行政单位本年取得主管部门归集调入的财政拨款结转结余资金和按规定实际上缴的财政拨款结转结余资金金额。各项目应当根据"财政拨款结转"、"财政拨款结余"科目中"归集上缴"和"归集调入"科目及其所属明细科目的本年发生额填列。对归集上缴的财政拨款结转结余资金，以"-"号填列。

（4）"单位内部调剂"栏中各项目，反映行政单位本年财政拨款结转结余资金在内部不同项目之间的调剂金额。各项目应当根据"财政拨款结转"和"财政拨款结余"科目中的"单位内部调剂"及其所属明细科目的本年发生额填列。对单位内部调剂减少的财政拨款结转结余项目，以"-"号填列。

（5）"本年财政拨款收入"栏中各项目，反映行政单位本年从同级财政部门取得的各类财政预算拨款金额。各项目应当根据"财政拨款收入"科目及其所属明细科目的本年发生额填列。

（6）"本年财政拨款支出"栏中各项目，反映行政单位本年发生的财政拨款支出金额。各项目应当根据"经费支出"科目及其所属明细科目的本年发生额填列。

（7）"年末财政拨款结转结余"栏中各项目，反映行政单位年末财政拨款结转结余的金额。各项目应当根据"财政拨款结转"、"财政拨款结余"科目及其所属明细科目的年末余额填列。

行政单位除编制上述主要会计报表外,还需要编制一系列明细表和附表,以全面反映各项支出的构成情况。行政单位需要编制的明细表主要包括经费支出明细表、基本支出明细表、项目支出明细表等。这些报表需要根据《政府收支分科目》的要求,按支出的经济分类列出各类、款、项的具体数额。行政单位还需要编制资产情况表、机构人员情况表、基本数字表等附表,反映行政单位的基本状况。

12.2.5 会计报表附注

会计报表附注是指对在会计报表中列示项目的文字描述或明细资料,以及对未能在会计报表中列示项目的说明等。行政单位会计制度规定行政单位的报表附注应当至少披露下列内容:

(1)遵循《行政单位会计制度》的声明;
(2)单位整体财务状况、预算执行情况的说明;
(3)会计报表中列示的重要项目的进一步说明,包括其主要构成、增减变动情况等;
(4)重要资产处置、资产重大损失情况的说明;
(5)以名义金额计量的资产名称、数量等情况,以及以名义金额计量理由的说明;
(6)或有负债情况的说明、1年以上到期负债预计偿还时间和数量的说明;
(7)以前年度结转结余调整情况的说明;
(8)有助于理解和分析会计报表的其他需要说明事项。

思 考 题

1. 行政单位财务报表如何分类?
2. 行政单位财务报表的编制要求有哪些?

练 习 题

1. 名词解释

   会计报表　年终清算

2. 单项选择题

   (1)资产负债表主表的内容有(　　)。
   A. 资产、负债、收入支出和净资产　　B. 资产、负债、净资产
   C. 资产、负债、收入支出　　　　　　D. 资产、负债、收入支出和费用
   (2)下列选项中,不属于行政单位财务报表的是(　　)。
   A. 利润表　　B. 收入支出表　　C. 资产负债表　　D. 财政拨款收入支出表
   (3)下列资产负债表项目不应根据期末余额分析填列的是(　　)。
   A. "公共基础设施"项目　　　　　B. "无形资产"项目
   C. "待偿债净资产"项目　　　　　D. "受托代理负债"项目
   (4)行政单位的会计报表编制要求有(　　)。
   A. 内容完整　　B. 报送及时　　C. 数字准确　　D. ABC 都对
   (5)行政单位在编制资产负债表时,填列"其他资金结转结余"项目不涉及的科目是(　　)。
   A. "其他资金结转结余"科目　　　　B. "经费支出——其他资金支出"科目
   C. "零余额账户用款额度"科目　　　D. "其他收入"科目

3. 多项选择题

(1) 附注应披露的内容包括(　　)。
   A. 单位整体财务状况、预算执行情况的说明
   B. 重要资产处置、资产重大损失情况的说明
   C. 以名义金额计量的资产名称、数量等情况,以及以名义金额计量理由的说明
   D. 以前年度结转结余调整情况的说明

(2) 行政单位按年编制的报表有(　　)。
   A. 资产负债表　　　　　　　　B. 财政拨款收入支出表
   C. 附注　　　　　　　　　　　D. 收入支出表

(3) 行政单位财务报表中不包括以前年度结转结余调整情况说明的报表是(　　)。
   A. 资产负债表　　B. 财政拨款收入支出表　　C. 报表附注　　D. 收入支出表

(4) 关于行政单位收入支出表正确的是(　　)。
   A. 收入支出表是反映行政单位在某一会计期间全部预算收支执行结果的报表
   B. 属于动态报表
   C. 收入支出表应当按照收入、支出的构成分项列示
   D. 收入支出表可以反映行政单位以前年度积累的各项结转结余资金的内容与金额

(5) 行政单位收入支出表主体部分的项目包括(　　)。
   A. 年初各项资金结转结余　　　　B. 各项资金结转结余调整及变动
   C. 收入合计　　　　　　　　　　D. 以前年度结转结余调整

4. 判断题

(1) 资产负债表和收入支出表都必须按月编制。(　　)
(2) 行政单位报表附注是指对在会计报表中列示项目的文字描述或明细资料,以及对未能在会计报表中列示项目的说明等。(　　)
(3) 行政单位编制月度收入支出表时,"年初各项资金结转结余"、"年末各项资金结转结余"项目及其所属各明细项目仍需填列。(　　)
(4) 资产负债表是反映行政单位在某一特定时期财务状况的报表。(　　)
(5) 资产负债表"固定资产"项目,应当根据"固定资产"科目的期末余额减去"累计折旧科目中"固定资产累计折旧"明细科目的期末余额后的金额填列。(　　)

第13章

事业单位会计概述

第3篇 非营利组织会计

学习目标提示

- 事业单位会计概念
- 事业单位会计核算的特点及所要完成任务
- 我国《事业单位会计准则》、《事业单位会计制度》包括内容
- 我国事业单位会计科目体系

> 中英文关键词对照——
> - 事业单位 pubilic service unit
> - 事业单位会计 cause a single accounting
> - 事业单位会计制度 business accounting system
> - 事业单位会计科目 cause a single accounting subjects

13.1 事业单位会计概念及特点

13.1.1 事业单位会计概念

事业单位会计是指以事业单位实际发生的各项业务活动为核算对象,反映和监督各级各类事业单位财务活动、预算执行情况及其结果的专业会计。

所谓事业单位是指主要以精神产品和各种劳务的形式,以实现社会效益为宗旨,向社会提供生产性或生活性服务的单位。

事业单位按其具体的业务性质表述大体上分为以下几类:

(1)科学研究事业单位。主要包括研究自然科学、社会科学等方面的科研单位。它所包括的范围极为广泛,从事经济建设的各个部委的科研院所都在其中。

(2)文教卫生事业单位。主要包括博物馆、文物保管研究单位、广播电视单位、文艺团体、文艺活动场所、体育训练机构、各类高等学校、中小学校、职业学校、幼儿保育、医院、防疫站、药品检验、妇幼保健、计划生育等单位。

(3)经济建设方面事业单位。包括为农业服务的种子推广站、技术推广站、气象服务单位、地质勘探、地震、水文、计量、环保等单位。

(4)社会福利事业单位。主要包括福利院、孤儿院、社会救济机构等社会福利事业单位。

(5)其他事业单位。主要包括交通管理、劳教劳改、咨询服务等单位。

13.1.2 事业单位会计的特点

事业单位会计核算的特点主要表现在以下几个方面:

(1)资金来源渠道较多。主要来源于财政预算拨款、上级部门的补助、从事专业业务活动及其辅助活动取得的事业收入、附属单位缴款、经营收入及社会组织和个人的捐款等。

(2)会计核算组织结构多层次。一个事业单位通常有下属的二级核算单位、三级核算单位,同时事业单位还受国家总预算、地方各级预算的监督管理,形成多层次的会计核算组织结构。

(3)业务活动不以营利为目的。事业单位是以向社会和特定对象提供某种服务为目的的组织,虽然事业单位也开展经济业务活动,但不是以营利为最终目标,更多偏重于社会效益。

(4)两种会计核算基础并行。会计核算一般采用收付实现制,但从事经营活动业务收支业务核算事业单位,也可采用权责发生制。

13.1.3 事业单位会计任务

事业单位会计主要反映非物资生产领域的业务收支,根据事业单位经济活动的特点,事业单位会计主要有以下四项任务。

1. 组织资金供应,合理使用资金

为保证年度财务收支计划的完成,事业单位要根据事业发展目标和单位预算,依法组织收入,努力节约支出,增强经费自给能力。建立健全财务制度,合理地安排使用资金,贯彻勤俭节约方针,加强经济核算,实施绩效评价,提高资金使用效益。

2. 保护财产物资安全,合理分配结余

加强资产管理,合理配置和有效利用资产,防止资产流失,是提高资金利用效果的重要途径。因此,事业单位会计对于各项财产物资的增减变动和结存情况,必须进行认真记录和计算,并监督其安全保管与合理使用。要加强对事业单位经济活动的财务控制和监督,防范财务风险。对于货币资金的收支、物资的进出、转移和领用,都要加以审核,并及时填制凭证,登记账簿,按期进行清查盘点,做到家底清楚,责任明确,保管妥善,使用合理。

合理分配结余是事业单位会计的一项重要任务。事业单位收支相抵后的结余,要按照政策规定合理进行分配。按照财务制度的规定,单位结余扣除专项资金结余后,按照规定的比例提取职工福利基金,余额全部转入事业基金。

3. 反映预算执行情况,参与制定经费预算

事业单位应合理编制单位预算,严格预算执行,完整、准确编制单位决算,才能真实反映单位财务状况。这样不仅体现着本单位业务活动和经济活动的过程和结果,而且体现着政府预算在基层单位的具体执行情况,必须如实反映。事业单位会计部门要严格执行事业会计制度,认真做好记账、算账、报账工作,做到数字真实,计算准确,内容完整,编报及时。还要定期分析本单位预算执行情况,测定影响预算执行情况的因素,挖掘内部潜力,提出改进措施,促进增收节支。

事业单位预算的执行情况,还是制定事业计划和下年度单位预算的基础。会计部门应利用掌握预算执行的各种数据的有利条件,参与制定本单位事业发展计划和预算,从提高经济效益的要求出发,对未来时期事业的发展和收支的安排提出建议,为单位的内部管理和上级主管部门的宏观管理当好参谋。

4. 实行会计监督,维护财经纪律

会计监督就是利用货币形式对单位的业务活动所进行的控制和调节,其目的在于保证各项财经方针、政策、法令、制度的贯彻执行,维护财经纪律。在具体工作中,事业单位要认真审核各项经济活动是否合理合法,查明资金筹集和使用是否严格遵守国家的各项财经法规,制止和揭露各种违法乱纪现象,保证国家各项财产、物资、资金的安全完整。

13.2 事业单位会计制度及科目

13.2.1 事业单位会计制度

2012年财政部相继修订并颁布《事业单位财务规则》于2012年4月1日施行,修订《事业单位会计准则》、《事业单位会计制度》于2013年1月1日施行。

《事业单位会计制度》共包括五个部分,分别为总说明、会计科目名称和编号、会计科目使用说明、财务报表格式、财务报表编制说明。其主要内容包括:

(1)总说明。明确本制度适用范围,会计核算一般采用收付实现制,资产、负债、净资产、收入和支出五个会计要素。

(2)会计科目名称和编号。规定了事业单位适用的48个会计科目及会计科目编号。

(3)会计科目使用说明。对事业单位每个会计科目如何在实务中进行应用进行了阐述。

(4)财务报表格式。主要对事业单位会计报表格式、编号、提供财务报表名称、编制时期进行说明。

(5)财务报表编制说明。对资产负债表、收入支出表、财政补助收入支出表等,在编制报表过程中所涉及表中各项目进行说明。

需要指出的是,财政部在制定事业单位会计准则和通用事业单位会计制度的同时,还制定了学校、医院、科研事业单位和测绘事业单位等会计制度。根据各个行业的特点,规定具体的账务处理程序和方法。

13.2.2 事业单位会计科目

根据《事业单位会计制度》的规定,事业单位的会计科目按会计要素可以分为资产、负债、净资产、收入和支出五大类。其中,资产类科目17个,负债类科目11个,净资产类科目9个,收入类科目6个,支出类科目5个。事业单位的会计科目编号及名称如表13.1所示。

表 13.1 事业单位会计科目表

序号	编号	科目名称	序号	编号	科目名称
		一、资产类			三、净资产类
1	1001	库存现金	29	3001	事业基金
2	1002	银行存款	30	3101	非流动资产基金
3	1011	零余额账户用款额度		310101	长期投资
4	1101	短期投资		310102	固定资产
5	1201	财政应返还额度		310103	在建工程
	120101	财政直接支付		310104	无形资产
	120102	财政授权支付	31	3201	专用基金
6	1211	应收票据	32	3301	财政补助结转
7	1212	应收账款		330101	基本支出结转
8	1213	预付账款		330102	项目支出结转
9	1115	其他应收款	33	3302	财政补助结余
10	1301	存货	34	3401	非财政补助结转
11	1401	长期投资	35	3402	事业结余
12	1501	固定资产	36	3403	经营结余
13	1502	累计折旧	37	3404	非财政补助结余分配
14	1511	在建工程			四、收入类
15	1601	无形资产	38	4001	财政补助收入
16	1602	累计摊销	39	4101	事业收入
17	1701	待处置资产损溢	40	4201	上级补助收入
		二、负债类	41	4301	附属单位上缴收入
18	2001	短期借款	42	4401	经营收入
19	2101	应缴税费	43	4501	其他收入
20	2102	应缴国库款			五、支出类
21	2103	应缴财政专户款	44	5001	事业支出
22	2201	应付职工薪酬	45	5101	上缴上级支出
23	2301	应付票据	46	5201	对附属单位补助支出
24	2302	应付账款	47	5301	经营支出
25	2303	预收账款	48	5401	其他支出
26	2305	其他应付款			
27	2401	长期借款			
28	2402	长期应付款			

事业单位在使用统一设置的事业单位通用会计科目时应当遵循以下要求：

(1)事业单位应当按照会计制度的规定设置和使用会计科目。在不影响会计处理和编制财务报表的前提下，可以根据实际情况自行增设、减少或合并某些会计科目，以及自行设置本制度规定之外的明细科目。

(2)会计制度统一规定会计科目的编号，以便于填制会计凭证、登记账簿、查阅账目，实行会计信息化管理，事业单位不得打乱重编。

(3)事业单位在填制会计凭证、登记会计账簿时，应当填列会计科目的名称，或者同时填列会计科目的名称和编号,不得只填制科目编号民、不填列科目名称。

思考题

1. 什么是事业单位？它包括哪些组织？
2. 什么是事业单位会计？事业单位会计的特点是什么？
3. 事业单位会计的任务是什么？
4. 事业单位会计准则和会计制度主要包括哪些内容？
5. 事业单位通用会计科目分为哪五类？使用时应当遵循哪些要求？

练习题

1. **名词解释**

    事业单位　事业单位会计

2. **单项选择题**

    (1) 以下单位不属于事业单位(　　)。
      A. 高等学校　　B. 中学　　C. 中国化工进出口总公司　　D. 医院
    (2) 下列关于行政事业单位会计的特点的表述中,不正确的是(　　)。
      A. 会计要素分为五大类,即资产、负债、净资产、收入和支出
      B. 会计核算基础以收付实现制为主
      C. 某些具体业务的会计核算与企业会计不同
      D. 会计报表较为简单,主要包括资产负债表和利润表
    (3) 事业单位业务活动的特点是(　　)。
      A. 只有业务收入　　　　　　B. 只有业务支出
      C. 只有财政补助收入　　　　D. 既有业务收入,又有业务支出
    (4) 下列单位中采用权责发生制的是(　　)。
      A. 实行成本核算单位　　　　B. 不实行成本核算单位
      C. 任何事业单位　　　　　　D. 任何企业事业单位
    (5) 事业单位的任务不包括(　　)。
      A. 组织资金供应,合理使用资金　　B. 保护公共财产,合理分配结余
      C. 积极开辟财源,实行盈亏核算　　D. 反映预算执行情况,参与制定经费预算
    (6) 下列关于事业单位会计的描述错误的是(　　)。
      A. 企业会计体系包括企业会计准则和小企业会计准则
      B. 我国会计体系包括企业会计体系和非企业会计体系
      C. 行政事业单位会计以资产、负债、净资产、收入和费用情况为主要核算内容,反映单位财务状况和预算执行等有关的会计信息
      D. 财政总预算会计核算的主要内容是预算执行情况,包括各级政府财政性资金的收入、支出和结余

3. **多项选择题**

    (1) 关于事业单位特点,说法正确的是(　　)。
      A. 事业单位会计核算目标是向会计信息使用者提供与事业单位财务状况、事业成果、预算执行等有关的会计信息
      B. 事业单位会计核算一般采用权责发生制,只有部分经济业务或事项的核算采用收付实现制
      C. 事业单位的会计要素和企业单位一样,包括资产、负债、所有者权益、收入、费用和利润
      D. 事业单位的各项财产物资应当按照取得或购建时的实际成本进行计量

(2)根据《事业单位会计准则》的规定,事业单位的资产包括( )。
 A. 固定资产　　　　B. 经营收入　　　　C. 短期投资　　　　D. 库存现金
(3)基金会计以基金作为独立的会计主体进行确认、计量和披露。我国的基金会计包括( )。
 A. 社会保险基金会计
 B. 住房公积金会计
 C. 新型农村合作医疗基金会计
 D. 新型农村合作养老保险基金会计

第 14 章

事业单位资产的核算

学习目标提示

- 事业单位库存现金、银行存款、零余额账户用款额度、财政应返还额度、应收票据、应收账款、存货及其他应收款等流动资产的核算和管理
- 长期投资概念、分类及核算
- 固定资产概念与分类、取得、计价、核算与处置
- 无形资产概念与种类、取得、计价、摊销与转让及无形资产的核算

中英文关键词对照——

- 资产 asset
- 库存现金 cash balance
- 银行存款 bank deposit
- 应收票据 note receivable
- 存货 inventory
- 长期投资 long-term investment
- 固定资产 fixed asset
- 无形资产 intangible property

《事业单位会计准则》第二十八条规定:资产是指事业单位占有或者使用的能以货币计量的经济资源,包括各种财产、债权和其他权利。事业单位按照流动性,分为流动资产和非流动资产。

14.1 事业单位资产概述

14.1.1 资产的确认与计量

1. 资产的确认

资产是指事业单位占有或者使用的能以货币计量的经济资源,包括各种财产、债权和其他权力。资产作为一项经济资源,是事业单位开展业务活动的物资基础,预期会为事业单位带来经济利益或者服务潜力。资产作为一项经济资源,应当为事业单位占用或者使用。事业单位的资产为国家所有,由事业单位实际占用,被事业单位所控制。

事业单位将一项经济资源确认为资产,应当符合资产定义,确信经济利益或服各潜力能够流入事业单位,经济利益的成本或者价值能够可靠计量。

2. 资产的计量

事业单位资产的计量以历史成本为主,适当引入了历史成本以外的计量属性,强调资产计量的可靠性。

(1)资产的初始计量。事业单位的资产应当按照取得时的实际成本进行计量。取得资产的实际成本,应当区分支付对价和不支付对价两种方式。

以支付对价方式取得的资产,应当按照取得资产时支付的现金或者现金等价物的金额,或者按照取得资产时所付出的非货币性资产的评估价值等金额计量。

取得资产时没有支付对价的(如接受捐赠、无偿调入等),可分为三种情况:一是有相关凭证(如发票、报关单据等),其计量金额应当按照不关凭证注明的金额加上相关税费、运输费等确定;二是没有相关凭证的,其计量金额比照同类或类似资产的市场价格加上相关税费、运输费等确定;三是没有相关凭证、同类或类似资产的市场价格也无法可靠取得的,所取得的资产应当按照名义金额入账,名义金额一般为人民币1元。

(2)资产后续计量及处置。事业单位不需要对各项资产进行减值测试计提减值准备,后续计量表现在固定资产折旧和无形资产摊销。逾期3年或以上的应收账款、预付账款、其他应收款的账面余额按规定经批准备后予以核销。处置固定资产、无形资产时,需要将其账面价值转入待处置资产损溢。

14.1.2 资产的内容与分类

事业单位的资产按照流动性,可以分为流动资产和非流动资产。

1. 流动资产

流动资产是指预计在1年内(含1年)变现或者耗用的资产。事业单位的流动资产包括货币资金、短期投资、应收及预付款项、存货等。其中,货币资金包括库存现金、银行存款和零余额账户用款额度;应收及预付款项包括财政应返还额度、应收票据、应收账款、预付账款和其他应收款。

2. 非流动资产

非流动资产是指流动资产以外的资产。事业单位的非流动资产包括长期投资、在建工程、固定资产、无形资产等。

14.2 事业单位流动资产

流动资产,是指预计在1年内(含1年)变现或者耗用的资产,包括货币资金、短期投资、应收及预付款项、存货等。

14.2.1 货币性资产管理与核算

1. 库存现金

(1)库存现金概念与管理要求。库存现金是指存在事业单位会计部门的现金。库存现金主要用于事业单位的日常零星开支。根据我国现金管理制度和结算制度的规定,事业单位收支的各项款项必须按照国务院颁发的《现金管理暂行条例》的规定办理,在规定的范围内使用现金,现金管理的要求主要是:

①遵守库存现金限额。
②严格现金收付手续。
③不得坐支现金。
④会计与出纳分开。
⑤日清月结,如实反映现金库存数额。
⑥遵守现金使用范围。

根据《现金管理暂行条例》规定,事业单位在下列范围内可使用现金:职工工资、奖金、津贴;个人劳动报酬;根据国家规定颁发给个人的科学技术、文化艺术、体育等各项奖金;各种劳保、福利费以及国家规定对个人的其他支出;向个人收购农副产品和其他物资的价款;

出差人员必须随身携带的差旅费;结算起点以下的零星支出;中国人民银行确定需要支付现金的其他支出。属于上述现金结算范围的支出,事业单位可以根据需要向银行提取现金支付;不属于上述结算范围的款项,一律通过银行进行转账结算。

(2)库存现金的核算。为了总括反映事业单位现金收支和结存情况,应设置"库存现金"账户。借方反映事业单位现金的增加,贷方反映现金的减少,月末借方余额反映库存现金结存数额。同时设置"库存现金日记账"进行明细核算。

【例14.1】 某事业单位王某因公出差预借差旅费2 000元,以现金支付。会计分录如下:

借:其他应收款——王某　　　　　　　　　　　　　　　　2 000
　　贷:库存现金　　　　　　　　　　　　　　　　　　　　2 000

【例14.2】 续例14.1,王某出差回来报销差旅费1 680,退回现金320元。会计分录如下:

借:库存现金　　　　　　　　　　　　　　　　　　　　　320
　　事业支出　　　　　　　　　　　　　　　　　　　　　1 680
　　贷:其他应收款——王某　　　　　　　　　　　　　　　2 000

【例14.3】 某事业单位报销办公室购买办公用品300元,以现金支付。会计分录如下:

借:事业支出——办公费(公用支出)　　　　　　　　　　　300
　　贷:库存现金　　　　　　　　　　　　　　　　　　　　300

(3)库存现金盘点。

每日账款核对中发现现金溢余或短缺的,应当及时进行处理。如发现现金溢余,属于应支付给有关人员或单位的部分,借记"库存现金"科目,贷记"其他应付款"科目;属于无法查明原因的部分,借记"库存现金"科目,贷记"其他收入"科目。如发现现金短缺,属于应由责任人赔偿的部分,借记"其他应收款"科目,贷记"库存现金"科目;属于无法查明原因的部分,报经批准后,借记"其他支出"科目,贷记"库存现金"科目。

2.银行存款

(1)银行存款账户的开立与管理要求。银行存款是指事业单位存入银行或其他金融机构各种款项。按照人民银行《支付结算办法》的规定,事业单位应在银行开立账户,以办理存款、取款和转账等结算。凡是在银行开立存款账户的事业单位,必须遵守中国人民银行颁布的《银行账户管理办法》的各项规定。因此,事业单位应由会计部门统一在银行开户,避免重复。

(2)银行存款结算方式。中国人民银行总行发布的《支付结算办法》规定,现行结算方式有:支票、银行汇票、银行本票、商业汇票、汇兑、委托收款、托收承付七种结算方式。事业单位发生的大量资金收付业务,可根据《支付结算办法》的规定,通过上述七种方式进行结算。

(3)银行存款的核算。为了总括反映事业单位银行存款的收付和结存情况,事业单位应设置"银行存款"总分类账户。借方登记银行存款的增加额,贷方登记银行存款的减少额,期末余额在借方,反映事业单位存入在银行或其他金融机构的款项。

如发生外币业务的,应按照业务发生当日(或当期期初)即期汇率,将外币金额折算为人民币记账,并登记外币金额和汇率。期末,各种外币账户的外币金额应当按照期末的即期汇率折算为人民币,作为处币账户期末人民币余额。调整后的各种外币账户人民币余额与原账面人民币余额的差额,作为汇率损益计入相关支出。

【例14.4】 某事业单位收到财政部门拨入的事业经费300 000元,款项已通过银行收妥。会计分录如下:

借:银行存款　　　　　　　　　　　　　　　　　　　　　　　　300 000
　贷:财政补助收入　　　　　　　　　　　　　　　　　　　　　　300 000

【例14.5】 某事业单位收到上级主管部门拨入的补助资金(非财政补助资金)20 000元,款项已通过银行收妥。会计分录如下:

借:银行存款　　　　　　　　　　　　　　　　　　　　　　　　 20 000
　贷:上级补助收入　　　　　　　　　　　　　　　　　　　　　　 20 000

【例14.6】 某事业单位根据银行转来的委托收款凭证的付款通知,支付上月电费17 000元。会计分录如下:

借:事业支出　　　　　　　　　　　　　　　　　　　　　　　　 17 000
　贷:银行存款　　　　　　　　　　　　　　　　　　　　　　　　 17 000

为了随时掌握银行存款的收支和结存情况,事业单位应按开户银行、其他金融机构名称及存款种类等,分别设置"银行存款日记账"进行序时核算。银行存款日记账是由出纳员根据审核无误的原始凭证或收付款的记账凭证逐日逐笔序时登记。每日终了应结出余额,月末结出本月收入、付出的合计数和月末结存数,并且和银行核对账目。

(4)银行存款日记账的核对。事业单位的银行存款日记账必须定期与银行对账单核对,至少每月核对一次。事业单位银行存款日记账的账面余额与银行对账单的余额如有差额,应逐笔查明原因,并作出相应的处理。

一般而言,单位账面余额与银行对账单余额产生差额的原因有两个:一是双方记账可能有错误;二是存在未达账项。所谓未达账项是指因凭证在传递过程中,结算两方,一方已经登记入账而另一方由于凭证传递等原因尚未入账的款项。产生未达账项的原因有以下几种情况:银行已收款入账,而单位尚未收款入账;银行已付款入账,而单位尚未付款入账;单位已付款入账,而银行尚未付款入账;单位已收款入账,而银行尚未收款入账。

对未达账项进行调节的方法是将本单位的"银行存款"的余额和"银行对账单"的余额各自加进对方已收而本单位未收的未达账项,减去对方已付而本单位未付的未达账项以后,检查两方余额是否相等。在实际工作中,对未达账项的调整是通过编制"银行存款余额调节表"进行的。现举例说明如下:

【例14.7】 某事业单位7月31日的银行存款日记账账面余额为264 600元,而银行对账单上单位存款余额为260 600元,经逐笔核对,发现有以下未达账项:

(1)7月29日,单位委托银行收款1 000元,银行已办理收款入账,单位尚未收到收款单据;

(2)7月29日,银行代单位支付电费1 800元,单位尚未收到结算凭证和电费收据,因而尚未入账;

(3)7月29日,单位开出支票1 500元,持票人尚未到银行办理转账,银行尚未登记入账;

(4)7月30日,单位送存支票4 700元,银行尚未登记单位存款账户。

根据以上资料,编制"银行存款余额调节表",如表14.1所示。

表14.1 银行存款余额调节表

20××年7月31日 单位:元

项　目	金额	项　目	金额
单位银行存款月末余额	264 600	银行对账单月末余额	260 600
(1)加:银行已收 单位未收	1 000	(4)加:单位已收 银行未收	4 700
(2)减:银行已付 单位未付	1 800	(3)减:单位已付 银行未付	1 500
调节后余额	263 800	调节后余额	263 800

以上经调节后的双方余额相等,说明双方账簿的记录是正确的。如果余额仍不相等,应主动与开户银行联系,查明原因。

3. 零余额账户用款额度

零余额账户用款额度是指在国库集中支付制度下,财政部门授权事业单位使用的资金额度。国库集中收付制度下,事业单位经财政部门审批,在国库集中支付代理银行开设单位零余额账户,用于财政授权支付的结算。财政部门根据预算安排和资金使用计划,定期向事业单位下达财政授权支付额度。事业单位可以在下达的额度内,自行签发授权支付指令,通知代理银行办理资金支付业务。

事业单位应当设置"零余额账户用款额度"科目,核算实行国库集中支付的事业单位根据财政部门批复的用款计划收到和支用的零余额账户的用款额度。借方登记在财政授权支付方式下,收到代理银行盖章的"财政支付到账通知书"所列数额;贷方登记向代理银行签发支付指令的支出数额,期末借方余额,反映事业单位尚未支用的零余额用款账户额度。年终注销处理后,本科目年末应无余额。

"零余额账户用款额度"是事业单位用于财政授权支付的特设账户,预算额度中事业单位可以自行发出支付指令的部分,可以办理转账、提取现金、划拨住房公积金等。与银行存款的区别是:不能向本单位其他账户、上级和下级单位账户转账,没有利息收入等。

零余额账户用款额度的主要处理如下:

(1)下达授权支付额度。在财政授权支付方式下,收到代理银行盖章的"授权支付到账通知书"时,根据通知书所列数额,借记"零余额账户用款额度"科目,贷记"财政补助收入"科目。

(2)使用授权支付额度。提取现金或按规定支用额度,借记"库存现金"或有关科目,贷记"零余额账户用款额度"科目。

(3)度终注销与下年初恢复。年度终了,应当将本年未下达和已经下达但未使用的授权支付额度予以注销;下年初,应当确认恢复到账的授权支付额度。具体核算方法在"财政应返还额度"科目讲解。

依据代理银行提供的对账单作注销额度的相关账务处理,借记"财政应返还额度——财政授权支付"科目,贷记"零余额账户用款额度"科目。

如果事业单位本年度财政授权支付预算指标大于下达数,根据未下达的用款额度,借记"财政应返还额度——财政授权支付"科目,贷记"财政补助收入"科目。

【例 14.8】 某事业单位收到代理银行转来的"授权支付到账通知书",本月用于基本支出的财政授权支付用款额度 240 000 元已经下达到代理银行。会计分录如下:

借:零余额账户用款额度　　　　　　　　　　　　　　　　　240 000
　　贷:财政补助收入——基本支出　　　　　　　　　　　　　　　　240 000

【例 14.9】 某事业单位开出授权支付凭证,通知代理银行向单位的车辆定点保养单位支付公务用车运行维修费 6 200 元。会计分录如下:

借:事业支出——财政补助支出　　　　　　　　　　　　　　　6 200
　　贷:零余额账户用款额度　　　　　　　　　　　　　　　　　　　6 200

14.2.2　短期投资管理与核算

短期投资指事业单位依法取得的,持有时间不超过 1 年(含 1 年)的投资,主要是国债投资。事业单位应当严格遵守国家法律、行政法规以及财政部门、主管部门关于对外投资的有关规定。事业单位的短期投资主要是国债投资。

事业单位设置"短期投资"科目,核算事业单位依法取得的短期国债投资的业务,借方登记按实际成本计价取得投资,贷方登记按实际投资成本收回额,借方余额反映事业单位持有的短期投资成本,按国债投资种类设明细进行明细核算。

短期投资的主要账务处理如下:

(1)取得短期投资。事业单位购入短期投资时,应当按照其实际成本(包括购买价款以及税金、手续费等相关税费)作为投资成本,借记"短期投资"科目,贷记"银行存款"科目。

(2)持有期间收到利息。事业单位持有短期国债期间收到利息,按实际收到的金额,借记"银行存款"科目,贷记"其他收入——投资收益"科目。

(3)出售和到期收回。短期投资的出售或到期收回国债本息,按照实际收到的金额,借记"银行存款"科目,按照出售或收回短期国债的成本,贷记"短期投资(成本)",按其差额,贷记或借记"其他收入——投资收益"科目。

【例 14.10】 某事业单位购入 1106 期国债 50 000 元,1 年期,票面年利率为 3%。以银行存款支付购入国债的款项,无相关税费。会计分录如下:

借:短期投资——1106 期国债　　　　　　　　　　　　　　　50 000
　　贷:银行存款　　　　　　　　　　　　　　　　　　　　　　　　50 000

【例 14.11】 某事业单位收回所购入的 1210 期国债本息,收到款项共计 93 150 元,该国债的账面投资成本为 90 000 元。会计分录如下:

借:银行存款　　　　　　　　　　　　　　　　　　　　　　　93 150
　　贷:短期投资——1210　　　　　　　　　　　　　　　　　　　　90 000
　　　　其他收入——投资收益　　　　　　　　　　　　　　　　　　3 150

14.2.3　财政应返还额度管理与核算

1. 财政应返还额度的内容

财政应返还额度指事业单位年终注销的、需要在次年恢复的年度未实现的用款额度。实行国库集中收付制度后,事业单位的财政经费由财政部门通过国库单一账户统一拨付。事业单位的年度预算指标包括财政直接支付额度和财政授权支付额度。财政直接支付额度由财政部门完成支付;财政授权支付额度下达到代理银行,由事业单位完成支付。年度终了,事业单位需要对年度未实现的用款额度进行注销,形成财政应返还额度,以待在次年得以恢复。

事业单位的财政应返还额度包括财政应返还直接额度和财政应返还授权额度。

财政应返还直接额度,是财政直接支付额度本年预算指标与当年财政实际支付数的差额。财政应返还授权额度,是财政授权支付额度本年预算指标与当年事业单位实际支付数的差额,包括两部分:一是未下达的授权额度,是指当年预算已经安排,但财政部门当年没有下达到事业单位代理银行的授权额度,即授权额度的本年预算指标与当年下达数之间的差额。二是未使用的授权额度,是财政部门当年已经将授权额度下达到代理银行,但事业单位当年尚未完成实际支付的数额,即授权额度的本年下达数与当年实际使用数之间的差额。

2. 财政应返还额度的核算

事业单位应设置"财政应返还额度"科目,核算实行国库集中支付的事业单位应收财政返还资金额度增减变化情况。本科目应当设置"财政直接支付"、"财政授权支付"两个明细科目,进行明细核算。本科目期末借方余额,反映事业单位应收财政返还的资金额度。

财政应返还额度的主要账务处理如下:

(1)财政直接支付。年度终了,事业单位根据本年度财政直接支付预算指标数与当年财政直接支付实际支出数的差额,借记"财政应返还额度——财政直接支付"科目,贷记"财政补助收入"科目。

下年度,对于恢复财政直接支付额度,事业单位收到恢复通知书时不冲销"财政应返还额度——财政直接支付"科目,只进行预算记录。如果恢复的额度以财政直接支付方式发生实际支出时,借记有关科目,贷记"财政应返还额度——财政直接支付"。

(2)财政授权支付。年度终了,对于未使用的授权额度,事业单位依据代理银行提供的对账单作注销额度的相关账务处理,借记"财政应返还额度——财政授权支付",贷记"零余额账户用款额度"科目。

对于未下达的授权额度,事业单位本年度财政授权支付预算指标数大于零余额账户用款额度下达数的,根据未下达的用款额度的数额,借记"财政应返还额度——财政授权支付",贷记"财政补助收入"科目。

下年初,事业单位依据代理银行提供的额度恢复到账通知书作恢复额度的相关账务处理,借记"零余额账户用款额度"科目,贷记"财政应返还额度——财政授权支付",

事业单位收到财政部门批复的上年末未下达零余额账户用款额度时,借记"零余额账户用款额度"科目,贷记"财政应返还额度——财政授权支付"。

【例14.12】 本年度某事业单位财政直接支付额度预算指标为7 600 000元,当年财政已经实际完成支付7 500 000元,需要注销未实现的财政直接支付额度为100 000元。会计分录如下:

借:财政应返还额度——财政直接支付　　　　　　　　　　　100 000
　　贷:财政补助收入——基本支出　　　　　　　　　　　　　100 000

【例14.13】 次年初,财政部门恢复了该事业单位的财政直接支付额度。并于当月20日,该单位以财政直接支付方式购买办公用品物资(属于上年预算指标数),支付给供应商100 000元价款。会计分录如下:

```
借:存货                                                    100 000
    贷:财政应返还额度——财政直接支付                          100 000
```

【例 14.14】 本年度某事业单位财政授权支付额度预算指标为 2 500 000 元,根据代理银行提供的对账单,本年已经下达的财政授权支付额度为 2 460 000 元,事业单位已经实际使用了授权额度 2 400 000 元,需要注销未实现的授权额度 100 000 元。其中,未下达的授权额度为 40 000 元。未使用的授权额度为 60 000 元。会计分录如下:

```
借:财政应返还额度——财政授权支付                            100 000
    贷:财政补助收入——基本支出                                40 000
        零余额账户用款额度                                    60 000
```

【例 14.15】 次年初,事业单位收到"财政授权支付额度恢复到账通知书",上年注销的授权额度 100 000 元已经全额恢复,并且已经下达到代理银行。会计分录如下:

```
借:零余额账户用款额度                                      100 000
    贷:财政应返还额度——财政授权支付                          100 000
```

14.2.4 应收及预付款项的核算

1. 应收票据的核算

(1) 应收票据的概念。应收票据是指事业单位因销售产品从事经营活动而收到的商业汇票。商业汇票按承兑人不同,分为商业承兑汇票和银行承兑汇票;按是否计息,分为带息票据和不带息票据。

事业单位持有的应收票据到期前可以向银行申请贴现。所谓贴现就是票据持有人将未到期的票据背书后送交银行,银行受理后从票据到期值中扣除按银行贴现率计算确定的贴现息,然后将余额付给持票人,作为银行对持票人的短期贷款,其实质是融通资金的一种形式。

应收票据贴现要计算贴现息和贴现净额,以便据以进行账务处理。

$$贴现息 = 票据到期值 \times 贴现率 \times 贴现期$$
$$贴现净额 = 票据到期值 - 贴现息$$

(2) 应收票据的核算。事业单位设置"应收票据"科目。核算事业单位因开展经营活动销售产品、提供不偿服务等而收到的商业汇票,借方登记应收票据的金额,贷方登记到期收回的票面金额和已贴现的应收票据的金额,期末余额在借方,反映事业单位持有的商业汇票票面金额。本科目应当按照开出、承兑商业汇票的单位等进行明细核算。

事业单位还应设置"应收票据备查簿",逐笔登记每一笔应收票据的种类、号数、出票日期、交易合同号、付款人、承兑人、背书人的姓名或单位名称、到期日和利率、贴现率、贴现日期、贴现率和贴现净额,以及收款日期和收回金额等资料。应收票据到期结清票款或退票后,应当在备查簿内逐笔注销。

【例 14.16】 某事业单位销售产品一批给甲公司,货已发出,价款为 20 000 元,增值税税额为 3 400 元。按合同约定 3 个月后付款,甲公司交给该研究所一张为期 3 个月的不带息商业承兑汇票,面值为 23 400 元。会计分录如下:

```
借:应收票据——甲公司                                       23 400
    贷:经营收入                                             20 000
        应缴税费——应交增值税(销项税额)                      3 400
```

【例14.17】 续上例,3个月后商业承兑汇票到期,事业单位收到票据款项23 400,存入银行。会计分录如下:

借:银行存款　　　　　　　　　　　　　　　　　　　　　　　　　23 400
　　贷:应收票据　　　　　　　　　　　　　　　　　　　　　　　　　23 400

【例14.18】 某事业单位持有的商业汇票到期,因付款人无力支付票款补银行退回,汇票的票面金额为50 000元。会计分录如下:

借:应收账款——某单位　　　　　　　　　　　　　　　　　　　　50 000
　　贷:应收票据——某单位　　　　　　　　　　　　　　　　　　　　50 000

2.应收账款的核算

(1)应收账款的概念。应收账款是指事业单位因提供劳务、开展有偿服务及销售产品等业务而应收取的款项,如学校应向学生收取的学杂费、医院应向病人收取的医药费等。这里所指的应收账款有其特定范围。应收账款是事业单位在其主要业务活动中形成的应收取的款项,不包括借出款、备用金、应向职工收取的各种垫付款及各类存出保证金等。应收账款一般以成交价格计价,即以交易的实际发生额入账。

(2)应收账款的核算。事业单位应设置"应收账款"总分类账户,用来核算事业单位因销售产品、提供有偿服务等而收取的款项。借方登记事业单位应收取的各种款项,贷方登记事业单位已收回或转作商业汇票结算方式的应收账款以及转销的坏账损失的款项,期末余额在借方,反映事业单位尚未收回的应收账款。本科目应当按照购货、接受劳务单位(或个人)进行明细核算。

【例14.19】 某事业单位为增值税一般纳税人,开展经营活动赊销产品一批给某企业,产品售价6 000元,增值税销项税额为1 020元。会计分录如下:

借:应收账款——某单位　　　　　　　　　　　　　　　　　　　　7 020
　　贷:经营收入　　　　　　　　　　　　　　　　　　　　　　　　　6 000
　　　　应缴税费——应交增值税(销项税额)　　　　　　　　　　　　1 020

【例14.20】 续上例,该事业单位收到向某企业赊销产品的款项7 020元,款已存入银行。会计分录如下:

借:银行存款　　　　　　　　　　　　　　　　　　　　　　　　　7 020
　　贷:应收账款　　　　　　　　　　　　　　　　　　　　　　　　　7 020

(3)坏账的核销。逾期3年或以上、有确凿证据表明确实无法收回的应收账款,按规定报经批准后予以核销。核销的应收账款应在备查簿中保留登记。

①转入待处置资产时,按照待核销的应收账款金额,借记"待处置资产损溢"科目,贷记"应收账款"科目。

②报经批准予以核销时,借记"其他支出"科目,贷记"待处置资产损溢"科目。

③已核销应收账款在以后期间收回的,按照实际收回的金额,借记"银行存款"科目,贷记"其他收入"科目。

【例14.21】 某事业单位对应收账款的账龄进行分析,发现逾期3年没有收回的应收账款余额为13 200元,将其转入待核销资产,同时上报财政部门审批。会计分录如下:

借:待处置资产损溢　　　　　　　　　　　　　　　　　　　　　　13 200
　　贷:应收账款——某单位　　　　　　　　　　　　　　　　　　　　13 200

【例 14.22】 某事业单位上述等核销资产报经财政部门批准后予以核销。会计分录如下：

借：其他支出——资产处置损失 13 200
　　贷：待处置资产损溢 13 200

3. 预付账款的核算

（1）预付账款的概念。预付账款按照购货合同、劳务合同规定预付给供应单位的款项。

预付账款按实际发生的金额入账。预付账款和应收账款都是事业单位流动资产，二者的主要区别是：预付账款是由购货而引起的，而应收账款是由销货而引起；预付账款是事业单位主动付出款项，而应收账款是事业单位等待客户付款。

（2）预付账款的核算。事业单位应设置"预付账款"科目，核算事业单位按照购货、劳务合同规定预付给供应单位的款项。借方登记本单位向供应单位预付的货款，贷方登记本单位收到所购物品时应结转的预付款项，期末借方余额，反映事业单位实际预付但尚未结算的款项。该账户按供应单位（个人）进行明细核算。事业单位可以通过明细核算或辅助登记方式，登记预付账款的资金性质（区分财政补助资金、非财政补助资金和其他资金）。

预付账款的主要账务处理如下：

①预付款项。发生预付账款时，按照实际支付金额，借记"预付账款"，贷记"零余额账户用款额度"、"财政补助收入"、"银行存款"等科目。

②收回所购物资或劳务，按照购入物资或劳务的成本，借记有关科目，按照相应预付账款金额，贷记"预付账款（预付金额）"科目，按照补付的款项，贷记"零余额账户用款额度"、"财政补助收入"、"银行存款"等科目。如果所购物品为固定资产、无形资产的，按照确定的资产成本，借记"固定资产"、"无形资产"科目，贷记"非流动资产基金——固定资产、无形资产"科目；同时，按资产购置支出，借记"事业支出"、"经营支出"科目，贷记"预付账款"科目，按照补付的款项，贷记"零余额账户用款额度"、"财政补助收入"、"银行存款"等科目。

③逾期 3 年以上、有确凿证据表明因供货单位破产、撤销等原因已无望再收到所购物资，且确实无法收回预付账款，按规定报经批准后予以核销。核销的预付账款应在备查簿中保留登记。

【例 14.23】 某事业单位开展经营业务（非独立核算），向某公司订购货品一批，按合同规定，该批货款共计 10 000 元，先付货款的 40%，待收到货品验收合格后，再补付其余的 60%。会计分录如下：

借：预付账款——某公司 4 000
　　贷：银行存款 4 000

【例 14.24】 某事业单位收到该批订购货品，发票账单同时到达，价款为 10 000 元，增值税额为 1 700 元，用银行存款补付货款为 7 700 元，货品验收入库。会计分录如下：

借：存货 10 000
　　应缴税费——应交增值税（进项税额） 1 700
　　贷：预付账款——某公司 11 700
借：预付账款 7 700
　　贷：银行存款 7 700

4. 其他应收款的核算

其他应收款是指事业单位除财政应返还额度、应收票据、应收账款、预付账款以外的其他应收、暂付款项,包括职工预借差旅费、拨付给内部有关部门的备用金、应向职工收取的各种垫付款项等。其他应收款一般与事业单位的主要业务活动没有直接的关系,而且其数额一般也不大,通常按实际发生额入账。

为了反映和监督其他应收款的发生和结存情况,事业单位应设置"其他应收款"科目,借方登记发生的各种其他应收款,贷方登记收到的款项和结转情况,期末余额通常在借方,反映事业单位尚未收回的其他应收款。该账户按其应收款项的项目类别以及债务单位(或个人)进行明细核算。

其他应收款的主要账务处理如下:

(1) 款项的发生。发生其他各项应收及暂付款项时,借记"其他应收款"科目,贷记"银行存款"、"库存现金"等科目。

(2) 款项的收回与转销。收回或转销其他各种应收及暂付款项时,借记"库存现金"、"银行存款"等科目,贷记"其他应收款"。

(3) 备用金的发放。事业单位内部实行备用金制度的,有关部门使用备用金以后应及时到财务部门报销并补足备用金,财务部门核定并发放备用金时,借记"其他应收款"科目,贷记"库存现金"等科目。根据报销数用现金补足备用金定额时,借记有关科目,贷记"库存现金"等科目,报销数和拨补数都不再通过本科目核算。

(4) 坏账的核销。逾期3年或以上、有确凿证据表明确实无法收回的其他应收款,按规定报经批准后予以核销,核销的处理方法与应收账款类似,核销的其他应收款应在备查簿中保留登记。

【例14.25】 某事业单位内部实行备用金制度,向业务部门核定发放备用金5 000元。会计分录如下:

借:其他应收款——某业务部门　　　　　　　　　　　　5 000
　　贷:库存现金　　　　　　　　　　　　　　　　　　5 000

【例14.26】 某事业单位职员王某因公外出预借差旅费3 000元。现王某报销差旅费,根据审核后的差旅费票据,报销金额为3 500元,报销差额500元以现金补付。会计分录如下:

借:事业支出——财政补助支出　　　　　　　　　　　　3 500
　　贷:其他应收款　　　　　　　　　　　　　　　　　3 000
　　　　库存现金　　　　　　　　　　　　　　　　　　　500

14.2.5 存货的核算

1. 存货概念

存货是指事业单位在开展业务活动及其他活动中为耗用而储存的各种材料、燃料、包装物、低值易耗品及达不到固定资产标准的用具、装具、动植物等的实际成本。

2. 存货计价

按照取得初始成本进行计量,存货成本包括:采购成本、加工成本和其他成本。

采购成本:包括购买价格、相关税费、运输费、装卸费、保险费以及其他可归属于存货成本费用。

加工成本:耗用直接材料费用、直接人工费用和按照一定方法分配的与存货加工有关的间接费用。

其他成本:除采购成本、加工成本以外,使存货达到目前场所和状态所发生的其他支出。

(1)购入存货计价。其成本包括买价、相关税费、运杂费等作为存货的入账价格。事业单位购进存货是否负担增值税,取决于存货用途。分为自用还是非自用(对外投资或加工产品后出售),对于购入自用材料,按实际支付含税价格计算;对于非自用材料,因单位属于不同类型增值税纳税人而不同,小规模纳税人,购进材料按实际支付含税价格计算;一般纳税人,购进非自用材料按不含税价格计算。

(2)发出存货计价。按现行制度规定,事业单位领用或发出材料可以根据实际情况选择先进先出法、加权平均法或个别计价法确定发出存货实际成本,计价方法一经确定,不得随意变更。低值易耗品成本领用时一次摊销。

3. 存货的核算

事业单位设置"存货"科目,核算事业单位在开展业务活动及其他活动中为耗用而储存的各种材料、燃料、包装物、低值易耗品等,借方登记购入并验收入库存货的成本,贷方登记发出、领用、对外销售、盘亏、毁损等各种原因而减少的存货成本,期末余额在借方,反映事业单位存货的实际成本。本科目按照存货种类、规格、保管地点设明细核算。事业单位应当通过明细核算或辅助登记方式,登记取得存货成本的资金(区分财政补助资金、非财政补助资金和其他资金)。发生自行加工存货业务的事业单位,应当在本科目下设置"生产成本"明细科目,归集核算自行加工存货所发生的实际成本(包括耗用直接材料、直接人工费用和分配的间接费用)。

存货的主要账务处理如下:

(1)存货的取得。

①购入的存货。购入存货的成本包括购买价款、相关税费、运输费、装卸费、保险费以及其他使得存货达到目前场所和状态所发生的其他支出。购入的存货验收入库时,按确定的采购成本,借记"存货"科目,贷记"银行存款"、"应付账款"、"财政补助收入"、"零余额账户用款额度"等科目。

【例14.27】 某事业单位购入自用甲材料一批,以银行存款支付价款8 000(含税价),运费120元,材料已经验收入库。采购所用资金为非财政性资金。会计分录如下:

借:存货——甲材料(其他资金)   8 120
  贷:银行存款   8 120

【例14.28】 某事业单位以政府集中采购的方式购入自用乙材料一批,价值总计55 700元。款项已经通过财政直接支付方式支付,材料已经由供应商交付事业单位。会计分录如下:

借:存货——乙材料(财政补助资金)   55 700
  贷:财政补助收入——基本支出   55 700

属于增值税一般纳税人的事业单位购入非自用材料的,按确定的成本(不含增值税进项税额),借记"存货"科目,按增值税专用发票上注明的增值税额,借记"应缴税费——应缴增值税(进项税额)"科目,按实际支付或应付的金额,贷记"银行存款"、"应付账款"等科目。

②加工的存货。自行加工存货在加工过程中发生各种费用时,借记"存货——生产成本"科目,贷记"存货——领用材料相关明细科目"、"应付职工薪酬"、"银行存款"等科目。

加工完成的存货验收入库,按照所发生实际成本,借记"存货——成品类别"科目,贷记"存货——生产成本"科目。

【例 14.29】 某事业单位自行生产加工一种自用 A 产品,现领用甲材料一批,采用加权平均法计算出其价值为 14 000 元。会计分录如下:

借:存货——生产成本(A 产品)   14 000
  贷:存货——甲材料   14 000

【例 14.30】 某事业单位一批 A 产品加工完成并验收入库,共 600 件,经计算其加工成本为 90 000 元。会计分录如下:

借:存货——A 产品   90 000
  贷:存货——生产成本(A 产品)   90 000

③接受捐赠、无偿调入存货,其成本按有关凭证注明金额加税费、运输费等确定;没有相关凭据的,其成本比照同类或类似存货的市场价格加上相关税费、运输费等确定;没有相关凭证,同类或类似市场价格也无法可靠取得的,该存货按照名义金额(即人民币 1 元)入账。借记"存货"科目,按照发生的相关税费、运输费等,贷记"银行存款"等科目,按照其差额,贷记"其他收入"科目。

按照名义金额入账的情况下,按照名义金额,借记"存货"科目,贷记"其他收入"科目;按照发生的相关税费、运输费等,借记"其他支出"科目,贷记"银行存款"等科目。

【例 14.31】 某事业单位从其他单位无偿调入一台专用工具。该设备并无证明其价值的凭据,但事业单位存在一台与其类似的设备,目前的市场价格为 860 元。设备调入发生运费 40 元,以现金支付。会计分录如下:

借:存货——专用工具   900
  贷:其他收入——无偿调入   860
    库存现金   40

【例 14.32】 某事业单位接受社会捐赠一批特种材料,没有附相关凭证。此种材料在市场中无销售,无法可靠取得其价格,经批准以名义金额入账。接受材料时,发生税费支出 100 元,通过转账支付。会计分录如下:

借:存货——特种材料   1
  贷:其他收入——捐赠收入   1
借:其他支出——捐赠税费支出   100
  贷:银行存款   100

(2)存货发出的核算。存货在发出时,根据实际情况采用先进先出法、加权平均法或个别计价法确定发出存货的实际成本。计价方法一经确定,不得随意变更。低值易耗品的成本领用时一次摊销。

①开展业务活动等领用、发出存货时,按领用、发出存货的实际成本,借记"事业支出"、"经营支出"等科目,贷记"存货"科目。

【例 14.33】 某事业单位开出"材料出库单",事业类业务领用甲材料一批,采用加权平均法计算出价值为 8 000 元。存货备查簿登记存货的资金性质为财政性资金。会计分录如下:

借:事业支出——财政助补支出　　　　　　　　　　　　8 000
　　贷:存货——甲材料　　　　　　　　　　　　　　　　　　8 000

②对外捐赠、无偿调出存货,转入待处置资产时,按照存货的账面余额,借记"待处置资产损溢"科目,贷记"存货"科目。

属于增值税一般纳税人的事业单位对外捐赠、无偿调出购进的非自用材料,转入待处置资产时,按照存货的账面余额与相关增值税进项税额转出金额的合计金额,借记"待处置资产损溢"科目,按存货账面余额,贷记"存货"科目,按转出的增值税进项税额,贷记"应缴税费——应缴增值税(进项税转出)"科目。

实际捐出、调出存货时,按照"待处置资产损溢"科目的相应余额,借记"其他支出"科目,贷记"待处置资产损溢"科目。

(3)存货的清查。事业单位的存货应当定期进行清查盘点,每年至少盘点一次。对发生存货盘盈、盘亏或者报废、毁损,应当及时查明原因,按规定报经批准后进行账务处理。

①盘盈存货,按照同类或类似存货的实际成本或市场价格确定入账价值;同类或类似存货的实际成本、市场价格均无法可靠取得的,按照名义金额入账。盘盈的存货,按照确定入账价值,借记"存货"科目,贷记"其他收入"科目。

②盘亏或者毁损、报废的存货,转入待处置资产时,按照待处置存货的账面余额,借记"待处置资产损溢"科目,贷记"存货"科目。

属于增值税一般纳税人的事业单位购进的非自用材料发生盘亏或者毁损、报废的,转入待处置资产时,按照存货的账面余额与相关增值税进项税额转出金额的合计金额,借记"待处置资产损溢"科目,按存货的账面余额,贷记"存货"科目,按转出的增值税进项税额,贷记"应缴税费——应缴增值税(进项税额转出)"科目。

报经批准予以处理时,按照"待处置资产损溢"科目的相应余额,借记"其他支出"科目,贷记"待处置资产损溢"科目。

【例 14.34】 某事业单位年终进行存货的清查盘点,盘亏甲材料 5 千克,每千克 40 元,计 200 元;经批准计入当期支出。盘盈乙材料 150 千克,单价 10 元,共计 1 500 元,经查属合理损耗。会计分录如下:

盘亏
(1)借:待处置资产损溢　　　　　　　　　　　　　　　　200
　　　贷:存货——甲材料　　　　　　　　　　　　　　　　　200
(2)借:其他支出　　　　　　　　　　　　　　　　　　　　200
　　　贷:待处置资产损溢　　　　　　　　　　　　　　　　　200
盘盈
借:存货——乙材料　　　　　　　　　　　　　　　　　　1 500
　　贷:其他收入　　　　　　　　　　　　　　　　　　　　1 500

14.3 事业单位长期投资

14.3.1 长期投资概念

长期投资是指事业单位依法取得持有时间超过1年(不含1年)股权和债权性质投资,分为股权投资和和债权投资。

长期投资作为一种资产经营行为,其目的是为了取得投资回报。但事业单位与企业在性质上和运营目的上有很大的不同,它从事的主要是非营利性活动,以提高社会效益为目的。

《事业单位财务规则》第四十四条明确规定:事业单位应当严格控制对外投资。在保证单位正常运转和事业发展的前提下,按照国家有关规定可以对外投资的,应当履行相关审批程序。事业单位不得使用财政拨款及其结余进行对外投资,不得从事股票、期货、基金、企业债券等投资,国家另有规定的除外。

事业单位以非货币性资产对外投资的,应当按照国家有关规定进行资产评估,合理确定资产价值。

14.3.2 长期投资的核算

事业单位应设置"长期投资"科目,核算事业单位依法取得的,持有期间超过1年的股权和债权投资。借方登记长期投资实际支付的价款及其他投资按评估或合同、协议确认的价值,贷方登记到期收回的本金及出售时收回的成本,余额在借方,反映事业单位持有的长期投资成本。该账户按长期投资种类和被投资单位等进行明细核算。

长期投资的主要账务处理如下:

1. 长期股权投资核算

(1)长期股权投资的取得。长期股权投资的取得方式,包括支付货币、投出固定资产、投出无形资产等。

长期股权投资在取得时,应当按照其实际成本作为投资成本。

①以货币资金取得长期股权投资,按照实际支付的全部价款(包括购买价款以及税金、手续费等相关费用)作为投资成本,借记"长期投资"科目,贷记"银行存款"等科目;同时,按投资成本金额,借记"事业基金"科目,贷记"非流动资产基金——长期投资"科目。

②以固定资产取得的长期股权投资,按照评估价值加上相关税费作为投资成本,借记"长期投资"科目,贷记"非流动资产基金——长期投资"科目,按发生的相关税费,借记"其他支出"科目,贷记"银行存款"、"应缴税费"等科目;同时,按照投出固定资产对应的非流动资产基金,借记"非流动资产基金——固定资产"科目,按照投出固定资产已提折旧,借记"累计折旧"科目,按投出固定资产的账面余额,贷记"固定资产"科目。

【例14.35】 某科研单位以固定资产进行一项长期股权投资,固定资产的账面余额为100 000元,已提折旧为20 000元。按评估价确定的固定资产价值为110 000元。会计分录如下:

借:长期投资——长期股权投资	110 000	
贷:非流动资产基金——长期投资		110 000

同时

借:非流动资产基金——固定资产	80 000	
累计折旧	20 000	
贷:固定资产		100 000

③以无形资产取得的长期股权投资,需要区分两种情况:

第一,已入账无形资产取得的长期股权投资,按照评估价值加上相关税费作为投资成本,借记"长期投资"科目,贷记"非流动资产基金——长期投资"科目,按发生的相关税费,借记"其他支出"科目,贷记"银行存款"、"应缴税费"等科目;同时,按照投出无形资产对应的非流动资产基金,借记"非流动资产基金——无形资产"科目,按照投出无形资产已计提摊销,借记"累计摊销"科目,按照投出无形资产的账面余额,贷记"无形资产"科目。

第二,以未入账无形资产取得的长期股权投资,按照评估价值加上相关税费作为投资成本,借记"长期投资"科目,贷记"非流动资产基金——长期投资"科目,按发生的相关税费,借记"其他支出"科目,贷记"银行存款"、"应缴税费"等科目。

【例14.36】 某事业单位拥有一项专利权,账面余额为145 000元,已计提累计摊销32 000元,现以该项无形资产对外投资,双方协商确认的价值为115 000元,以银行存款支付税费3 000元。会计分录如下:

借:长期投资——长期股权投资	115 000	
贷:非流动资产基金——长期投资		115 000
借:其他支出	3 000	
贷:银行存款		3 000

同时

借:非流动资产基金——无形资产	113 000	
累计摊销	32 000	
贷:无形资产		145 000

(2)长期股权投资持有期间的收益。长期股权投资在持有期间,收到股利、利息等投资收益时,按照实际收到的金额,借记"银行存款"等科目,贷记"其他收入——投资收益"科目。

【例14.37】 某事业单位的一项长期投资取得投资收益25 000元,款项已经收到并存入银行。会计分录如下:

借:银行存款	25 000	
贷:其他收入——投资收益		25 000

(3)转让长期股权投资。转入待处置资产时,按照待转让长期股权投资的账面余额,借记"待处置资产损溢——处置资产价值"科目,贷记"长期投资"科目。实际转让时,按照所转让长期股权投资对应的非流动资产基金,借记"非流动资产基金——长期投资"科目,贷记"待处置资产损溢——处置资产价值"科目。转让长期股权投资过程中取得价款、发生相关税费,以及转让价款扣除相关税费后的净收入,借记"待处置资产损溢——处置资产价值",贷记"应缴国库款"科目。

【例 14.38】 某事业单位向其他单位转让一项股权投资。该项长期股权投资的账面余额为 1 000 000 元。经协商,该项长期股权投资转让价格为 1 120 000 元。转让过程中发生税费共计 56 000 元。会计分录如下:

①将长期股权投资转入待处置资产中

借:待处置资产损溢——处置资产价值   1 000 000
  贷:长期投资——长期股权投资   1 000 000

②转出待处置资产对应的非流动资产基金

借:非流动资产基金——长期投资   1 000 000
  贷:待处置资产损溢——处置资产价值   1 000 000

③收到转让价款

借:银行存款   1 120 000
  贷:待处置资产损溢——处置净收入   1 120 000

④支付转让税费

借:待处置资产损溢——处置净收入   56 000
  贷:银行存款   56 000

⑤处置净收入处理

借:待处置资产损溢——处置净收入   1 064 000
  贷:应缴国库款   1 064 000

(4)核销长期股权投资。因被投资单位破产清算等原因,有确凿证据表明长期股权投资发生损失,按规定报经批准予以核销。将待核销长期股权投资转入待处置资产时,按照待核销的长期股权投资账面余额,借记"待处置资产损溢"科目,贷记"长期投资"科目。报经批准予以核销时,借记"非流动资产基金——长期投资"科目,贷记"待处置资产损溢"科目。

【例 14.39】 某事业单位的一项长期股权投资的被投资单位破产清算。该项长期股权投资的账面余额为 300 000 元,按规定报经批准后予以核销。会计分录如下:

借:待处置资产损溢——处置资产价值   300 000
  贷:长期投资——长期股权投资   300 000

同时

借:非流动资产基金——长期投资   300 000
  贷:待处置资产损溢——处置资产价值   300 000

2. 长期债券投资核算

(1)长期债券投资的取得。长期债券投资通常以货币资金购入。长期债券投资在取得时,应当按照实际支付的全部价款(包括购买价款以及税金、手续费等相关税费)作为投资成本,借记"长期投资"科目,贷记"银行存款"等科目;同时,按照投资成本金额,借记"事业基金"科目,贷记"非流动资产基金——长期投资"科目。

(2)长期债券投资和利息。长期债券投资持有到期收到利息时,按照实际收到的金额,借记"银行存款"等科目,贷记"其他收入——投资收益"科目。

(3)长期债券投资的转让和到期收回。对外转让或到期收回长期债券投资本息,按照实际收到的金额,借记"银行存款"等科目,按收回长期投资的成本,贷记"长期投资"科目,按照其差额,贷记或借记"其他收入——投资收益"科目;同时,按照收回长期投资对应的非流动资产基金,借记"非流动资产基金——长期投资"科目,贷记"事业基金"科目。

【例 14.40】 某事业单位购入 1205 期国债 4 000 份,面值 100 元,期限 3 年,票面年利率 5%。款项共计 400 000 元,以银行存款支付。会计分录如下:

借:长期投资——1205 期国债　　　　　　　　　　　　　　400 000
　　贷:银行存款　　　　　　　　　　　　　　　　　　　　400 000
同时
借:事业基金　　　　　　　　　　　　　　　　　　　　　　400 000
　　贷:非流动资产基金——长期投资　　　　　　　　　　　400 000

【例 14.41】 事业单位 1001 期国债到期兑付,其账面余额为 200 000 元,利息收入为 30 000 元,实际收到金额为 230 000 元。款项已经收到并存入银行。会计分录如下:

借:银行存款　　　　　　　　　　　　　　　　　　　　　　230 000
　　贷:长期投资——1001 期国债　　　　　　　　　　　　　200 000
　　　　其他收入——投资收益　　　　　　　　　　　　　　30 000
同时
借:非流动资产基金——长期投资　　　　　　　　　　　　　200 000
　　贷:事业基金　　　　　　　　　　　　　　　　　　　　200 000

14.4　事业单位固定资产

14.4.1　固定资产的概念和分类

1. 固定资产的概念

固定资产指使用年限超过 1 年(不含 1 年),单位价值在规定标准(通用设备 1 000 元、专用设备 1 500 元)以上,并在使用过程中基本保持原来物质形态的资产,单位价值虽未达到规定标准,但耐用时间在 1 年(不含 1 年)的大批同类物资,作为固定资产核算和管理。

2. 固定资产的分类

事业单位固定资产按照资产性质和使用情况可分为以下 6 类:

(1)房屋和建筑物。指事业单位拥有占有权和使用权的房屋、建筑物及其附属设备。其中,房屋是指办公用房、业务用房、库房、职工宿舍用房、职工食堂、锅炉房等;建筑物包括道路、围墙、水塔等;附属设施包括房屋、建筑物内的电梯、通信线路、输电线路、水气管道等。

(2)专用设备。指事业单位根据业务工作实际需要购置的各种具有专门性能和专门用途的设备,如学校的教学仪器、科研单位的科研仪器、医院的医疗器械、文体事业单位的文体设备等。

(3)通用设备。指事业单位用于业务工作的通用设备,包括被服装具、办公与事务用的家具、交通工具等。

(4)文物及陈列品。指博物馆、展览馆、陈列馆和文化馆等文化事业单位的各种文物或陈列品,如古物、字画、纪念品等。

(5)图书、档案。指图书馆、档案馆、文化馆贮藏的书籍和档案,以及事业单位贮藏的统一管理使用的业务用书,如图书馆、阅览室的图书等。

(6)家具、用具、装具及动植物。

行业事业单位的固定资产明细目录由国务院主管部门制定,报国务院财政部门备案。事业单位应当根据固定资产定义,结合本单位的具体情况,制定适合于本单位的固定资产目录、具体分类方法,作为进行固定资产核算的依据。

14.4.2 固定资产取得和计价

固定资产应当按取得时的实际成本入账。具体来说,事业单位固定资产按下列规定的价值记账:

(1)购入、调入的固定资产,按照实际支付的买价或调拨款、运杂费、安装费等记账。购置车辆按规定支付的车辆购置附加费计入购价之内。固定资产借款利息和有关费用,以及外币借款的汇兑差额,在固定资产办理竣工决算之前发生的,应当计入固定资产价值;在竣工决算之后发生的,计入当期支出或费用。

(2)自制的固定资产,按开支的料、工、费记账。

(3)在原有固定资产基础上进行改建、扩建的固定资产,其成本按照原固定资产账面价("固定资产"科目账面余额减去"累计折旧"科目账面余额后净值)加上改建、扩建发生的支出,减去固定资产拆除部分的账面价值后金额。

(4)融资租入的固定资产,按照同类固定资产的市场价格或根据所提供的有关凭证记账。

(5)接受捐赠、无偿调入的固定资产,按照同类固定资产的市场价格或根据所提供的有关凭证记账。接受固定资产时发生的相关费用,应当计入固定资产价值。

(6)盘盈的固定资产,按重置完全价值入账。

(7)已投入使用但尚未办理移交手续的固定资产,可先按估价入账,待确定实际价值后,再进行调整。

需要注意的是,购置固定资产过程中发生的差旅费不计入固定资产价值。

14.4.3 固定资产的核算

1. 设置账户

(1)"固定资产"资产类,用来核算固定资产原始价值。借方登记增加的固定资产原价,贷方登记减少的固定资产原价,期末余额在借方,反映事业单位现有固定资产的原价。

为了反映固定资产的明细资料,事业单位应置"固定资产登记簿"和"固定资产卡片",按固定资产类别、项目和使用部门等进行明细核算。出租、出借的固定资产,应当设置备查簿进行登记。事业单位应当根据固定资产定义,结合单位具体情况,制定适合于本单位的固定资产目录、具体分类方法,作为进行固定资产核算的依据。

(2)"非流动资产基金"净资产类,核算事业单位长期投资、固定资产、在建工程、无形资产等非流动资产占用的金额。下设"长期投资"、"固定资产"、"在建工程"、"无形资产"等明细科目,进行明细核算。

2. 固定资产增加的核算

固定资产增加的方式包括购入、自行建造、融资租入、接受捐赠、无偿调入等。固定资产增时，应当按照成本进行初始计量。

（1）购入的固定资产，其成本包括购买价款、相关税费以及固定资产交付使用前所发生的可归属于该项资产的运输费、装卸费、安装调试费和专业服务人员费等。

以一笔款项购入多项没能单独标价的固定资产，按照各项固定资产同类或类似资产市场价格的比例对总成本进行分配，分别确定各项固定资产的入账价值。

事业单位购置固定资产所使用的资金，可以是财政补助收入，也可以是上级补助收入、事业收入、经营收入等非财政补助资金。如果事业单位采购固定资产使用国家财政性资金，需纳入政府采购规范，分为政府集中采购和单位分散采购两种方式。

购入固定资产的核算分以下三种情况：

①购入不需要安装的固定资产，按照确定的固定资产成本，借记"固定资产"科目，贷记"非流动资产基金——固定资产"科目；同时，按照实际支付金额，借记"事业支出"（事业用）、"经营支出"（经营用）、"专用基金——修购基金"（修购基金购入）等科目，贷记"财政补助收入"（财政直接支付）、"零余额账户用款额度"（财政授权支付）、"银行存款"（实付资金）等科目。

【例14.42】 某事业单位通过政府集中采购方式购置复印机一台，价值20 000元，已通过财政直接支付方式将款划拨供应商。会计分录如下：

借：固定资产	20 000
贷：非流动资产基金——固定资产	20 000
同时	
借：事业支出——设备购置费	20 000
贷：财政补助收入——财政直接支付	20 000

【例14.43】 某事业单位采用专用基金购入不需要安装设备一台，价款26 000元，运杂费1 000元。会计分录如下：

借：固定资产	27 000
贷：非流动资产基金——固定资产	27 000
同时	
借：专用基金——修购基金	27 000
贷：银行存款	27 000

②购入需要安装固定资产，先通过"在建工程"科目核算，安装完工交付使用时，借记"固定资产"科目，贷记"非流动资产基金——固定资产"科目；同时，借记"非流动资产基金——在建工程"科目，贷记"在建工程"科目。

【例14.44】 某事业单位购入一台需要安装的设备，用于本单位的专业业务活动，设备价款为385 000元，运输费为5 000元，款项以银行存款支付。安装设备时，支付安装费用30 000元。设备安装完毕交付使用。会计分录如下：

（1）支付设备价款和运输费用

借：在建工程	390 000
贷：非流动资产基金——在建工程	390 000

借:事业支出 390 000
　　贷:银行存款 390 000
(2)支付安装费用时
借:在建工程 30 000
　　贷:非流动资产基金——在建工程 30 000
借:事业支出 30 000
　　贷:银行存款 30 000
(3)设备安装完工交付使用时
借:固定资产 420 000
　　贷:非流动资产基金——固定资产 420 000
借:非流动资产基金——在建工程 420 000
　　贷:在建工程 420 000

③购入固定资产扣留质量保证金的,如果同时取得固定资产全款发票,其保证金通过"其他应付款"(扣留期在1年或以内)或"长期应付款"(扣留期超过1年)科目核算;如果取得的发票金额不包括质量保证金,待质保期满支付质量保证金时再确认支出。

(2)自行建造的固定资产,其成本包括建造该项资产至交付使用前所发生全部必要支出。

工程完工交付使用时,按自行建造过程中发生的实际支出,借记"固定资产"科目,贷记"非流动资产基金——固定资产"科目;同时,借记"非流动资产基金——在建工程"科目,贷记"在建工程"科目,已交付使用但尚未办理竣工决算手续的固定资产,按照估计价值入账,待确定实际成本后再进行调整。

【例14.45】　某事业单位自行建造的一台安防设备完工,经验收后交付使用,其建造成本56 600元。会计分录如下:

借:固定资产——安防设备 56 600
　　贷:非流动资产基金——固定资产 56 600
同时
借:非流动资产基金——在建工程 56 600
　　贷:在建工程——安防设备建造 56 600

(3)在原有固定资产基础上进行改建、扩建、修缮后的固定资产,其成本按原固定资产账面价值("固定资产"科目账面余额减去"累计折旧"科目账面余额后净值)加改、扩、修发生的支出,再扣除固定资产拆除部分的账面价值后的金额确定。

将固定资产转入改建、扩建、修缮时,按固定资产的账面价值,借记"在建工程"科目,贷记"非流动资产基金——在建工程"科目;同时,按固定资产对应的非流动资产基金,借记"非流动资产基金——固定资产"科目,按固定资产已提折旧,借记"累计折旧"科目,按固定资产的账面余额,贷记"固定资产"科目。

工程完工交付使用时,借记"固定资产"科目,贷记"非流动资产基金——固定资产"科目;同时,借记"非流动资产基金——在建工程"科目,贷记"在建工程"科目。

(4)以融资租赁方式租入的固定资产,其成本按照租赁协议或者合同确定的租赁价款、相关税费及固定资产交付使用前所发生的可归属于该项资产的运输费、途中保险费、安装调试费等确定。

①融资租入的固定资产,按照确定的成本,借记"固定资产"科目(不需安装)或"在建工程"科目(需安装),按照租赁协议或者合同确定的租赁价款,贷记"长期应付款"科目,按照其差额,贷记"非流动资产基金——固定资产、在建工程"科目;同时,按照实际支付的相关税费、运输费、途中保险费、安装调试费等,借记"事业支出"、"经营支出"等科目,贷记"财政补助收入"、"零余额账户用款额度"、"银行存款"等科目。

②定期支付租金时,按照支付的租金金额,借记"事业支出"、"经营支出"等科目,贷记"财政补助收入"、"零余额账户用款额度"、"银行存款"等科目;同时,借记"长期应付款"科目,贷记"非流动资产基金——固定资产"科目。

【例14.46】 某事业单位以融资租赁方式租入设备一台,协议规定,价款120 000元,设备安装、调试费共计3 000元。设备租赁期6年,租金按年支付,每年2万,期满设备归事业单位使用。会计分录如下:

(1)租入时

借:固定资产	123 000	
贷:长期应付款		120 000
非流动资产基金——固定资产		3 000

同时

借:事业支出——其他资本支出	3 000	
贷:银行存款		3 000

(2)事业单位使用财政补助资金支付第1年租金20 000元

借:事业支出——财政补助支出——基本支出	20 000	
贷:银行存款		20 000

同时

借:长期应付款——某应供商	20 000	
贷:非流动资产基金——固定资产		20 000

以后每年支付租金会计处理同第1年。

(5)接受捐赠、无偿调入的固定资产,其成本按照有关凭据注明的金额加上相关税费、运输费等确定;没有相关凭据的,其成本比照同类或类似固定资产的市场价格加上相关税费、运输费等确定;没有相关凭据、同类或类似固定资产的市场价格也无法可靠取得的,该固定资产按照名义金额入账。

接受捐赠、无偿调入的固定资产,按照确定的固定资产成本,借记本科目(不需安装)或"在建工程"科目(需安装),贷记"非流动资产基金——固定资产、在建工程"科目;按照发生的相关税费、运输费等,借记"其他支出"科目,贷记"银行存款"等科目。

【例14.47】 某科研单位接受国际组织捐赠仪器一台,该仪器现行市场价格为100 000元。接受时,发生运输费用2 000元。会计分录如下:

借:固定资产	102 000	
贷:非流动资产基金——固定资产		102 000
借:其他支出	2 000	
贷:银行存款		2 000

3. 固定资产折旧的核算

固定资产经营初始确认与计量后,在使用中由于磨损等因素导致价值贬损。为真实反映固定资产的价值,事业单位建立固定资产折旧制度,对固定资产进行后续计量。折旧指在固定资产使用寿命内,按照确定方法对应折旧金额进行系统分摊。如果事业单位需要准确反映固定资产的价值,提供的会计信息侧重为资产的财务管理服务,应当建立固定资产折旧制度。如果事业单位固定资产较少,并且价值变化不大,也可以不计提固定资产折旧。

(1) 设置账户。事业单位如果建立了固定资产折旧制度,应当设置"累计折旧"科目,用来核算事业单位固定资产计提的累计折旧,贷方登记提取累计折旧额,借方登记处置固定资产时累计折旧减少额,期末贷方余额,反映事业单位计提的固定资产折旧累计数。

(2) 计提折旧范围。事业单位计提折旧的范围主要包括:房屋及建筑物、专用设备、通用设备等;文物和陈列品;动植物;图书、档案、以名义金额计量固定资产不提折旧。

(3) 几点说明。

①事业单位应当根据固定资产性质和实际使用情况,合理确定其折旧年限。

②事业单位一般采用年限法或工作量法计提折旧。

③事业单位固定资产的计提折旧金额为其成本,计提固定资产折旧不考虑预计净残值。

④事业单位一般按月计提固定资产折旧,当月增加的固定资产,当月不提折旧,从下月起计提;当月减少的固定资产,当月照提折旧,从下月起不提折旧。

⑤固定资产提足折旧后,无论能否继续使用,均不再计提折旧;提前报废固定资产,不再补提折旧。已提足折旧,继续使用,应当继续使用,规范管理。

⑥计提融资租入固定资产折旧时,应当采用与自有固定资产相一致的折旧政策。能够合理确定租赁期届满时将会取得租入固定资产所有权的,应当在租入固定资产尚可使用年限内计提折旧;无法合理确定租赁期届满时能够取得租入固定资产所有权的,应当在租赁期与租入固定资产尚可使用年限两者中较短的期间内计提折旧。

⑦固定资产因改建、扩建或修缮等原因而延长其使用年限的,应当按照重新确定的固定资产的成本以及重新确定的折旧年限,重新计算折旧额。

(4) 账务处理。事业单位的固定资产在取得时其成本已经一次性计入了当期支出。为兼顾事业单位预算管理和财务管理的需求,事业单位会计采用了"虚提"折旧的模式,即在计提折旧时冲减其对应的非流动资产基金,而非计入当期支出。按月计提固定资产折旧时,按照应计提折旧金额,借记"非流动资产基金——固定资产"科目,贷记"累计折旧"科目。

【例14.48】 某事业单位计提本月固定资产折旧,根据"固定资产折旧计算表",本月应计提固定资产折旧共计 27 540 元。会计分录如下:

借:非流动资产基金——固定资产　　　　　　　　　　　　　　27 540
　　贷:累计折旧　　　　　　　　　　　　　　　　　　　　　　　　27 540

4. 固定资产后续支出的核算

固定资产后续支出是指固定资产在投入使用后期间发生的与固定资产使用效能、使用状态直接相关的各种支出,如固定资产的改建、扩建、修缮、改良、修理等事项发生的支出。与固定资产有关的后续支出,应分别进行处理:

(1) 为增加固定资产使用效能或延长其使用年限而发生的改建、扩建或修缮等后续支出,应当计入固定资产成本,通过"在建工程"科目核算,完工交付使用时转入本科目。

将固定资产转入改建、扩建、修缮时,按固定资产的账面价值,借记"在建工程"科目,贷记"非流动资产基金——在建工程"科目;同时,按固定资产对应的非流动资产基金,借记"非流动资产基金——固定资产"科目,按固定资产已提折旧,借记"累计折旧"科目,按固定资产的账面余额,贷记"固定资产"科目。

工程完工交付使用时,借记"固定资产"科目,贷记"非流动资产基金——固定资产"科目;同时,借记"非流动资产基金——在建工程"科目,贷记"在建工程"科目。

(2)为维护固定资产正常使用而发生的日常修理等后续支出,应当计入当期支出但不计入固定资产成本,借记"事业支出"、"经营支出"等科目,贷记"财政补助收入"、"零余额账户用款额度"、"银行存款"等科目。

【例14.49】 某事业单位对信息中心的网络设备进行升级改造,网络宽带由原来的20M增加到30M,增加了拉入用房的数量。现工程完工通过验收,"在建工程——网络升级工程"账户余额58 400元,转增网络设备的价值。会计分录如下:

借:非流动资产基金——在建工程　　　　　　　　　　　　58 400
　　贷:在建工程——网络设备升级工程　　　　　　　　　　58 400
同时
借:固定资产——网络设备　　　　　　　　　　　　　　　58 400
　　贷:非流动资产基金——固定资产　　　　　　　　　　　58 400

5. 固定资产减少的核算

事业单位固定资产减少主要包括固定资产出售、无偿调出、对外捐赠和以固定资产对外投资等。事业单位处置固定资产应当按照国家有关规定办理,并经主管部门审核同意后报同级财政部门审批。

(1)出售、无偿调出、对外捐赠固定资产,转入待处置资产时,按照待处置固定资产的账面价值,借记"待处置资产损溢"科目,按照已计提折旧,借记"累计折旧"科目,按照固定资产的账面余额,贷记"固定资产"科目。固定资产的账面价值是"固定资产"科目的账面余额减去"累计折旧"科目账面余额后的净额。

实际出售取得价款,按照实际收到的金额,借记"银行存款"等科目,贷记"待处置资产损溢"科目。出售过程中发生的相关税费,按照实际发生金额,借记"待处置资产损溢"科目,贷记"应缴税费"、"银行存款"等科目。

出售固定资产过程中取得价款扣除相关税费的净收入,借记"待处理财产损溢"科目,贷记"应缴国库款"科目。

(2)以固定资产对外投资,按照评估价值加上相关税费作为投资成本,借记"长期投资"科目,贷记"非流动资产基金——长期投资"科目,按发生的相关税费,借记"其他支出"科目,贷记"银行存款"、"应缴税费"等科目;同时,按照投出固定资产对应的非流动资产基金,借记"非流动资产基金——固定资产"科目,按照投出固定资产已计提折旧,借记"累计折旧"科目,按照投出固定资产的账面余额,贷记"固定资产"科目。

【例14.50】 某事业单位出售旧机器设备一台,原价为90 000元,已提折旧20 000元,双方协商作价68 000元。该单位已收取转账支票,存入银行。会计分录如下:

(1)将固定资产转入待处置状态

借:待处置资产损溢	70 000	
累计折旧	20 000	
贷:固定资产		90 000
借:非流动资产基金——固定资产	70 000	
贷:待处置资产损溢		70 000

(2)收取价款

| 借:银行存款 | 68 000 | |
| 贷:待处置资产损溢 | | 68 000 |

(3)处置过程取得净收益,上缴国库

| 借:待处置资产损溢 | 68 000 | |
| 贷:应缴国库款 | | 68 000 |

6.固定资产清查的核算

《事业单位财务规则》第四十二条:事业单位应当对固定资产进行定期或者不定期的清查盘点。年度终了前应当进行全面清查盘点,保证账实相符。

为了保护固定资产的安全和完整,事业单位应定期或不定期对固定资产进行清查盘点。一般来说,每年在编制会计决算报告之前应对固定资产进行一次全面清查,平时可以根据需要进行轮流的局部清查。对清查过程中发现固定资产盘盈、盘亏或者报废、毁损的,应及时查明原因,并编制固定资产盘盈、盘亏报告表,作为调整固定资产账簿的依据,按规定报经批准后进行账务处理。

(1)盘盈的固定资产,按照同类或类似固定资产的市场价格确定入账价值;同类或类似固定资产的市场价格无法可靠取得的,按照名义金额入账。

盘盈的固定资产,按照确定的入账价值,借记"固定资产"科目,贷记"非流动资产基金——固定资产"科目。

(2)盘亏或者毁损、报废的固定资产,转入待处置资产时,按照待处置固定资产的账面价值,借记"待处置资产损溢"科目,按照已计提折旧,借记"累计折旧"科目,按照固定资产的账面余额,贷记"固定资产"科目。

(3)报经批准予以处置时,按照处置固定资产对应的非流动资产基金,借记"非流动资产基金——固定资产"科目,贷记"待处置资产损溢"科目。

(4)处置毁损、报废固定资产过程中所取得的残值变价收入、保险理赔和过失人赔偿等,借记"库存现金"、"银行存款"等科目,贷记"待处置资产损溢——处置净收入"科目。处置过程中发生的相关税费,按照实际发生的金额,借记"待处置资产损溢——处置净收入"科目,贷记"应缴税费"、"银行存款"等科目。

(5)处置取得款项扣除相关费用后的净收入,借记"待处置资产损溢——处置净收入"科目,贷记"应缴国库款"等科目。

【例14.51】 某事业单位年终对固定资产进行清查盘点时,发现盘盈显微镜设备一架,经评估,其重置价值为20 000元。会计分录如下:

| 借:固定资产 | 20 000 | |
| 贷:非流动资产基金——固定资产 | | 20 000 |

【例14.52】 某事业单位年终进行固定资产清查,经批准,报废一辆原值300 000元轿

车,已提折旧270 000。该报废车出售给金属回收部门,取得变价收入1 500元。会计分录如下:

(1)将报废轿车转入待处理状态

借:待处置资产损溢	30 000
累计折旧	270 000
贷:固定资产	300 000
借:非流动资产基金——固定资产	30 000
贷:待处置资产损溢	30 000

(2)处置过程中获得收入存入银行

借:银行存款	1 500
贷:待处置资产损溢	1 500

(3)所获得净收益上缴国库

借:待处置资产损溢	1 500
贷:应缴国库款	1 500

14.4.4　在建工程的核算

1. 在建工程内容

在建工程是指已经发生必要支出,但尚未达到交付使用状态的建设工程。事业单位在建工程包括建筑工程和设备安装工程。建筑工程是指新建、改建或扩建房屋建筑物和附属构筑物设施而进行的工程项目。设备安装工程是指为保证设备的正常运转而进行的设备装配、调试工程项目。

事业单位设置"在建工程"科目,用来核算事业单位已经发生必要支出,但尚未完工交付使用的各种建筑(包括新建、改建、扩建、修缮等)和设备安装工程的实际成本。按照工程性质和具体工程项目等进行明细核算,本科目期末借方余额,反映事业单位尚未完工的在建工程发生的实际成本。事业单位的基本建设投资应当按照国家有关规定单独建账、单独核算,同时按照会计制度的规定至少按月并入本科目及其他相关科目反映。

2. 建筑工程的账务处理

(1)建筑工程转入。将固定资产转入改建、扩建或修缮等时,按照固定资产的账面价值,借记"在建工程"科目,贷记"非流动资产基金——在建工程"科目;同时,按照固定资产对应的非流动资产基金,借记"累计折旧"科目,按照固定资产的账面余额,贷记"固定资产"科目。

(2)工程价款结算。根据工程价款结算账单与施工企业结算工程价款时,按照实际支付的工程价款,借记"在建工程"科目,贷记"非流动资产基金——在建工程"科目;同时,借记"事业支出"科目,贷记"财政补助收入"、"零余额账户用款额度"、"银行存款"等科目。

(3)工程价款利息。事业单位为建筑工程借入的专门借款的利息,属于建设期间发生的,计入在建工程成本,借记"在建工程"科目,贷记"非流动资产基金——在建工程"科目,同时,借记"其他支出"科目,贷记"银行存款"科目。

(4)工程完工交付。工程完工交付使用时,按照建筑工程所发生的实际成本,借记"固定资产"科目,贷记"非流动资产基金——固定资产"科目;同时,借记"非流动资产——在建工程"科目,贷记"在建工程"科目。

【例 14.53】 某事业单位与某建筑公司签定协议,由其承包为单位的办公楼进行修缮。

(1)将办公楼的账面价值转入在建工程。办公楼的账面余额为 6 200 000 元,已经计提折旧 2 480 000 元,账面价值为 3 720 000 元。

借:在建工程——办公楼修缮工程　　　　　　　　　　　　　3 720 000
　　累计折旧　　　　　　　　　　　　　　　　　　　　　　2 480 000
　　贷:固定资产——办公楼　　　　　　　　　　　　　　　　6 200 000
同时
借:非流动资产基金——固定资产　　　　　　　　　　　　　3 720 000
　　贷:非流动资产基金——在建工程　　　　　　　　　　　　3 720 000

(2)按规定与施工企业结算工程价款,应付工程款共计 1 300 000 元。经过申请,工程款已经由财政部门直接支付方式拨付施工企业。

借:在建工程——办公楼修缮工程　　　　　　　　　　　　　1 300 000
　　贷:非流动资产基金——在建工程　　　　　　　　　　　　1 300 000
同时
借:事业支出——财政补助支出——项目支出　　　　　　　　1 300 000
　　贷:财政补助收入——项目支出　　　　　　　　　　　　　1 300 000

(3)办公楼修缮工程完成,通过工程验收。工程实际成本为 5 020 000 元。

借:固定资产——办公楼　　　　　　　　　　　　　　　　　5 020 000
　　贷:非流动资产基金——固定资产　　　　　　　　　　　　5 020 000
同时
借:非流动资产基金——在建工程　　　　　　　　　　　　　5 020 000
　　贷:在建工程——办公楼修缮工程　　　　　　　　　　　　5 020 000

3.设备安装工程的账务处理

(1)安装工程转入。购入需要安装的设备,按照确定的成本,借记"在建工程"科目,贷记"非流动资产基金——在建工程"科目;同时,按照实际支付金额,借记"事业支出"、"经营支出"等科目,贷记"财政补助收入"、"零余额账户用款额度"、"银行存款"等科目。

融资租入需要安装的设备,按确定的成本,借记"在建工程"科目,按照租赁协议或合同确定的租赁价款,贷记"长期应付款"科目,按照其差额,贷记"非流动资产基金——在建工程"科目。同时按照实际支付的相关税费、运输费、途中保险费,借记"事业支出"、"经营支出"等科目,贷记"财政补助收入"、"零余额账户用款额度"、"银行存款"等科目。

(2)安装工程费用。发生安装费用,借记"在建工程"科目,贷记"非流动资产基金——在建工程"科目;同时,按照实际支付金额,借记"事业支出"、"经营支出"等科目,贷记"财政补助收入"、"零余额账户用款额度"、"银行存款"等科目。

(3)工程完工交付使用。设备安装完工交付使用时,借记"固定资产"科目,贷记"非流动资产基金——固定资产"科目;同时,借记"非流动资产基金——在建工程"科目,贷记"在建工程"科目。

【例 14.54】 某事业单位购入需要安装的专业设备。

(1)设备价值及运费共计53 000元,通过单位的零余额账户用款额度支付。
借:在建工程——设备安装工程　　　　　　　　　　　　53 000
　　贷:非流动资产基金——在建工程　　　　　　　　　　　　53 000
同时
借:事业支出——财政补助支出　　　　　　　　　　　　53 000
　　贷:零余额账户用款额度　　　　　　　　　　　　　　　　53 000
(2)通过单位零余额账户用款额度支付设备安装费3 000元。
借:在建工程——设备安装工程　　　　　　　　　　　　3 000
　　贷:非流动资产基金——在建工程　　　　　　　　　　　　3 000
同时
借:事业支出——财政补助支出　　　　　　　　　　　　3 000
　　贷:零余额账户用款额度　　　　　　　　　　　　　　　　3 000
(3)设备安装完工,通过验收并交付使用。工程实际成本为56 000元。
借:固定资产——专业设备　　　　　　　　　　　　　　56 000
　　贷:非流动资产基金——固定资产　　　　　　　　　　　　56 000
同时
借:非流动资产基金——在建工程　　　　　　　　　　　56 000
　　贷:在建工程——设备安装工程　　　　　　　　　　　　　56 000

14.5　事业单位无形资产

14.5.1　无形资产的概念与种类

1. 无形资产的概念

无形资产指事业单位持有的没有实物形态的可辨认非货币性资产,包括专利权、商标权、著作权、土地使用权、非专利技术等。

事业单位购入的不构成相关硬件不可缺少组成部分的应用软件,应作无形资产。

无形资产是一种特殊的资产,一般具有以下特征:
(1)不具有实物形态;
(2)能为事业单位带来经济效益;
(3)具有较强的排他性;
(4)在已发生的交易或事项中取得。

2. 无形资产的种类

事业单位的无形资产包括专利权、商标权、著作权、土地使用权、非专利技术等。

(1)专利权。专利权是指经国家专利机关审定并授予发明者在一定年限内对其发明创造的使用和转让的权利。专利权一般包括发明专利权、实用新型专利权和外观设计专利权。专利权受法律保护,在某项专利权的有效期间内,该项专利权的非持有者如需在经营中使用与之相同的原理、结构和技术,应征求该项专利权持有者的同意并支付专利使用费,否则,就构成了侵权。

(2)商标权。商标权是指专门在某类指定的商品或产品上使用特定名称或图案的权利。商标经商标管理机关核准后,成为注册商标,受到法律的保护。商标权以及类似的商号标记等对取得消费者接受某种商品的信任具有重要意义。

(3)著作权。著作权,又称版权,是指著作者或作品创作者以及出版商依法享有的在一定年限内发表、制作、出版和发行其作品的专有权利。著作权受法律保护,未经著作权所有者许可,他人不得占有和行使。

(4)土地使用权。土地使用权是指某单位经国家土地管理机关批准享有的在一定期间内对国有土地开发、利用和经营的权利。在我国,土地归国有,任何单位或个人只能拥有土地使用权,没有土地所有权。

(5)非专有技术。专有技术是指发明者未申请专利或不够申请专利条件的而未经公开的先进技术,包括先进的经验,技术设计资料,原料配方等。专有技术不需要到有关管理机关注册登记,因而不受法律保护,只靠技术持有者采取自我保护的方式维持其独占性。

14.5.2 无形资产增加的核算

事业单位无形资产在取得时进行初始确认。无形资产的取得方式,包括外购、委托开发、自行开发、接受捐赠、无偿调入等。无形资产在取得时,应当按照其实际成本入账。

事业单位设置"无形资产"科目,核算事业单位无形资产的原价。该科目借方登记按各种方式取得的无形资产的成本,贷方登记无形资产减少和转让的成本。期末余额在借方,反映事业无形资产的原价。该科目按无形资产的类别、项目等进行明细核算。

同时事业单位设置"累计摊销"账户,属于资产类账户。贷方登记无形资产累计摊销额,借方登记处置无形资产时累计摊销减少额,余额在贷方,反映事业单位计提的无形资产摊销计数。

无形资产在取得时,应当按照其实际成本入账。

1. 外购无形资产

外购的无形资产,其成本包括购买价款、相关税费以及可归属于该项资产达到预定用途所发生的其他支出。按照确定的无形资产成本,借记"无形资产"科目,贷记"非流动资产基金——无形资产"科目;同时,按照实际支付金额,借记"事业支出"等科目,贷记"财政补助收入"、"零余额账户用款额度"、"银行存款"等科目。

2. 委托开发无形资产

委托软件公司开发软件视同外购无形资产进行处理。支付软件开发费时,按照实际支付金额,借记"事业支出"等科目,贷记"财政补助收入"、"零余额账户用款额度"、"银行存款"等科目。软件开发完成交付使用时,按照软件开发费总额,借记"无形资产"科目,贷记"非流动资产基金——无形资产"科目。

3. 自行开发无形资产

自行开发并按法律程序申请取得的无形资产,按照依法取得时发生的注册费、聘请律师费等费用,借记"无形资产"科目,贷记"非流动资产基金——无形资产"科目;同时,借记"事业支出"等科目,贷记"财政补助收入"、"零余额账户用款额度"、"银行存款"等科目。依法取得前所发生的研究开发支出,应于发生时直接计入当期支出,借记"事业支出"等科目,贷记"银行存款"等科目。

4. 接受捐赠、无偿调入无形资产

接受捐赠、无偿调入无形资产,成本按照有关凭据注明的金额加上相关税费等确定;没有相关凭据的,其成本比照同类或类似无形资产的市场价格加上相关税费等确定;没有相关凭据、同类或类似无形资产的市场价格也无法可靠取得的,该资产按照名义金额入账。按照确定的无形资产成本,借记"无形资产"科目,贷记"非流动资产基金——无形资产"科目;按照发生的相关税费等,借记"其他支出"科目,贷记"银行存款"等科目。

【例 14.55】 某事业单位用事业经费购入一项专利技术,价款为 20 000 元,以银行存款支付。会计分录如下:

借:无形资产——专利权　　　　　　　　　　　　　　　　　　20 000
　贷:非流动资产基金——无形资产　　　　　　　　　　　　　　　 20 000
同时
借:事业支出——其他资金支出(基本支出)　　　　　　　　　 20 000
　贷:银行存款　　　　　　　　　　　　　　　　　　　　　　　　　 20 000

14.5.3 无形资产摊销的核算

为真实反映无形资产的价值,事业单位可以建立无形资产摊销制度,对无形资产进行后续计量。摊销指无形资产在使用寿命内,按照确定方法对应摊销金额进行系统分摊。事业单位应当对无形资产进行摊销,以名义金额计量的无形资产除外。

为核算无形资产价值损耗,事业单位设置"累计摊销"科目,贷方登记无形资产累计损耗价值,借方登记处置无形资产累计摊销减少额,期末贷方余额,反映事业单位计提的无形资产摊销累计数。可按照对应无形资产的类别、项目等设明细进行明细核算,关于无形资产摊销核算几点说明如下:

(1)事业单位应当采用年限平均法对无形资产进行摊销,无形资产的应摊销金额为其成本。

(2)事业单位应当按照如下原则确定无形资产的摊销年限:法律规定了有效年限的,按照法律规定的有效年限作为摊销年限;法律没有规定有效年限的,按照相关合同或单位申请书中的受益年限作为摊销年限;法律没有规定有效年限、相关合同或单位申请书也没有规定受益年限的,按照不少于 10 年的期限摊销。

(3)事业单位应当自无形资产取得当月起,按月计提无形资产摊销。因发生后续支出而增加无形资产成本的,应当按照重新确定的无形资产成本,重新计算摊销额。

同固定资产类似,事业单位无形资产摊销也采用"虚提"的模式,计提摊销并不计入当期支出,而是冲减其所对应的非流动资产基金。按月计提无形资产摊销时,按照应计提摊销金额,借记"非流动资产基金——无形资产"科目,贷记"累计摊销"科目。

【例 14.56】 某事业单位经过计算,本月应计提无形资产摊销 3 150 元。会计分录如下:

借:非流动资产基金——无形资产　　　　　　　　　　　　　　　3 150
　贷:累计摊销　　　　　　　　　　　　　　　　　　　　　　　　　　 3 150

14.5.4 无形资产后续支出的核算

无形资产的后续支出指无形资产使用以后的期间发生的与无形资产使用效能、使用状态直接相关的各种支出,如无形资产的升级改造、功能扩展、技术维护支出等。与无形资产有关的后续支出,应分别以下情况处理:

①为增加无形资产的使用效能而发生的后续支出,如对软件进行升级改造或扩展其功能等所发生的支出,应当计入无形资产的成本,借记"无形资产"科目,贷记"非流动资产基金——无形资产"科目;同时,借记"事业支出"等科目,贷记"财政补助收入"、"零余额账户用款额度"、"银行存款"等科目。

②为维护无形资产的正常使用而发生的后续支出,如对软件进行漏洞修补、技术维护等所发生的支出,应当计入当期支出但不计入无形资产成本,借记"事业支出"等科目,贷记"财政补助收入"、"零余额账户用款额度"、"银行存款"等科目。

【例14.57】 某事业单位为适应预算管理、财务管理与会计核算改革的需要,使用上级拨入的专项资金对单位的管理信息系统进行了升级,增加了资产管理、人员管理等模块,发生支出共计62 400元,款项均通过零余额账户用款额度支付。同时,使用财政拨入的基本经费对单位的办公软件进行了维护,保证了系统运行的稳定性,发生支出2 600元,款项通过银行存款支付。

(1)管理信息系统的升级提升了效能,应计入无形资产成本。

借:无形资产——管理信息系统　　　　　　　　　　　62 400
　　贷:非流动资产基金——无形资产　　　　　　　　　　62 400
同时
借:事业支出——财政专项资金支出——项目支出　　　62 400
　　贷:零余额账户用款额度　　　　　　　　　　　　　　62 400

(2)办公软件技术维护没有改变软件的效能,应当计入当期支出。

借:事业支出——财政补助支出——基本支出　　　　　2 600
　　贷:银行存款　　　　　　　　　　　　　　　　　　　2 600

14.5.5 无形资产减少的核算

事业单位无形资产的减少,包括经批准转让、无偿调出、对外捐赠及无形资产对外投资。应当分别以下情况处理:

1. 转让、无偿调出、对外捐赠无形资产

首先,将无形资产转入待处置资产时,按照待处置无形资产的账面价值,借记"待处置资产损溢"科目,按照已计提摊销,借记"累计摊销"科目,按照无形资产的账面余额,贷记"无形资产"科目。

实际转让、调出、捐出时,按照处置无形资产对应的非流动资产基金,借记"非流动资产基金——无形资产"科目,贷记"待处置资产损溢"科目。

处置费用、收入及净损溢的处理,同固定资产类似。

2. 对外投资无形资产

以已入账无形资产对外投资,按照评估价值加上相关税费作为投资成本,借记"长期投资"科目,贷记"非流动资产基金——长期投资"科目,按发生的相关税费,借记"其他支出"科目,贷记"银行存款"、"应缴税费"等科目;同时,按照投出无形资产对应的非流动资产基金,借记"非流动资产基金——无形资产"科目,按照投出无形资产已计提摊销,借记"累计摊销"科目,按照投出无形资产的账面余额,贷记"无形资产"科目。

3. 无形资产的核销

无形资产预期不能为事业单位带来服务潜力或经济利益的,应当按规定报经批准后将该无形资产的账面价值予以核销。

转入待处置资产时,按照待核销无形资产的账面价值,借记"待处置资产损溢"科目,按照已计提摊销,借记"累计摊销"科目,按照无形资产的账面余额,贷记"无形资产"科目。

报经批准予以核销时,按照核销无形资产对应的非流动资产基金,借记"非流动资产基金——无形资产"科目,贷记"待处置资产损溢"科目。

【例14.58】 某事业单位一项软件技术已经落后于目前的新型技术,不能再为单位带来经济利益,经批准予以核销。该软件技术的账面余额为96 000元,累计摊销84 000元。会计分录如下:

借:待处置资产损溢——处置资产价值	12 000
累计摊销	84 000
贷:无形资产——软件技术	96 000
同时	
借:非流动资产基金——无形资产	12 000
贷:待处置资产损溢——处置资产价值	12 000

【例14.59】 某科研单位2011年1月取得一项专利权,成本为100 000元,有效使用期限10年,2013年初,将该项权利转让给某单位,双方协商作价90 000元,收取价款存入银行。会计分录如下:

(1)2011年1月取得专利权

借:事业支出	100 000
贷:银行存款	100 000
同时	
借:无形资产	100 000
贷:非流动资产基金——无形资产	100 000

(2)2011年至2012年每年提取累计摊销额

借:非流动资产基金	10 000
贷:累计摊销	10 000

(3)2013年1月对该项专利权进行处置

借:待处置资产损溢	80 000
累计摊销	20 000
贷:无形资产	100 000
借:非流动资产基金——无形资产	80 000
贷:待处置资产损溢	80 000

(4)收取价款
借:银行存款　　　　　　　　　　　　　　　　　　　　　　　90 000
　　贷:待处置资产损溢——专利权　　　　　　　　　　　　　　　90 000
(5)剩余上缴国库
借:待处置资产损溢　　　　　　　　　　　　　　　　　　　　90 000
　　贷:应缴国库款　　　　　　　　　　　　　　　　　　　　　90 000

思 考 题

1. 事业单位的资产包括哪些内容?
2. 事业单位现金管理的要求是什么?
3. 事业单位应当如何在银行开立银行存款账户?
4. 事业单位的应收及预付款项包括哪些内容? 各自应当如何核算?
5. 什么是存货? 事业单位的存货应当如何计价?
6. 什么是长期投资? 事业单位的长期投资可分为哪些种类? 应当如何核算?
7. 什么是固定资产? 事业单位的固定资产可分为哪些种类? 取得时应当如何计价?
8. 什么是无形资产? 应当如何核算?

练 习 题

1. 单项选择题

(1)下列项目中,关于无形资产在取得时账务处理,说法错误的是(　　)。
　A. 无形资产在取得时,应当按照其公允价值入账
　B. 委托软件公司开发软件视同外购无形资产进行处理
　C. 外购的无形资产,其成本包括购买价款、相关税费及可归属于该项资产达到预定用途所发生的其他支出
　D. 购入的无形资产,按照确定的无形资产成本,借记"无形资产"科目,贷记"非流动资产基金——无形资产"科目

(2)下列项目中,关于"无形资产"科目,说法错误的是(　　)。
　A. 本科目核算事业单位无形资产的原价
　B. 本科目按照无形资产类别、项目等进行明细核算
　C. 事业单位购入的不构成相关硬件不可缺少组成部分的应用软件,不应作为无形资产核算
　D. 无形资产是指事业单位持有的没有实物形态的可辨认非货币性资产,包括专利权、商标权、著作权、土地使用权、非专利技术等

(3)下列项目中,关于"在建工程"科目说法错误的是(　　)。
　A. 本科目应当按照工程性质和具体工程项目进行明细核算
　B. 本科目期末借方余额,反映事业单位尚未完工的在建工程发生的实际成本
　C. 事业单位的基本建设投资应当按照国家有关规定单独建账、单独核算,同时按照本制度的规定至少按季度并入本科目及其他相关科目反映
　D. 本科目核算事业单位已经发生必要支出,但尚未完工交付使用各种建筑(包括新建、改建、扩建、修缮等)和设备安装工程的实际成本

(4)下列关于应收账款说法错误的是(　　)。
　A. 逾期3年且有确凿证据表明确实无法收回的应收账款,按规定报经批准后予以核销
　B. 核销的应收账款应在备查簿中保留登记

C. 按照待核销的应收账款金额,借记"待处置资产损溢"科目,贷记"应收账款"科目

D. 报经批准予以核销时,借记"事业支出"科目,贷记"待处置资产损溢"科目

(5)2013 年 1 月 1 日,某事业单位购买 3 个月到期的国债,购买金额为 20 000 元,票面利率为 4%,一次还本付息。购买时涉及的会计科目为( )。

  A. 短期投资　　　　B. 长期股权投资　　　　C. 长期投资　　　　D. 交易性金融资产

(6)下列关于事业单位存货的清查盘点,说法错误的是( )。

  A. 盘盈的存货,通过"待处置资产损溢"科目核算,经过批准之后,转入"其他收入"科目

  B. 报废的存货,按照待处置存货的账面余额,借记"待处置资产损溢"科目,贷记"存货"科目

  C. 报废的存货,报经批准予以处置时,借记"其他支出"科目,贷记"待处置资产损溢"科目

  D. 盘盈的存货,按照确定的入账价值,借记"存货"科目,贷记"其他收入"科目

(7)2014 年 1 月 1 日,某事业单位以银行存款购入 5 年期国债 20 000 元,年利率为 5%,按年分期付息,到期还本,付息日为每年 7 月 1 日,最后一年偿还本金并最后一次付息。购入国债的分录为( )。

A. 借:长期投资	20 000
贷:银行存款	20 000
B. 借:长期投资	20 000
贷:银行存款	20 000
借:事业基金	20 000
贷:非流动资产基金——长期投资	20 000
C. 借:短期投资	20 000
贷:银行存款	20 000
D. 借:短期投资	20 000
贷:银行存款	20 000
借:事业基金	20 000
贷:非流动资产基金——短期投资	20 000

2. 多项选择题

(1)关于事业单位长期投资持有期间的会计处理,下列说法中正确的是( )。

  A. 在持有期间应采用成本法核算,除非追加(或收回)投资,其账面价值一直保持不变

  B. 在持有期间视情况不同分别采用成本法或权益法核算

  C. 收到利润或者利息时,确认"其他收入——投资收益"

  D. 收到利润或者利息时,应增加"非流动资产基金——长期投资"

(2)2012 年,某事业单位对其自用材料进行盘点,盘盈乙材料 5 件,同类材料每件单价为 234 元,盘亏丙材料 30 件,每件单价 117 元。盘亏的材料报经批准予以处置。相关的会计分录正确的是( )。

A. 盘盈的乙材料	
借:存货	1 170
贷:待处置资产损溢	1 170
B. 盘盈的乙材料,予以处置时	
借:待处置资产损溢	1 170
贷:其他收入	1 170
C. 盘亏的丙材料	
借:待处置资产损溢	3 510
贷:存货	3 510
D. 盘亏的丙材料,予以处置时	
借:其他支出	3 510
贷:待处置资产损溢	3 510

(3)某研究所于 2013 年 2 月 1 日根据经过批准的部门预算和用款计划,为进行研究向主管财政部门申请财政授权支付用款额度 50 万元,3 月 10 日,经过审核后,采用财政授权支付方式下达了 45 万元用款额度。3 月 15 日,研究所收到了代理银行转来的授权支付到账通知书。用此款项于 4 月 1 日购买研究设备一台,价款 20 万元。下列处理中正确的是(　　)。

　　A. 2013 年 2 月 1 日应确认财政补助收入 50 万元
　　B. 2013 年 3 月 15 日应增加零余额账户用款额度 45 万元
　　C. 2013 年 4 月 1 日增加固定资产 20 万元
　　D. 2013 年 4 月 1 日增加事业支出 20 万元

(4)2012 年 6 月 1 日,某事业单位使用财政项目补助资金购入一项专利权,价款为 600 000 元,以财政授权支付方式支付,月末进行计提该专利权摊销额 5 000 元,下列会计处理中正确的有(　　)。

　　A. 购入专利权时
　　　借:无形资产　　　　　　　　　　　　　　　　　　　　　　　　600 000
　　　　贷:非流动资产基金——无形资产　　　　　　　　　　　　　　　600 000
　　B. 购入专利权时
　　　借:事业支出　　　　　　　　　　　　　　　　　　　　　　　　600 000
　　　　贷:零余额账户用款额度　　　　　　　　　　　　　　　　　　　600 000
　　C. 计提累计摊销时
　　　借:非流动资产基金——无形资产　　　　　　　　　　　　　　　　5 000
　　　　贷:累计摊销　　　　　　　　　　　　　　　　　　　　　　　　5 000
　　D. 计提累计摊销时
　　　借:事业支出　　　　　　　　　　　　　　　　　　　　　　　　5 000
　　　　贷:累计摊销　　　　　　　　　　　　　　　　　　　　　　　　5 000

(5)事业单位的货币资金包括(　　)。

　　A. 库存现金　　　B. 银行存款　　　C. 零余额账户用款额度　　D. 其他货币资金

(6)下列关于事业单位短期投资科目说法正确的是(　　)。

　　A. 该科目借方反映事业单位实际取得的短期投资
　　B. 该科目贷方反映因出售或到期收回而减少的短期投资
　　C. 该科目期末借方余额反映事业单位持有的短期投资的实际成本
　　D. 该科目期末无余额

(7)对接受捐赠、无偿调入的固定资产,关于其计量金额的确定,下列说法正确的是(　　)。

　　A. 应当按照有关凭证注明的金额加上相关税费、运输费等确定
　　B. 没有相关凭据的,其成本比照同类或类似固定资产的市场价格加上相关税费等确定
　　C. 同类或类似固定资产的市场价格也无法可靠取得的,所取得的固定资产按照名义金额(即人民币 1 元)入账
　　D. 同类或类似资产的市场价格也无法可靠取得的不入账

(8)关于事业单位长期投资的取得,下列说法中正确的是(　　)。

　　A. 以货币资金取得的长期投资,按照实际支付的全部价款(包括购买价款以及税金、手续费等相关税费)作为投资成本
　　B. 以非现金资产取得的长期投资,按照非现金资产的评估价值加上相关税费作为投资成本
　　C. 以非现金资产取得的长期投资,按照非现金资产的原账面价值加上相关税费作为投资成本
　　D. 长期投资增加时,应当相应增加非流动资产基金——长期投资

3. 综合题

综合练习一

【目的】练习事业单位流动资产的核算。

【资料】

(1)2012年12月31日,甲事业单位财政直接支付指标数与财政直接支付实际支出数之间差额为200 000元,2013年初,财政部门恢复了该单位的财政直接支付额度。2013年1月20日,该单位以财政直接支付方式购买办公用品物资(属于上年预算指标数),支付给供应商80 000元价款。

(2)某事业单位财政预算拨款实行财政授权支付方式。2010年9月3日,该单位收到代理银行盖章"授权支付到账通知书",通知书中注明月度授权支付额度为90 000元。9月份,该事业单位为开展专业业务活动购入材料一批,价值65 000元,已全部用于专业业务活动;为开展专业业务活动向劳务供应商支付服务费25 000元。

(3)2012年12月31日是,乙事业单位与代理银行提供对账单核对无误后,将200 000万元零余额账户用款额度预予以注销。另外,本年度财政授权支付指标数大于零余额账户用款、额度下达数。未下达用款额度为300 000万元。2013年度,乙单位收到代理银行提供额度恢复到账通知书及财政部门批复的上年末未下达零余额账户用款额度。

(4)①某事业单位向乙公司销售产品一批,货款共计100 000元,增值税11 700元,收到6个月期的带息商业汇票一张,该商业汇票面值11 700元,票面年利率12%。

②2个月后,该事业单位因急需资金,将该商业票据向银行贴现,银行贴现年利率为9%。

【要求】根据上述经济业务编制会计分录。

综合练习二

【目的】练习事业单位非流动资产核算。

【资料】

(1)某事业单位建造图书馆一座,总造价为900万元。为建造图书馆发生借款利息支出10万元,其中6万元为办理竣工结算前发生的。该图书馆按规定由专项拨款为建造图书馆资金来源。为充实图书馆藏书,开出支票15万元购入图书。接收国外捐赠的图书馆设备一套,价值120万元。

(2)2013年3月1日,某事业单位融资租入专用设备一台,租赁合同确定的租赁价款为600万元,分3年付清,每年支付200万元,第一笔租金于2014年3月1日以银行存款支付,同时以银行存款支付相关税费、运输费、保险费6万元。

(3)2013年4月2日,某事业单位有一项固定资产使用期满,申请报废。该项固定资产账面余额为200万元,按照财务制度规定,该固定资产不计提折旧。经批准予以处置时,该事业单位以银行存款支付清理费用5万元,并收到残料变卖收入7.5万元,根据国家有关规定,处置净收入应缴入国库,假定不考虑其他相关税费。

(4)2013年7月1日,某事业单位以银行存款购入5年期国债100万元,年利率为3%,按年分期付息,到期还本,付息日为每年7月1日,最后一年偿还本金并付最后一次利息。

(5)2013年5月15日,某事业单位出资1 000万元投资了一家三产企业甲企业,占甲企业20%的股份。2013年底,甲企业实现利润100万元。2014年3月5日,甲企业宣告分派利润50万元。该事业单位于2014年4月20日收到甲企业分配的利润。

(6)2013年6月某事业单位使用财政项目补助资金购入一项专利权,价款为1 000万元,以财政直接支付的方式支付。6月20日,该事业单位收到"财政直接支付入账通知书"。

(7)2013年9月18日,某事业单位将其拥有的一项专利权转让,取得转让收入200万元,该专利权账面余额为18万元,已计提摊销1.2万元。不考虑相关税费,转让净收入按有关规定执行收支两条线管理,应先上缴国库。

【要求】根据以上经济业务编制会计分录。

第 15 章

事业单位负债和净资产的核算

学习目标提示

- 事业单位流动负债包括短期借款、应缴款项、应付职工薪酬、应付及预收款项
- 非流动负债包括长期借款、长期应付款
- 各项负债核算内容及账务处理
- 事业单位基金类净资产包括事业基金、非流动资产基金和专用基金
- 基金类净资产核算内容及账务处理
- 事业单位结转(余)类净资产包括财政补助结转、财政补助结余、非财政补助结转、事业结余、经营结余和非财政补助结余分配
- 基金类净资产和结转类净资产的核算内容及主要账务处理

中英文关键词对照——

- 负债 liability
- 应付票据 note payable
- 应付账款 account payable
- 预收账款 advance from customers
- 应缴国库款 should pay the government treasury
- 应缴税金 taxes payable
- 事业基金 enterprise fund
- 非流动资产基金 non-current assets fund
- 专用基金 restricted fund

15.1 事业单位的负债

负债是指事业单位所承担的能以货币计量，需要以资产或劳务偿付的债务。

事业单位的负债按照流动性，分为流动负债和非流动负债。流动负债是指预计在1年内（含1年）偿还的负债。非流动负债是指流动负债以外的负债。

事业单位流动负债包括短期借款、应付及预收款项、应付票据、应付账款、其他应付款等应付款项和预收款项。

15.1.1 短期借款的核算

1. 短期借款的概念

短期借款是指事业单位借入的期限在1年内（含1年）的各种借款。事业单位根据业务活动的需求，从银行或其他金融机构取得短期借款以弥补事业经费不足，主要用于特殊性或临时性的资金需求。

2. 短期借款核算

为了反映和监督事业单位短期借款的借入和归还情况，应设置"短期借款"总分类账户。该账户属于负债类，贷方登记短期借入款项的本金，借方登记偿还的短期借入款项本金，期末贷方余额反映事业单位尚未偿还的短期借款本金。该科目应按贷款单位和贷款种类进行明细核算。

短期借款主要账务处理如下：

（1）取得短期借款。事业单位取得各种短期借款时，按照实际借入的金额，借记"银行存款"科目，贷记"短期借款"科目。银行承兑汇票到期，本单位无力支付票款的，按照银行承兑汇票的票面金额，借记"应付票据"科目，贷记"短期借款"科目。

（2）支付短期借款利息。事业单位支付借款利息时，按实际支付金额，借记"其他支出"科目，贷记"银行存款"科目。

(3)到期归还。事业单位归还短期借款时,按借款金额,借记"短期借款"科目,贷记"银行存款"科目。

【例15.1】 某事业单位在开展事业活动中发生临时性资金周转困难,经研究决定,向某金融机构借入款项50 000元,期限6个月,月利率0.5%,到期归还本息。借入款项时,会计分录如下:

借:银行存款　　　　　　　　　　　　　　　　　　　　　　　　50 000
　　贷:短期借款——某金融机构　　　　　　　　　　　　　　　　50 000

【例15.2】 某事业单位到期归还上述短期借款,并支付利息1 500。会计分录如下:

借:借入款项——上级单位　　　　　　　　　　　　　　　　　　50 000
　　其他支出——利息　　　　　　　　　　　　　　　　　　　　　1 500
　　贷:银行存款　　　　　　　　　　　　　　　　　　　　　　　51 500

15.1.2 应缴款项的核算

应缴款项是指事业单位依法取得并应当上缴国库财政性预算资金和应当缴入财政专户的财政资金,包括应当上缴国库或者财政专户款的款项、应缴税费,以及其他按照国家有关规定应当上缴的款项。

1. 应缴国库款的核算

应缴国库款是指事业单位在业务活动中按规定取得的应缴入国库的预算款项(应缴税费除外),主要包括纳入预算管理的政府性基金、代行政管理部门收取规费、没收财物变价款、无主财物变价款、赃款和赃物变价款、其他按预算管理规定应上缴预算的款项等。事业单位均是由国家出资举办的,具有一定特殊职能,在为社会提供各种公益性服务的同时,还需要承担政府交办的一些事务,代行政府职能。所收取的纳入政府预算管理的款项,应当及时上缴国库。

应缴国库款属于国家财政性资金,构成国家预算的一个组成部分,由事业单位代收或暂收,不属于事业单位的收入。事业单位取得的这些收入在未缴前,便构成了事业单位的负债。

事业单位为了核算按规定应缴入国库的各种款项,应设置"应缴国库款"账户,贷方登记取得的应上缴国库款的各项收入,借方登记实际上缴国库的款项,期末贷方余额反映事业单位应缴入国库但尚未缴纳的款项,年终"应缴国库款"账户无余额。该账户按照应缴国库的各款项类别进行明细核算。

事业单位上缴国库的款项,是政府的非税收收入,应当按照国库集中收付制度的要求进行收缴,主要包括集中汇缴和直接缴库两种方式。

(1)集中汇缴。集中汇缴是由征收机关按有法律、法规的规定,将所收的应缴款项汇总缴入国库。集中汇缴方式下,事业单位收取的预算款项先通过单位的银行账户汇集,然后再集中缴入国库。

应缴国库款的核算包括收取应上缴的款项和上缴款项两个环节。按规定计算确定或实际取得应缴国库的款项时,借记"银行存款科目",贷记"应缴国库款"科目。实际上缴款项时,借记"应缴国库款"科目,贷记"银行存款"等科目。

【例15.3】 某事业单位按有关规定取得罚没收入5 000元,存入银行。会计分录如下：

　　借：银行存款　　　　　　　　　　　　　　　　　　　　　　　5 000
　　　　贷：应缴国库款——罚没收入　　　　　　　　　　　　　　　　5 000

【例 15.4】　某事业单位按规定上缴上述罚没收入 5 000 元。会计分录如下：

　　借：应缴国库款——罚没收入　　　　　　　　　　　　　　　　　5 000
　　　　贷：银行存款　　　　　　　　　　　　　　　　　　　　　　5 000

（2）直接缴库。直接缴库是由缴款单位或缴款人按有关法律、法规的规定，直接将应缴款项缴入国库。直接缴库方式下，事业单位不再通过设立的银行账户收缴预算资金，缴款人直接将应缴款项缴入国库账户。事业单位负责征收管理，款项并不通过事业单位的过渡账户汇集。这种情况下，应缴国库款的核算可以简化，根据开出的"非税收入税款书"，在"应缴国库款备查登记簿"中进行登记。

2. 应缴财政专户款的核算

应缴财政专户款是指事业单位按规定应缴入财政专户的款项。事业单位代行政府职能，依国家法律而收取、提取和安排使用的各种资金，按规定应纳入财政专户管理。事业单位取得的应入财政专户管理的资金，由财政部门建立的财政专户统一管理，实行"收支两条线"管理方式。收到的各种收费，必须上缴财政专户统一管理；使用这笔资金时，要向财政部门申请，经过审核批准后通过财政专户返还。应缴财政专户款是事业单位已经收取了纳入财政专户管理，但尚未上缴财政专户款项，而形成的负债。

为了核算事业单位应缴财政专户的各项收入，应设置"应缴财政专户款"总分类账户，该账户属于负债类。贷方登记收到应缴财政专户款的各项收入，借方登记实际上缴财政专户款的数额，期末贷方余额反映事业单位应缴入财政专户但尚未缴纳的款项，年终"应缴财政专户款"账户无余额。该账户应当按照应缴财政专户的各款项类别进行明细核算。

取得应缴财政专户的款项时，借记"银行存款"科目，贷记"应缴财政专户款"科目；上缴款项时，借记"应缴财政专户款"，贷记"银行存款"科目。收到返还的款项时，借记"银行存款"、"零余额账户用款额度"等科目，贷记"事业收入"科目。

【例 15.5】　某事业单位收到一项事业性收费 8500 元，已经存入银行账户。此款项纳入财政专户管理，按规定需要全额上缴财政专户。会计分录如下：

　　借：银行存款　　　　　　　　　　　　　　　　　　　　　　　8 500
　　　　贷：应缴财政专户款——非税收入（事业收费）　　　　　　　　8 500

【例 15.6】　某事业单位按规定将上述款项缴入财政专户。会计分录如下：

　　借：应缴财政专户款——非税收入（事业收费）　　　　　　　　　8 500
　　　　贷：银行存款　　　　　　　　　　　　　　　　　　　　　　8 500

【例 15.7】　某事业单位收到代理银行转来的"授权支付到账通知书"，财政部门通过授权支付方式核拨的财政专户管理资金 6 000 元，下拨到单位零余额账户。会计分录如下：

　　借：零余额账户用款度　　　　　　　　　　　　　　　　　　　　6 000
　　　　贷：事业收入——××业务（××收费项目）　　　　　　　　　6 000

3. 应缴税费的核算

应缴税费是指事业单位在业务活动中按税法等规定计算缴纳的各种税费，主要包括增值税、营业税、城市维护建设税、教育费附加、车船税、房产税、城镇土地使用税、企业所得税等。这些税费在尚未缴纳时形成事业单位的一项负债。

事业单位为了核算应缴纳各种税费,应设置"应缴税费"总分类账户,该账户属于负债类。贷方登记计算应缴纳的各项税费,借方登记实际上缴税费的数额,期末借方余额反映事业单位多缴纳的税费金额;期末贷方余额,反映事业单位应缴未缴的税费金额。该账户按照应缴纳的税费种类进行明细核算。

需要说明的是,事业单位作为一类社会组织,应当按税法规定履行纳税义务,但是,事业单位作为公益性社会组织,享受较多的免税、减税等优惠政策。事业单位代扣代缴的个人所得税,通过本账户核算;事业单位应缴纳的印花税不需要预提应缴税费,直接通过支出等有关账户核算,不在本账户核算。

应缴税费的主要账务处理如下:

(1)应缴营业税、城市维护建设税和教育费附加的核算。事业单位的营业税,是指在我国境内提供应税劳务、转让无形资产、销售不动产,就其取得营业收入额征收的一种税。应纳税额一般按照营业额和规定的税率计算,其公式为:

$$应纳税额 = 营业额 \times 税率$$

营业额指事业单位提供应税劳务、转让无形资产或者销售不动产向对方收取的全部价款和价外费用。

城市维护建设税是指以增值税、消费税、营业税额为计税依据,按规定的税率计算缴纳,专门用于城市维护建设而征收的一种地方税。

如果事业单位因出售不动产,发生营业税、城市维护建设税、教育费附加纳税义务的,按税法规定计算的应缴税费金额,借记"待处置资产损溢——处置净收入"账户,贷记"应缴税费——应缴营业税"等账户。如果事业单位其他业务事项涉及上述纳税义务的,借记"事业支出"、"经营支出"等有关账户,贷记"应缴税费——应缴营业税"等账户。实际缴纳时,借记"应缴税费——应缴营业税"等账户,贷记"银行存款"账户。

【例15.8】 某事业单位经过计算,本月经营业务提供应税劳务应缴纳营业税42 000元,应缴纳城市维护建设税2 940元,应缴纳教育附加1 260元。会计分录如下:

借:经营支出——税费支出　　　　　　　　　　　　　　　　　　46 200
　　贷:应缴税费——应缴营业税　　　　　　　　　　　　　　　　42 000
　　　　　　　　——应缴城市维护建设税　　　　　　　　　　　　2 940
　　　　　　　　——应缴教育附加　　　　　　　　　　　　　　　1 260

(2)应缴增值税的核算。事业单位购入或销售材料缴纳增值税,应当区分自用材料和非自用材料。事业单位购入自用材料的增值税进项税计入材料成本,无增值税缴纳事项。事业单位购入或销售非自用材料的,有增值税纳税义务,应区分一般纳税人和小规模纳税人两种情况核算。

对属于一般纳税人事业单位为了核算应交增值税,应在"应缴增值税"明细账户中设置"进项税额"、"销项税额"、"已交税金"、"进项税额转出"等专栏。期末,根据当期销项税额和进项税额的差额计算交纳增值税。

①事业单位属于增值税一般纳税人。

Ⅰ.购入非自用材料的,按确定的成本(不含增值税进项税额),借记"存货"科目,按增值税专用发票上注明的增值税额,借记"应缴税费——应缴增值税(进项税额)"科目,按实际支付或应付的金额,贷记"银行存款"、"应付账款"等科目。

Ⅱ.购进的非自用材料发生盘亏、毁损、报废、对外捐赠、无偿调出等税法规定不得从增值税销项税额中抵扣进项税额的,将所购进的非自用材料转入待处置资产时,按照材料的账面余额与相关增值税进项税额转出金额的合计金额,借记"待处置资产损溢"科目,按材料的账面余额,贷记"存货"科目,按转出的增值税进项税额,贷记"应缴税费——应缴增值税(进项税额转出)"科目。

Ⅲ.销售应税产品或提供应税服务,按包含增值税的价款总额,借记"银行存款"、"应收账款"、"应收票据"等科目,按扣除增值税销项税额后的价款金额,贷记"经营收入"等科目,按增值税专用发票上注明的增值税金额,贷记"应缴税费——应缴增值税(销项税额)"科目。

Ⅳ.实际缴纳增值税时,借记"应缴税费——应缴增值税(已交税金)"科目,贷记"银行存款"科目。

②事业单位属于增值税小规模纳税人。销售应税产品或提供应税服务,按实际收到或应收的价款,借记"银行存款"、"应收账款"、"应收票据"等科目,按实际收到或应收价款扣除增值税额后的金额,贷记"经营收入"等科目,按应缴增值税金额,贷记"应缴税费——应缴增值税"科目。实际缴纳增值税时,借记"应缴税费——应缴增值税"科目,贷记"银行存款"科目。

对于属于小规模纳税人的事业单位,在购进环节不需要核算增值税,在销售货物或者提供劳务时只开普通发票,按不含税价格的3%计算缴纳增值税。采用销售额和应纳税额合并计价的,按照公式"销售额=含税销售额÷(1+3%)"还原为不含税销售额。

【例15.9】 某事业单位购入自用材料一批,用于某项事业活动,材料不含税价款为10 000元,增值税进项税额1 700元,价税合计11 700元,已通过银行存款支付。会计分录如下:

借:存货——自用材料　　　　　　　　　　　　　　　　　　　　　11 700
　　贷:银行存款　　　　　　　　　　　　　　　　　　　　　　　　　11 700

【例15.10】 某事业单位属于增值税一般纳税人,购入经营用材料一批用于生产加工,材料不含税价格计5 000元,增值税进项税额850元,价税合计5 850元,通过零余额账户支付。会计分录如下:

借:存货　　　　　　　　　　　　　　　　　　　　　　　　　　　　5 000
　　应缴税费——应缴增值税(进项税额)　　　　　　　　　　　　　　850
　　贷:零余额账户用款额度　　　　　　　　　　　　　　　　　　　　5 850

【例15.11】 某事业单位属于增值税一般纳税人,某月份其经营业务的销售额(不含税)为100 000元,销项税额为17 000元,当月该项业务消耗的材料的进项税额为13 600元。则月末计算的应缴增值税额为3 400(17 000-13 600),开出支票缴纳税款。会计分录如下:

借:应缴税费——应缴增值税(已交税金)　　　　　　　　　　　　　3 400
　　贷:银行存款　　　　　　　　　　　　　　　　　　　　　　　　　3 400

【例15.12】 某事业单位属于增值税小规模纳税人,20××年发生下列有关应交增值税业务。

(1)购入经营用的材料一批用于生产加工,材料价款为 1 000 元,增值税额为 170 元。货款已通过银行存款支付,材料已验收入库。

借:存货   1 170
  贷:银行存款   1 170

(2)销售商品价款 3 890 元(含税),货款尚未收到。

$$不含税销售额 = 3\ 890 \div (1+3\%) = 3\ 776.7$$

$$应缴增值税额 = 3\ 776.7 \times 3\% = 113.3$$

借:应收账款   3 890
  贷:经营收入   3 776.7
    应缴税金——应交增值税   113.3

(3)代扣代缴个人所得税核算。事业单位按税法规定计算应代扣代缴的个人所得税金额,借记"应付职工薪酬"科目,贷记"应缴税费——应缴个人所得税"科目。实际缴纳时,借记"应缴税费"科目,贷记"银行存款"科目。

(4)应缴所得税的核算。所得税是事业单位在生产经营过程中就其生产经营所得和其他所得征收的一种税。生产经营所得和其他所得是指事业单位每一纳税年度中的收入总额减去按税法规定准予扣除的成本、费用、税金,以及损失后的余额。所得税实行按年计算、分月份或季度预交,年终汇算清缴,多退少补的征收方法。

对发生企业所得税纳税义务的,按税法规定计算的应缴税金数额,借记"非财政补助结余分配"科目,贷记"应缴税费——应缴企业所得税"科目。实际缴纳时,借记"应缴税费——应缴企业所得税"科目,贷记"银行存款"科目。

【例 15.13】 某事业单位 20×× 年末,按有关规定计算出应纳所得税额 120 000 元,按 25% 计算所得税,并交给税务机关。会计分录如下:

计算应交所得税时

借:非财政补助结余分配——所得税   30 000
  贷:应缴税费——应缴企业所得税   30 000

实际交纳时

借:应缴税费——应缴企业所得税   30 000
  贷:银行存款   30 000

15.1.3 应付职工薪酬的核算

应付职工薪酬是指事业单位按有关规定应付给职工各种薪酬,以及应为职工支付的各种社会保障费,包括基本工资、绩效工资、国家统一规定的津帖补帖、社会保险费、住房公积金等。

为了反映和监督事业单位应付职工薪酬的增减变动情况,事业单位应设置"应付职工薪酬"总分类账户,该账户属于负债类。贷方登记应付职工薪酬额,借方登记实际支付职工薪酬数额,期末贷方余额反映事业单位应付而未付的职工薪酬。该账户应当根据国家有关规定按照"工资(离退休费)"、"地方(部门)津贴补贴"、"其他个人收入"以及"社会保险费"、"住房公积金"等进行明细核算。

应付职工薪酬主要账务处理如下：

(1) 计算职工薪酬。事业单位计算当期应付职工薪酬，按照应付事业人员薪酬的数额借记"事业支出"科目，按照应付经营人员薪酬的数额借记"经营支出"等科目，按应付薪酬总的金额贷记"应付职工薪酬"科目。

(2) 支付职工薪酬。事业单位向职工支付工资、津贴补贴等薪酬，借记"应付职工薪酬"科目，贷记"财政补助收入"（通过财政直接支付）、"零余额账户用款额度"（通过财政授权支付）、"银行存款"等科目。

按税法规定代扣代缴个人所得税，借记"应付职工薪酬"科目，贷记"应缴税费——应缴个人所得税"科目。

(3) 缴纳社会保险费及个人所得税。事业单位按照国家有关规定缴纳职工社会保险费和住房公积金，借记"应付职工薪酬"科目，贷记"财政补助收入"、"零余额账户用款额度"、"银行存款"等科目。代缴个人所得税，借记"应缴税费——应缴个人所得税"科目，贷记"银行存款"等科目。

【例15.14】 某事业单位计算本月应付在职事业编制人员的职工薪酬，应付工资为1 570 000元，应付地方（或部门）津贴补贴870 000元，应付其他个人收入110 000元，应付社会保险费（个人承担部分）577 000，应付住房公积金255 000元。会计分录如下：

借：事业支出——财政补助支出　　　　　　　　　　　　　　3 382 000
　　贷：应付职工薪酬——工资（含离退休费）　　　　　　　　1 570 000
　　　　　　　　　　——地方（或部门）津贴补助　　　　　　　870 000
　　　　　　　　　　——其他个人收入　　　　　　　　　　　　110 000
　　　　　　　　　　——社会保险费　　　　　　　　　　　　　577 000
　　　　　　　　　　——住房公积金　　　　　　　　　　　　　255 000

【例15.15】 某事业单位通过零余额账户向职工支付本月工资、津贴补帖。按税法规定，代缴个人所得税198 000元。扣除社会保险费、住房公积金、个人所得税后，本月实际支付在职人员工资、津贴补贴、其他个人收入共计2 352 000元，款项已经转入职工个人工资卡账户。会计分录如下：

借：应付职工薪酬　　　　　　　　　　　　　　　　　　　　2 550 000
　　贷：零余额账户用款额度　　　　　　　　　　　　　　　　2 352 000
　　　　应缴税费——应缴个人所得税　　　　　　　　　　　　　198 000

【例15.16】 某事业单位通过零余额账户，将本月职工薪酬中代扣的社会保险费577 000元转入社会保险机构账户，将本月职工薪酬中代扣的住房公积金255 000元转入公积金管理中心账户。会计分录如下：

借：应付职工薪酬——社会保险费　　　　　　　　　　　　　　577 000
　　　　　　　　——住房公积金　　　　　　　　　　　　　　　255 000
　　贷：零余额账户用款额度　　　　　　　　　　　　　　　　　832 000

【例15.17】 某事业单位通过零余额账户，代缴本月职工个人所得税198 000元。会计分录如下：

借：应缴税费——应缴个人所得税　　　　　　　　　　　　　　198 000
　　贷：零余额账户用款额度　　　　　　　　　　　　　　　　　198 000

15.1.4 应付及预付款项的核算

应付及预付款项是指事业单位在开展业务活动中发生的各项债务,包括应付票据、应付账款、预收账款和其他应付款等应付款项和预收账款。

1. 应付票据的核算

应付票据是指事业单位因购买物资或服务等开出、承兑的商业汇票,包括银行承兑汇票和商业承兑汇票。事业单位在开展经营业务或其他业务活动时,可以通过开出商业汇票与货物供应商、劳务供应单位结算。商业汇票分为带息票据和不带息票据,事业单位开出的一般为不带息票据。

为了核算事业单位因购买材料、物资等而开出、承兑的商业汇票的实际情况,应设置"应付票据"科目。贷方登记事业单位因购买材料、物资等而开出、承兑的商业汇票;借方登记票据到期已支付的商业汇票;期末贷方余额,反映事业单位开出、承兑的尚未到期的商业汇票票面金额。本科目按照债权单位进行明细核算。

事业单位应设置"应付票据备查簿",详细登记每一应付票据的种类、号数、出票日期、到期日、票面金额、收款人姓名或单位名称,以及付款日期和金额等详细资料,应付票据到期付清时,应在备查簿内逐笔注销。

应付票据的主要账务处理如下:

(1) 开出、承兑商业汇票时,借记"存货"等科目,贷记"应付票据"科目。如果是银行承兑汇票,事业单位支付银行承兑汇票的手续费时,借记"事业支出"、"经营支出"等科目,贷记银行存款等科目。事业单位以承兑商业汇票抵付应付账款时,借记"应付账款"科目,贷记"应付票据"科目。

(2) 商业汇票到期时,应当分别以下情况处理:

①如果事业单位能够如期偿付票款,在收到银行支付到期票据的付款通知时,借记"应付票据"科目,贷记"银行存款"科目。

②如果事业单位无力如期偿付票据款,对银行承兑汇票到期,按照汇票票面金额,借记"应付票据"科目,贷记"短期借款"科目;对商业承兑汇票到期,按照汇票票面金额,借记"应付票据"科目,贷记"应付账款"科目。

【例 15.18】 某事业单位为开展事业活动需要购买材料一批,开出 4 个月期不带息银行承兑汇票一张,面值 20 000 元,同时支付银行承兑手续费 80 元。会计分录如下:

借:存货 20 000
　贷:应付票据 20 000

同时

借:事业支出 80
　贷:银行存款 80

【例 15.19】 续上例,银行承兑汇票到期,事业单位收到银行支付汇票本金 20 000 元的付款通知。会计分录如下:

借:应付票据 20 000
　贷:银行存款 20 640

【例 15.20】 某事业单位本月有两张商业汇票需要到期偿付。一张为银行承兑汇票,票面金额为10 000元,另一张为商业承兑汇票,票面金额为5 000元。因事业单位暂时资金周转问题,不能如期偿付。会计分录如下:

  借:应付票据   15 000
   贷:短期借款   10 000
    应付账款   5 000

2. 应付账款的核算

应付账款是指事业单位因购买材料、物资或接受劳务供应而应付给供应单位的款项。由于买卖双方在购销活动中因取得物资与支付货款在时间上不一致而产生的一项债务。应付账款与应付票据不同,两者虽然都是由于业务活动或交易事项而引起的负债,但应付账款是尚未结清的债务,而应付票据是一种期票,是延期付款的证明。事业单位以分期付款方式购入固定资产的,如果偿付期超过一年,不通过应付账款核算,应当计入长期应付款。

为了总括反映事业单位因购买材料、物资、接受劳务等而应付的款项,事业单位应设置"应付账款"总分类账户。贷方登记应付而未付的款项,借方登记已支付或已转销或转作商业汇票结算方式的款项,期末贷方余额,反映事业单位尚未支付的应付款项。该账户应当按照债权单位(或个人)进行明细核算。

应付账款的主要账务处理业务如下:

(1)发生应付账款。事业单位购入材料、物资等已验收入库但货款尚未支付的,按照应付未付金额,借记"存货"等科目,贷记"应付账款"科目。

(2)偿付应付账款。事业单位以银行存款偿付应付账款时,按照实际支付的款项金额,借记"应付账款"科目,贷记"银行存款"等科目。事业单位开出、承兑商业汇票抵付应付账款,借记"应付账款"科目,贷记"应付票据"科目。无法偿付或债权人豁免偿还的应付账款,借记"应付账款"科目,贷记"其他收入"科目。

【例15.21】 某事业单位因开展事业活动需要,向某公司购入一批自用材料,增值税专用发票上注明材料价款60 000元,增值税税额为10 200元。材料已验收入库,款项尚未支付。会计分录如下:

  借:存货   70 200
   贷:应付账款——某公司   70 200

【例15.22】 某事业单位以银行存款支付上述购买材料所欠款项70 200元。会计分录如下:

  借:应付账款——某公司   70 200
   贷:银行存款   70 200

3. 预收账款的核算

预收账款是指事业单位按照合同规定向购货单位或接受劳务单位预收的款项。事业单位预收的款项,需要在以后以交付货物或提供劳务等方式来偿付,在收到款项但尚未交付货物或提供劳务时,预收账款就是事业单位的一项负债。

为了反映和监督事业单位预收账款的增减变动情况,事业单位应设置"预收账款"科目,该科目属于负债类。贷方登记预收的款项,借方登记商品销售实现(劳务提供)或余款退回的数额,期末贷方余额反映事业单位按合同规定预收但尚未实际结算的款项。该科目按债权单位(或个人)进行明细核算。

预收账款的主要账务处理如下:

(1)预收款项。事业单位按照合同规定向购货方或接受劳务单位预收款项时,按照实际预收的金额,借记"银行存款"等科目,贷记"预收账款"科目。

(2)确认收入。事业单位发出商品或提供劳务后,按照预收入的金额借记"预收账款"科目,按照应确认的收入金额,贷记"经营收入"等科目,按照付款方补付或退回付款方的金额,借记或贷记"银行存款"等科目。无法偿付或债权人豁免偿还的预收账款,借记"预收账款"科目,贷记"其他收入"科目。

【例15.23】 某事业单位对某公司提供劳务,按合同规定,预收对方单位劳务款2 000元,款项已经收到并存入银行账户。会计分录如下:

借:银行存款	2 000
贷:预收账款——某公司	2 000

【例15.24】 续上例,按合同规定,事业单位已向该公司提供劳务,确定劳务价格共计2 500元。差额500元已经通过银行补付。会计分录如下:

借:预收账款——某公司	2 000
银行存款	500
贷:经营收入	2 500

4. 其他应付款的核算

其他应付款是指事业单位除应缴税费、应缴国库款、应缴财政专户款、应付职工薪酬、应付票据、应付账款、预收账款之外的其他各项偿还期限在1年内(含1年)的应付及暂收款项,如存入保证金、个人交存的住房公积金及应付给投资者收益等。其他应付款与事业单位的主要业务活动一般无直接联系,但它也是事业单位一项待结算的负债。

为了反映和监督事业单位其他应付款的增减变动情况,事业单位应设置"其他应付款"总分类账户,该账户属于负债类。贷方登记各种应付、暂收款项,借方登记各种款项的偿还或转销,期末贷方余额反映事业单位尚未支付的其他应付未付款。该账户应按照其他应付款的类别及债权单位(或个人)进行明细核算。

其他应付款的主要账务处理如下:

(1)发生其他各项应付及暂收款项时,借记"银行存款"等科目,贷记"其他应付款"科目。

(2)支付其他应付款项时,借记"其他应付款"科目,贷记"银行存款"等科目。

(3)无法偿付或债权人豁免偿还的其他应付款项,借记"其他应付款"科目,贷记"其他收入"科目。

【例15.25】 某事业单位向某企业租入一台机器,应支付租赁费4 600元。会计分录如下:

借:经营支出	4 600
贷:其他应付款——某企业	4 600

【例15.26】 续上例,该单位以银行存款支付租入机器的租赁费4 600元。会计分录如下:

借:其他应付款——某企业	4 600
贷:银行存款	4 600

15.1.5 非流动负债的核算

非流动负债是指预计在1年以上偿还的负债,包括长期借款和长期应付款等。

1. 长期借款的核算

长期借款指事业单位借入的期限超过1年(不含1年)的各种借款。其特点是偿还期限较长,数额较大,关系到事业单位的长远发展。通过长期借款,一般用于事业单位扩大事业规模、构建固定资产、开展工程项目和基建项目。

为了核算事业单位借入的期限超过1年的各种借款,应设置"长期借款"账户,属于负债类。贷方登记借入期限超过1年的各种长期借款增加额,借方登记长期借款归还额,期末贷方余额反映事业单位尚未偿还的长期借款本金。按照贷款单位和贷款种类进行明细核算。对基本建设项目借款,还应按具体项目进行明细核算。

长期借款的主要账务处理如下:

(1)取得长期借款。事业单位取得长期借款,按照实际借入的金额,借记"银行存款"科目,贷记"长期借款"科目。

(2)发生借款利息。①事业单位为购建固定资产支付的专门借款利息,分别以下情况处理:

属于工程项目建设期间支付的,计入工程成本,按照支付的利息,借记"在建工程"科目,贷记"非流动资产基金——在建工程"科目;同时,借记"其他支出"科目,贷记"银行存款"科目。

属于工程项目完工交付使用后支付的,计入当期支出但不计入工程成本,按照支付的利息,借记"其他支出"科目,贷记"银行存款"科目。

②其他长期借款利息,按照支付的利息金额,借记"其他支出"科目,贷记"银行存款"科目。

(3)归还长期借款。事业单位偿还长期借款时,借记"长期借款"科目,贷记"银行存款"科目。

【例15.27】 某事业单位根据事业发展的需要,拟建设网络信息中心。为此从建设银行借入3 000 000元,期限3年,年利率6%。会计分录如下:

借:银行存款 3 000 000
 贷:长期借款——建设银行(网络信息中心项目) 3 000 000

【例15.28】 续上例,上述网络信息中心工程借款支付第1年利息180 000元,此时网络中心工程尚未完工。会计分录如下:

借:在建工程——网络信息中心工程 180 000
 贷:非流动资产基金——在建工程 180 000

同时

借:其他支出——利息支出 180 000
 贷:银行存款 180 000

2. 长期应付款的核算

长期应付款是指事业单位发生的偿还期超过1年以上(不含1年)的应付款项,主要包括融资租入固定资产发生的应付租赁款费、跨年度分期付款购入固定资产的价款等。

为核算事业单位发生的偿还期超过1年的应付款项,设置"长期应付款"账户,属于负债类。贷方登记长期应付款增加额,借方登记归还长期应付款额,贷方余额反映事业单位尚未支付的长期借款。该账户应当按照长期应付款的类别及债权单位(或个人)进行明细核算。

长期应付款的主要账务处理如下:

(1)发生长期应付款。事业单位以融资租入固定资产时,以跨年度分期付款等方式购入固定资产。按照确定的成本借记"固定资产"、"在建工程"等科目,按照租赁协议或购买合同确定的价款贷记"长期应付款"科目,按照其差额,贷记"非流动资产基金——固定资产、在建工程"等科目,同时记录设备运输费、途中保险费、安装调试费等形成的支出。

(2)支付长期应付款。事业单位按租赁协议或购买合同约定的时间支付长期应付款时,借记"事业支出"、"经营支出"等科目,贷记"银行存款"、"零余额账户用款额度"等科目;同时,借记"长期应付款"科目,贷记"非流动资产基金"科目。

(3)无法偿付或债权人豁免偿还的长期应付款,借记"长期应付款"科目,贷记"其他收入"科目。

【例15.29】 某事业单位为开展事业活动需要向某单位融资租入办公楼一栋,价值800 000元,租金分4年等额支付。

(1)租入时

| 借:固定资产——房屋和建筑物 | 800 000 |
| 贷:长期应付款——某单位 | 800 000 |

(2)每年支付租金200 000元(800 000/4)

| 借:事业支出 | 200 000 |
| 贷:银行存款 | 200 000 |

同时

| 借:长期应付款——某单位 | 200 000 |
| 贷:非流动资产基金——固定资产 | 200 000 |

【例15.30】 某事业单位根据专业业务发展的需要,以分期付款方式购入检测设备一台,根据购买合同,检测设备价款为100 000元,设备款分2年支付,并通过银行存款支付运费500元。

(1)收到设备

借:固定资产——检测设备	100 500
贷:长期应付款——检测设备款	100 000
非流动资产基金——固定资产	500

同时

| 借:事业支出 | 500 |
| 贷:银行存款 | 500 |

(2)支付设备款

事业单位根据购买合同的约定,通过零余额账户转账支付检测设备的第一笔款项50 000元。

借:事业支出——财政补助支出	50 000	
贷:零余额账户用款额度		50 000
借:长期应付款——检测设备款	50 000	
贷:非流动资产基金——固定资产		50 000

支付第二笔款项的会计分录同上。

15.2　事业单位的净资产

净资产是指事业单位资产扣除负债后的余额,体现事业单位所拥有的资产净值,包括事业基金、非流动资产基金、专用基金、财政补助结转(余)、非财政补助结转(余)等。

15.2.1　事业基金

1. 事业基金的概念及来源

事业基金是指事业单位拥有的非限定用途的净资产,其来源主要为非财政补助结余扣除结余分配后滚存的金额。事业单位开展各项业务活动,必须有一定的资金作保障,事业基金是事业单位最基本的基金,起着"蓄水池"的作用,主要用于事业单位日常业务活动,调节年度之间的收支平衡,即事业单位以后年度如果收入大于支出,其差额继续转入事业基金;如果支出大于收入,则其差额用以前年度的事业基金来弥补。事业单位的各项基金按是否有限制分为限定性基金和非限定性基金两种。限定性基金只能在规定的时间内使用,或限定用于规定使用方向。事业基金是一种非限定性基金,不限制基金的使用或具体用途,可以根据事业业务的需要灵活运用。

事业基金的来源有:

(1)各年非财政补助结余扣除结余分配后的滚存金额,这是事业基金的主要来源;

(2)已完成非财政补助专款剩余资金,按规定留给本单位使用的,应当转入事业基金。

2. 事业基金的核算

为核算事业基金业务,事业单位应设置"事业基金"账户,该账户属于净资产类。贷方登记"非财政补助结余分配"账户转入数或其他原因引起的增加数,借方登记冲减数,贷方余额反映事业单位历年积存的非限定用途净资产金额。

事业基金的主要业务账务处理如下:

(1)非财政补助结余的转入数。年末,事业单位将未分配的"非财政补助结余分配"科目余额转入事业基金,借记或贷记"非财政补助结余分配"科目,贷记或借记"事业基金"科目。

(2)非财政补助结转的转入。年末,项目已经完成,将留归本单位使用的非财政补助专项资金,如有剩余按项目资金管理规定处理,或缴回原专项资金拨款单位,或转入事业基金留归本单位使用。按规定将非财政补助结转转入事业基金的,借记"非财政补助结转——××项目"科目,贷记"事业基金"科目。

(3)用货币资金进行长期投资。以货币资金取得长期股权投资、长期债权投资,应将货币资金对应的事业基金转到非流动资产基金。按照实际支付的全部价款(包括购买价款以及税金、手续费等相关税费)作为投资成本,借记"长期投资"科目,贷记"银行存款"等科目;同时,按照投资成本金额,借记"事业基金"科目,贷记"非流动资产基金——长期投资"科目。

(4)对外转让或到期收回长期债券投资本息。事业单位针对对外转让或到期收回长期债券投资本息,将长期投资对应的非动资产基金转回事业基金。按照实际收到的金额,借记"银行存款"等科目,按照收回长期投资的成本,贷记"长期投资"科目,按照其差额,贷记或借记"其他收入——投资收益"科目;同时,按照收回长期投资对应的非流动资产基金,借记"非流动资产基金——长期投资"科目,贷记"事业基金"科目。

【例15.31】 年终,某事业单位将"非财政补助结余分配"科目贷方余额123 000元,按规定转入事业基金。会计分录如下:

借:非财政补助结余分配　　　　　　　　　　　　　　　　　123 000
　　贷:事业基金　　　　　　　　　　　　　　　　　　　　　　123 000

【例15.32】 20××年初,某事业单位收到主管部门拨入专项科研课题经费80万元。年终,该项科研课题已经完成,并向主管部门报销了专款支出70万元,专项经费结余10万元留归本单位。会计分录如下:

(1)收到拨入专款
借:银行存款　　　　　　　　　　　　　　　　　　　　　　800 000
　　贷:上级补助收入——项目支出——××课题　　　　　　　800 000

(2)支付课题费
借:事业支出——项目支出——××课题　　　　　　　　　　 7000 00
　　贷:银行存款　　　　　　　　　　　　　　　　　　　　　 700 000

(3)完成课题进行结转
借:上级补助收入——项目支出—××课题　　　　　　　　　 800 000
　　贷:非财政补助结转——××课题　　　　　　　　　　　　800 000

同时
借:非财政补助结转—××课题　　　　　　　　　　　　　　700 000
　　贷:事业支出——项目支出——××课题　　　　　　　　　700 000

(4)剩余款项留归本单位
借:非财政补助结转—××课题　　　　　　　　　　　　　　100 000
　　贷:事业基金　　　　　　　　　　　　　　　　　　　　　100 000

【例15.33】 某事业单位以货币资金购买国库债券,票面价值计200 000元,支付佣金手续费2 000元。款项全部以银行存款支付。会计分录如下:

借:长期投资——长期债权投资　　　　　　　　　　　　　　202 000
　　贷:银行存款　　　　　　　　　　　　　　　　　　　　　202 000
借:事业基金　　　　　　　　　　　　　　　　　　　　　　 202 000
　　贷:非流动资产基金——长期投资　　　　　　　　　　　　202 000

15.2.2 非流动资产基金的核算

非流动资产基金是指事业单位非流动资产占用的金额。事业单位非流动资产包括长期投资、固定资产、在建工程、无形资产等。

事业单位在取得各项非流动资产时,应当按取得成本增加其对应的非流动资产基金。为兼顾预算管理和财务管理的需求,事业单位的非流动资产在取得时其成本一次性计入当期支出,但此时这些资产尚未耗用,其对应价值计入非流动资产基金。

为了总括地核算和监督事业单位长期投资、固定资产、在建工程、无形资产等非流动资产占用的金额的增减变动及结存情况,事业单位应设置"非流动资产基金"账户,该账户属于净资产类。贷方登记非流动资产基金的增加数,借方登记非流动资产基金的减少数,期末贷方余额反映事业单位非流动资产占用的金额。该账户应设置"长期投资"、"固定资产"、"在建工程"、"无形资产"等明细账户,进行明细核算。

非流动资产基金的主要账务处理如下:

(1) 取得非流动资产。非流动资产基金应当在取得长期投资、固定资产、在建工程、无形资产等非流动资产或发生相关支出时予以确认。取得相关资产或发生相关支出时,借记"长期投资"、"固定资产"、"在建工程"、"无形资产"等科目,贷记"非流动资产基金"科目等;同时或待以后发生相关支出时,借记"事业支出"等有关科目,贷记"财政补助收入"、"零余额账户用款额度"、"银行存款"等科目。

【例15.34】 某事业单位以事业经费购置一般设备一台,价款75 000元,以银行存款支付。会计分录如下:

借:固定资产——一般设备　　　　　　　　　　　　　　75 000
　　贷:非流动资产基金——固定资产　　　　　　　　　　　　75 000
同时
借:事业支出　　　　　　　　　　　　　　　　　　　　75 000
　　贷:银行存款　　　　　　　　　　　　　　　　　　　　75 000

(2) 计提固定资产折旧和无形资产摊销。事业单位会计制度规定,事业单位对固定资产在使用中所发生损耗应计提累计折旧,无形资产计提累计摊销。

事业单位计提固定资产折旧时,按照计提的折旧金额,借记"非流动资产基金——固定资产"科目,贷记"累计折旧"科目;计提无形资产摊销时,按照计提的摊销金额,借记"非流动资产基金——无形资产"科目,贷记"累计摊销"科目。

【例15.35】 某事业单位经过计算,本月应提固定资产折旧8 000元,计提无形资产摊销2 500元。会计分录如下:

借:非流动资产基金——固定资产　　　　　　　　　　　8 000
　　　　　　　　——无形资产　　　　　　　　　　　2 500
　　贷:累计折旧　　　　　　　　　　　　　　　　　　　8 000
　　　　累计摊销　　　　　　　　　　　　　　　　　　　2 500

(3) 处置非流动资产。

①事业单位以固定资产、无形资产对外投资,按照评估价值加上相关税费作为投资成本,借记"长期投资"科目,贷记"非流动资产基金——长期投资"科目,按发生的相关税费,

借记"其他支出"科目,贷记"银行存款"等科目;同时,按照投出固定资产、无形资产对应的非流动资产基金,借记"非流动资产(固定资产、无形资产)"科目,按照投出资产已提折旧、摊销,借记"累计折旧"、"累计摊销"科目,按照投出资产的账面余额,贷记"固定资产"、"无形资产"科目。

②事业单位出售或以其他方式处置长期投资、固定资产、无形资产,将非流动资产转入待处置资产时,借记"待处置资产损溢"、"累计折旧"(处置固定资产)或"累计摊销"(处置无形资产)科目,贷记"长期投资"、"固定资产"、"无形资产"等科目。实际处置时,借记"非流动资产基金——长期投资、固定资产、无形资产"科目,贷记"待处置资产损溢"科目。

【例15.36】 某科研单位2011年初取得一项专利权,成本为100 000元,有效使用期限10年,2013年初,将该项权利转让给某单位,双方协商作价90 000元,收取价款存入银行。会计分录如下:

(1)取得该项专利权时

借:无形资产　　　　　　　　　　　　　　　　　　　100 000
　　贷:非流动资产基金——无形资产　　　　　　　　　　100 000

同时

借:事业支出　　　　　　　　　　　　　　　　　　　100 000
　　贷:银行存款　　　　　　　　　　　　　　　　　　100 000

(2)每年摊销额为1万元,2011年、2012年计提摊销额账务处理为

借:非流动资产基金　　　　　　　　　　　　　　　　10 000
　　贷:累计摊销　　　　　　　　　　　　　　　　　　10 000

(3)2013年初,对该项无形资产进行处置时

借:待处置资产损溢　　　　　　　　　　　　　　　　80 000
　　累计摊销　　　　　　　　　　　　　　　　　　　20 000
　　贷:无形资产　　　　　　　　　　　　　　　　　　100 000

借:非流动资产基金——无形资产　　　　　　　　　　80 000
　　贷:待处置资产损溢　　　　　　　　　　　　　　　80 000

(4)取得价款

借:银行存款　　　　　　　　　　　　　　　　　　　90 000
　　贷:待处置资产损溢——专利权　　　　　　　　　　90 000

(5)上缴国库

借:待处置资产损溢　　　　　　　　　　　　　　　　90 000
　　贷:应缴国库款　　　　　　　　　　　　　　　　　90 000

15.2.3　专用基金的核算

专用基金是指事业单位按规定提取、设置的具有专门用途的净资产。事业单位开展各项业务活动需要有一定的资金作保证,在资金使用上需要统筹安排,兼顾各项业务活动的资金需要。但事业单位有些业务有特殊的要求,需要有专门的渠道形成资金来源,并按规定用途使用,为此事业单位设立了专用资金。目前事业单位设立的专用基金主要包括修购基金、职工福利基金、其他基金等。

各项专用基金的提取比例和管理办法,国家有统一规定的,按照统一规定执行;没有统一规定的,由主管部门会同同级财政部门确定。

为了总括地反映和监督事业单位按规定提取、设置的有专门用途的资金收支及结存情况,事业单位应设置"专用基金"账户,属于净资产类账户。该账户贷方登记按规定收入、提取或设置的基金,借方登记专用基金的使用或冲减数。贷方余额反映事业单位专用基金结存数。该账户应按专用基金的类别进行明细核算。

(1)提取修购基金的核算。修购基金是指事业单位按照事业收入和经营收入的一定比例提取,提取的比例由财政部门、上级主管单位规定。提取修购基金时,按提取的数额确认本期事业支出、经营支出,并按照规定在相应的购置费和修缮费科目中列支(各列50%)。事业单位修购基金是限定用于固定资产维修和购置的资金,不得挪作他用。实行固定资产折旧的事业单位不提取修购基金,事业收入和经营收入较少的事业单位可以不提取修购基金。

提取修购基金的公式如下:

$$提取额 = 事业收入 \times 提取率 + 经营收入 \times 提取率$$

事业单位的修购基金可以采用按年一次提取或按月分别提取等不同方法。

事业单位在提取修购基金时,借记"事业支出——修缮费、设备购置费"或"经营支出——修缮费、设备购置费"账户,贷记"专用基金——修购基金"账户。按规定使用修购基金时,借记"专用基金——修购基金"账户,贷记"银行存款"等账户。

【例15.37】 某事业单位年度事业收入为1 600 000元,经营收入为600 000元,提取修购基金比例分别为4%和5%,则修购基金提取额为94 000元(1 600 000×4% +600 000×5%)。会计分录如下:

借:事业支出——修缮费　　　　　　　　　　　　　　　　　　32 000
　　　　　　——设备购置费　　　　　　　　　　　　　　　　32 000
　　经营支出——修缮费　　　　　　　　　　　　　　　　　　15 000
　　　　　　——设备购置费　　　　　　　　　　　　　　　　15 000
　贷:专用基金——修购基金　　　　　　　　　　　　　　　　94 000

(2)提取职工福利基金的核算。职工福利基金是指按照非财政拨款结余的一定比例提取,提取的比例由财政部门、上级主管单位规定。事业单位的职工福利基金限定于职工的工作和生活条件改善方面的支出,专门用于单位职工集体福利设施、集体福利待遇支出等。

年末,事业单位按规定从本年度非财政补助结余中提取职工福利基金,按照提取金额,借记"非财政补助结余分配"科目,贷记"专用基金——职工福利基金"科目。使用福利基金时,借记"专用基金——职工福利基金"账户,贷记"银行存款"账户。

【例15.38】 某事业单位年终"事业结余"科目余额100 000元,"经营结余"科目余额150 000元,所得税按"经营结余"25%计算缴纳,职工福利基金按税后余额40%提取。

$$应缴所得税额 = 150\ 000 \times 25\% = 37\ 500(元)$$

$$应提职工福利基金 = [100\ 000 + (150\ 000 - 37\ 500)] \times 40\% = 85\ 000(元)$$

借:非财政补助结余分配——计提所得税　　　　　　　　　　37 500
　贷:应缴税费——应交所得税　　　　　　　　　　　　　　37 500
借:非财政补助结余分配——提取职工福利基金　　　　　　　85 500
　贷:专用基金——职工福利基金　　　　　　　　　　　　　85 000

若按规定用途安排使用职工福利基金 10 000 元。
  借:专用基金——职工福利基金   10 000
   贷:银行存款   10 000
  (3)提取、设置其他专用基金。
  若有规定提取的其他专用基金,按照提取金额,借记有关支出科目或"非财政补助结余分配"等科目,贷记"专用基金"科目。
  若有按规定设置的其他专用基金,按照实际收到的基金金额,借记"银行存款"等科目,贷记"专用基金"科目。

15.2.4　财政补助结转的核算

1. 财政补助结转的内容

  财政补助结转是指事业单位各项财政补助收入与其相关支出相抵后余额转到下一年、需按规定管理和使用的财政补助资金,包括基本支出结转和项目支出结转。

  基本支出结转是事业单位本期财政基本补助收入与财政基本补助支出的差额。财政基本补助收入的数额为本期"财政补助收入——基本支出"明细科目发生额;财政基本补助支出的数额为本期"事业支出——财政补助支出(基本支出)"明细账户的发生额。事业单位的基本经费收支应当在期末进行结转。

  项目支出结转是事业单位本期财政项目补助收入与财政项目补助支出的差额。财政项目补助收入的数额为本期"财政补助收入——项目支出"明细账户发生额;财政项目补助支出的数额为本期"事业支出——财政补助支出(项目支出)"明细账户的发生额。事业单位的项目经费收支应当在期末进行结转,年末应当对项目的执行情况进行分析,转出符合财政补助结余性质的项目支出。

2. 财政补助结转核算

  事业单位核算时设置"财政补助结转"账户,净资产类账户。核算事业单位滚存财政补助结转资金,下设"基本支出结转"、"项目支出结转"两个明细账户,并在"基本支出结转"明细账户下按照"人员经费"、"日常公用经费"进行明细核算,在"项目支出结转"明细账户下按照具体项目进行明细核算;该账户应按照《政府收支分类科目》中"支出功能分类科目"的相关账户进行明细核算。

  财政补助结转的主要账务处理如下:

  (1)本期基本(项目)支出结转。期末,事业单位进行基本(项目)支出结转时,按照其发生额借记"财政补助收入——基本支出、项目支出"科目,贷记"财政补助结转——(基本支出结转、项目支出结转)"科目。

  将事业支出(财政补助支出)本期发生额结转时,借记"财政补助结转——(基本支出结转、项目支出结转)"科目,贷记"事业支出——财政补助支出(基本支出、项目支出)"或"事业支出——基本支出(财政补助支出)、项目支出(财政补助支出)"科目。

  (2)本年财政补助结余转出。年末,完成上述结转后,事业单位应当对财政补助项目执行情况进行分析,按照有关规定将符合财政补助结余性质的项目余额转入财政补助结余,借记或贷记"财政补助结转——项目支出结转(××项目)科目",贷记或借记"财政补助结余"

科目。

(3)财政补助结转资金的处理。财政补助结转资金一般要按原用途或项目继续使用。如按规定上缴财政补助结转资金或注销财政补助结转额度的,按照实际上缴资金数额或注销的资金额度数额,借记"财政补助结转"科目,贷记"财政应返还额度"、"零余额账户用款额度"、"银行存款"等科目。取得主管部门归集调入财政补助结转资金或额度的,做相反会计分录。

【例15.39】 月末,某事业单位"财政补助收入——基本支出"科目贷方发生额为626 000元,"事业支出——财政补助支出(基本支出)"科目借方发生额为557 000元。进行期末基本支出结转的处理。会计分录如下:

借:财政补助收入——基本支出　　　　　　　　　　　　　　　626 000
　　贷:事业支出——财政补助支出(基本支出)　　　　　　　　　557 000
　　　　财政补助结转——基本支出结转　　　　　　　　　　　　 69 000

【例15.40】 月末,某事业单位"财政补助收入——项目支出"科目贷方发生额为100 000元,"事业支出——财政补助支出(项目支出)"科目借方发生额为95 000元。进行月末项目支出结转处理。会计分录如下:

借:财政补助收入——项目支出　　　　　　　　　　　　　　　100 000
　　贷:事业支出——财政补助支出(项目支出)　　　　　　　　　 95 000
　　　　财政补助结转——项目支出结转　　　　　　　　　　　　 5 000

15.2.5　财政补助结余的核算

1. 财政补助结余的内容

财政补助结余是指事业单位年度财政项目补助收支差额中,符合财政补助结余资金性质的数额。年末,事业单位应当对财政补助项目执行情况进行分析,将已经完成预算工作目标或因故终止的项目当年剩余的财政补助资金,从"财政补助结转——项目支出结转"转入"财政补助结余"账户。财政补助结余只在年末进行处理,平时不需要核算。

需要说明的是,事业单位形成财政补助资金,应当按照财政部门的规定管理。财政补助资金不参与事业单位的结余分配、不转入事业基金。年度结余的财政补助资金,或规定上缴,或注销资金额度、或经批准转为其他用途。

2. 财政补助结余的核算

为核算和监督事业单位滚存的财政补助项目支出结余资金,设置"财政补助结余"账户,属净资产类账户。借方登记年末财政补助结余转入数额,借方登记年末同补助结余资金的处置金额,期末贷方余额,反映事业单位财政补助资金数额。该账户应当按照《政府收支分类科目》中"支出功能分类科目"的相关科目进行明细核算。

财政补助结余的主要账务处理如下:

(1)年末财政补助结余的转入。年末,事业单位对财政补助各明细项目执行情况进行分析,按照有关规定将符合财政补助结余性质的项目余额转入财政补助结余,借记或贷记"财政补助结转——项目支出结转(××项目)"科目,贷记或借记"财政补助结余"科目。

(2)年末财政补助结余资金的处置。按规定上缴财政补助结余资金或注销财政补助结余额度的,按照实际上缴资金数额或注销的资金额度数额,借记"财政补助结余"科目,贷记"财政应返还额度"、"零余额账户用款额度"、"银行存款"等科目。取得主管部门归集调入财政补助结余资金或额度的,做相反会计分录。

(3)调整以前年度财政补助结余。事业单位发生需要调整以前年度财政补助结余的事项,通过"财政补助结转"账户核算。根据调整事项的内容,借记(或贷记)有关科目,贷记(或借记)"财政补助结余"科目。

【例15.41】 年末,某事业单位对财政补助项目执行情况进行分析,本年度财政补助的项目中,M项目已经完成,项目当年剩余资金为20 000元,即符合财政补助结余资金性质。其余项目均未完成,资金需要结转下一年度继续按原用途安排使用。会计分录如下:

  借:财政补助结转——项目支出结转(M项目)   20 000
    贷:财政补助结余   20 000

【例15.42】 年末,某事业单位财政补助结余资金进行处置。根据项目管理的要求,已经完成的M项目当年剩余资金20 000元予以注销,抵财政应返还额度中未下达的授权支付额度。会计分录如下:

  借:财政补助结余   20 000
    贷:财政应返还额度——授权支付额度   20 000

15.2.6 非财政补助结转的核算

1.非财政补助结转的内容

非财政补助结转是指事业单位除财政补助收支以外的各专项资金收入与其相关支出相抵后的差额。非财政补助结转资金有两特点,一是属于非财政补助资金,二是属于专项资金。非财政补助资金收入包括专项资金收入和非专项资金收入,专项资金收入必须按规定用途使用,用于专项事业支出或其他支出。形成的非财政补助结转资金,按照规定结转下一年度继续使用。事业单位的非财政补助结转,应当在期末进行处理;年末需要对项目的执行情况进行分析,剩余资金按项目要求进行处理。

事业单位的非财政补助结转资金,应区分未完成项目和已经完成项目,未完成项目的结余资金结转下一年度继续使用,已完成项目的剩余资金按项目规定处理,或缴回原专项资金拨款单位,或转入事业基金留归本单位使用。

2.非财政补助结转核算

为了核算除财政补助收支以外的各专项资金收入与其相关支出相抵后剩余滚存、需按规定用途使用的结转资金,事业单位设置"非财政补助结转"账户,属净资产类账户。可按照非财政专项资金的具体项目进行明细核算。

非财政补助结转的主要账务处理如下:

(1)本期非财政补助结转资的转入。期末,将事业收入、上级补助收入、附属单位上缴收入、其他收入本期发生额中的专项资金收入结转入"非财政补助结转"科目,借记"事业收入"、"上级补助收入"、"附属单位上缴收入"、"其他收入"科目下各专项资金收入明细科目,贷记"非财政补助结转"科目。

将事业支出、其他支出本期发生额中的非财政专项资金支出结转入"非财政补助结转"科目，借记"非财政补助结转"科目，贷记"事业支出——非财政专项资金支出"或"事业支出——项目支出（非财政专项资金支出）"、"其他支出"科目下各专项资金支出明细科目。

(2) 年末非财政补助结转资金的分析与处理。年末，完成上述结转后，应当对非财政补助专项结转资金各项目情况进行分析，将已完成项目的项目剩余资金区分以下情况处理：缴回原专项资金拨入单位的，借记"非财政补助结转——××项目"科目，贷记"银行存款"等科目；留归本单位使用的，借记"非财政补助结转——××项目"科目，贷记"事业基金"科目。

【例 15.43】 某科研单位收到上级单位拨入的用于完成某项课题，实际收到款项为 50 000 元，完成该项目发生的实际支出 46 000 元，项目已完成，余款 4 000 元，经批准留归单位使用。会计分录如下：

(1) 收到上级单位拨入某项课题经费 50 000 元

借：银行存款	50 000
贷：上级补助收入——某课题费	50 000

(2) 为完成该课题发生经费支出 46 000 元

借：事业支出——某课题	46 000
贷：银行存款	46 000

(3) 项目完成进行结转

借：上级补助收入——某课题费	50 000
贷：非财政补助结转——某项目	50 000
借：非财政补助结转——某课题	46 000
贷：事业支出——某课题	46 000

(4) 经批准余款 4 000 元留归本单位

借：非财政补助结转——某课题	4 000
贷：事业基金	4 000

15.2.7 非财政补助结余的核算

非财政补助结余是指事业单位除财政补助收支以外的各非专项资金收入与各非专项资金支出相抵后的余额，包括事业结余和经营结余。

1. 事业结余的核算

事业结余是指事业单位一定期间除财政补助收支、非财政专项资金收支和经营收支以外各项收支相抵后的余额。其中，各项事业活动的收入包括上级补助收入、事业收入、附属单位上缴收入和其他收入中的非专项资金收入。各项事业活动的支出包括事业支出、其他支出额中非财政、非专项资金支出，以及对附属单位补助支出、上缴上级支出等。

为了核算事业单位一定期间除财政补助收支、非财政专项资金收支和经营收支以外各项收支相抵后的余额。应设置"事业结余"账户，属于净资产类，贷方登记反映从有关收入账户转入数，借方反映从有关支出账户转入数；期末如为贷方余额，反映事业单位自年初至报告期累计实现的事业结余；如为借方余额，反映事业单位自年初至报告期累计发生的事业亏损数。年末结账后，该账户余额全部转入"非财政补助结余分配"账户，结转后无余额。

事业结余的主要账务处理如下：

(1)本期事业结余的结转。期末,将各项收入本期发生额中的非专项资金收入转入事业结余时,借记"事业收入"、"上级补助收入"、"附属单位上缴收入"、"其他收入"账户下各非专项资金收入明细账户,贷记"事业结余"账户。

将事业支出、其他支出本期发生额中的非财政、非专项资金支出,以及对附属单位补助支出、上缴上级支出的本期发生额转入事业结余时,借记"事业结余"科目,贷记"事业支出——其他资金支出"、"其他支出"账户下各非专项资金支出明细科目、"对附属单位补助支出"、"上缴上级支出"账户。

(2)年终将事业结余转入结余分配。年末,完成上述结转后,将"事业结余"账户余额结转入"非财政补助结余分配"账户,借记或贷记"事业结余"账户,贷记或借记"非财政补助结余分配"账户。

【例15.44】 某事业单位20××年12月末有关事业活动收支科目的余额如表15.1所示,各项收支发生额均为非财政、非专项资金收支额。

表15.1 事业活动收支科目余额表　　　　　　　　　　　单位:元

收入类	贷方余额	支出类	借方余额
上级补助收入	100 000	事业支出	350 000
附属单位上缴收入	220 000	上缴上级支出	150 000
事业收入	360 000	对附属单位补助支出	20 000
其他收入	55 000	其他支出	120 000
合计	735 000	合计	640 000

根据表15.1,编制如下会计分录:

借:上级补助收入　　　　　　　　　　　　　　　　　　　100 000
　　附属单位上缴收入　　　　　　　　　　　　　　　　　220 000
　　事业收入　　　　　　　　　　　　　　　　　　　　　360 000
　　其他收入　　　　　　　　　　　　　　　　　　　　　 55 000
　贷:事业结余　　　　　　　　　　　　　　　　　　　　735 000
同时
借:事业结余　　　　　　　　　　　　　　　　　　　　　640 000
　贷:事业支出　　　　　　　　　　　　　　　　　　　　350 000
　　　上缴上级支出　　　　　　　　　　　　　　　　　　150 000
　　　对附属单位补助支出　　　　　　　　　　　　　　　 20 000
　　　其他支出　　　　　　　　　　　　　　　　　　　　 60 000

【例15.45】 续上例,该事业单位年终将当年实现的事业结余95 000元(735 000 - 640 000)全数转入"非财政补助结余分配"科目。会计分录如下:

借:事业结余　　　　　　　　　　　　　　　　　　　　　 95 000
　贷:非财政补助结余分配　　　　　　　　　　　　　　　 95 000

2.经营结余的核算

经营结余是指事业单位在一定期间各项经营收支相抵后的余额,反映事业单位开展经营活动业务的成果。事业单位开展经营业务所取得的经营收入和发生的经营支出,应当转入经营结余,以反映经营业务的成果。经营业务的盈利在弥补亏损以前年度亏损后,应转入非财政补助结余分配;经营业务的亏损,留待以后年度弥补。

为了核算事业单位的经营结余情况,应设置"经营结余"账户,该账户属于净资产类,贷方登记经营收入账户转入数,借方登记经营支出账户转入数。期末如为贷方余额,反映事业单位自年初至报告期末累计实现的经营结余弥补以前年度经营亏损后的经营结余;如为借方余额,反映事业单位截至报告期末累计发生的经营亏损额。

经营结余的主要账务处理如下:

(1)本期经营结余的结转。期末,将经营收入本期发生额结转入经营结余时,借记"经营收入"账户,贷记"经营结余"账户;将经营支出本期发生额结转入经营结余时,借记"经营结余"账户,贷记"经营支出"账户。

(2)年终将经营结余转入结余分配。年末,完成上述结转后,如为贷方余额,将其余额结转入非财政补助结余分配时,借记"经营结余"账户,贷记"非财政补助结余分配"账户;如为借方余额,为经营亏损,则不予结转。

【例15.46】 某事业单位年终结账前有关经营活动收支科目的余额为:"经营收入"贷方余额80 000元,"经营支出"借方余额54 000元。会计分录如下:

  借:经营收入   80 000
    贷:经营结余   80 000
  同时
  借:经营结余   54 000
    贷:经营支出   54 000

【例15.47】 续上例,该事业单位年终将当年实现的经营结余26 000元(80 000-54 000)全数转入"非财政补助结余分配"科目。会计分录如下:

  借:经营结余   26 000
    贷:非财政补助结余分配   26 000

15.2.8 非财政补助结余分配的核算

非财政补助结余分配是指事业单位本年度非财政补助结余分配的情况和结果。

年末,事业单位的非财政补助结余应当转入非财政补助分配账户进行分配,进入分配的结余主要包括事业单位的年度事业结余(或亏损)和经营结余(不包括亏损)。财政补助形成结余资金不得转入分配,各项结转资金也不得进行分配。

按照现行事业单位有关会计制度规定,事业单位的非财政补助结余,可以按照国家有关规定提取职工福利基金、提取专用基金,剩余部分作为事业基金用于弥补以后年度单位收支差额。

事业单位非财政补助结余分配的程序如下:首先由企业所得税纳税义务的事业单位计算出应缴纳的企业所得税;其次按有关规定计提职工福利基金;最后可分配结余扣除前两部分后,剩余资金结转入事业基金。

为正确核算事业单位非财政补助结余的来源和分配情况,应设置"非财政补助结余分配"账户。该账户属净资产类,贷方登记年度终了事业结余和经营结余的转入数,借方登记计提的所得税、职工福利基金数额。如为贷方余额为未分配结余,应全部转入"事业基金——一般基金"账户。结转后,该账户无余额。

非财政补助结余分配的主要账务处理如下:

(1)年终结余的转入。年末,无论"事业结余"账户余额在贷方还是在借方,均应转入本"非财政补助结余分配"账户,借记或贷记"事业结余"账户,贷记或借记"非财政补助结余分配"账户。

年末,将"经营结余"账户贷方余额结转入"非财政补助结余分配"账户,借记"经营结余"账户,贷记"非财政补助结余分配"账户。如"经营结余"为借方余额,则不得结转,留待后期的经营盈余来弥补。

(2)非财政补助结余的分配。有企业所得税缴纳义务的事业单位,计算应缴纳的企业所得税,借记"非财政补助结余分配"账户,贷记"应缴税费——应缴企业所得税"账记。

按照有关规定提取职工福利基金的,按提取的金额,借记"非财政补助结余分配"账户,贷记"专用基金——职工福利基金"账户。

(3)未分配结余转入事业基金。年末,按规定完成上述处理后,将剩余资金转入事业基金时,借记或贷记"非财政补助结余分配"账户,贷记或借记"事业基金"账户。年末结账后,一般无余额。

用事业基金弥补亏损时,借记"事业基金"账户,贷记"非财政补助结余分配"账户。

【例15.48】 年末,某事业单位转账后"事业结余"贷方余额95 000元,"经营结余"贷方余额11 000元。会计分录如下:

借:事业结余	95 000
经营结余	11 000
贷:非财政补助结余分配	106 000

【例15.49】 年末,某事业单位按规定计算企业所得税2 750元,提取职工福利基金65 000元,其余38 250元转入事业基金。会计分录如下:

借:非财政补助结余分配——企业所得税	2 750
——职工福利基金	65 000
贷:应交税费——应交所得税	2 750
专用基金——职工福利基金	65 000

同时:

借:非财政补助结余分配	38 250
贷:事业基金	38 250

思 考 题

1. 事业单位的负债包括哪些内容?
2. 流动负债与非流动负债有何区别?
3. 事业单位的应付及预收款项包括哪些内容?
4. 事业单位的应缴款项包括哪些内容?
5. 什么是事业基金?什么是专用基金?
6. 什么是非流动资产基金?
7. 什么是事业单位非财政补助结余分配?简述事业单位非财政补助结余分配的程序。
8. 事业单位净资产核算的内容有哪些?

练 习 题

1. 单项选择题

(1) 下列项目中,关于事业单位职工福利基金和修购基金提取比例问题,说法错误的是( )。
  A.《关于事业单位提取专用基金比例问题的通知》自 2012 年 4 月 1 日起施行
  B. 事业单位职工福利基金的提取比例,在单位年度非财政拨款结余的 50% 以内确定
  C. 事业收入和经营收入较少的事业单位可以不提取修购基金,实行固定资产折旧的事业单位不提取修购基金
  D. 地方事业单位职工福利基金和修购基金的提取比例,由省级财政部门参照本通知有关规定,结合本地实际确定

(2) 某事业单位根据经过批准的部门预算和用款计划,向同级财政申请支付本月的水电费,财政部门经审核后,以财政直接支付的方式向自来水公司支付了该单位的水电费,则该事业单位进行会计处理时,贷方应计入( )科目。
  A. 财政补助收入　　B. 银行存款　　C. 应缴国库款　　D. 应缴款项

(3) 无法偿付或债权人豁免偿还的应付账款,应转入( )科目。
  A. 其他收入　　B. 经营收入　　C. 事业收入　　D. 事业基金

(4) 事业单位非财政补助专项资金结转后,按规定留归本单位使用的剩余资金应转入的科目是( )。
  A. 事业结余　　B. 事业基金　　C. 财政补助结余　　D. 非财政补助结余分配

(5) 下列事业单位财政拨款结转结余表述不正确的是( )。
  A. 财政拨款结转结余不参与事业单位的结余分配
  B. 财政拨款结转结余期末应转入事业基金科目
  C. 财政拨款结转结余应单独设置"财政补助结转"科目
  D. 财政拨款结转结余应单独设置"财政补助结余"科目

(6) 关于事业单位长期应付款账务处理,下列表述错误的是( )。
  A. 发生长期应付款时,借记"固定资产"等科目,贷记本科目、"非流动资产基金"等科目
  B. 支付长期应付款时,借记"事业支出"、"经营支出"科目,贷记"银行存款"科目
  C. 付长期应付款时,借记"其他支出"科目,贷记"银行存款"科目
  D. 在支付长期应付款时,还应同时借记"长期应付款"科目,贷记"非流动资产基金"科目

(7) 2013 年 6 月,甲事业单位为了开展非独立核算的经营业务,发放人员工资 300 000 元,奖金 100 000 元,按照规定应代扣代缴个人所得税 10 000 元,该单位通过转账方式支付薪酬并上缴代扣的个人所得税。下列表述正确的是( )。
  A. 计算应付职工薪酬金额不应包含奖金金额　　B. 代扣代缴所得税费用应记在其它应付款科目
  C. 实际承担的职工薪酬为 400 000 元　　D. 计算应付职工薪酬时应计入事业支出

(8) 某大学当年取得事业收入(专项资金收入)5 万元,取得债券利息收入(非专项资金收入)0.5 万元,发生事业支出(其他资金支出)4.5 万元,财政补助收入 0.8 万元,财政补助支出 0.7 万元,该事业单位的事业结余为( )万元。
  A. 1.1　　B. 1　　C. 1.7　　D. -4

2. 多项选择题

(1) 下列各项中,应转入事业单位结余的有( )。
  A. 上级补助收入　　　　　　　　　B. 财政补助收入
  C. 附属单位上缴收入　　　　　　　D. 其他收入中的非专项资金收入

(2) 下列项目中,影响事业基金的有( )。
  A. 非财政补助结转　　　　　　　　B. 事业结余

C. 取得主管部门归集调入财政补助结转资金　　D. 财政补助收入

(3) 2013年,甲事业单位收到财政补助收入2 500 000元,事业支出科目下财政补助支出明细科目的当期发生额为2 000 000元。假设余额均符合财政补助结余性质。期末结转入财政补助结余。下列表述正确的是(　　)。

 A. 结转财政补助收入
  借:财政补助收入　　　　　　　　　　　　　　　　　　　　　2 500 000
   贷:财政补助结转　　　　　　　　　　　　　　　　　　　　　　　　2 500 000
 B. 结转财政补助支出
  借:财政补助结转　　　　　　　　　　　　　　　　　　　　　2 000 000
   贷:事业支出——财政补助支出　　　　　　　　　　　　　　　　　　2 000 000
 C. 期末结转
  借:财政补助结转　　　　　　　　　　　　　　　　　　　　　　500 000
   贷:财政补助结余　　　　　　　　　　　　　　　　　　　　　　　　500 000
 D. 期末结转
  借:财政补助结余　　　　　　　　　　　　　　　　　　　　　　500 000
   贷:财政补助结转　　　　　　　　　　　　　　　　　　　　　　　　500 000

(4) 事业结余是指事业单位一定期间除(　　)以外各项收支相抵后的余额。
 A. 财政补助收支　　　　　　　　　　　　B. 非财政专项资金收支
 C. 营业外收支　　　　　　　　　　　　　D. 经营收支

(5) 下列各项中,属于事业单位净资产的有(　　)。
 A. 专用基金　　　　　　　　　　　　　　B. 非流动资产基金
 C. 事业基金　　　　　　　　　　　　　　D. 财政补助结转结余

(6) 下列属于事业单位长期应付款的是(　　)。
 A. 融资租赁租入固定资产的租赁费　　　　B. 跨年度分期付款购入固定资产的价款
 C. 租入包装物暂付的押金　　　　　　　　D. 暂付给企业有关部门和个人周转使用的款项

(7) 下列属于事业单位应付职工薪酬的是(　　)。
 A. 基本工资　　　　B. 绩效工资　　　　C. 社会保险费　　　　D. 住房公积金

(8) 关于应缴款项,下列表述正确的是(　　)。
 A. 应缴款项期末无余额
 B. 应缴税费期末贷方余额表示事业单位应缴未缴的税费金额
 C. 应缴国库款期末贷方余额表示事业单位应缴入国库但尚未缴纳的款项
 D. 应缴财政专户款期末贷方余额表示事业单位应缴入财政专户但尚未缴纳的款项

3. 综合题

综合练习一

【目的】练习事业单位流动负债业务的核算。

【资料】(1) 20××年5月转让一项专利权,该项无形资产原账面价值为15万元,已提取摊销额6万元,取得转让收入100 000元。款项已存入银行。按照有关税收法规的规定,该项收入应当交纳营业税,税率为5%。假定按税额7%和3%分别征收城市维护建设税和教育附加。

(2) 某事业单位发放职工薪酬业务的有关账务处理如下:

①代发工资。根据银行盖章转回的工资发放明细表,发放基本工资总额300 000元,转入个人账户工资总额270 000元,代扣住房公积金30 000元,单位配套补帖住房公积金30 000元。款项已通过财政直接支付转入个人帐户和住房公积金个人账户。

②支付退休人员工资120 000元,以零余额帐户转账。

③从零余额账户向工会账户划拨工会经费 10 000 元。

【要求】为以上业务编制会计分录。

综合练习二

【目的】练习事业单位非流动负债核算。

【资料】(1)某事业单位购入一幢办公楼,价值 1 500 000 元。根据购买合同约定,事业单位将扣除 20% 价款作为质量保证金,扣留时间为 18 个月。

①在办公楼交付使用时,事业单位通过银行转账向房地产开发商支付购房款 1 200 000 元,其余 300 000 元作为扣留质量保证金。房地产开发商为事业单位开具了全款发票。

②办公楼质量保证期满后,事业单位通过银行账户向房地产开发商支付 300 000 元扣留的质量保证金。

(2)某事业单位根据专业业务发展的需要,以分期付款方式购入检测设备一台,根据购买合同,检测设备价款 72 000 元,设备款分 2 年支付。

①事业单位收到检测设备。该设备不需要安装,事业单位在取得该设备时通过零余额账户转账支付运费 500 元。

②事业单位根据购买合同约定,通过零余额账户转账支付检测设备的第一笔款项 36 000 元。

(3)某事业单位采用融资租入的方式向某公司租入专用设备一台,按租赁协议规定,设备的价款为 250 000 元,每年付租金 50 000 元,分 5 年付清,当付清最后一笔租金后,该事业单位可以 5 000 元优惠价格购买该专用设备。租入该专用设备时,发生运杂费、安装费等 2 000 元,以银行存款支付。

【要求】为以上业务编制会计分录。

综合练习三

【目的】练习事业单位净资产核算。

【资料】(1)某事业单位年终结账前"事业结余"一般资金贷方余额 400 000 元,"经营结余"科目贷方余额 100 000 元,根据规定,应交纳所得税 25 000 元,提取职工福利基金 160 000 元,其余转入事业基金。

(2)2013 年 6 月,财政部门拨付某事业单位基本补助 4 000 万元、项目补助 1 000 万元,"事业支出"科目下"财政补助支出(基本支出)"、"财政补助支出(项目支出)"明细科目的当期发生额分别为 4 000 万元和 800 万元。月末,该事业单位将本月财政补助收入和支出结转。

(3)2013 年末,某事业单位完成财政补助收支结转后,对财政补助各明细项目进行分析,按照有关规定将某项目结余资金 45 万元转入财政补助结余:

(4)2013 年 1 月,某事业单位启动一项科研项目。当年收到上级主管部门拨付的项目经费 5 000 万元,为该项目发生事业支出 4 800 万元。2013 年 12 月,项目结项,经上级主管部门批准,该项目的结余资金留归事业单位使用。

(5)2013 年 7 月 31 日,某事业单位对其收支科目进行分析,事业收入和上级补助收入本月发生额中的非专项资金收入分别为 1 000 万元、200 万元,事业支出和其他支出本期发生额中的非财政、非专项资金支出分别为 800 万元、100 万元,对附属单位补助支出本月发生额为 200 万元。经营收入本月发生额为 94 万元,经营支出本月发生额为 64 万元。

(6)2013 年年终结账时,某事业单位当年事业结余的贷方余额为 40 万元,经营结余的贷方余额为 30 万元。该事业单位应当缴纳企业所得税 6 万元。按照有关规定提取职工福利基金 10 万元。

【要求】为以上经济业务编制会计分录。

第16章

事业单位收入和支出的核算

学习目标提示

- 事业单位收入、支出的概念种类
- 如何正确区分各类事业单位收入
- 如何确认各种事业单位收入的实现
- 各类事业单位收入、支出的概念和核算方法

> **中英文关键词对照——**
>
> - 事业单位收入 institution income
> - 财政补助收入 finance subsidization income
> - 上级补助收入 higher authority subsidization income
> - 事业收入 institution income
> - 经营收入 operating revenue
> - 附属单位上缴收入 subsidiary units to the income
> - 其他收入 other revenue
> - 事业支出 expenditure
> - 经营支出 operating outlay

16.1 事业单位收入

16.1.1 事业单位收入概述

1. 收入的概念

根据《事业单位财务准则》的规定,收入是指事业单位为开展业务及其他活动依法取得的非偿还性资金。事业单位的收入依据其来源的不同,可以分为财政补助收入、事业收入、上级补助收入、附属单位上缴收入、经营收入和其他收入等。事业单位收入的概念,具有以下几层含义:

(1)收入是开展业务及其他活动而取得的。事业单位是以向社会和特定对象提供某种服务为目的的组织,虽然也开展经济业务活动,但是不以营利为最终目标,更多偏重于社会效益。其业务活动具有非生产性,开展业务活动的资金耗费,主要是从财政部门、主管部门、上级单位取得各项收入;同时,还可以通过开展有偿服务活动和生产经营活动获得事业收入和经营收入,予以补偿。

(2)收入的取得具有合法性。即事业单位必须依法办事,各项收入的取得必须符合国家有关法律、法规和规章制度的规定。

(3)收入是非偿还性的资金。收入是事业单位经济利益的增加,即事业单位取得各项收入后不需要偿还,可根据需要安排业务活动及其他活动;若需要偿还,则应作为"负债"处理。

2. 收入的确认

根据《事业单位会计准则》规定,收入应以收付实现制为主要确认基础,特定情况下采用权责发生制基础确认。

应根据收入业务的不同性质合理确认收入的实现,具体如下:

(1)财政补助收入、上级补助收入、从财政专户核拨的预算外资金,以及事业单位开展专业业务活动和辅助活动所取得的事业收入,应当在收到款项时予以确认。

(2)经营性收入的确认可以采用权责发生制,在提供劳务或发出商品,同时收讫销售款或者取得索取价款的凭据时予以确认。对于长期项目的确认,应当根据当年完成进度予以确认。

当事业单位取得的收入为非货币资金时,应根据有关凭证,在收到货物及凭据时予以确认;若没有凭证可供确认的,参照其市场价格确定。

3. 收入管理的原则

(1)加强收入的预算管理。按照《事业单位财务规则》要求,事业单位应当将各项收入全部纳入单位预算,统一核算、统一管理。国家对事业单位实行"核定收支、定额或定项补助、超支不补、结转和结余按规定使用"的预算管理办法。事业单位参考以前年度预算执行情况,根据预算年度的收入增减因素和措施以及以前年度结转和结余情况,编制收入预算。

(2)正确划分各项收入,依法缴纳税费。事业单位必须做好各项收入的划分工作,反映收入的不同来源和用途。对财政补助收入,要严格按国家规定的事业经费科目、内容、程序,进行申报、领拨、使用、核销,并按预算级次和预算科目进行明细反映。对按规定上缴国库或者财政专户的资金,应当按照国库集中收缴的有关规定及时足额上缴,不得隐瞒、滞留、截留、挪用和坐支。各单位要按自身的业务特点准确区分事业收入和经营收入,分别核算。但是有时个别单位的事业活动和经营活动的性质和内容可能相互交叉,难以准确划分,在这种情况下,应由主管部门和财政部门根据实际情况予以确认。属于行政事业性收费的要使用省以上(含省)财政部门统一监制的票据;属于经营性收入,应使用税务发票,并按章纳税。

(3)积极组织收入,正确处理经济效益和社会效益的关系。有条件的事业单位应按市场经济的客观要求,充分利用资源,拓宽组织收入的渠道,提高经费自给率和增强自我发展能力。事业单位在开展组织收入活动的同时,应将社会效益和经济效益有机结合起来,必须将社会效益放在首位。严格遵守国家规定的收费政策和管理制度,对各项收入要取之得当、用之合理,严禁乱收费、乱使用,不能因片面追求经济效益而忽视了社会效益。

16.1.2 财政补助收入的核算

1. 财政补助收入的概念

财政补助收入是指事业单位从同级财政部门取得的各类拨款,包括基本支出补助和项目支出补助。财政补助收入来源于国家财政预算资金,是国家按预算按排给予事业单位的补助。

按核定的预算和经费领报关系直接从财政部门取得的和通过主管部门从财政部门取得的各类事业经费,包括正常的经费和专项资金,但是不包括国家对事业单位的基本建设投资。

2. 财政补助收入的拨款方式

根据预算资金管理制度的规定,事业单位经费领拨的方式为财政直接支付、财政授权支付和实拨资金三种方式。

财政直接支付是由财政部门根据预算单位提出的支付申请,开具支付指令,代理银行根据支付指令通过国库单一账户体系,将资金直接支付到供应者或用款单位账户。这种支付方式主要使用于工资、大宗物品和服务采购、大型修缮、大中型基本建设项目等。如年度内财政拨款中,使用财政资金超过 200 万元(含 200 万元)的工程采购支出,纳入财政统发范围的工资性支出、纳入政府采购预算且单项采购支出超过 80 万元(含 80 万元)的物品和服务直接支付。

财政授权支付是由事业单位根据财政部门的授权额度,在月度用款额度内,向代理银行自行开具支付指令,代理银行根据支付指令通过国库单一账户体系,将资金直接支付到商品劳务供应者或用款单位账户。这种方式适用于预算单位的小额零星支出、特别紧急支出和经财政部门批准的其他支出。

实拨资金是指未实行国库集中支付改革的财政资金的拨付,包括政府性基金、预算外支出、所得税退税等。财政部正在研究,条件成熟后,将这些资金也实行国库集中支付。

3. 财政补助收入的拨款原则

预算单位使用财政资金,要坚持按照财政预算、分月用款计划、项目进度和规定程序的原则进行支付。因此,事业单位向财政部门申请使用资金时,一定要事先编制"用款计划"(见表 16.1、16.2)。编报用款计划是各事业单位使用财政性资金的依据,没有计划资金拨不走。

事业单位在领拨财政拨款时,要按经费领拨层次、按照任务进度、按照用款计划、按照支出用途领拨。事业单位实行收支统一管理,定额、定项拨款(补助),超支不补,结余留用的预算管理办法后,各单位可在单位预算收入总额内统筹安排支出,全部资金可在计划支出项目间调剂使用。但是,各单位领拨财政经费仍应当按核定的预算、季度分月用款计划规定的用途领用和转拨,未经同级财政部门批准,不得改变用途,以保证原定事业计划的完成。经费中用于专项业务的资金必须与经常性支出严格区分,严格按用途领拨,单独核算,不得互相留用。"用款计划"如表 16.1、16.2 所示。

表 16.1 预算单位 1~5 月基本支出分月用款计划表

预算单位组织机构代码： 第 页共 页
预算单位名称： 上报计划编号： 单位:元

支出功能分类			项目编码	项目名称	合计	1月		2月		3月		4月		5月	
类	款	项				直接支付	授权支付	直接支付	授权支付	直接支付	授权支付	直接支付	授权支付	直接支付	授权支付

单位负责人： 财务负责人： 经办人： 审核人： 联系电话： 申请日期：

表 16.2 预算单位项目支出分月用款计划表

预算单位组织机构代码： 　　　　　　　　第一季度　　　　　　　　　　第　页共　页
预算单位名称： 　　　　　　　　　　上报计划编号：　　　　　　　　　　　单位:元

支出功能分类			项目编码	项目名称	合计	1月		2月		3月	
科目编码		科目名称			小计	直接支付	授权支付	直接支付	授权支付	直接支付	授权支付
类	款	项									

单位负责人：　　财务负责人：　　经办人：　　审核人：　　联系电话：　　申请日期：

4. 财政补助收入的核算

为核算事业单位取得财政补助收入的情况，事业单位应设置"财政补助收入"账户，属于收入类账户，财政补助收入应于发生财政直接支付或收到财政授权支付额度，或实际收到款项时确认。

"财政补助收入"科目下设"基本支出"和"项目支出"两个二级明细科目；两个明细科目下再按照《政府收支分类科目》中"支出功能分类"的相关科目进行明细核算；事业单位的主要功能类别、款别两级科目设置如表 16.3 所示。同时在"基本支出"明细科目下按照"人员经费"和"日常公用经费"进行明细核算，在"项目支出"明细科目下按照具体项目进行明细核算，如表 16.4 所示。

表 16.3 支出功能分类表（部分）

类别	款别
教育	教育管理事务支出、普通教育支出、职业教育支出、成人教育支出、广播电视教育支出、留学教育支出、特殊教育支出、老师进修及干部继续教育支出、教育费附加安排支出、地方教育附加安排支出等
科学技术	科学技术管理事务支出、基础研究支出、应用研究支出、技术研究与开发支出、科学条件与服务支出、社会科学支出、科学技术普及支出、科学交流与合作支出、科学重大专项支出、其他科学技术支出
文化体育与传媒	文化支出、文物支出、体育支出、广播影视支出、新闻出版支出、文化事业建设费安排支出、国家电影事业发展专项资金支出、其他文化体育与传媒支出

续表 16.3

类别	款别
社会保障和就业	人力资源和社会保障管理事务支出、民政管理事务支出、财政对社会保险基金的补助支出、补充全国社会保障基金支出、行政事业单位离退休人员支出、企业改革补助支出、就业补助支出、抚恤支出、退役安置支出、社会福利支出、残疾人事业支出、城市居民最低生活保障支出、其他城镇社会救济支出、自然灾害生活救助支出、红十字事业支出、农村最低生活保障支出、大中型水库移民后期扶持基金支出、残疾人就业保障金支出、其他社会保障和就业支出
医疗卫生	医疗卫生管理事务支出、公立医院支出、基层医疗卫生机构支出、公共卫生支出、医疗保障支出、中医药支出、食品和药品监督管理事务支出、其他医疗卫生支出
节能环保	环境保护管理事务支出、环境监测与监察支出、污染防治支出、自然生态保护支出、天然林保护支出、退耕还林支出、食品和药品监督管理事务支出、其他医疗卫生支出
城乡社区事务	城乡社区管理事务支出、城乡社区规划与管理支出、城乡社区公共设施支出、城乡社区环境卫生支出、建设市场管理与监督支出、政府住房基金支出、国有土地使用权出让收入安排的支出、农业土地开发资金支出、新增建设用地有偿使用费安排的支出、城市基础设施配套安排的支出、其他城乡社区事务支出

表 16.4 财政补助收入明细科目设置表

总账科目	一级明细科目	二级明细科目	三级及以下明细科目
财政补助收入	基本支出	人员经费	功能类、款、项
		日常公用经费	功能类、款、项
	项目支出	项目名称	功能类、款、项
		……	功能类、款、项

财政补助收入的主要账务处理如下：

(1) 财政直接支付方式下。在财政直接支付方式下，事业单位收到国库支付执行机构委托代理银行转来的"财政直接支付入账通知书"及原始凭证时，即确认财政补助收入，同时确认直接支付形成的事业支出或相关资产。按照通知书中直接支付确认为入账金额，借记"事业支出"或有关资产科目，贷记"财政补助收入"科目。

年度终了，根据本年度财政直接支付预算指标数与当年财政直接支付实际支出数的差额，借记"财政应返还额度——财政直接支付"科目，贷记"财政补助收入"科目。

【例 16.1】 某事业单位收到国库支付执行机构委托代理银行转来的"财政直接支付入账通知书"及原始凭证，购买办公用品，价值 60 000 元。会计分录如下：

借：事业支出——财政补助支出——基本支出　　　　　60 000
　　贷：财政补助收入——基本支出　　　　　　　　　　　　60 000

上面会计分录中只列出了"财政补助收入"的一级明细科目，在会计实务中需要按部门预算管理和《政府收支分类科目》的要求进行明细核算。完整的会计科目是"财政补助收入——基本支出——日常公用支出——功能类、款、项"。其中，功能类、款、项需要根据事业单位的职能、财政补助资金的性质以及《政府收支分类科目》的要求填列。"事业支出"科目明细设置将在下一节介绍。

(2)财政授权支付方式。在财政授权方式下,事业单位收到代理银行转来的"授权支付到账通知书",按照通知书中授权支付额度,借记"零余额账户用款额度"科目,贷记"财政补助收入"科目。

年度终了,事业单位本年度财政授权支付预算指标数大于零余额账户用款额度下达数的,根据未下达的用款额度,借记"财政应返还额度——财政授权支付"科目,贷记"财政补助收入"科目。

【例16.2】 某事业单位收到代理银行转来的"财政授权支付到账通知书"及原始凭证,通过政府集中采购方式采购科研用材料一批,价款计100 000元。会计分录如下:

借:零余额账户用款额度　　　　　　　　　　　　　　100 000
　贷:财政补助收入——基本支出　　　　　　　　　　　　100 000
借:存货　　　　　　　　　　　　　　　　　　　　　　100 000
　贷:零余额账户用款额度　　　　　　　　　　　　　　　100 000

(3)财政实拨资金方式。财政实拨方式下,财政部门的国库支付执行机构按照批复的部门预算和资金使用计划,开出拨款凭证将财政补助资金划转到事业单位在商业银行开设的存款账户。事业单位实际收到开户银行转来的"到账通知书"时,按照实际收到的金额,借记"银行存款"等科目,贷记"财政补助收入"科目。

【例16.3】 某事业单位收到开户银行转来的"到账通知书",财政部门拨入的项目此费80 000元已经到账。会计分录如下:

借:银行存款　　　　　　　　　　　　　　　　　　　　80 000
　贷:财政补助收入——项目支出　　　　　　　　　　　　80 000

(4)购货退回。事业单位因购货退回等发生国库直接支付款项退回的,属于以前年度支付的款项,按照退回金额,借记"财政应返还额度"科目,贷记"财政补助结转"、"财政补助结余"、"存货"等有关科目;属于本年度支付的款项,按照退回金额,借记"财政补助收入"科目,贷记"事业支出"、"存货"等有关科目。

期末,将"财政补助收入"科目本期发生额转入财政补助结转,借记"财政补助收入"科目,贷记"财政补助结转"科目。期末结账后,"财政补助收入"科目应无余额。

16.1.3　上级补助收入

上级补助收入是指事业单位从主管部门和上级单位取得的非财政补助收入。具体而言,就是各事业单位的主管部门或上级单位利用自身组织的收入或集中下级单位的收入以一定的方式对某事业单位给予补助,以调剂各事业单位的资金余缺。但是,财政部门通过主管部门或上级单位转拨的事业经费,应作为财政补助收入,而不能作为上级补助收入进行核算。

上级补助收入是事业单位的非财政补助资金,按照使用要求的不同,上级补助收入分为专项资金收入和非专项资金收入。

专项资金收入指主管部门或上级单位拨入的用于完成特定任务的款项。专项资金收入应当专款专用、单独核算,并按照规定向主管部门或上级单位报送专项资金使用情况,项目完成后,应当报送专项资金支出决算和使用效果的书面报告,接受主管部门或上级单位检查、验收。当年未完成的项目结转到下年继续使用。已经完成项目结余的资金我,按规定缴回拨款单位,或留归事业单位转入事业基金。

非专项资金收入指主管部门或上级单位拨入用于维持正常运行和完成日常工作任务的款项。非专项资金收入无限定用途,年度结余的资金可以转入事业结余并进行分配。

为核算上级补助收入业务,事业单位应设置"上级补助收入"账户,属于收入类。可按照发放补助单位、补助项目、《政府收支分类科目》中"支出功能分类"相关科目等进行明细核算。上级补助收入中如有专项资金收入,还应按具体项目进行明细核算。收到上级补助收入时,按照实际收到的金额,借记"银行存款"等科目,贷记"上级补助收入"科目。

期末,将"上级补助收入"科目本期发生额中的专项资金收入结转入非财政补助结转,借记"上级补助收入——××专项资金"科目,贷记"非财政补助结转"科目。

将"上级补助收入"科目本期发生额中的非专项资金收入结转入事业结余,借记"上级补助收入"科目,贷记"事业结余"科目。期末结账后,本科目应无余额。

【例16.4】 某事业单位接到银行通知,主管部门拨入弥补事业开支不足的非财政补助款70 000元。会计分录如下:

```
借:银行存款                                    70 000
    贷:上级补助收入——主管部门                      70 000
```

【例16.5】 某科研单位有关科研经费账务处理如下:

(1)该单位收到上级单位拨来用于甲项目的研究经费500 000元。

```
借:银行存款                                   500 000
    贷:上级补助收入——上级单位——甲项目             500 000
```

(2)甲项目研究经费发生支付额是468 000元,款项以银行存款支付。

```
借:事业支出——项目支出——甲项目                468 000
    贷:银行存款                                  468 000
```

(3)甲项目完成,需单独结报。

```
借:上级补助收入——上级单位——甲项目            500 000
    贷:非财政补助结转——甲项目                    500 000
```

同时

```
借:非财政补助结转——甲项目                    468 000
    贷:事业支出——项目支出——甲项目              468 000
```

(4)该项目余款32 000元,按上级单位的要求,其中60%缴回,40%留归本单位。

```
借:非财政补助结转——上级单位——甲项目         32 000
    贷:银行存款                                   19 200
       事业基金                                   12 800
```

16.1.4 事业收入的核算

1. 事业收入的概念

事业收入是指事业单位开展专业业务活动及辅助活动所取得的收入。所谓专业业务活动,是指事业单位根据本单位专业特点所从事或开展的主要业务活动,每个事业单位的专业业务活动可能有所不同,如科研单位从事的科研活动、教育事业单位从事的教学活动、广播电视事业单位从事的节目制作和播放活动、卫生事业单位从事的医疗保健活动、体育事业单位的体育比赛活动等,通过开展上述活动取得的收入,均作为事业收入处理。所谓辅助活动是指与专业业务活动相关、直接为专业业务活动提供支持的活动,如事业单位行政管理活动、后勤服务活动及其他有关活动。

事业单位的业务活动具有公益性,在国家政策支持下可以通过事业收费运转的事业单位,提供公益性服务不以盈利为目的,但需要按成本补偿的原则制定价格,收取服务费用。事业单位应严格按照经国家批准的收费项目和收费标准进行收费,向交费人开具统一印制的财政票据或税务票据,加强事业收入和预算管理。

2. 事业收入的分类

按管理方式不同,事业收入分为财政专户返还收入和其他事业收入两种。

(1)财政专户返还收入,是采用财政专户返还方式管理的事业收入。承担政府规定的社会公益性服务任务的事业单位,或按政府指导价格收取部分费用,其事业收费需要纳入财政专户管理。

事业单位收取的纳入财政专户管理的各项收入需要上缴财政专户,按"收支两条线"的方式管理,即事业单位取得的各项事业性收费不能立即安排支出,需要上缴同级财政部门设立的财政资金专户,支出时由同级财政部门按资金收支计划从财政专户中拨付。事业单位经过审批取得从财政专户核拨的款项时,方可确认事业收入。

(2)其他事业收入,是未采用财政专户返还方式管理的普通事业收入。大多数事业单位的业务活动具有公益性,在国家政策的支持下可以通过事业收费正常运转,提供的公益性服务不以盈利为目的,但需要按成本补偿的原则制定价格并收取服务费用,其事业收费不纳入财政专户管理。事业单位在收到各项服务收费时即可确认事业收入。

需要注意的是,事业单位业务活动中的各项收费并非均属于事业收入。事业单位因代行政府职能而收取的款项需要上缴国库,形成政府的财政收入。事业单位收取的纳入财政专户管理的各项收入需要上缴财政专户,事业单位应当根据预算管理的要求,正确区分一项事业收费是属于事业收入,还是应缴国库或应缴财政专户款。

3. 事业收入的核算

为核算事业收入业务,事业单位应设置"事业收入"账户,用来核算事业单位开展专业业务活动及辅助活动取得的收入,可按照事业收入类别、项目、《政府收支分类科目》中"支出功能分类"相关科目等进行明细核算。事业收入中如有专项资金收入,还应按具体项目进行明细核算。该账户属于收入类账户,贷方登记取得的收入,借方登记收入退回数及期末转入"事业结余"账户的余额数。平时贷方余额为事业收入累计数,期末将该账户贷方余额全部转入"事业结余"账户后,结转后无余额。

事业收入的主要账务处理如下:

(1)财政专户返还方式管理的事业收入。采用财政专户返还方式管理的事业收入也称为财政专户返还收入,是财政部门通过财政专户返还事业单位的业务收入,这项收入是事业单位的业务收入,同时也属于财政资金。事业单位应当在收到从财政专户返还的事业收入时确认。

①事业单位收到应上缴财政专户的事业收入时,按照收到的款项金额,借记"银行存款"、"库存现金"等科目,贷记"应缴财政专户款"科目。

②向财政专户上缴款项时,按照实际上缴的款项金额,借记"应缴财政专户款"科目,贷记"银行存款"等科目。

③收到从财政专户返还的事业收入时,按照实际收到的返还金额,借记"银行存款"等科目,贷记"事业收入"科目。

【例16.6】 某事业单位开展专业业务活动收到事业服务费158 000元,款项已经存入银行。此款项纳入财政专户管理,按规定需要全额上缴财政专户。会计分录如下:

借:银行存款　　　　　　　　　　　　　　　　　　158 000
　　贷:应缴财政专户款　　　　　　　　　　　　　　　158 000

【例16.7】 某事业单位收到开户银行通知,申请财政专户核拨的基本经费120 000元已经到账。此款项是事业单位上缴的服务费。会计分录如下:

借:银行存款　　　　　　　　　　　　　　　　　　120 000
　　贷:事业收入　　　　　　　　　　　　　　　　　　120 000

【例16.8】 某事业单位收到代理银行转来的"授权支付到账通知书",财政部门通过授权支付方式核拨的财政专户管理资金50 000元已经下达。此款项是事业单位上缴的科技咨询服务费。会计分录如下:

借:零余额账户用款额度　　　　　　　　　　　　　　50 000
　　贷:事业收入——科技咨询业务　　　　　　　　　　50 000

(2)其他管理方式下事业收入。其他管理方式下事业收入,即未采用财政专户返还管理的事业收入。事业单位提供服务或商品取得的收入,在收讫价款时即可确认事业收入。按照实际收到的金额,借记"银行存款"、"库存现金"等科目,贷记"事业收入"科目。事业单位的事业收入需要缴纳增值税的,若属于增值税小规模纳税人的事业单位应当按照出售价款扣除增值税额后的金额确认事业收入,属于增值税一般纳税人的事业单位应当按照扣除增值税销项税额后的价款金额确认事业收入。

期末,将"事业收入"科目本期发生额中的专项资金收入结转入非财政补助结转,借记"事业收入——专项资金"科目,贷记"非财政补助结转"科目;将本期"事业收入"科目本期发生额中的非专项资金收入结转入事业结余,借记"事业收入——非专项资金"科目,贷记"事业结余"科目。期末结转后,本科目无余额。

【例16.9】 某科研单位有关取得事业收入的业务如下:

(1)承接某单位委托科研课题,经费300 000元。款项已存入银行。

借:银行存款　　　　　　　　　　　　　　　　　　300 000
　　贷:事业收入　　　　　　　　　　　　　　　　　　300 000

(2)销售开发新产品一批,单价250元,共400件,总金额117 000元,适用的增值税率17%,款项尚未收到。

借:应收账款　　　　　　　　　　　　　　　　　　117 000
　　贷:事业收入　　　　　　　　　　　　　　　　　　100 000
　　　　应缴税费——应缴增值税(销项税额)　　　　　　17 000

(3)若上述已销产品货款已经收到后,有40件因质量问题被退货。

借:事业收入　　　　　　　　　　　　　　　　　　10 000
　　应缴税费——应缴增值税(销项税额)　　　　　　　1 700
　　贷:银行存款　　　　　　　　　　　　　　　　　　11 700

(4)年终,结转"事业收入"账户贷方余额(非专项资金)。

借:事业收入　　　　　　　　　　　　　　　　　　　　　390 000
　　贷:事业结余　　　　　　　　　　　　　　　　　　　　390 000

16.1.5　附属单位上缴收入的核算

附属单位上缴收入是指事业单位附属独立核算单位按照有关规定上缴的收入,包括附属独立核算的事业单位上缴的收入和附属独立核算的企业上缴的利润等。事业单位一般下设一些独立核算的附属单位,这些单位按规定应当上缴一定的收入,形成事业单位的附属单位上缴收入。

所谓附属单位是指事业单位内部设立的,实行独立核算的下级单位,与上级单位存在一定的体制关系。附属单位缴款是事业单位收到的附属单位上缴的款项。事业单位在实际收到所属单位上缴的款项时,即可确定为收入。事业单位对附属单位经营项目的投资所获得的投资收益,属于事业单位的其他收入,不属于附属单位上缴收入。对于附属单位归还的事业单位垫付的各种费用,应当相应冲减负债,而不能作为附属单位上缴收入处理。

为核算附属单位上缴收入的业务,事业单位应设置"附属单位上缴收入"账户,并按照附属单位、缴款项目、《政府收支分类科目》中"支出功能分类"相关科目等进行明细核算。附属单位上缴收入中如有专项资金收入,还应按具体项目进行明细核算。该账户属于收入类账户,贷方登记事业单位实际收到的款项,借方登记发生的缴款退回和期末转入"事业结余"的数额。平时该账户贷方余额反映附属单位缴款累计数。年终结转时,将该账户贷方余额全数转入"事业结余"账户。结转后,该账户无余额。

事业单位在实际收到附属单位缴来的款项时,按照实际收到的金额,借记"银行存款"账户,贷记"附属单位上缴收入"账户。期末,将"附属单位上缴收入"科目本期发生额中的专项资金收入结转入非财政补助结转,借记"附属单位上缴收入——专项资金收入"科目,贷记"非财政补助结转"科目;将"附属单位上缴收入"科目本期发生额中的非专项资金收入结转入事业结余,借记"附属单位上缴收入——非专项资金收入"科目,贷记"事业结余"科目。期末结转后,本科目应无余额。

年终结转时,借记"附属单位缴款"账户,贷记"事业结余"账户。

某事业单位本年度有关取得附属单位上缴收入的业务如下:

【例 16.10】　收到所属独立核算的 A 单位缴来的利润 110 000 元。会计分录如下:
借:银行存款　　　　　　　　　　　　　　　　　　　　　110 000
　　贷:附属单位上缴收入——A 单位　　　　　　　　　　110 000

【例 16.11】　收到所属独立核算的 B 单位的分成收入 450 000 元。会计分录如下:
借:银行存款　　　　　　　　　　　　　　　　　　　　　450 000
　　贷:附属单位上缴收入——B 单位　　　　　　　　　　450 000

【例 16.12】　年终,结转"附属单位上缴收入"账户贷方余额为 560 000 元。会计分录如下:
借:附属单位上缴收入　　　　　　　　　　　　　　　　　560 000
　　贷:事业结余　　　　　　　　　　　　　　　　　　　560 000

16.1.6 经营收入的核算

1. 经营收入的概念

经营收入是指事业单位在专业业务活动及辅助活动之外开展非独立核算经营活动取得的收入。这一概念包含以下两个要点：

(1)经营收入是一种有偿收入,以提供各项服务或商品为前提,是事业单位在经营活动中通过收费等方式取得的。事业单位的主要业务是专业业务活动,在专业业务活动及辅助活动以外开展的各项业务活动即为经营活动。事业单位开展经营活动的目的是通过经营活动获取一定的收入,来弥补事业经费的不足。注意划清经营收入和事业收入的界限。如学校食堂的经营活动,所取得的收入属于经营收入,而学校向学生收取的学费和杂费为专业业务活动所取得的收入,属于事业收入。

(2)取得经营收入的经营活动必须是非独立核算的。所谓非独立核算,是指从事业单位领取一定数额的物资、款项,从事经营活动,不独立计算盈亏,把日常发生的经济业务资料,报给事业单位集中进行会计核算。事业单位所属部门开展独立核算活动而对事业单位上缴的收入,应作为附属单位上缴收入,而不能作为经营收入。独立核算指单位对其经济活动过程及其结果,独立地完整而进行会计核算。需要指出的是,事业单位的经营活动若规模较大,应尽可能地进行独立核算,执行企业会计准则,其上缴给事业单位的收入,应作为"附属单位上缴收入"处理。事业单位的经营活动规模较小,不便或无法独立核算的,纳入事业单位非独立核算的经营收入。

2. 账户设置

为核算事业单位经营收入业务,事业单位应设置"经营收入"账户,核算事业单位在专业业务活动及辅助活动之外开展非独立核算经营活动取得的收入。并根据经营活动类别、项目,并通过《政府收支分类科目》中"支出功能分类"相关科目等进行明细核算。该账户属于收入类账户,贷方登记取得或确认的经营收入,借方登记发生的销货退回、销售折让以及期末转入"经营结余"的数额。平时该账户贷方余额反映经营收入累计数。年终结转时,将该账户贷方余额全数转入"经营结余"账户。结转后,该账户无余额。

3. 主要账务处理

(1)已经收取价款。在提供服务或发出存货,同时收讫价款或者取得索取价款的凭据时,按照实际收到或应收的金额确认收入。实现经营收入时,按照确定的收入金额,借记"银行存款"、"应收账款"、"应收票据"等科目,贷记"经营收入"科目。

【例16.13】 收到招待所(非独立核算)交来客房收入5 800元,会议室出租收入3 000元。会计分录如下：

借:银行存款　　　　　　　　　　　　　　　　　　　　　8 800
　　贷:经营收入——客房收入　　　　　　　　　　　　　　5 800
　　　　　　　——会议室收入　　　　　　　　　　　　　　3 000

(2)尚未收讫价款,但取得了索取价款凭证。经营收入按权责发生制基础确认,如果事业单位在提供服务或发出存货时没有收到价款,但取得了索取价款的凭证,按照应收取的金额确认经营收入,借记"应收账款"、"应收票据"等科目,贷记"经营收入"科目。

(3) 涉及增值税业务。属于增值税小规模纳税人的事业单位实现经营收入,按实际出售价款,借记"银行存款"、"应收账款"、"应收票据"等科目,按出售价款扣除增值税额后的金额,贷记"经营收入"科目,按应缴增值税金额,贷记"应缴税费——应缴增值税"科目。

属于增值税一般纳税人的事业单位实现经营收入,按包含增值税的价款总额,借记"银行存款"、"应收账款"、"应收票据"等科目,按扣除增值税销项税额后的价款金额,贷记"经营收入"科目,按增值税专用发票上注明的增值税金额,贷记"应缴税费——应缴增值税(销项税额)"科目。

(4) 期末转账。期末,将"经营收入"科目本期发生额转入经营结余,借记"经营收入"科目,贷记"经营结余"科目。期末结账后,本科目应无余额。

【例16.14】 下属非独立核算的水厂,属小规模纳税人,获取含税收入6 000元,存入银行。会计分录如下:

借:银行存款　　　　　　　　　　　　　　　　　　　　　　　　6 000
　　贷:经营收入　　　　　　　　　　　　　　　　　　　　　　　6 000

【例16.15】 销售产品100件,每件售价200元(不含税),单位成本120元,价税合计23 400元,适用的增值税率为17%,产品已经发出,款项已经收到,存入银行。会计分录如下:

借:银行存款　　　　　　　　　　　　　　　　　　　　　　　　23 400
　　贷:经营收入　　　　　　　　　　　　　　　　　　　　　　　20 000
　　　　应缴税金——应缴增值税(销项税额)　　　　　　　　　　3 400

同时结转该产品销售成本

借:经营支出　　　　　　　　　　　　　　　　　　　　　　　　12 000
　　贷:存货　　　　　　　　　　　　　　　　　　　　　　　　　12 000

【例16.16】 年终,将经营收入贷方余额34 800元转入"经营结余"。会计分录如下:

借:经营收入　　　　　　　　　　　　　　　　　　　　　　　　34 800
　　贷:经营结余　　　　　　　　　　　　　　　　　　　　　　　34 800

16.1.7 其他收入的核算

其他收入是指事业单位除财政补助收入、事业收入、上级补助收入、附属单位上缴收入、经营收入以外的各项收入,包括投资收益、银行存款利息收入、租金收入、捐赠收入、现金盘盈收入、存货盘盈收入、收回已核销应收及预付款项、无法偿付的应付及预收款项等。

为核算其他收入业务,事业单位应设置"其他收入"账户,并按照其他收入的类别,《政府收支分类科目》中"支出功能分类"相关科目等进行明细核算。对于事业单位对外投资实现的投资净损益,应单设"投资收益"明细科目进行核算;其他收入中如有专项资金收入(如限定用途的捐赠收入),还应按具体项目进行明细核算。该账户属于收入类账户,贷方登记取得的其他收入数额,借方登记收入退回数和期末转入"事业结余"的数额。平时该账户贷方余额反映其他收入的累计数。年终结转时,将该账户贷方余额全数转入"事业结余"账户。结转后,该账户无余额。

其他收入的主要账务处理如下:

(1) 投资收益。事业单位各项短期投资、长期债券投资、长期股权投资取得的投资收入通过"其他收入"科目核算,在实际收到的金额确认,投资持有期间不确认投资收益。

①对外投资持有期间收到利息、利润等时,按实际收到的金额借记"银行存款"等科目,贷记"其他收入——投资收益"科目。

②出售或到期收回国债投资本息,按照实际收到的金额,借记"银行存款"等科目,按照出售或收回国债投资的成本,贷记"短期投资"、"长期投资"科目,按其差额,贷记或借记"其他收入——投资收益"科目。

【例16.17】 某事业单位以货币资金对外投资,获得投资收益38 000元。会计分录如下:

借:银行存款　　　　　　　　　　　　　　　　　　　　　　38 000
　　贷:其他收入——投资收益　　　　　　　　　　　　　　　　38 000

【例16.18】 某事业单位收到到期兑付的债券投资的本息共计42 000元,其中利息为2 000元。会计分录如下:

借:银行存款　　　　　　　　　　　　　　　　　　　　　　42 000
　　贷:长期投资——债券投资　　　　　　　　　　　　　　　　40 000
　　　　其他收入——利息收入　　　　　　　　　　　　　　　　2 000

(2)银行存款利息收入、租金收入。事业单位收到银行存款利息、资产承租人支付的租金,按照实际收到的金额,借记"银行存款"等科目,贷记"其他收入——利息收入、租金收入"科目。

【例16.19】 某事业单位出租固定资产取得租金收入15 000元,存入银行。会计分录如下:

借:银行存款　　　　　　　　　　　　　　　　　　　　　　15 000
　　贷:其他收入——固定资产出租收入　　　　　　　　　　　　15 000

(3)捐赠收入。事业单位接受社会机构或个人捐赠的现款、物资等通过"其他收入——捐赠收入"科目核算。

接受捐赠固定资产、无形资产等非流动资产,不通过本科目核算。

①接受捐赠现金资产,按照实际收到的金额,借记"银行存款"等科目,贷记"其他收入——捐赠收入"科目。

②接受捐赠的存货验收入库,按照确定的成本,借记"存货"科目,按照发生的相关税费、运输费等,贷记"银行存款"等科目,按照其差额,贷记"其他收入——捐赠收入"科目。

③接受的限定性用途的捐赠,应当按具体项目设置明细账户进行明细核算。

【例16.20】 某事业单位接受社会组织捐赠款项计25 000元,存入单位的银行账户。会计分录如下:

借:银行存款　　　　　　　　　　　　　　　　　　　　　　25 000
　　贷:其他收入——捐赠收入　　　　　　　　　　　　　　　　25 000

(4)流动资产盘盈。事业单位盘盈的现金、存货通过"其他收入"科目核算。盘盈固定资产不通过本科目核算。每日现金账款核对中如发现现金溢余,属于无法查明原因的部分,借记"库存现金"科目,贷记"其他收入——现金盘盈收入"科目。盘盈的存货,按照确定的入账价值,借记"存货"科目,贷记"其他收入——存货盘盈收入"科目。

【例16.21】 某事业单位当日在现金账款核对中发现溢余56元,经审查为财务报销正常的溢余。会计分录如下：
　　借：库存现金　　　　　　　　　　　　　　　　　　　　　　　56
　　　　贷：其他收入——现金盘盈收入　　　　　　　　　　　　　　　　56
　　（5）收回已核销应收及预付款项。事业单位对已核销应收账款、预付账款、其他应收款在以后期间收回的，按照实际收回的金额，借记"银行存款"等科目，贷记"其他收入"科目。
　　【例16.22】　某事业单位因某职工自行离职，已经将其所欠单位款项3 000元核销。但该职工已回到单位，经索要收回了款项。会计分录如下：
　　借：银行存款　　　　　　　　　　　　　　　　　　　　　　　3 000
　　　　贷：其他收入——收回已核销款项　　　　　　　　　　　　　　3 000
　　（6）无法偿付的应付及预收款项。事业单位对无法偿付或债权人豁免偿还的应付账款、预收账款、其他应付款及长期应付款，借记"应付账款"、"预收账款"、"其他应付款"、"长期应付款"等科目，贷记"其他收入——无法偿付的款项"科目。
　　【例16.23】　某事业单位经营业务的一项应付账款，账面余额2500元，因债权人长期消失无法偿还，予以核销。会计分录如下：
　　借：应付账款　　　　　　　　　　　　　　　　　　　　　　　2 500
　　　　贷：其他收入——无法偿付的款项　　　　　　　　　　　　　　2 500
　　（7）期末转账。期末，将"其他收入"科目本期发生额中的专项资金收入结转入非财政补助结转，借记"其他收入——专项资金收入"科目，贷记"非财政补助结转"科目；期末，将"其他收入"科目本期发生额中的非专项资金收入结转入事业结余，借记"其他收入——非专项资金收入"科目，贷记"事业结余"科目。期末结账后，本科目应无余额。
　　【例16.24】　某事业单位年终结转"其他收入"账户贷方余额80 000元。会计分录如下：
　　借：其他收入　　　　　　　　　　　　　　　　　　　　　　　80 000
　　　　贷：事业结余　　　　　　　　　　　　　　　　　　　　　　　80 000

16.2　事业单位支出

16.2.1　事业单位支出概述

1. 支出的概念

支出是指事业单位开展业务活动和其他活动所发生的资金耗费和损失，包括事业支出、经营支出、对附属单位补助支出、上缴上级支出、其他支出等。事业单位支出的概念，具有以下几层含义：

（1）事业单位的支出表现为货币资金的流出，如为获得资产、清偿债务而支付的货币资金。

（2）事业单位的支出表现为资产的耗费，如为开展业务活动而发生的材料消耗等。

（3）事业单位的支出表现为一定的损失，如遭受自然灾害而丧失的资产。

2. 支出的管理

根据《事业单位财务规则》和《事业单位会计准则》规定,事业单位的支出应当严格执行国库集中支付制度和政府采购制度等有关规定,应当依法加强各类票据管理,确保票据来源合法、内容真实、使用正确,不得使用虚假票据。严格按照支出开支范围及开支标准,予以正确归集。

(1)加强支出的预算管理。事业单位应将各项支出全部纳入单位的预算,建立健全支出管理制度。事业单位根据年度事业发展目标和计划以及预算编制规定,提出预算建议,经主管部门审核汇总报财政部门。事业单位根据财政部门下达的预算控制数编制预算,经主管部门审核汇总报财政部门,经法定程序审核批复后执行。事业单位应当严格执行批准的支出预算。

(2)加强支出规范性管理。事业单位支出应严格遵守国家规定的各项财务制度和财经纪律,执行国库集中支付制度和政府采购制度等有关规定,应当依法加强各类票据管理,确保票据来源合法、内容真实、使用正确,不得使用虚假票据。严格遵守国家统一规定的开支范围和支出标准,不得违反。

(3)划清各种支出的界限,按资金渠道办理支出。事业单位的各种资金,有规定的使用范围,应当严格遵守。要划清基本业务支出、专项资金支出的界限。划清经营支出与事业支出的界限,避免因经营支出核算不实而挤占事业资金(虚增经营结余)的现象。事业单位的职工由于执行公务的需要,可以给予必要的津贴和补助,但是应由个人负担的生活、学习等费用不能由公款开支。

(4)加强支出的绩效管理。事业单位应当加强支出绩效管理,提高资金使用的有效性。要贯彻勤俭节约方针、提高资金使用效率。事业单位在办理各项支出的过程中,要本着"少花钱,多办事"的精神,在保证高标准完成工作的前提下,厉行节约,杜绝浪费。

16.2.2 事业支出的核算

1. 事业支出的概念

事业支出是指事业单位开展各项专业业务活动及其辅助活动发生的支出,包括基本支出和项目支出。事业支出与事业收入相对应,是事业单位支出的核心内容。事业单位是提供各种社会服务的公益性组织,在提供专业服务和辅助服务活动时,必然会发生一定的耗费。事业单位应当将事业支出纳入单位预算管理,严格执行国家财政制度和财经纪律,建立健全支出的管理与控制制度,在保证专业业务活动需要的前提下,尽可能减少事业支出,以提高财政资金和业务资金的使用效益。

2. 事业支出分类

为加强事业支出的管理与核算,根据财政部门的要求,事业单位需要对事业支出进行适当的分类。

(1)按经费性质不同,事业支出可分为财政补助支出和非财政补助支出两类。

财政补助支出是事业单位用财政补助收入款项安排的事业支出。财政补助支出按部门预算管理的要求应当区分基本支出和项目支出。

非财政补助支出是事业单位使用除财政补助以外的款项安排的事业支出。事业单位的收入除财政补助收入外,还有事业收入、经营收入、上级补助收入、附属单位上缴收入、其他收入等。使用这些收入形成的款项安排的支出为非财政补助支出。非财政补助支出分为专项资金支出和非专项资金支出。

(2)按部门预算管理的要求,事业支出分为基本支出和项目支出两类。

基本支出是事业单位为了保障其正常运转完成日常工作任务而发生的支出,包括人员经费支出和日常公用经费支出。

项目支出是事业单位为完成特定工作任务和事业发展发展目标,在基本支出之外所发生的支出。

财政补助支出需要明确区分基本支出和项目支出。非财政补助支出中的非专项资金支出相当于基本支出,专项资金支出相当于项目支出。

(3)按支出的经济事项,事业支出分为人员经费支出和日常公用经费支出。

人员经费支出是指用于事业单位人员方面的事业支出,主要是《政府收支分类科目》中的"工资福利支出"和"对个人和家庭"类别的具体款项,其中:属于"工资福利支出"类别的款项包括基本工资、津贴补贴、奖金、社会保障缴费、伙食费、伙食补助费、其他工资福利支出。属于"对个人和家庭的补助"类别的款项包括离(退)休费、抚恤金、生活补助费、救济费、医疗费、住房公积金、购房补贴、其他对个人和家庭的补助支出等款项。

日常公用经费支出是指用于事业单位日常公务活动的经费支出,主要是《政府收支分类科目》中的"商品服务支出"和"基本建设支出"类别的具体款项,其中:属于"商品和服务支出"类别的款项包括办公费、印刷费、咨询费、手续费、水费、电费、邮电费、取暖费、物业管理费、差旅费、因公出国(境)费用、维修(护)费、租赁费、会议费、培训费、公务接待费、劳务费、委托业务费、工会经费、福利费、公务用车运行维护费、其他商品和服务支出;属于"基本建设支出"类别的款项包括房屋建筑物购建、办公设备购置、专用设备购置、交通工具购置、基础设施建设、大型修缮、信息网络购建、物资储备、公务用车购置、其他交通工具购置、其他基本建设支出等。

3.事业支出列报口径

事业单位应严格遵守《事业单位会计制度》,按规定的报销口径列报事业支出。

(1)对于发给个人的工资、津贴、补贴和抚恤救济费等,应根据实有人数和实发金额,取得本人签收的凭证后列报支出。通过银行划入职工个人账户的,根据提交给银行的"工资发放明细表"及代理银行提供的凭证列报支出。

(2)购入办公用品可直接列报支出,购入其他各种材料可在领用时列报支出。

(3)社会保障费、职工福利费和管理部门支付的工会经费,按照规定标准和实有人数每月计算提取,直接列报支出。

(4)固定资产修购基金按核定比例提取,直接列报支出。

(5)购入固定资产,经验收后列报支出。

(6)其他各项费用,均以实际报销数列报支出。

4.事业支出核算

为核算事业单位事业性支出业务,事业单位应设置"事业支出"账户,该账户核算事业单位开展专业业务活动及其辅助活动发生的基本支出和项目支出。

事业支出的分类较复杂,需要设置多层次的明细账户进行核算。《事业单位会计制度》规定,"事业支出"账户应当按照"基本支出"和"项目支出"、"财政补助支出"、"非财政专项资金支出"和"其他资金支出"等层级进行明细核算,并按照《政府收支分类科目》中"支出功能分类"相关科目进行明细核算;"基本支出"和"项目支出"明细科目下应当按照《政府收支分类科目》中"支出经济分类"的款级科目进行明细核算;同时在"项目支出"明细科目下按照具体项目进行明细核算。

(1)按事业支出的资金性质设置第一层次明细科目。

①"事业支出"科目按经费的性质设置"财政补助支出""非财政补助支出"和"其他资金支出"三个明细科目。

②在按经费性质设置明细科目后,应当分别在上述明细科目下设置"基本支出"、"项目支出"两个二级明细科目,分别核算事业单位的基本支出和项目支出的资金数额。

③"基本支出"明细科目下设置"人员经费支出"和"日常公用经费支出"两个三级明细科目,"项目支出"明细科目下按照具体项目名称设置三级科目。

④根据《政府收支分类科目》的要求,按"支出经济分类"款级科目设置次级明细科目。"事业支出"账户属于支出类账户,该账户借方登记实际发生的支出数,贷方登记支出结转数。期末结转后,该账户无余额。

(2)事业支出的主要账务处理如下:

①计提从事专业业务活动及其辅助活动人员的薪酬,借记"事业支出"科目,贷记"应付职工薪酬"等科目。

②开展专业业务活动及其辅助活动领用的存货,按领用存货的实际成本,借记"事业支出"科目,贷记"存货"科目。

③为开展专业业务活动及其辅助活动中发生的其他各项支出,借记"事业支出"科目,贷记"库存现金"、"银行存款"、"零余额账户用款额度"、"财政补助收入"等科目。

④期末,将"事业支出——财政补助支出"本期发生额结转入"财政补助结转"科目,借记"财政补助结转——基本支出结转、项目支出结转"科目,贷记"事业支出——财政补助支出——基本支出、项目支出"或"事业支出——基本支出——财政补助支出、项目支出——财政补助支出)科目。

期末,将"事业支出——非财政专项资金支出"本期发生额结转入"非财政补助结转"科目,借记"非财政补助结转"科目,贷记"事业支出——非财政专项资金支出"或"事业支出——项目支出——非财政专项资金支出"科目。

期末,将"事业支出——其他资金支出"本期发生额结转入"事业结余"科目,借记"事业结余"科目,贷记"事业支出——其他资金支出"或"事业支出——基本支出——其他资金支出、项目支出——其他资金支出"科目。

【16.25】 事业单位发生有关事业支出的业务如下:

(1)用现金购买的办公用品一批,价值4 800元。

借:事业支出——基本支出——办公费　　　　　　　　　　4 800
　　贷:现金　　　　　　　　　　　　　　　　　　　　　　4 800

(2)通过财政授权支付方式支付上月电话费1 200元,水费600元,电费4 800元。

借:事业支出——基本支出——邮电费 1 200
　　　　　　　　　　　——水费 600
　　　　　　　　　　　——电费 4 800
　　贷:零余额账户用款额度 6 400

(3)由财政直接支付本月职工工资360 000元。
借:事业支出——基本支出——工资 360 000
　　贷:财政补助收入——基本支出(财政直接支付)——机构运行 360 000

(4)从仓库领取办公用甲材料一批,价格8 000元。
借:事业支出——基本支出——办公费 8 000
　　贷:存货——甲材料 8 000

(5)经批准购入大型设备,用于某专项基础科研,通过财政直接支付方式支付政府采购资金254 000元,设备已验收。
借:事业支出——项目支出——设备购置 254 000
　　贷:财政补助收入——项目支出(财政直接支付)——专项基础科研
　　　　　　　　　　　　　　　　　　　　　　　　　　　　　　　254 000

同时
借:固定资产 254 000
　　贷:非流动资产基金——固定资产 254 000

(6)期末结转事业支出账户借方余额。
借:事业结余 633 200
　　贷:事业支出——基本支出 379 200
　　　　　　　　——项目支出 254 000

16.2.3　对附属单位补助支出核算

对附属单位补助支出是指事业单位用财政补助收入以外的收入对附属单位补助发生的支出。

附属单位是指实行独立核算的下级单位。事业单位作为上级单位,可以使用自有经费对下属单位进行各项补助,支持所属单位事业的发展。对附属单位补助支出属于非财政性资金支出,事业单位不能用财政补助收入对附属单位进行补助,可以使用事业收入、经营收入、其他收入等非财政性资金对附属单位给预于补助。

为了核算对附属单位的补助支出的业务,事业单位应设置"对附属单位补助支出"账户,并按照接受补助单位、补助项目、《政府收支分类科目》中"支出功能分类"相关科目等进行明细核算。属于支出类账户,发生对附属单位补助支出的,按照实际支出的金额,借记"对附属单位补助支出"科目,贷记"银行存款"等科目。期末,将"附属单位补助支出"科目本期发生额转入事业结余,借记"事业结余"科目,贷记"对附属单位补助支出"科目。期末结账后,本科目应无余额。

【16.26】某事业单位发生有关对附属单位补助支出的业务如下:
(1)某事业单位用自有资金对附属某单位拨付补助款67 000元。
借:对附属单位补助——某单位 67 000
　　贷:银行存款 67 000

(2)年终结转"对附属单位补助"账户借方余额 67 000 元。

借:事业结余   67 000
 贷:对附属单位补助——某单位   67 000

16.2.4 上缴上级支出的核算

上缴上级支出是指事业单位按照财政部门和主管部门的规定上缴上级单位的支出。有上缴上级支出的事业单位是实行独立核算并附属于上级单位的事业单位。根据本单位与上级之间的体制安排,事业单位取得的各项收入应当按规定的标准或比例上缴上级单位,形成事业单位的上缴上级支出。

为了核算上缴上级支出业务,事业单位应设置"上缴上级支出"账户。该账户属于支出类账户,其借方登记上缴上级支出数,贷方登记减少数或年终转入"事业结余"账户的数额。该账户平时余额在借方,反映上缴上级支出的累计数。年终,"上缴上级支出"账户余额结转到"事业结余"账户后,该账户无余额。

【16.27】 某事业单位发生有关上缴上级支出的业务如下:
(1)按规定上缴上级单位支出 48 000 元。

借:上缴上级支出   48 000
 贷:银行存款   48 000

(2)年终,结转"上缴上级支出"账户余额 48 000 元。

借:事业结余   48 000
 贷:上缴上级支出   48 000

16.2.5 经营支出的核算

经营支出是指事业单位在专业业务活动及辅助活动之外开展非独立核算经营活动所发生的支出。

事业单位开展非独立核算经营活动的,应当正确归集开展经营活动发生的各项费用数;无法直接归集的,应当按照规定的标准合理分摊。由事业单位在事业支出中统一垫支的各项费用,按规定应由经营支出负担的部分,要冲减事业支出。在经营活动中取得的收入应当与经营支出相配比。

为核算经营支出业务,事业单位应设置"经营支出"账户,并按照经营活动类别、项目、《政府收支分类科目》中"支出功能分类"相关科目等进行明细核算。该账户属于支出类账户,借方登记支出增加数,贷方登记支出结转数。期末结账时,应将"经营支出"账户的余额全数转入"经营结余"账户,结转后,该账户没有余额。

经营支出的主要账务处理如下:

(1)计提从事经营活动人员薪酬等,借记"经营支出"科目,贷记"应付职工薪酬"等科目。

(2)从事经营活动领用、发出的存货,按领用、发出存货的实际成本,借记"经营支出"科目,贷记"存货"科目。

(3)从事经营活动发生的其他各项支出,借记"经营支出"科目,贷记"库存现金"、"银行存款"、"应缴税费"等科目。

期末,将"经营支出"科目本期发生额转入经营结余,借记"经营结余"科目,贷记"经营支出"科目。期末结账后,本科目应无余额。

【16.28】 某事业单位本年度发生有关经营支出的业务如下:

(1)发放职工工资7 500元。

借:经营支出——基本工资　　　　　　　　　　　　　　7 500
　　贷:银行存款　　　　　　　　　　　　　　　　　　　　　　7 500

(2)购入经营活动用设备一台,发票金额总计为18 000元,款已付。

借:经营支出——设备购置费　　　　　　　　　　　　18 000
　　贷:银行存款　　　　　　　　　　　　　　　　　　　　　　18 000

同时

借:固定资产　　　　　　　　　　　　　　　　　　　　18 000
　　贷:非流动资产基金——固定资产　　　　　　　　　　　　18 000

(3)计提本月经营活动用固定资产修购资金为5 000元。

借:经营支出——修购基金　　　　　　　　　　　　　　5 000
　　贷:专用基金——修购基金　　　　　　　　　　　　　　　　5 000

(4)月末结转经营活动销售产品成本(按加权平均法计算)32 000元。

借:经营支出——产品销售成本　　　　　　　　　　　　32 000
　　贷:存货　　　　　　　　　　　　　　　　　　　　　　　　32 000

(5)月末结转经营支出账户借方余额。

借:经营结余　　　　　　　　　　　　　　　　　　　　62 500
　　贷:经营支出　　　　　　　　　　　　　　　　　　　　　　62 500

16.2.6　其他支出的核算

其他支出是指事业单位除事业支出、对附属单位补助支出、上缴上级支出和经营支出以外的各项支出,包括利息支出、捐赠支出、现金盘亏损失、资产处置损失、接受捐赠(调入)非流动资产发生的税费支出等。

为核算其他支出所包括内容,事业单位设置"其他支出"账户,属支出类。按照其他支出的类别、《政府收支分类科目》中"支出功能分类"相关科目等进行明细核算。其他支出中如有专项资金支出,还应按具体项目进行明细核算。

其他支出的主要账务处理如下:

(1)利息支出。事业单位支付银行短期借款、长期借款的利息,通过"其他支出"核算。为构建固定资产支付的专门借款利息,属于工程项目建设期间支付的,在确认息支出的同时,还要将其计入工程成本。支付银行借款利息时,借记"其他支出"科目,贷记"银行存款"科目。

(2)捐赠支出。事业单位对外捐赠货币资金、存货等流动资产,通过"其他支出"科目核算。对外捐赠货币资金时,借记"其他支出——捐赠支出"科目,贷记"银行存款"等科目。对外捐赠存货时,应先将捐出存货转入待处置资产损溢,借记"其他支出——捐赠支出"科目,贷记"待处置资产损溢"科目。对外捐赠固定资产、无形资产等非流动资产,不通过本科目核算。

(3)现金盘亏损失。每日现金账款核对中如发现现金短缺,属于无法查明原因的部分,报经批准后,借记"其他支出——现金盘亏损失"科目,贷记"库存现金"科目。

(4)资产处置损失。事业单位逾期3年或以上、有确凿证据表明确实无法收回的应收及预付款项,以及盘亏或者毁损、报废的存货,应转入"待处置资产损溢"科目。按规定报经批准后予以核销时,借记"其他支出——资产处置损失"科目,贷记"待处置资产损溢"科目。

(5)接受捐赠(调入)非流动资产发生的税费支出。接受捐赠、无偿调入非流动资产发生的相关税费、运输费等,借记"其他支出"科目,贷记"银行存款"等科目。以固定资产、无形资产取得长期股权投资,所发生的相关税费计入"其他支出"科目,贷记"银行存款"、"应缴税费"科目。

(6)期末,将"其他支出"科目本期发生额中的专项资金支出结转入非财政补助结转,借记"非财政补助结转"科目,贷记"其他支出——专项资金"科目;将"其他支出"科目本期发生额中的非专项资金支出结转入事业结余,借记"事业结余"科目,贷记"其他支出——非专项资金"科目。期末结账后,"其他支出"科目应无余额。

思 考 题

1. 事业收入包括哪些内容?
2. 什么是财政补助收入?财政补助收入的管理要求是什么?
3. 什么是上级补助收入?它与财政补助收入有什么区别?
4. 什么是事业收入?事业收入的管理要求是什么?
5. 什么是经营收入?它具有什么特征?
6. 什么是附属单位上缴收入?它与经营收入有什么区别?
7. 事业单位的支出包括哪些内容?事业支出的报销口径如何规定?
8. 什么是事业支出?什么是经营支出?
9. 什么是上缴上级支出?什么是对附属单位补助支出?
10. 什么是其他支出,包括哪些内容?

练 习 题

1. 单项选择题

(1)某医院于2013年1月份收到开户银行转来的收款通知,收到财政部门拨入的事业经费10万元。该医院收到该笔款项时,应记入的会计科目为( )。

A. 财政补助收入　　B. 上级补助收入　　C. 事业收入　　D. 事业基金

(2)下列关于上级补助收入账务处理不正确的是( )。

A. 收到上级补助收入时,借记"银行存款",贷记"上级补助收入"
B. 将专项资金收入结转入非财政补助结转
C. 将非专项资金收入结转入非财政补助结转
D. 将非专项资金收入结转入事业结余

(3)某事业单位当年取得收到上级补助收入(专项资金收入)55万元(最后留归本单位使用),向附属单位拨出经费50万元,取得事业收入(非专项资金收入)100万元,债券利息收入10万元,发生事业支出(其他资金支出)80万元,开展经营活动取得收入50万元,发生经营支出40万元。事业基金科目的贷方余额为50万元,经营结余科目的借方余额为20万元。该事业单位年末的事业基金余额为( )万元。

A. 85　　　　　　B. 75　　　　　　C. 35　　　　　　D. 45

(4)事业单位在专业业务活动及其辅助活动之外开展非独立核算经营活动发生的各项支出不涉及(　　)科目。

　　A.经营支出　　　　B.事业支出　　　　C.应付职工薪酬　　D.存货

(5)无法偿付或债权人豁免偿还的预收账款,应转入(　　)科目。

　　A.事业基金　　　　B.事业收入　　　　C.经营收入　　　　D.其他收入

(6)某事业单位以财政授权支付的方式支付印刷费10 000元,该事业单位的会计处理为(　　)。

　　A.借:事业支出　　　　　　　　　　　　　　　　　　10 000
　　　　贷:财政补助收入　　　　　　　　　　　　　　　　　　10 000
　　B.借:事业支出　　　　　　　　　　　　　　　　　　10 000
　　　　贷:银行存款　　　　　　　　　　　　　　　　　　　　10 000
　　C.借:事业支出　　　　　　　　　　　　　　　　　　10 000
　　　　贷:库存现金　　　　　　　　　　　　　　　　　　　　10 000
　　D.借:事业支出　　　　　　　　　　　　　　　　　　10 000
　　　　贷:零余额账户用款额度　　　　　　　　　　　　　　　10 000

(7)实行国库集中支付后,对于由财政授权支付的支出,事业单位在借记"事业支出"等科目的同时,应贷记(　　)科目。

　　A.零余额账户用款额度　　B.银行存款　　C.财政补助收入　　D.上级补助收入

(8)2013年4月,A事业单位开展非独立核算经营活动,取得劳务收入100 000元,适用的营业税税率为3%,款项已经收入银行。不考虑其他因素。以下表述不正确的是(　　)。

　　A.由于该业务是非独立核算经营活动,因此应计入事业收入
　　B.营业税应计入经营支出
　　C.应缴纳营业税3 000元
　　D.实际缴纳营业税时应借记"应缴税费"

2. 多项选择题

(1)2013年5月1日,甲事业单位购入用于非独立核算经营项目的物资,取得增值税专用发票上注明的价款为200 000元,增值税税额为34 000元。该单位开出一张期限为3个月的不带息银行承兑汇票,手续费100元通过银行存款支付。8月1日,支付了全部价款。根据上述资料,下列表述不正确的是(　　)。

　　A.增值税额计入进项税额
　　B.购入物资时,借记"经营支出",贷记"应付票据"
　　C.支付手续费时,借记"其他支出",贷记"银行存款"
　　D.票据到期支付票款时,借记"应付票据"234 000元

(2)实行内部成本核算的事业单位开展专业业务活动发生的下列支出,不应直接计入当期支出的有(　　)。

　　A.以实务对外投资　　　　　　　　B.用修购基金购置固定资产
　　C.购置土地使用权　　　　　　　　D.购入随买随用的零星办公用品

(3)下列属于事业单位收入的有(　　)。

　　A.财政补助收入　　B.事业收入　　C.其他业务收入　　D.上级补助收入

(4)附属单位上缴收入账户的余额,期末的时候应结转至(　　)科目。

　　A.事业基金　　　　B.事业收入　　C.事业结余　　　　D.非财政补助结转

(5)下列各项中,属于事业单位的支出的有(　　)。

　　A.利息支出　　　　B.捐赠支出　　C.事业支出　　　　D.上缴上级支出

(6)对采用财政专户返还方式能管理的事业收入,可能涉及的科目有(　　)。

　　A.银行存款　　　　B.应缴财政专户款　　C.事业收入　　　　D.财政补助收入

(7)下列应计入事业单位其他收入的是(　　)。
　　A.现金盘盈收入　　　　　　　　B.存货盘盈收入
　　C.收回已核销应收及预付款项　　D.营业外收入
(8)关于上缴上级支出科目,下列表述不正确的是(　　)。
　　A.本科目期末结转后无余额
　　B.期末结转后借方余额表示应上缴但尚未上缴的款项
　　C.上缴上级支出指的是上缴国库的支出
　　D.期末,应将上缴上级支出本期发生额结转入事业结余科目

3.综合题

综合练习一

【目的】练习事业单位收入业务的核算。

【资料】(1)某事业单位开展专业业务活动收到事业服务费 189 000 元,款项已经存入银行账户。此款项纳入财政专户管理,按规定需要全额上缴财政专户。

(2)某事业单位收到开户银行通知,申请财政专户核拨的基本经费 15 000 元已经到账。此款项是事业单位上缴的检测服务收费。

(3)某事业单位收到国库支付执行机构委托代理银行转来的"财政直接支付通知书",财政部门通过直接支付的方式,用财政专户管理的资金为事业单位支付相关费用 10 1000 元。此款项是事业单位上缴的检验服务费。

(4)某事业单位为博物馆,其专业业务活动为文化艺术品展览,当日取得门票收入 13 520 元,款项存入银行。

(5)某档案管理事业单位,下设复印服务部为客户服务(没有实行独立核算)。当日收到复印费收入 720 元,款项已经存入银行。

(6)某事业单位下属的招待所为独立核算的附属单位。按照事业单位与招待所签订的收入分配办法规定,20×1 年招待所应交纳分成款 200 000 元,事业单位已收到招待所上缴的款项。

【要求】为上述经济业务编制会计分录。

综合练习二

【目的】练习事业单位业务支出的核算。

【资料】(1)某事业单位租用某宾馆综合厅举办工作会议,发生会议费 20 000 元,以银行存款支付。所付款项为财政部门当年拨入的基本经费。

(2)某事业单位使用上级主管部门拨入的课题研究经费(非财政专项资金),以银行转账方式支付项目研究费 10 000 元。

(3)某事业单位为公共医疗卫生事业单位,从单位的零余额账户用款额度中支出 125 000 元,用于支付甲型 N1H1 流感的预防项目工作人员的特殊岗位津贴。

(4)某环境保护事业单位,向社会提供家庭装修污染检测服务,此业务没有实行独立核算,也不要求进行内部成本核算。本日购置检测用品 5 600 元,已经支付款项 3 000 元,其余款项尚未支付。

(5)某事业单位根据体制安排和本年事业收入的数额,经计算,本年应上缴上缴单位款项 150 000 元。事业单位通过银行转账上缴了款项。

【要求】为以上经济业务编制会计分录。

第 17 章

事业单位会计报表

学习目标提示

- 财务报告、会计报表主表、附表、附注和财务情况说明书
- 会计报表的编制方法,简单的财务分析

中英文关键词对照——

- 财务报告 financial reporting
- 资产负债表 balance sheet
- 收入支出表 income and disbursement sheet

17.1 事业单位财务会计报告概述

财务会计报告是反映事业单位某一特定日期的财务状况和某一会计期间的事业成果、预算执行等会计信息的文件。

在每个会计年度终了,根据财政部门的决算编审要求,在日常会计核算的基础上编制综合反映本单位财务收支状况和各项资金管理状况的总结性文件。事业单位应建立会计结算报告制度,收集汇总事业单位财务收支、经费来源与运用、资产与负债、机构、人员与工资等方面的基本数据,全面、真实反映事业单位财务状况、事业成果和预算执行等有关会计信息,反映事业单位受托责任的履行情况,为财政部门审查批复决算和编制后续年度财政预算提供基本依据,并满足国家财务会计监管、各项资金管理以及宏观经济决策等信息需要。

事业单位财务会计报告是各级政府和上级部门了解事业单位预算执行情况的重要依据,也是事业单位内部管理的基础资料。财务报告所提供的信息,有助于加强事业单位的预算管理和财务管理,接受社会公众的监督,促进事业单位提高公益服务水平。

17.1.1 财务报告组成

事业单位财务报告由会计报表、会计报表附注和财务情况说明书组成,会计报表和会计报表附注构成财务报表。

1. 会计报表

事业单位财务报表是对事业单位财务状况、事业发展、预算执行情况等的结构性表述。是财政部门和上级单位了解情况、掌握政策、指导单位预算执行工作的重要资料,也是编制下年度单位财务收支计划的基础。各单位财务部门必须认真做好财务报表的编审工作。事业单位财务报表包括资产负债表、收入支出表、财政补助收入支出表及有关附表。

2. 会计报表附注

会计报表附注是指对在会计报表中列示项目的文字描述或明细资料,以及对未能在会计报表中列示项目的说明等。

3. 财务情况说明书

财务情况说明书是对事业单位财务状况、事业成果的变动情况及原因所做的文字阐述。在完成了会计报表编制工作后,财务人员需要撰写财务情况说明书,对事业单位年度预算执行情况进行分析,提示重大影响的事项,总结经验与教训,进行绩效考核与评价,为下期会计工作奠定良好的基础。

事业单位提供财务报表的名称、编号、编制期如表17.1所示。

表17.1 事业单位的财务报表

编号	财务报表名称	编制期
会事业01表	资产负债表	月度、年度
会事业02表	收入支出表	月度、年度
会事业03表	财政补助收入支出表	年度
	附注	年度

17.1.2 事业单位会计报表的种类

事业单位会计报表可以根据需要，按照不同标准进行分类。

（1）按照编报时间，可分为月份报表和年度报表。

月份报表是按月份反映事业单位资金活动和收支情况的报表，主要用于满足本单位财务管理的需要，一般包括资产负债表和收入支出表。

年度报表又称年度决算，是全面反映单位年度资金活动和收支情况及收支结果的报表。它包括前述会计报表组成的全部内容以及财务情况说明书。年度会计报表应按财政部决算通知规定及主管部门要求的格式和期限报出。需要指出的是，年报的重要性远远超过月报。事业单位的预算一年编制一次，年度收支预算一旦确定，不能随意改变。因此，事业单位的月份会计报表反映的是事业单位预算执行过程的情况，而年报反映的是事业单位预算执行的结果。

（2）按照编制单位，可分为本级会计报表和汇总会计报表。

本级会计报表指事业单位编制的自身的会计报表。汇总会计报表指事业单位主管部门或上级机关，根据所属单位报送的会计报表和本单位的会计报表汇总编制的，反映本部门财务状况及收支情况的综合性会计报表。

17.2 事业单位会计报表的编制

事业单位月报、季报、年报的内容和编制程序基本相同，但是年度报表的内容较为详细，编制程序较为复杂。本节以年报为例，介绍事业单位会计报表的编制。

17.2.1 资产负债表的概念

资产负债表是指反映事业单位在某一特定日期财务状况的报表。资产负债表的项目包含资产、负债、净资产等会计要素。资产负债表是根据各会计要素之间的相互关系及各会计要素所包含项目的流动性和重要性，予以适当排列后编制而成。

资产负债表是事业单位的主要会计报表之一，可以提供反映会计期末事业单位占有或使用的资源、承担的债务和形成的净资产情况的会计组织。事业单位应当定期编制资产负债表，披露事业单位社会计期末的财务状况。

17.2.2 资产负债表的结构和内容

资产负债表采用账户式,分为左右两方,资产要素列示在表的左方,负债和净资产要素列示在表的右方。资产要素和负债要素所包含的项目按其流动性和重要性顺序排列。净资产要素所包含的项目按是否限定用途将非限定用途的事业基金排列在首位,其余净资产项目按照规模大小和重要性的强弱依次排列。资产负债表格式如表17.2所示。

表17.2 资产负债表

会事业01表

编表单位: 年 月 日 单位:元

序号	资产	期末余数	年初末数	序号	负债和净资产	期末余额	年初余额
	流动资产:				流动负债:		
	货币资金				短借借款		
	短期投资				应缴税费		
	财政应返还额度				应缴国库款		
	应收票据				应缴财政专用款		
	应收账款				应付职工薪酬		
	预付账款				应付票据		
	其他应收款				应付账款		
	存货				预收账款		
	其他流动资产				其他应付款		
	流动资产合计				其他流动负债		
	非流动资产:				流动负债合计		
	长期投资				非流动负债:		
	固定资产:				长期借款		
	固定资产原值				长期应付款		
	减:累计折旧				非流动负债合计		
	在建工程				负债合计		
	无形资产				净资产:		
	无形资产原价				事业基金		
	减:累计摊销				非流动资产基金		
	待处置资产损溢				专用基金		
	非流动资产合计				财政补助结转		
					财政补助结余		
					非财政补助结转		
					非财政补助结余		
					1.事业结余		
					2.经营结余		
					净资产合计		
	资产合计				负债和净资产合计		

从表 17.2 可以看出,资产负债表的结构分为表头和基本内容两部分。表头部分主要注明报表名称、编制单位、编制日期、报表所使用的货币单位。基本内容是资产负债表的核心,分为左右两部分,各部分各有四栏。报表完成后,还应分别加盖单位负责人、会计主管、复核、制表等人的印章,以示对报表内容所负的责任。

17.2.3 资产负债表的编制方法

本表"年初余额"栏内各项数字,应当根据上年年末资产负债表"期末余额"栏内数字填列。如果本年度资产负债表规定的各个项目的名称和内容同上年度不相一致,应对上年年末资产负债表各项目的名称和数字按照本年度的规定进行调整,填入本表"年初余额"栏内。本表"期末余额"栏各项目的内容和填列方法如下:

1. 资产类项目

(1)"货币资金"项目,反映事业单位期末库存现金、银行存款和零余额账户用款额度的合计数。本项目应当根据"库存现金"、"银行存款"、"零余额账户用款额度"科目的期末余额合计填列。

(2)"短期投资"项目,反映事业单位期末持有的短期投资成本。本项目应当根据"短期投资"科目的期末余额填列。

(3)"财政应返还额度"项目,反映事业单位期末财政应返还额度的金额。本项目应当根据"财政应返还额度"科目的期末余额填列。

(4)"应收票据"项目,反映事业单位期末持有的应收票据的票面金额。本项目应当根据"应收票据"科目的期末余额填列。

(5)"应收账款"项目,反映事业单位期末尚未收回的应收账款余额。本项目应当根据"应收账款"科目的期末余额填列。

(6)"预付账款"项目,反映事业单位预付给商品或者劳务供应单位的款项。本项目应当根据"预付账款"科目的期末余额填列。

(7)"其他应收款"项目,反映事业单位期末尚未收回的其他应收款余额。本项目应当根据"其他应收款"科目的期末余额填列。

(8)"存货"项目,反映事业单位期末为开展业务活动及其他活动耗用而储存的各种材料、燃料、包装物、低值易耗品及达不到固定资产标准的用具、装具、动植物等的实际成本。本项目应当根据"存货"科目的期末余额填列。

(9)"其他流动资产"项目,反映事业单位除上述各项之外的其他流动资产,如将在 1 年内(含 1 年)到期的长期债券投资。本项目应当根据"长期投资"等科目的期末余额分析填列。

(10)"长期投资"项目,反映事业单位持有时间超过 1 年(不含 1 年)的股权和债权性质的投资。本项目应当根据"长期投资"科目期末余额减去其中将于 1 年内(含 1 年)到期的长期债券投资余额后的金额填列。

(11)"固定资产"项目,反映事业单位期末各项固定资产的账面价值。本项目应当根据"固定资产"科目期末余额减去"累计折旧"科目期末余额后的金额填列。

"固定资产原价"项目,反映事业单位期末各项固定资产的原价。本项目应当根据"固定资产"科目的期末余额填列。

"累计折旧"项目,反映事业单位期末各项固定资产的累计折旧。本项目应当根据"累计折旧"科目的期末余额填列。

(12)"在建工程"项目,反映事业单位期末尚未完工交付使用的在建工程发生的实际成本。本项目应当根据"在建工程"科目的期末余额填列。

(13)"无形资产"项目,反映事业单位期末持有的各项无形资产的账面价值。本项目应当根据"无形资产"科目期末余额减去"累计摊销"科目期末余额后的金额填列。

"无形资产原价"项目,反映事业单位期末持有的各项无形资产的原价。本项目应当根据"无形资产"科目的期末余额填列。

"累计摊销"项目,反映事业单位期末各项无形资产的累计摊销。本项目应当根据"累计摊销"科目的期末余额填列。

(14)"待处置资产损溢"项目,反映事业单位期末待处置资产的价值及处置损溢。本项目应当根据"待处置资产损溢"科目的期末借方余额填列;如"待处置资产损溢"科目期末为贷方余额,则以"—"号填列。

(15)"非流动资产合计"项目,按照"长期投资"、"固定资产"、"在建工程"、"无形资产"、"待处置资产损溢"项目金额的合计数填列。

2.负债类项目

(1)"短期借款"项目,反映事业单位借入的期限在1年内(含1年)的各种借款。本项目应当根据"短期借款"科目的期末余额填列。

(2)"应缴税费"项目,反映事业单位应交未交的各种税费。本项目应当根据"应缴税费"科目的期末贷方余额填列;如"应缴税费"科目期末为借方余额,则以"—"号填列。

(3)"应缴国库款"项目,反映事业单位按规定应缴入国库的款项(应缴税费除外)。本项目应当根据"应缴国库款"科目的期末余额填列。

(4)"应缴财政专户款"项目,反映事业单位按规定应缴入财政专户的款项。本项目应当根据"应缴财政专户款"科目的期末余额填列。

(5)"应付职工薪酬"项目,反映事业单位按有关规定应付给职工及为职工支付的各种薪酬。本项目应当根据"应付职工薪酬"科目的期末余额填列。

(6)"应付票据"项目,反映事业单位期末应付票据的金额。本项目应当根据"应付票据"科目的期末余额填列。

(7)"应付账款"项目,反映事业单位期末尚未支付的应付账款的金额。本项目应当根据"应付账款"科目的期末余额填列。

(8)"预收账款"项目,反映事业单位期末按合同规定预收但尚未实际结算的款项。本项目应当根据"预收账款"科目的期末余额填列。

(9)"其他应付款"项目,反映事业单位期末应付未付的其他各项应付及暂收款项。本项目应当根据"其他应付款"科目的期末余额填列。

(10)"其他流动负债"项目,反映事业单位除上述各项之外的其他流动负债,如承担的将于1年内(含1年)偿还的长期负债。本项目应当根据"长期借款"、"长期应付款"等科目的期末余额分析填列。

(11)"长期借款"项目,反映事业单位借入的期限超过1年(不含1年)的各项借款本金。本项目应当根据"长期借款"科目的期末余额减去其中将于1年内(含1年)到期的长期借款余额后的金额填列。

(12)"长期应付款"项目,反映事业单位发生的偿还期限超过1年(不含1年)的各种应付款项。本项目应当根据"长期应付款"科目的期末余额减去其中将于1年内(含1年)到期的长期应付款余额后的金额填列。

3. 净资产类项目

(1)"事业基金"项目,反映事业单位期末拥有的非限定用途的净资产。本项目应当根据"事业基金"科目的期末余额填列。

(2)"非流动资产基金"项目,反映事业单位期末非流动资产占用的金额。本项目应当根据"非流动资产基金"科目的期末余额填列。

(3)"专用基金"项目,反映事业单位按规定设置或提取的具有专门用途的净资产。本项目应当根据"专用基金"科目的期末余额填列。

(4)"财政补助结转"项目,反映事业单位滚存的财政补助结转资金。本项目应当根据"财政补助结转"科目的期末余额填列。

(5)"财政补助结余"项目,反映事业单位滚存的财政补助项目支出结余资金。本项目应当根据"财政补助结余"科目的期末余额填列。

(6)"非财政补助结转"项目,反映事业单位滚存的非财政补助专项结转资金。本项目应当根据"非财政补助结转"科目的期末余额填列。

(7)"非财政补助结余"项目,反映事业单位自年初至报告期末累计实现的非财政补助结余弥补以前年度经营亏损后的余额。本项目应当根据"事业结余"、"经营结余"科目的期末余额合计填列;如"事业结余"、"经营结余"科目的期末余额合计为亏损数,则以"-"号填列。在编制年度资产负债表时,本项目金额一般应为"0";若不为"0",本项目金额应为"经营结余"科目的期末借方余额("-"号填列)。

"事业结余"项目,反映事业单位自年初至报告期末累计实现的事业结余。本项目应当根据"事业结余"科目的期末余额填列;如"事业结余"科目的期末余额为亏损数,则以"-"号填列。在编制年度资产负债表时,本项目金额应为"0"。

"经营结余"项目,反映事业单位自年初至报告期末累计实现的经营结余弥补以前年度经营亏损后的余额。本项目应当根据"经营结余"科目的期末余额填列;如"经营结余"科目的期末余额为亏损数,则以"-"号填列。在编制年度资产负债表时,本项目金额一般应为"0";若不为"0",本项目金额应为"经营结余"科目的期末借方余额("-"号填列)。

【例17.1】 某事业单位20×3年12月31日结账后各资产、负债和净资产科目如表7.3所示。据此,编制该年度事业单位的资产负债表。

表 17.3　会计科目余额表

20×3 年 12 月 31 日　　　　　　　　　　　　　　　　　　　　　　　　单位:元

资　产	借方余额	负债和净资产	贷方余额
库存现金	1 000	短期借款	250 000
银行存款	65 000	应缴税费	0
零余额账户用款额度	0	应缴国库款	0
短期投资	122 500	应缴财政专户款	0
财政应返还额度	36 000	应付职工薪酬	0
应收票据	100 000	应付票据	0
应收账款	168 000	应付账款	78 000
预付账款	80 000	预收账款	43 500
其他应收款	40 000	其他应付款	27 600
存货	132 110	长期借款	200 000
长期投资	168 000	长期应付款	0
固定资产	740 000	事业基金	200 000
累计折旧	−25 510	非流动资产基金	1 705 000
在建工程	586 000	专用基金	60 000
无形资产	300 000	财政补助结转	28 000
累计摊销	−35 000	财政补助结余	12 000
待处置资产损溢	151 000	非财政补助结转	25 00
		非财政补助结余	0
		事业结余	
		经营结余	0
合计	2 629 100	合计	2 629 100

12 月 31 日编制的资产负债表为年末资产负债表时,"年初余额"栏内各项数字,应当根据上年年末资产负债表"期末余额"栏内数字填列。"期末余额"栏内各项数字根据各账户的期末余额直接填列、合并填列或分析填列。主要项目的填列说明如下:

(1) 货币资金项目。货币资金的数额为库存现金、银行存款和零余额账户用款额度的合计数。

货币资金=1000+65 000=66 000 元

(2) 长期投资项目。经过分析,长期投资中,将 1 年内到期的长期债券投资为 50 000 元,应列入其他流动资产项目。

长期投资=168 000−50 000=118 000 元

其他流动资产=50 000 元

(3) 固定资产、无形资产项目。固定资产、无形资产按扣除累计折旧、累计摊销的数额填列。

$$固定资产 = 745\,000 - 25\,510 = 719\,490\,元$$

$$无形资产 = 300\,000 - 35\,000 = 265\,000\,元$$

(4)长期借款项目。长期借款中,将于1年内(含1年)偿还的借款为85 000元,应列入其他流动负债项目。

$$长期借款 = 200\,000 - 85\,000 = 115\,000\,元$$

$$其他流动负债 = 85\,000\,元$$

其他项目均可根据各账户的期末余额直接填列。资产总计、负债总计、净资产总计合计等项目的数额按其内容汇总后填列。编制完成的年度资产负债表如表17.4所示。

表17.4 资产负债表 会事业01表

编表单位: 20×3年12月31日 单位:元

序号	资产	期末余数	年初末数	序号	负债和净资产	期末余额	年初余额
	流动资产:				流动负债:		
	货币资金	66 000			短借借款	250 000	
	短期投资	122 500			应缴税费	0	
	财政应返还额度	36 000			应缴国库款	0	
	应收票据	100 000			应缴财政专用款	0	
	应收账款	168 000			应付职工薪酬	0	
	预付账款	80 000			应付票据	0	
	其他应收款	40 000			应付账款	78 000	
	存货	132 110			预收账款	43 500	
	其他流动资产	50 000			其他应付款	27 600	
	流动资产合计	794 610			其他流动负债	85 000	
	非流动资产:				流动负债合计	484 100	
	长期投资	118 000			非流动负债:		
	固定资产:	714 490			长期借款	115 000	
	固定资产原值	740 000			长期应付款	0	
	减:累计折旧	-25 510			非流动负债合计	115 000	
	在建工程	586 000			负债合计	599 100	
	无形资产	265 000			净资产:		
	无形资产原价	300 000			事业基金	200 000	
	减:累计摊销	-35 000			非流动资产基金	1 705 000	
	待处置资产损溢	151 000			专用基金	60 000	
	非流动资产合计	1 834 490			财政补助结转	28 000	
					财政补助结余	12 000	
					非财政补助结转	25 00	
					非财政补助结余	0	
					1.事业结余	0	
					2.经营结余	0	
					净资产合计	2 030 000	
	资产合计	2 629 100			负债和净资产合计	2 629 100	

17.3 收入支出表

17.3.1 收入支出表的概念

收入支出表或者收入费用表是指反映事业单位在某一会计期间的事业成果及其分配情况的报表。通过收入支出表,财政部门、上级单位和其他单位可以了解事业单位的收入来源、支出用途以及结余分配的情况,判断其事业成果,评价其业绩。事业单位本身也可以通过收入支出表了解自身财务收支情况以加强财务管理。

17.3.2 收入支出表的结构与内容

事业单位收入支出表由表首和报表主体构成。报表主体部分包括编报项目、栏目及金额。

收入支出表的表首包括报表名称、编号(会事业02)、编报单位、编报时间和金额单位等内容。

编报项目应当按照收入、支出的构成和非财政补助结余分配情况分项列示,按本期财政补助结转结余、本期事业结转结余、本期经营结余、本年非财政补助结转结余等项目分层次排列。

栏目及金额,月报的收入支出表由"本月数"和"本年累计"两栏组成,年报的收入支出表由"上年数"和"本年数"两栏组成。收入支出表的各栏数额,应当根据相关收支账户的"本月累计数"和"本年累计数"的发生额填列,或经过计算、分析填列。其格式如表17.5所示。

表17.5 收入支出表

会事业02表

编表单位： 　　　　　年　月　　　　　单位:元

项目	本月数	本年累计数
一、本期财政补助结转结余		
财政补助收入		
减:事业支出(财政补助支出)		
二、本期事业结转结余		
(一)事业类收入		
1.事业收入		
2.上级补助收入		
3.附属单位上缴收入		
4.其他收入		
其中:捐赠收入		
减:(二)事业类支出		
1.事业支出(非财政补助支出)		

续表 17.5

项　　目	本月数	本年累计数
2. 上缴上级支出		
3. 对附属单位补助支出		
4. 其他支出		
三、本期经营结余		
经营收入		
减：经营支出		
四、弥补以前年度亏损后的经营结余		
五、本年非财政补助结转结余		
减：非财政补助结转		
六、本年非财政补助结余		
减：应缴企业所得税		
减：提取专用基金		
七、转入事业基金		

17.3.3　收入支出表的编制方法

收入支出表"本月数"栏反映各项目的本月实际发生数。在编制年度收入支出表时,应当将本栏改为"上年数"栏,反映上年度各项目的实际发生数;如果本年度收入支出表规定的各个项目的名称和内容同上年度不一致,应对上年度收入支出表各项目的名称和数字按照本年度的规定进行调整,填入本年度收入支出表的"上年数"栏。

收入支出表"本年累计数"栏反映各项目自年初起至报告期末止的累计实际发生数。编制年度收入支出表时,应当将本栏改为"本年数"。

收入支出表"本月数"栏各项目的内容和填列方法如下:

1. 本期财政补助结转结余

(1)"本期财政补助结转结余"项目,反映事业单位本期财政补助收入与财政补助支出相抵后的余额。本项目应当按照本表中"财政补助收入"项目金额减去"事业支出(财政补助支出)"项目金额后的余额填列。

(2)"财政补助收入"项目,反映事业单位本期从同级财政部门取得的各类财政拨款。本项目应当根据"财政补助收入"科目的本期发生额填列。

(3)"事业支出(财政补助支出)"项目,反映事业单位本期使用财政补助发生的各项事业支出。本项目应当根据"事业支出——财政补助支出"科目的本期发生额填列,或者根据"事业支出——基本支出(财政补助支出)"、"事业支出——项目支出(财政补助支出)"科目的本期发生额合计填列。

2. 本期事业结转结余

(1)"本期事业结转结余"项目,反映事业单位本期除财政补助收支、经营收支以外的各项收支相抵后的余额。本项目应当按照本表中"事业类收入"项目金额减去"事业类支出"项目金额后的余额填列;如为负数,以"-"号填列。

(2)"事业类收入"项目,反映事业单位本期事业收入、上级补助收入、附属单位上缴收入、其他收入的合计数。本项目应当按照本表中"事业收入"、"上级补助收入"、"附属单位上缴收入"、"其他收入"项目金额的合计数填列。

"事业收入"项目,反映事业单位开展专业业务活动及其辅助活动取得的收入。本项目应当根据"事业收入"科目的本期发生额填列。

"上级补助收入"项目,反映事业单位从主管部门和上级单位取得的非财政补助收入。本项目应当根据"上级补助收入"科目的本期发生额填列。

"附属单位上缴收入"项目,反映事业单位附属独立核算单位按照有关规定上缴的收入。本项目应当根据"附属单位上缴收入"科目的本期发生额填列。

"其他收入"项目,反映事业单位除财政补助收入、事业收入、上级补助收入、附属单位上缴收入、经营收入以外的其他收入。本项目应当根据"其他收入"科目的本期发生额填列。

"捐赠收入"项目,反映事业单位接受现金、存货捐赠取得的收入。本项目应当根据"其他收入"科目所属相关明细科目的本期发生额填列。

(3)"事业类支出"项目,反映事业单位本期事业支出(非财政补助支出)、上缴上级支出、对附属单位补助支出、其他支出的合计数。本项目应当按照本表中"事业支出(非财政补助支出)"、"上缴上级支出"、"对附属单位补助支出"、"其他支出"项目金额的合计数填列。

"事业支出(非财政补助支出)"项目,反映事业单位使用财政补助以外的资金发生的各项事业支出。本项目应当根据"事业支出——非财政专项资金支出"、"事业支出——其他资金支出"科目的本期发生额合计填列,或者根据"事业支出——基本支出(其他资金支出)"、"事业支出——项目支出(非财政专项资金支出、其他资金支出)"科目的本期发生额合计填列。

"上缴上级支出"项目,反映事业单位按照财政部门和主管部门的规定上缴上级单位的支出。本项目应当根据"上缴上级支出"科目的本期发生额填列。

"对附属单位补助支出"项目,反映事业单位用财政补助收入之外的收入对附属单位补助发生的支出。本项目应当根据"对附属单位补助支出"科目的本期发生额填列。

"其他支出"项目,反映事业单位除事业支出、上缴上级支出、对附属单位补助支出、经营支出以外的其他支出。本项目应当根据"其他支出"科目的本期发生额填列。

3. 本期经营结余

(1)"本期经营结余"项目,反映事业单位本期经营收支相抵后的余额。本项目应当按照本表中"经营收入"项目金额减去"经营支出"项目金额后的余额填列;如为负数,以"-"号填列。

(2)"经营收入"项目,反映事业单位在专业业务活动及其辅助活动之外开展非独立核算经营活动取得的收入。本项目应当根据"经营收入"科目的本期发生额填列。

(3)"经营支出"项目,反映事业单位在专业业务活动及其辅助活动之外开展非独立核算经营活动发生的支出。本项目应当根据"经营支出"科目的本期发生额填列。

4. 弥补以前年度亏损后的经营结余

"弥补以前年度亏损后的经营结余"项目,反映事业单位本年度实现的经营结余扣除本年初未弥补经营亏损后的余额。本项目应当根据"经营结余"科目年末转入"非财政补助结余分配"科目前的余额填列;如该年末余额为借方余额,以"-"号填列。

5. 本年非财政补助结转结余

(1)"本年非财政补助结转结余"项目,反映事业单位本年除财政补助结转结余之外的结转结余金额。如本表中"弥补以前年度亏损后的经营结余"项目为正数,本项目应当按照本表中"本期事业结转结余"、"弥补以前年度亏损后的经营结余"项目金额的合计数填列;如为负数,以"-"号填列。如本表中"弥补以前年度亏损后的经营结余"项目为负数,本项目应当按照本表中"本期事业结转结余"项目金额填列;如为负数,以"-"号填列。

(2)"非财政补助结转"项目,反映事业单位本年除财政补助收支外的各专项资金收入减去各专项资金支出后的余额。本项目应当根据"非财政补助结转"科目本年贷方发生额中专项资金收入转入金额合计数减去本年借方发生额中专项资金支出转入金额合计数后的余额填列。

6. 本年非财政补助结余

(1)"本年非财政补助结余"项目,反映事业单位本年除财政补助之外的其他结余金额。本项目应当按照本表中"本年非财政补助结转结余"项目金额减去"非财政补助结转"项目金额后的金额填列;如为负数,以"-"号填列。

(2)"应缴企业所得税"项目,反映事业单位按照税法规定应缴纳的企业所得税金额。本项目应当根据"非财政补助结余分配"科目的本年发生额分析填列。

(3)"提取专用基金"项目,反映事业单位本年按规定提取的专用基金金额。本项目应当根据"非财政补助结余分配"科目的本年发生额分析填列。

7. 转入事业基金

编制月度收入支出表的不设置此项目上,本项目只有在编制年度收入支出表时才填列。"转入事业基金"项目,反映事业单位本年按规定转入事业基金的非财政补助结余资金。本项目应当按照本表中"本年非财政补助结余"项目金额减去"应缴企业所得税"、"提取专用基金"项目金额后的余额填列;如为负数,以"-"号填列。

17.4 财政补助收入支出表

17.4.1 财政补助收入支出表概念

财政补助收入支出表是指反映事业单位在某一会计期间财政补助收入、支出、结转及结余情况的报表。事业单位有一定数额的资金来源于财政拨款,这部分资金的取得和使用应当符合部门预算管理要求。事业单位应定期编制财政补助收入支出表,向财政部门报告财政补助收入、支出、结转和结余的明细情况。其格式如表 17.6 所示。

表 17.6 财政补助收入支出表

会事业 03 表

编制单位：　　　　　　　　　　　年度　　　　　　　　　　　　单位：元

项　目	本年数	上年数
一、年初财政补助结转结余		——
（一）基本支出结转		——
1. 人员经费		——
2. 日常公用经费		——
（二）项目支出结转		——
××项目		——
（三）项目支出结余		——
二、调整年初财政补助结转结余		——
（一）基本支出结转		——
1. 人员经费		——
2. 日常公用经费		——
（二）项目支出结转		——
××项目		——
（三）项目支出结余		——
三、本年归集调入财政补助结转结余		
（一）基本支出结转		
1. 人员经费		
2. 日常公用经费		
（二）项目支出结转		
××项目		
（三）项目支出结余		
四、本年上缴财政补助结转结余		
（一）基本支出结转		
1. 人员经费		
2. 日常公用经费		
（二）项目支出结转		
××项目		
（三）项目支出结余		
五、本年财政补助收入		
（一）基本支出		
1. 人员经费		
2. 日常公用经费		
（二）项目支出		
××项目		

续表 17.6

项　目	本年数	上年数
六、本年财下补助支出		
(一)基本支出		
1.人员经费		
2.日常公用经费		
(二)项目支出		
××项目		
七、年末财政补助结转结余		——
(一)基本支出结转		——
1.人员经费		——
2.日常公用经费		——
(二)项目支出结转		——
××项目		——
(三)项目支出结余		——

17.4.2　财政补助收入支出表编制说明

财政补助收入支出表"上年数"栏内各项数字,应当根据上年度财政补助收入支出表"本年数"栏内数字填列。

"本年数"栏各项目的内容和填列方法如下:

1. 年初财政补助结转结余

"年初财政补助结转结余"项目及其所属各明细项目,反映事业单位本年初财政补助结转和结余余额。各项目应当根据上年度财政补助收入支出表中"年末财政补助结转结余"项目及其所属各明细项目"本年数"栏的数字填列。

2. 调整年初财政补助结转结余

"调整年初财政补助结转结余"项目及其所属各明细项目,反映事业单位因本年发生需要调整以前年度财政补助结转结余的事项,而对年初财政补助结转结余的调整金额。各项目应当根据"财政补助结转"、"财政补助结余"科目及其所属明细科目的本年发生额分析填列。如调整减少年初财政补助结转结余,以"-"号填列。

3. 本年归集调入财政补助结转结余

"本年归集调入财政补助结转结余"项目及其所属各明细项目,反映事业单位本年度取得主管部门归集调入的财政补助结转结余资金或额度金额。各项目应当根据"财政补助结转"、"财政补助结余"科目及其所属明细科目的本年发生额分析填列。

4. 本年上缴财政补助结转结余

"本年上缴财政补助结转结余"项目及其所属各明细项目,反映事业单位本年度按规定实际上缴的财政补助结转结余资金或额度金额。各项目应当根据"财政补助结转"、"财政补助结余"科目及其所属明细科目的本年发生额分析填列。

5. 本年财政补助收入

"本年财政补助收入"项目及其所属各明细项目,反映事业单位本年度从同级财政部门取得的各类财政拨款金额。各项目应当根据"财政补助收入"科目及其所属明细科目的本年发生额填列。

6. 本年财政补助支出

"本年财政补助支出"项目及其所属各明细项目,反映事业单位本年度发生的财政补助支出金额。各项目应当根据"事业支出"科目所属明细科目本年发生额中的财政补助支出数填列。

7. 年末财政补助结转结余

"年末财政补助结转结余"项目及其所属各明细项目,反映事业单位截至本年末的财政补助结转和结余余额。各项目应当根据"财政补助结转"、"财政补助结余"科目及其所属明细科目的年末余额填列。

17.4.3 附注

附注是指对在会计报表中列示项目的文字描述或明细资料,以及对未能在会计报表中列示项目的说明等。

事业单位的会计报表附注至少应当披露下列内容:
(1) 遵循《事业单位会计准则》、《事业单位会计制度》的声明;
(2) 单位整体财务状况、业务活动情况的说明;
(3) 会计报表中列示的重要项目的进一步说明,包括其主要构成、增减变动情况等;
(4) 重要资产处置情况的说明;
(5) 重大投资、借款活动的说明;
(6) 以名义金额计量的资产名称、数量等情况,以及以名义金额计量理由的说明;
(7) 以前年度结转结余调整情况的说明;
(8) 有助于理解和分析会计报表需要说明的其他事项。

思 考 题

1. 什么是事业单位财务报告,它由哪些部分组成?
2. 事业单位会计报表主要包括哪几张报表?
3. 什么是资产负债表,如何编制?
4. 什么是收入支出表,如何编制收入支出表?
5. 什么是财政补助收入支出表?

练 习 题

1. 单项选择题

(1) 事业单位资产负债表"年初余额"栏内各项数字,应当根据上年年末资产负债表(　　)栏内数字填列。

A. 期末余额　　　　B. 年初余额　　　　C. 累计余额　　　　D. 资产总额

(2)事业单位的(　　)是反映事业单位某一特定日期的财务状况和某一会计期间的事业成果、预算执行等会计信息的文件。

A. 资产负债表　　　B. 收入支出表　　　C. 财政补助收入支出表　　　D. 财务报告

(3)下列各项中,不会引起事业单位年末资产负债表中事业基金总额发生变化的有(　　)。

A. 以银行存款购入固定资产

B. 用本企业固定资产对外投资

C. 提取职工福利基金

D. 购入国库券

(4)下列关于事业单位报表附注的内容,不正确的是(　　)。

A. 单位整体财务状况、业务活动情况的说明

B. 重要资产处置情况的说明

C. 一般性投资、借款活动的说明

D. 以前年度结转结余调整情况的说明

2. 多项选择题

(1)2012 年,某事业单位 1 月 15 日,领取价值 30 000 元的物资用于开展专业业务活动。辅助登记的信息表明,购买该物资使用的资金是非财政、非专项资金,这笔经济业务可能对资产负债表中(　　)项目产生影响。

A. 存货　　　　B. 事业基金　　　　C. 事业结余　　　　D. 非财政补助结转

(2)下列关于事业单位报表附注的内容,正确的是(　　)。

A. 单位整体财务状况、业务活动情况的说明　　　B. 重要资产处置情况的说明

C. 重大投资、借款活动的说明　　　D. 以前年度结转结余调整情况的说明

(3)事业单位财务报表是对事业单位(　　)情况等的结构性表述。

A. 财务状况　　　B. 经营成果　　　C. 预算信息　　　D. 预算执行情况

4. 下列各项中,会引起事业单位年末资产负债表中事业基金总额发生变化的有(　　)。

A. 以银行存款购入固定资产

B. 用本企业固定资产对外投资

C. 提取职工福利基金

D. 购入国库券

第 18 章

我国民间非营利组织会计

 学习目标提示

- 民间非营利组织会计的定义及特点
- 民间非营利组织会计核算基本前提和一般原则
- 民间非营利组织的会计要素和所使用会计科目
- 民间非营利组织会计财务会计报告构成、会计报表格式及会计报表附注说明等

中英文关键词对照——

- 民间非营利组织 nongoverrmental and nonprofitable organization
- 资产 asset
- 负债 liability
- 净资产 netassets
- 收入 revenue
- 费用 expense
- 财务会计报告 financial accounting report

18.1 我国民间非营利组织会计概述

随着我国市场经济体制改革的不断深入,我国民间非营利组织的规模进一步扩大,民间非营利事业得到了快速发展。民间非营利组织在社会救济、教育、养老保健、医疗服务等方面为政府分担了越来越多的责任,发挥了积极作用。

为了促进民间非营利组织的健康发展,规范民间非营利组织的会计核算,提高会计信息质量,我国财政部根据《中华人民共和国会计法》及其他有关法律、法规,于2004年8月18日制定发布了《民间非营利组织会计制度》,要求适用的民间非营利组织自2005年1月1日起开始执行。该制度是我国第一部民间非营利组织的会计制度,标志着我国非营利组织会计规范体系建设迈出了重要的一步,填补了我国会计规范的一项空白。因此,可以说,《民间非营利组织会计制度》正是我国民间非营利事业发展的必然产物。

18.1.1 民间非营利组织的概念及特征

1. 民间非营利组织的概念

民间非营利组织是指由民间出资举办的,不以营利为目的的,从事教育、科技、文化、卫生、宗教等社会公益性活动的社会服务组织。包括依照国家法律、行政法规登记的社会团体、基金会、民办非企业单位和寺院、宫观、清真寺、教堂等。

社会团体是指中国公民自愿组成,为实现会员共同意愿,按照其章程开展活动的非营利性社会组织,如中国会计学会、中国财政学会等。

基金会是指按照民间捐赠人的意愿设立的专门用于捐赠人指定的社会公益性用途的非营利性基金管理组织,如宋庆龄基金会。

民办企业单位是指企业事业单位、社会团体和其他社会力量以及公民个人利用非国有资产举办的,从事非营利性社会服务活动的社会组织。主要包括:从事科学、教育、文艺、卫生、体育等科学文化类的非企业单位,如民办诊所、民办学校、民办剧团、各类体育俱乐部、民办各类学科研究所等;从事各种社会救济的非企业单位,如民办孤儿院、民办养老院等;从事民间公证鉴定、法律服务、咨询服务等社会性服务的社会中介组织,如商务咨询所、法律服务所等。

寺院、宫观、清真寺、教堂是由具有宗教信仰和热心宗教的公民在国家支持下兴办的开展宗教活动的场所,主要包括佛教的寺院、道教的宫观、伊斯兰的清真寺和基督教的教堂等。

民间非营利组织主要是以精神产品和各种服务形式向社会提供生产性或生活性服务。虽然一般不直接创造物资财富,但对整个社会再生产过程起着不可忽视的作用,因此与企业、事业单位一样,是整个国民经济不可或缺的组成部分。

2. 民间非营利组织的特征

(1)该组织不以营利为宗旨和目的。民间非营利组织的资金和财产提供者通常不以赚取经济利益为目标,因此,民间非营利组织业务运作的目的也是不以营利为目的。民间非营利组织的业务收费标准必须经政府物价管理部门按照成本补偿原则审核批准。但是民间非营利组织同其他组织一样,在业务运作中始终把追求资金的使用效果作为财务管理的主要目标之一。民间非营利组织只有不断地实现收支结余,才能保证本组织的存在和发展。

(2)资源提供者向该组织投入资源不取得经济回报。从民间非营利组织资金和财产的提供者创立组织的目的考察,他们并不期望按照出额或财产比例获得经济利益。按照规定,民间非营利组织的收支结余不得向出资者分配。

(3)资源提供者不享有该组织的所有权。这一特征表现为《民间非营利组织会计制度》将与资产、负债相对应的会计要素定义为"净资产",而非"所有者权益"。这是指任何单位或个人不因为出资而拥有民间非营利组织的所有权。民间非营利组织因故出售、转让、变卖或组织清算时,也不存在可以分享一份剩余资金,如果有剩余财产应按规定继续用于社会公益事业。

(4)民间非营利组织的业务活动以生产精神产品和从事社会服务活动为主,同时也存在投资、筹资活动以及附带生产经营活动。

18.1.2 民间非营利组织会计的定义和特点

民间非营利组织会计,是指以每一个民间非营利组织会计为主体,以民间非营利组织的财务收支活动为对象,进行连续、系统、综合地记录、计量和报告,以价值指标客观地反映业务活动的过程,从而为业务管理和其他相关的管理工作提供必要的会计信息。

近年来,我国民间非营利组织发展较快,种类繁多,概括起来有如下特点:

(1)民间非营利组织的会计核算应当以持续、正常的业务活动为前提。会计记账采用借贷记账法。

(2)民间非营利组织填制审核会计凭证、登记会计账簿、管理会计档案等,按照《中华人民共和国会计法》、《会计基础工作规范》和《会计档案管理办法》等规定执行。

(3)民间非营利组织一般应计提固定资产折旧。折旧方法可采用年限平均法、工作量法、年数总和法、双倍余额递减法等。民间非营利组织应当根据科技发展、环境及其他因素变化,选择合理的固定资产折旧法,在固定资产的预计使用寿命内系统地分摊固定资产的成本。凡是用于展览、教育或研究等目的的历史文物、艺术品以及其他具有文化或者历史价值并作长期或者永久保存的典藏等,作为固定资产核算,但不必计提折旧。

(4)民间非营利组织分开列示限定性资源和非限定性资源,即按其是否受资源提供者所附条件限制划分为非限定性基金和限定性基金。同时要求民间非营利组织也应当将净资产分为限定性资产和非限定性净资产,并要求分别列示。

(5)民间非营利组织一般要进行成本费用核算,计算结余并进行结余分配。

18.2 民间非营利组织会计的一般原则和会计要素

1. 民间非营利组织会计核算的基础和一般原则

民间非营利组织的会计核算应当以权责发生制为基础。为了规范核算工作,应当遵循以下基本原则。

(1) 真实性原则。会计核算应当以实际发生的交易或者事项为依据,如实反映民间非营利组织的财务状况、业务活动情况和现金流量等信息。

(2) 相关性原则。会计核算所提供的信息应当能够满足会计信息使用者(如捐赠人、会员、监管者等)的需要。

(3) 实质重于形式原则。会计核算应当按照交易或者事项的实质进行,而不应当仅仅按照它们的法律形式作为其依据。

(4) 一贯性原则。会计政策前后各期应当保持一致,不得随意变更。如有必要变更,应当在会计报表附注中披露变更的内容和理由、变更的累积影响数,以及累积影响数不能合理确定的理由等。

(5) 可比性原则。会计核算应当按照规定的会计处理方法进行,会计信息应当口径一致、相互可比。

(6) 及时性原则。会计核算应当及时进行,不得提前或延后。

(7) 明晰性原则。会计核算和编制的财务会计报告应当清晰明了,便于理解和使用。

(8) 配比性原则。在会计核算中,所发生的费用应当与其相关的收入相配比,同一会计期间内的各项收入和与其相关的费用,应当在该会计期间内确认。

(9) 实际成本原则。资产在取得时应当按照实际成本计量,但本制度有特别规定的,按照特别规定的计量基础进行计量。其后,资产账面价值的调整,应当按照本制度的规定执行;除法律、行政法规和国家统一的会计制度另有规定外,民间非营利组织一律不得自行调整资产账面价值。

(10) 谨慎性原则。会计核算应当遵循谨慎性原则。

(11) 划分收益性支出和资本性支出。会计核算应当合理划分应当计入当期费用的支出和应当予以资本化的支出。

(12) 重要性原则。会计核算应当遵循重要性原则,对资产、负债、净资产、收入、费用等有较大影响,并进而影响财务会计报告使用者据以做出合理判断的重要会计事项,必须按照规定的会计方法和程序进行处理,并在财务会计报告中予以充分披露;对于非重要的会计事项,在不影响会计信息真实性和不至于误导会计信息使用者做出正确判断的前提下,可适当简化处理。

2. 民间非营利组织会计要素

会计要素就是会计对象的构成要素,是对会计对象的基本分类,是构成会计报表的基本项目。科学确定会计要素,有助于设置会计科目,有助于设计会计报表的种类、格式和列示方式。《民间非营利组织会计制度》将民间非营利组织会计要素划分为如下几点。

(1) 资产。资产是指过去的交易或者事项形成并由民间非营利组织拥有或者控制的资源,该资源预期会给民间非营利组织带来经济利益或者服务潜力。资产应当按其流动性分为流动资产、长期投资、固定资产、无形资产和受托代理资产等。

（2）负债。负债是指过去的交易或者事项形成的现时义务，履行该义务预期会导致含有经济利益或者服务潜力的资源流出民间非营利组织。负债应当按其流动性分为流动负债、长期负债和受托代理负债等。

（3）净资产。民间非营利组织的净资产是指资产减去负债后的余额。净资产应当按照其是否受到限制，分为限定性净资产和非限定性净资产等。

（4）收入。收入是指民间非营利组织开展业务活动取得的、导致本期净资产增加的经济利益或者服务潜力的流入。收入应当按其来源分为捐赠收入、会费收入、提供服务收入、政府补助收入、投资收益、商品销售收入等主要业务活动收入和其他收入等。

（5）费用。费用是指民间非营利组织为开展业务活动所发生的、导致本期净资产减少的经济利益或者服务潜力的流出。费用应当按照其功能分为业务活动成本、管理费用、筹资费用和其他费用等。

3. 民间非营利组织会计的会计等式

非营利组织会计平衡式，是指资产、负债和净资产之间的关系。非营利组织所拥有的资产与负债和净资产表现为同一资金的两个方面，即有一定数量的资产，就必然有一定数量的负债和净资产；反之，有一定数额的负债和净资产，也就必然有一定数量的资产。因此，从数学角度看，非营利组织所拥有的资产总额与负债和净资产总额必然相等。我们将资产与负债和净资产之间的这种客观存在的恒等关系，称之为会计等式，用公式表示为：

$$资产 = 负债 + 净资产$$

非营利组织在业务运作的过程中，必然会取得一定数额的收入，同时也必然会发生一定数额的费用。收入和费用相抵后的余额为结余，用公式表示为：

$$收入 - 费用 = 结余$$

4. 民间非营利组织会计核算科目表

非营利组织会计科目是对非营利组织会计要素做进一步分类的一种方法。它是非营利组织会计设置账户、核算和归集活动业务的依据，也是汇总非营利组织和检查非营利组织资金运动情况及其结果的依据。按照非营利组织会计要素的类别，非营利组织会计科目可为资产、负债、净资产和收入费用四类。非营利组织会计统一适用的会计科目表如表18.1所示。

表18.1 非营利组织会计科目表

顺序号	编号	名称	顺序号	编号	名称
		一、资产类	25	2201	应付票据
1	1001	现金	26	2202	应付账款
2	1002	银行存款	27	2203	预收账款
3	1003	其他货币资金	28	2204	应付工资
4	1101	短期投资	29	2206	应交税金
5	1102	短期投资跌价准备	30	2209	其他应付款

续表 18.1

顺序号	编号	名称	顺序号	编号	名称
6	1111	应收票据	31	2301	预提费用
7	1121	应收账款	32	2401	预计负债
8	1131	坏账准备	33	2501	长期借款
9	1141	预付账款	34	2502	长期应付款
10	1122	其他应收款	35	2601	受托代理负债
11	1201	存货			三、净资产类
12	1202	存货跌价准备	36	3101	非限定性净资产
13	1301	待摊费用	37	3102	限定性净资产
14	1401	长期股权投资			四、收入与费用类
15	1402	长期债权投资	38	4101	捐赠收入
16	1421	长期投资减值准备	39	4201	会费收入
17	1501	固定资产	40	4301	提供服务收入
18	1502	累计折旧	41	4401	政府补助收入
19	1503	在建工程	42	4501	商品销售收入
20	1506	文物文化资产	43	4601	投资收益
21	1509	固定资产清理	44	4901	其他收入
22	1601	无形资产	45	5101	业务活动成本
23	1701	受托代理资产	46	5202	管理费用
		二、负债类	47	5301	筹资费用
24	2101	短期借款	48	5401	其他费用

18.3 民间非营利组织会计的财务会计报告

18.3.1 民间非营利组织财务会计报告的概念及组成

民间非营利组织的财务报告是反映其财务状况和收支情况的书面文件。民间非营利组织的财务会计报告由会计报表、会计报表附注和财务情况说明书组成。

民间非营利组织的财务报告按报送的期限划分,可分为年度财务会计报告和中期财务会计报告、季度和月度财务会计报,可将季度和月度财务会计报告统称为中期财务会计报告,年度财务会计报告是指年度终了对外提供的财务会计报告。按报送的范围划分,民间非营利组织可分为对外报送财务报告和对内报送的财务会计报告,向外提供的会计报表包括:资产负债表、收入支出表、现金流量表、支出明细表及其他有关附表,最具特点的是增编现金流量表。对内报送的财务报告由民间非营利组织内部管理需要自行确定。

1. 资产负债表

资产负债表是反映民间非营利组织某一特定会计日期全部资产、负债和净资产情况的报表。资产负债表根据"资产=负债+净资产"的会计等式，按照一定的分类标准和一定顺序，把民间非营利组织一定日期的资产、负债和净资产项目予以适当排列。资产负债表表明民间非营利组织在特定日期所拥有或控制的资产、所承担的债务以及净资产的存量，属于静态报表。民间非营利组织的资产负债表应清楚地将外部限定使用的资产、相关负债及净资产与非限定用途的资产、相关负债及净资产区分开。其中，限定性流动资产应根据不同的用途限定进行划分。留本基金净资产也可以根据不同的目的、捐赠人或其他标准进行划分。

资产负债表基本内容主要包括各项资产、负债和净资产各项目的年初数和期末数，并且按照账户式编制，分为左右两方，左方为资产，右方为负债及净资产项目。资产负债表的基本格式如表18.2所示。

表18.2 资产负债表

会民非01表

编制单位： 年 月 日 元

资产	年初数	年末数	负债和净资产	期初数	期末数
流动资产			流动负债		
货币资金			短期借款		
短期投资			应付账款		
应收账款			应付工资		
预付账款			应交税金		
存货			预收账款		
待摊费用			预提费用		
一年内到期的长期债权投资			预计负债		
其他流动资产			一年内到期的长期负债		
流动资产合计			其他流动负债		
			流动负债合计		
长期投资：					
长期股权投资			长期负债：		
长期债权投资			长期借款		
长期投资合计			长期应付款		
固定资产：			其他长期负债		
固定资产原价			长期负债合计		
减：累计折旧					
固定资产净值			受托代理负债		

续表 18.2

资　产	年初数	年末数	负债和净资产	期初数	期末数
在建工程			负债合计		
文物文化资产					
固定资产清理			净资产：		
固定资产合计			非限定性资产		
无形资产：			限定性资产		
无形资产			净资产合计		
受托代理资产：					
受托资产代理					
资产总计			负债和净资产总计		

2. 业务活动表

业务活动表是主要反映民间非营利组织在某一会计期间内开展业务活动的实际收入、费用等情况的报表。业务活动表是民间非营利组织主要报表之一，通过业务活动表能够判断民间非营利组织的业务活动成果，评价业绩。我国非营利组织业务活动表的结构主要采用单步式结构，其结构设计是根据收入减去费用对净资产产生影响这一原理形成的，其本内容包括"项目"栏和"金额"栏两部分。业务活动表的基本格式如表 18.3 所示。

3. 现金流量表

民间非营利组织的现金流量表必须报告所有基金(非限定性基金、限定性基金、固定资产基金、留本基会等)的现金流量，分别报告运营所得净现金流量、投资所得净现金流量以及筹资所得净现金流量。现金流量表的基本格式如表 18.4 所示。

表 18.3　业务活动表　　　　　　　　　　　会民非 02 表

编制单位：　　　　　　　　　　　年　月　　　　　　　　　　　　　　　元

项　目	行次	本　月　数			本　年　数		
		非限定性	限定性	合计	非限定性	限定性	合计
一、收入							
其中:捐赠收入	1						
会费收入	2						
提供服务收入	3						
商品销售收入	4						
政府补助收入	5						
投资收益	6						
其他收入	9						

续表 18.3

项　　目	行次	本　月　数			本　年　数		
		非限定性	限定性	合计	非限定性	限定性	合计
收入合计	11						
二、费用							
(一)业务活动成本							
其中:项目成本	13						
服务成本	14						
商品销售成本	15						
(二)管理费用	21						
(三)筹资费用	24						
(四)其他费用	28						
费用合计	35						
三、限定性净资产转为非限定性净资产	40						
四、净资产变动额(若为减少,则以"−"填列)	45						

表 18.4　现金流量表　　　　　会民非 03 表

编制单位:　　　　　　　　　年度　　　　　　　　　元

项　　目	行次	金额
一、业务活动产生的现金流量		
接受捐赠收到的现金	1	
收取会费收到的现金	2	
提供服务收到的现金	3	
销售商品收到的现金	4	
政府补助收到的现金	5	
收到的其他与业务活动有关的现金	8	
现金流入小计	13	
提供捐赠或者资助支付的现金	14	
支付给员工以及为员工支付的现金	15	
购买商品、接受服务支付的现金	16	
支付的其他与经营活动有关的现金	19	
现金流出小计	23	

续表 18.4

项目	行次	金额
业务活动产生的现金流量净额	24	
二、投资活动产生的现金流量		
收回投资所收到的现金	25	
取得投资收益所收到的现金	26	
处置固定资产和无形资产所收回的现金	27	
收到的其他与投资活动有关的现金	30	
现金流入小计	34	
购建固定资产和无形资产所支付的现金	35	
对外投资所支付的现金	36	
支付的其他与投资活动有关的现金	39	
现金流出小计	43	
投资活动产生的现金流量净额	44	
三、筹资活动产生的现金流量		
借款所收到的现金	45	
收到的其他与筹资活动有关的现金	48	
现金流入小计	50	
偿还借款所支付的现金	51	
偿还利息所支付的现金	52	
支付的其他与筹资活动有关的现金	55	
现金流出小计	58	
筹资活动产生的现金流量净额	59	
四、汇率变动对现金的影响	60	
五、现金及现金等价物净增加额	61	

18.3.2 会计报表附注及财务情况说明书

会计报表附注,是为了便于会计报表使用者理解会计报表的内容而对会计报表的编制基础、编制依据、编制原则和方法及主要项目等所做的解释。主要包括如下内容:

(1)重要会计政策及其变更情况的说明。

(2)董事会(或者理事会或者类似权力机构)成员和员工的数量、变动情况以及获得的薪金等报酬情况的说明。

(3)会计报表重要项目及其增减变动情况的说明。

(4)资产提供者设置了时间或用途限制的相关资产情况的说明。

(5)受托代理交易情况的说明,包括受托代理资产的构成、计价基础和依据、用途等。

(6) 重大资产减值情况的说明。
(7) 公允价值无法可靠取得的受赠资产和其他资产的名称、数量、来源和用途等情况的说明。
(8) 对外承诺和或有事项情况的说明。
(9) 接受劳务捐赠情况的说明。
(10) 资产负债表日后非调整事项的说明。
(11) 有助于理解和分析会计报表需要说明的其他事项。

18.3.3 财务情况说明书

财务情况说明书是对民间非营利组织基本情况、一定会计期间业务活动情况、资金周转和利润实现及分配等情况的综合说明。为了使投资者、债权人和民间非营利组织管理者更深入了解民间非营利组织的财务状况、经营成果和现金流量,民间非营利组织在编制完成会计报表后,必须编制财务情况说明书。通过财务情况说明书,分析总结业务活动的业绩及存在问题,有利于信息使用者更好地利用会计报表资料并对非营利组织的工作进行监督。

财务情况说明书必须对以下内容做出说明。
(1) 民间非营利组织的宗旨、组织结构以及人员配备等情况。
(2) 民间非营利组织业务活动基本情况,年度计划和预算完成情况,产生差异的原因分析,下一会计期间业务活动计划和预算等。
(3) 对民间非营利组织业务活动有重大影响的其他事项。

思 考 题

1. 什么是民间非营利组织会计?
2. 简述民间非营利组织的特征?
3. 民间非营利组织会计应遵循哪些一般原则?
4. 民间非营利组织会计要素有哪几个?其会计等式如何表示?
5. 民间非营利组织的财务报告主要包括哪些?

参考答案

第1章
2. 单项选择题
(1)B (2)C (3)D (4)D (5)D
3. 多项选择题
(1)BCD (2)ABC (3)ABC (4)ABC (5)ABCD

第2章
2. 单项选择题
(1)A (2)A (3)B (4)D (5)A (6)D (7)A (8)B (9)B (10)A

第3章
2. 单项选择题
(1)A (2)C (3)D

第4章
2. 单项选择题
(1)B (2)D (3)A (4)A (5)B
3. 综合题

综合练习一

(1)借:国库存款——一般预算存款		200 000
国库存款——基金预算存款		100 000
贷:一般预算收入		200 000
基金预算收入		100 000
(2)借:国库存款——一般预算存款		80 000
贷:补助收入——一般预算补助		80 000
(3)借:一般预算支出		700 000
贷:国库存款——一般预算存款		700 000
(4)借:基金预算支出		20 000
贷:国库存款——基金预算存款		20 000
(5)借:其他财政存款		45 000
贷:专用基金收入		45 000

综合练习二

(1)借:有价证券		75 000
贷:国库存款——一般预算存款		75 000
(2)借:有价证券		20 000
贷:国库存款——基金预算存款		20 000
(3)借:国库存款——基金预算存款		6 000
贷:基金预算收入		6 000
(4)借:国库存款——一般预算存款		62 000
贷:有价证券		50 000
一般预算收入		12 000

综合练习三

(1)借:与下级往来		400 000
贷:上解收入		400 000

(2)借:补助支出　　　　　　　　　　　　　　　　　　　54 000
　　贷:与下级往来　　　　　　　　　　　　　　　　　　　　　54 000
(3)借:与下级往来　　　　　　　　　　　　　　　　　　90 000
　　贷:国库存款——一般预算存款　　　　　　　　　　　　　　90 000
(4)借:补助支出　　　　　　　　　　　　　　　　　　　90 000
　　贷:与下级往来　　　　　　　　　　　　　　　　　　　　　90 000

综合练习四
(1)在2006年度账上:
　　借:在途款　　　　　　　　　　　　　　　　　　　260 000
　　　贷:一般预算收入　　　　　　　　　　　　　　　　　　260 000
　在2007年度账上:
　　借:国库存款——一般预算存款　　　　　　　　　260 000
　　　贷:在途款　　　　　　　　　　　　　　　　　　　　　260 000
(2)在2006年度账上:
　　借:在途款　　　　　　　　　　　　　　　　　　　 78 000
　　　贷:基金预算支出　　　　　　　　　　　　　　　　　　 78 000
　在2007年度账上:
　　借:国库存款——基金预算存款　　　　　　　　　 78 000
　　　贷:在途款　　　　　　　　　　　　　　　　　　　　　 78 000

综合练习五
(1)借:预拨经费　　　　　　　　　　　　　　　　　　 60 000
　　贷:国库存款——一般预算存款　　　　　　　　　　　　　 60 000
(2)借:一般预算支出　　　　　　　　　　　　　　　　 60 000
　　贷:预拨经费　　　　　　　　　　　　　　　　　　　　　 60 000
(3)借:基建拨款　　　　　　　　　　　　　　　　　　500 000
　　贷:国库存款——一般预算存款　　　　　　　　　　　　　500 000
(4)借:一般预算支出　　　　　　　　　　　　　　　　450 000
　　贷:基建拨款基建财务处　　　　　　　　　　　　　　　　450 000
(5)借:国库存款——一般预算存款　　　　　　　　　 50 000
　　贷:基建拨款　　　　　　　　　　　　　　　　　　　　　 50 000

综合练习六
(1)借:财政周转金放款　　　　　　　　　　　　　　　 97 000
　　贷:其他财政存款　　　　　　　　　　　　　　　　　　　 97 000
(2)借:其他财政存款　　　　　　　　　　　　　　　　 97 000
　　贷:财政周转金放款　　　　　　　　　　　　　　　　　　 97 000
(3)借:借出财政周转金　　　　　　　　　　　　　　　400 000
　　贷:其他财政存款　　　　　　　　　　　　　　　　　　　400 000
(4)借:其他财政存款　　　　　　　　　　　　　　　　260 000
　　贷:借出财政周转金　　　　　　　　　　　　　　　　　　260 000

综合练习七
(1)借:一般预算支出——财政直接支付　　　　　　　 20 000
　　贷:财政零余额账户存款　　　　　　　　　　　　　　　　 20 000
(2)借:财政零余额账户存款　　　　　　　　　　　　 20 000
　　贷:已结报支出——财政直接支付　　　　　　　　　　　　 20 000

(3)借:一般预算支出——单位零余额账户额度　　　　　　　　　　　4 000
　　　　基金预算支出——单位零余额账户额度　　　　　　　　　　　2 000
　　　贷:已结报支出——财政授权支付　　　　　　　　　　　　　　6 000
(4)借:已结报支出——财政直接支付　　　　　　　　　　　　　　 20 000
　　　　　　　　　　财政授权支付　　　　　　　　　　　　　　 6 000
　　　贷:一般预算支出——财政直接支付　　　　　　　　　　　　 20 000
　　　　　　　　　　——单位零余额账户额度　　　　　　　　　　 4 000
　　　　基金预算支出——单位零余额账户额度　　　　　　　　　　 2 000

第 5 章

2. 单项选择题
(1) B　(2) C　(3) A　(4) A

3. 综合题

综合练习一
(1)借:国库存款——一般预算存款　　　　　　　　　　　　　　 56 000
　　　贷:暂存款——某单位　　　　　　　　　　　　　　　　　　 56 000
(2)借:暂存款——某单位　　　　　　　　　　　　　　　　　　　 56 000
　　　贷:国库存款——一般预算存款　　　　　　　　　　　　　　 56 000
(3)借:国库存款——一般预算存款　　　　　　　　　　　　　　　400 000
　　　贷:暂存款——省财政厅　　　　　　　　　　　　　　　　　400 000
(4)借:暂存款——省财政厅　　　　　　　　　　　　　　　　　　400 000
　　　贷:一般预算收入　　　　　　　　　　　　　　　　　　　　250 000

综合练习二
(1)借:其他财政存款　　　　　　　　　　　　　　　　　　　　　400 000
　　　贷:借入财政周转金　　　　　　　　　　　　　　　　　　　400 000
(2)借:借入财政周转金　　　　　　　　　　　　　　　　　　　　400 000
　　　贷:其他财政存款　　　　　　　　　　　　　　　　　　　　400 000

综合练习三
(1)借:一般预算收入　　　　　　　　　　　　　　　　　　　　10 000 000
　　　　补助收入——一般预算补助　　　　　　　　　　　　　　2 000 000
　　　　上解收入　　　　　　　　　　　　　　　　　　　　　　 500 000
　　　　调入资金　　　　　　　　　　　　　　　　　　　　　　 100 000
　　　贷:预算结余　　　　　　　　　　　　　　　　　　　　　12 600 000
(2)借:预算结余　　　　　　　　　　　　　　　　　　　　　　11 290 000
　　　贷:一般预算支出　　　　　　　　　　　　　　　　　　　9 000 000
　　　　补助支出——一般预算补助　　　　　　　　　　　　　　1 800 000
　　　　上解支出　　　　　　　　　　　　　　　　　　　　　　 490 000
(3)借:基金预算收入　　　　　　　　　　　　　　　　　　　　 400 000
　　　　补助收入——基金预算补助　　　　　　　　　　　　　　 170 000
　　　贷:基金预算结余　　　　　　　　　　　　　　　　　　　 570 000
(4)借:基金预算结余　　　　　　　　　　　　　　　　　　　　 480 000
　　　贷:基金预算支出　　　　　　　　　　　　　　　　　　　 320 000
　　　　补助支出——基金预算补助　　　　　　　　　　　　　　 90 000
　　　　调出资金　　　　　　　　　　　　　　　　　　　　　　 70 000

(5) 借:专用基金收入　　　　　　　　　　　　　　　　　　　　　　　150 000
　　　贷:专用基金结余　　　　　　　　　　　　　　　　　　　　　　150 000
　　借:专用基金结余　　　　　　　　　　　　　　　　　　　　　　　110 000
　　　贷:专用基金支出　　　　　　　　　　　　　　　　　　　　　　110 000

综合练习四

(1) 借:预算结余　　　　　　　　　　　　　　　　　　　　　　　　　200 000
　　　贷:预算周转金　　　　　　　　　　　　　　　　　　　　　　　200 000
(2) 借:国库存款——一般预算存款　　　　　　　　　　　　　　　　　150 000
　　　贷:预算周转金　　　　　　　　　　　　　　　　　　　　　　　150 000

综合练习五

(1) 借:一般预算支出　　　　　　　　　　　　　　　　　　　　　　　600 000
　　　贷:国库存款——一般预算存款　　　　　　　　　　　　　　　　600 000
　同时
　　借:其他财政存款　　　　　　　　　　　　　　　　　　　　　　　600 000
　　　贷:财政周转基金　　　　　　　　　　　　　　　　　　　　　　600 000
(2) 借:财政周转金收入　　　　　　　　　　　　　　　　　　　　　　 60 000
　　　贷:财政周转基金　　　　　　　　　　　　　　　　　　　　　　 60 000

第6章

2. 单项选择题

(1) B　(2) A　(3) B　(4) C　(5) A

3. 综合题

综合练习一

(1) 借:国库存款——一般预算存款　　　　　　　　　　　　　　　　　708 000
　　　贷:一般预算收入　　　　　　　　　　　　　　　　　　　　　　708 000
(2) 借:一般预算收入　　　　　　　　　　　　　　　　　　　　　　　 80 000
　　　贷:国库存款——一般预算存款　　　　　　　　　　　　　　　　 80 000

综合练习二

(1) 借:国库存款——基金预算存款　　　　　　　　　　　　　　　　　150 000
　　　贷:基金预算收入　　　　　　　　　　　　　　　　　　　　　　150 000
(2) 借:国库存款——基金预算存款　　　　　　　　　　　　　　　　20 920 000
　　　贷:基金预算收入　　　　　　　　　　　　　　　　　　　　　20 920 000
(3) 借:其他财政存款　　　　　　　　　　　　　　　　　　　　　　　610 000
　　　贷:专用基金收入　　　　　　　　　　　　　　　　　　　　　　610 000

综合练习三

(1) 借:一般预算支出　　　　　　　　　　　　　　　　　　　　　　　510 000
　　　贷:国库存款——一般预算存款　　　　　　　　　　　　　　　　510 000
(2) 借:一般预算支出　　　　　　　　　　　　　　　　　　　　　　　370 000
　　　贷:预拨经费　　　　　　　　　　　　　　　　　　　　　　　　370 000
(3) 借:一般预算支出　　　　　　　　　　　　　　　　　　　　　　　480 000
　　　贷:国库存款——一般预算存款　　　　　　　　　　　　　　　　480 000
(4) 借:一般预算支出　　　　　　　　　　　　　　　　　　　　　　　610 000
　　　贷:基建拨款　　　　　　　　　　　　　　　　　　　　　　　　610 000

(5)借:一般预算支出　　　　　　　　　　　　　　　　　　　　　　300 000
　　　　贷:国库存款——一般预算存款　　　　　　　　　　　　　　　　　300 000
综合练习四
　　(1)借:基金预算支出　　　　　　　　　　　　　　　　　　　　　　2 000 000
　　　　贷:国库存款——基金预算存款　　　　　　　　　　　　　　　　2 000 000
　　(2)借:基金预算支出　　　　　　　　　　　　　　　　　　　　　　1 500 000
　　　　贷:国库存款——基金预算存款　　　　　　　　　　　　　　　　1 500 000
　　(3)借:专用基金支出　　　　　　　　　　　　　　　　　　　　　　700 000
　　　　贷:其他财政存款　　　　　　　　　　　　　　　　　　　　　　700 000
综合练习五
　　(1)借:暂付款——政府采购款　　　　　　　　　　　　　　　　　　600 000
　　　　贷:国库存款——一般预算存款　　　　　　　　　　　　　　　　600 000
　　　同时
　　　借:其他财政存款　　　　　　　　　　　　　　　　　　　　　　　600 000
　　　　贷:暂存款——政府采购款　　　　　　　　　　　　　　　　　　600 000
　　(2)借:其他财政存款　　　　　　　　　　　　　　　　　　　　　　150 000
　　　　贷:暂存款——政府采购配套资金——某采购单位　　　　　　　　150 000
　　(3)借:暂存款——政府采购款　　　　　　　　　　　　　　　　　　600 000
　　　　　　——政府采购配套资金——某采购单位　　　　　　　　　　150 000
　　　　贷:其他财政存款　　　　　　　　　　　　　　　　　　　　　　750 000
　　(4)借:一般预算支出　　　　　　　　　　　　　　　　　　　　　　600 000
　　　　贷:暂付款——政府采购款　　　　　　　　　　　　　　　　　　600 000

第7章

2. 单项选择题
　　(1)A　(2)C　(3)B　(4)B
3. 综合题
　　根据年终结账前的资产负债表,按年终结账办法的规定,市财政总预算会计填制12月31日的记账凭证,办理年终转账业务。
　　(1)将"一般预算收入"70 000 000元、"补助收入"(一般预算补助)5 400 000元、"上解收入"3 100 000元、"调入资金"760 000元转入"预算结余"科目的贷方。
　　借:一般预算收入　　　　　　　　　　　　　　　　　　　　　　　70 000 000
　　　　补助收入——一般预算补助　　　　　　　　　　　　　　　　　5 400 000
　　　　上解收入　　　　　　　　　　　　　　　　　　　　　　　　　3 100 000
　　　　调入资金　　　　　　　　　　　　　　　　　　　　　　　　　760 000
　　　贷:预算结余　　　　　　　　　　　　　　　　　　　　　　　　79 260 000
　　(2)将"一般预算支出"68 000 000元、"补助支出"(一般预算补助)6 450 000元、"上解支出"3 550 000元转入"预算结余"科目的借方。
　　借:预算结余　　　　　　　　　　　　　　　　　　　　　　　　　78 000 000
　　　贷:一般预算支出　　　　　　　　　　　　　　　　　　　　　　68 000 000
　　　　　补助支出——一般预算补助　　　　　　　　　　　　　　　　6 450 000
　　　　　上解支出　　　　　　　　　　　　　　　　　　　　　　　　3 550 000
　　(3)将"基金预算收入"8 700 000元转入"基金预算结余"科目的贷方。
　　借:基金预算收入　　　　　　　　　　　　　　　　　　　　　　　8 700 000
　　　贷:基金预算结余　　　　　　　　　　　　　　　　　　　　　　8 700 000
　　(4)将"基金预算支出"8 960 000元、"调出资金"3 240 000元转入"基金预算结余"科目的借方。
　　借:基金预算结余　　　　　　　　　　　　　　　　　　　　　　　12 200 000
　　　贷:基金预算支出　　　　　　　　　　　　　　　　　　　　　　8 960 000
　　　　　调出资金　　　　　　　　　　　　　　　　　　　　　　　　3 240 000

(5)将"专用基金收入"5 100 000 元转入"专用基金结余"科目的贷方。
借:专用基金收入   5 100 000
　　贷:专用基金结余   5 100 000
(6)将"专用基金支出"6 000 000 元转入"专用基金结余"科目的借方。
借:专用基金结余   6 000 000
　　贷:专用基金支出   6 000 000
(7)将"财政周转金支出"480 000 元转入"财政周转金收入"科目的借方。
借:财政周转金收入   480 000
　　贷:财政周转金支出   480 000
(8)将"财政周转金收入"贷方余额 2 520 000 元转入"财政周转基金"科目的贷方。
借:财政周转金收入   2 520 000
　　贷:财政周转基金   2 520 000
根据上述年终转账的会计分录编制年终决算的资产负债表。

资产负债表(结账后)

20××年12月31日　　　　　　　　　　　　　　　　　　　　　　万元

资产部类			负债部类		
科目名称	年初数	期末数	科目名称	年初数	期末数
资产类			负债类		
国库存款		2 200	暂存款		35
其他财政存款		640	与上级往来		
有价证券		470	借入款		
在途款			借入财政周转金		69
暂付款		50	负债类合计		104
与下级往来			净资产		
预拨经费		590	预算结余		2 207
基建拨款		950	基金预算结余		800
财政周转金放款		700	专用基金结余		600
借出财政周转金			预算周转金		817
待处理财政周转金			财政周转基金		1 072
资产类合计		5600	净资产合计		5 496
支出类			收入类		
一般预算支出			一般预算收入		
基金预算支出			基金预算收入		
专用基金支出			专用基金收入		
补助支出			补助收入		
上解支出			上解收入		
调出资金			调入资金		
财政周转金支出			财政周转金收入		
支出类合计			收入类合计		
资产部类合计		5 600	负债部类合计		5 600

第8章

2. 单项选择题

(1) B (2) C (3) A (4) B

3. 多项选择题

(1) ABCD (2) ABC (3) ABD

4. 判断题

(1) × (2) √ (3) × (4) √

第9章

2. 单项选择题

(1) D (2) D (3) C (4) C (5) A (6) A (7) B (8) A (9) D

3. 多项选择题

(1) ABC (2) ABC (3) ABCD (4) ABCD (5) ACD (6) ABCD (7) AC

4. 判断题

(1) √ (2) √ (3) × (4) √ (5) × (6) √ (7) × (8) × (9) √ (10) ×

5. 综合题

综合练习一

(1) 借：库存现金		6 000
贷：零余额账户用款额度		6 000
(2) 借：经费支出		300
贷：库存现金		300
(3) 借：其他应收款——李某		600
贷：库存现金		600
(4) 借：经费支出——财政拨款支出——基本支出		3 000
贷：银行存款		3 000
(5) 借：银行存款		350
贷：其他收入——存款利息		350
(6) 借：经费支出		650
贷：库存现金		50
其他应收款——李某		600
(7) 借：待处理财产损溢		1 200
贷：库存现金		1 200
借：其他应收款——王某		500
经费支出		700
贷：待处理财产损溢		1 200
(8) 借：存货		5 000
贷：资产基金——库存材料及储备物资		5 000
借：经费支出		5 000
贷：零余额账户用款额度		5 000
(9) 借：银行存款		3 100
贷：其他收入——利息收入		3 100
(10) 借：零余额账户用款额度		100 000
贷：财政拨款收入——基本支出拨款		100 000

(11) 借：经费支出——财政拨款支出——基本支出　　　　　5 200
　　　贷：零余额账户用款额度　　　　　　　　　　　　　　5 200
(12) 借：应收账款——A公司　　　　　　　　　　　　　100 000
　　　贷：其他应付款　　　　　　　　　　　　　　　　100 000
(13) 借：银行存款　　　　　　　　　　　　　　　　　　100 000
　　　贷：应收账款——A公司　　　　　　　　　　　　100 000
　　　借：其他应付款　　　　　　　　　　　　　　　　100 000
　　　贷：应缴税费　　　　　　　　　　　　　　　　　　5 000
　　　　　应缴财政款　　　　　　　　　　　　　　　　95 000
(14) 借：预付账款——某会议中心　　　　　　　　　　　30 000
　　　贷：资产基金——预付款项　　　　　　　　　　　30 000
　　　借：经费支出——财政拨款支出——基本支出　　　30 000
　　　贷：零余额账户用款额度　　　　　　　　　　　　30 000
(15) 借：资产基金——预付款项　　　　　　　　　　　　30 000
　　　贷：预付账款——某会议中心　　　　　　　　　　30 000
　　　借：经费支出——财政拨款支出——基本支出　　　30 000
　　　贷：零余额账户用款额度　　　　　　　　　　　　30 000
(16) 借：存货——B材料　　　　　　　　　　　　　　　27 800
　　　贷：资产基金——存货　　　　　　　　　　　　　27 800
　　　借：经费支出——财政拨款支出——基本支出　　　27 800
　　　贷：财政拨款收入——基本支出拨款　　　　　　　27 800
(17) 借：存货——委托加工存货　　　　　　　　　　　　5 000
　　　贷：存货——D材料　　　　　　　　　　　　　　5 000
　　　借：经费支出——财政拨款支出——基本支出　　　2 000
　　　贷：零余额账户用款额度　　　　　　　　　　　　2 000
　　　借：存货——委托加工存货成本　　　　　　　　　2 000
　　　贷：资产基金——存货　　　　　　　　　　　　　2 000
(18) 借：存货——G材料　　　　　　　　　　　　　　　7 000
　　　贷：存货——委托加工存货成本　　　　　　　　　7 000
(19) 借：资产基金——存货　　　　　　　　　　　　　　50 000
　　　贷：存货——图书　　　　　　　　　　　　　　　50 000
　　　借：经费支出　　　　　　　　　　　　　　　　　 1 500
　　　贷：银行存款　　　　　　　　　　　　　　　　　 1 500
(20) 借：待处理财产损溢——待处理流动资产损溢　　　60 000
　　　贷：存货——图书　　　　　　　　　　　　　　　60 000
　　　借：资产基金——存货　　　　　　　　　　　　　60 000
　　　贷：待处理财产损溢—待处理流动资产损溢　　　　60 000

综合练习二
(1) 借：待处理财产损溢——待处理资产价值　　　　1 000 000
　　　累计折旧　　　　　　　　　　　　　　　　　1 500 000
　　　贷：固定资产　　　　　　　　　　　　　　　2 500 000
　　　借：资产基金——固定资产　　　　　　　　　1 000 000
　　　贷：待处理财产损溢——待处理资产价值　　　1 000 000

```
        借:银行存款                                    35 000
            贷:待处理财产损溢——处理净收入                  35 000
        借:待处理财产损溢——处理净收入                    3 000
            贷:银行存款                                  3 000
        借:待处理财产损溢——处理净收入                   32 000
            贷:应缴财政款                               32 000
    (2)借:固定资产——网络设备                           50 000
          贷:资产基金——固定资产                         50 000
        借:经费支出——财政拨款支出——基本支出            50 000
          贷:财政拨款收入——基本支出拨款                 50 000
    (3)借:固定资产——专用设备                            5 000
          贷:资产基金——固定资产                          5 000
    (4)借:资产基金——固定资产                        1 860 000
            累计折旧                                 1 240 000
          贷:固定资产——办公楼                        3 100 000
        借:在建工程——办公楼修缮工程                  1 860 000
          贷:资产基金——在建工程                      1 860 0000
        支付工程款时
        借:经费支出——财政拨款支出——项目支出           650 000
          贷:财政拨款收入——项目支出拨款                650 000
        借:在建工程——办公楼修缮工程                    650 000
          贷:资产基金——在建工程                        650 000
        办公楼验收
        借:资产基金——在建工程                        2 510 000
          贷:在建工程——办公楼修缮工程                2 510 000
        借:固定资产——办公楼                          2 510 000
          贷:资产基金——固定资产                      2 510 000
    (5)借:固定资产——××设备                           62 000
          贷:资产基金——固定资产                       62 000
    (6)①转入待处理资产
        借:待处理财产损溢——待处理资产价值              22 000
            累计折旧——固定资产累计折旧                16 000
          贷:固定资产——办公设备                        38 000
       ②出售
        借:资产基金——固定资产                         22 000
          贷:待处理财溢——待处理资产价值                22 000
       ③收款
        借:银行存款                                    28 000
          贷:待处理财产损溢——处理净收入                28 000
        同时
        借:待处理财产损溢—处理净收入                    1 400
          贷:应缴税费                                  1 400
```

④支付费用
借:待处理财产损溢——处理净收入　　　　　　　　　　500
　　贷:银行存款　　　　　　　　　　　　　　　　　　　　500
⑤净收入缴入国库
借:待处理财产损溢——处理净收入　　　　　　　　26 100
　　贷:应缴财政款　　　　　　　　　　　　　　　　　26 100
(7)借:预付账款　　　　　　　　　　　　　　　　　60 000
　　　贷:资产基金——预付款项　　　　　　　　　　　60 000
　　借:经费支出　　　　　　　　　　　　　　　　　60 000
　　　贷:零余额账户用款额度　　　　　　　　　　　　60 000
(8)借:无形资产　　　　　　　　　　　　　　　　180 000
　　　贷:资产基金——无形资产　　　　　　　　　　180 000
　　借:经费支出　　　　　　　　　　　　　　　　120 000
　　　贷:零余额账户用款额度　　　　　　　　　　　120 000
　　借:资产基金——预付款项　　　　　　　　　　　60 000
　　　贷:预付账款　　　　　　　　　　　　　　　　　60 000
(9)借:资产基金——无形资产　　　　　　　　　　　12 000
　　　贷:累计摊销　　　　　　　　　　　　　　　　　12 000
(10)借:无形资产——管理信息系统　　　　　　　　20 000
　　　贷:资产基金——无形资产　　　　　　　　　　　20 000
　　借:经费支出——其他资金支出——项目支出　　　20 000
　　　贷:银行存款　　　　　　　　　　　　　　　　　20 000
(11)借:资产基金——无形资产　　　　　　　　　　54 000
　　　　累计摊销　　　　　　　　　　　　　　　　　26 000
　　　贷:无形资产——软件技术　　　　　　　　　　　80 000
(12)借:政府储备物资　　　　　　　　　　　　　　180 000
　　　贷:资产基金——政府储备物资　　　　　　　　180 000
　　同时
　　借:经费支出——财政拨款支出——项目支出　　180 000
　　　贷:财政拨款收入——项目支出拨款　　　　　　180 000
(13)借:资产基金——政府储备物资　　　　　　　　70 000
　　　贷:政府储备物资　　　　　　　　　　　　　　　70 000

第10章

2. 单项选择题
(1)B　(2)C　(3)C　(4)D　(5)B
3. 多项选择题
(1)ABC　(2)BC　(3)CD　(4)ABC　(5)ABCD
4. 判断题
(1)×　(2)×　(3)√　(4)×　(5)×
5. 综合题
综合练习一
(1)借:银行存款　　　　　　　　　　　　　　　　　　500
　　　贷:应缴财政款——行政性收费收入　　　　　　　　500

(2) 借：银行存款　　　　　　　　　　　　　　　　　　　　　　　6 000
　　　贷：应缴财政款——罚没收入　　　　　　　　　　　　　　　　6 000
(3) 借：银行存款　　　　　　　　　　　　　　　　　　　　　　　60 000
　　　贷：应缴税费　　　　　　　　　　　　　　　　　　　　　　2 500
　　　　　应缴财政款——租金收入　　　　　　　　　　　　　　　57 500
(4) 借：应缴财政款——行政性收费收入　　　　　　　　　　　　　500
　　　　　　　　　　——罚没收入　　　　　　　　　　　　　　　6 000
　　　　　　　　　　——租金收入　　　　　　　　　　　　　　　57 500
　　　贷：银行存款　　　　　　　　　　　　　　　　　　　　　　64 000
(5) 借：应缴税费　　　　　　　　　　　　　　　　　　　　　　　2 500
　　　贷：银行存款　　　　　　　　　　　　　　　　　　　　　　2 500
(6) 借：经费支出　　　　　　　　　　　　　　　　　　　　　　　840 000
　　　贷：应付职工薪酬——工资　　　　　　　　　　　　　　　　600 000
　　　　　　　　　　　——离退休费　　　　　　　　　　　　　　100 000
　　　　　　　　　　　——地方津贴补贴　　　　　　　　　　　　60 000
　　　　　　　　　　　——住房公积金　　　　　　　　　　　　　60 000
　　　　　　　　　　　——社会保险费　　　　　　　　　　　　　20 000
(7) 借：应付职工薪酬　　　　　　　　　　　　　　　　　　　　　94 000
　　　贷：其他应付款——社会保险费　　　　　　　　　　　　　　14 000
　　　　　　　　　　——住房公积金　　　　　　　　　　　　　　60 000
　　　　　应缴税费——个人所得税　　　　　　　　　　　　　　　20 000
(8) 借：应付职工薪酬　　　　　　　　　　　　　　　　　　　　　726 000
　　　　其他应付款——社会保险费　　　　　　　　　　　　　　　14 000
　　　　　　　　　　——住房公积金　　　　　　　　　　　　　　60 000
　　　　应缴税费——个人所得税　　　　　　　　　　　　　　　　20 000
　　　贷：财政拨款收入　　　　　　　　　　　　　　　　　　　　820 000
(9) 借：应付职工薪酬——社会保险费　　　　　　　　　　　　　　20 000
　　　　　　　　　　——住房公积金　　　　　　　　　　　　　　60 000
　　　贷：财政拨款收入　　　　　　　　　　　　　　　　　　　　80 000
(10) 借：存货　　　　　　　　　　　　　　　　　　　　　　　　　3 500
　　　贷：资产基金——存货　　　　　　　　　　　　　　　　　　3 500
　　　借：待偿债净资产　　　　　　　　　　　　　　　　　　　　3 500
　　　贷：应付账款　　　　　　　　　　　　　　　　　　　　　　3 500
(11) 借：应付账款——乙企业　　　　　　　　　　　　　　　　　　3 500
　　　贷：待偿债净资产　　　　　　　　　　　　　　　　　　　　3 500
　　　借：经费支出　　　　　　　　　　　　　　　　　　　　　　3 500
　　　贷：财政拨款收入　　　　　　　　　　　　　　　　　　　　3 500
(12) 借：经费支出——财政拨款支出——项目支出　　　　　　　　　100 000
　　　贷：应付政府补贴款——养老院床位补贴款　　　　　　　　　100 000
　　　借：应付政府补贴款——养老院床位补贴款　　　　　　　　　100 000
　　　贷：零余额账户用款额度　　　　　　　　　　　　　　　　　100 000
(13) 借：银行存款　　　　　　　　　　　　　　　　　　　　　　　2 200
　　　贷：其他应付款——书报费　　　　　　　　　　　　　　　　2 200

(14)借:其他应付款——书报费　　　　　　　　　　　　　　　　2 200
　　　贷:银行存款　　　　　　　　　　　　　　　　　　　　　　　2 200
(15)购入设备时
　借:固定资产　　　　　　　　　　　　　　　　　　　　　　　180 000
　　　贷:资产基金——固定资产　　　　　　　　　　　　　　　180 000
　借:待偿债净资产　　　　　　　　　　　　　　　　　　　　　180 000
　　　贷:长期应付款——固定资产——某公司　　　　　　　　180 000
年末通过单位零余额账户偿还某公司设备价款时
借:经费支出　　　　　　　　　　　　　　　　　　　　　　　　60 000
　　贷:零余额账户用款额度　　　　　　　　　　　　　　　　　60 000
借:长期应付款——固定资产——某公司　　　　　　　　　　　60 000
　　贷:待偿债净资产　　　　　　　　　　　　　　　　　　　　60 000

综合练习二
(1)借:零余额账户用款额度　　　　　　　　　　　　　　　　　15 000
　　　贷:财政拨款结转——年初余额调整　　　　　　　　　　　15 000
(2)借:零余额账户用款额度　　　　　　　　　　　　　　　　　10 000
　　　贷:财政拨款结转——归集调入　　　　　　　　　　　　　10 000
(3)借:财政拨款结转——归集上缴　　　　　　　　　　　　　　60 000
　　　贷:财政应返还额度——财政直接支付　　　　　　　　　　60 000
(4)借:财政拨款结余——单位内部调剂(M)　　　　　　　　　　20 000
　　　贷:财政拨款结转——单位内部调剂(N)　　　　　　　　　20 000
(5)借:财政拨款收入——基本支出拨款　　　　　　　　　　　2 500 000
　　　　　　　　　——项目支出拨款　　　　　　　　　　　　400 000
　　　贷:财政拨款结转——收支转账(基本支出结转)　　　　2 500 000
　　　　　　　　　　　——收支转账(项目支出结转)　　　　　400 000
　借:财政拨款结转——收支转账(基本支出结转)　　　　　　1 100 000
　　　　　　　　　　——收支转账(项目支出结转)　　　　　　185 000
　　　贷:经费支出——财政拨款支出(基本支出)　　　　　　1 100 000
　　　　　　　　　——财政拨款支出(项目支出)　　　　　　　185 000
(6)借:零余额账户用款额度　　　　　　　　　　　　　　　　　12 000
　　　贷:财政拨款结余——年初余额调整　　　　　　　　　　　12 000
(7)借:其他资金结转结余——项目结转(结余调剂F)　　　　　　32 000
　　　贷:银行存款　　　　　　　　　　　　　　　　　　　　　32 000
(8)借:存货——专用材料　　　　　　　　　　　　　　　　　　7 000
　　　固定资产——专用设备　　　　　　　　　　　　　　　　55 000
　　　无形资产——专用软件　　　　　　　　　　　　　　　　46 000
　　　贷:资产基金——存货　　　　　　　　　　　　　　　　　7 000
　　　　　　　　　——固定资产　　　　　　　　　　　　　　55 000
　　　　　　　　　——无形资产　　　　　　　　　　　　　　46 000
　借:经费支出——财政拨款支出——项目支出　　　　　　　108 000
　　　贷:财政拨款收入——项目支出拨款　　　　　　　　　　108 000
(9)借:资产基金——预付款项　　　　　　　　　　　　　　　　50 000
　　　贷:预付账款——某供应商　　　　　　　　　　　　　　　50 000

借:存货——特种物资		50 000
贷:资产基金——存货		50 000
(10)借:长期应付款——某设备商		50 000
贷:待偿债净资产		50 000

第11章

2. 单项选择题

(1)B　(2)A　(3)B　(4)B　(5)D

3. 多项选择题

(1) CD　(2)ABC　(3) AC　(4) BC　(5)CD

4. 判断题

(1)√　(2)×　(3)√　(4)×　(5)×

5. 综合题

综合练习一

(1)借:经费支出		50 000
贷:财政拨款收入——基本支出拨款——日常公用经费		50 000
(2)借:应付职工薪酬		150 000
贷:财政拨款收入——基本支出拨款——人员经费		150 000
(3)借:经费支出		60 000
贷:财政拨款收入——项目支出拨款		60 000
(4)借:经费支出		60 000
贷:财政拨款收入——项目支出拨款		60 000
(5)借:财政拨款收入——基本支出拨款——日常公用经费		50 000
贷:经费支出		50 000
(6)借:零余额账户用款度		20 000
贷:财政拨款收入——项目支出拨款		20 000
(7)借:银行存款		10 000
贷:其他收入——利息收入		10 000
(8)借:银行存款		40 000
贷:其他收入——后勤服务收入		40 000
(9)借:银行存款		50 000
贷:其他收入——项目资金收入		50 000
(10)发现现金溢余时		
借:库存现金		2 000
贷:待处理财产损溢		2 000
报经批准时		
借:待处理财产损溢		2 000
贷:其他收入——库存现金溢余		2 000
(11)借:财政应返还额度——财政授权支付		300 000
贷:财政拨款收入——基本支出拨款		200 000
——项目支出拨款		100 000
(12)借:财政拨款收入——基本支出拨款——日常公用经费		3 000 000
——基本支出拨款——人员经费		2 550 000
财政拨款收入——项目支出拨款		1 000 000
贷:财政拨款结转		6 550 000

(13) 借：其他收入——利息收入　　　　　　　　　　　　　20 000
　　　　　　——后勤服务收入　　　　　　　　　　　　50 000
　　　　　　——项目专项收入　　　　　　　　　　　　60 000
　　　　　　——库存现金溢余　　　　　　　　　　　　 2 000
　　　贷：其他资金结余　　　　　　　　　　　　　　　132 000

综合练习二

(1) 计提行政单位职工薪酬
　　借：经费支出——财政拨款支出（基本支出）　　　　850 000
　　　贷：应付职工薪酬　　　　　　　　　　　　　　　850 000
　　实际支付时
　　借：应付职工薪酬　　　　　　　　　　　　　　　　850 000
　　　贷：财政拨款收入——基本支出拨款　　　　　　　850 000
(2) 借：经费支出——财政拨款支出（基本支出）　　　　 50 000
　　　贷：应缴税费——个人所得税　　　　　　　　　　 5 000
　　　　零余额账户用款额度　　　　　　　　　　　　　 45 000
(3) 借：经费支出——财政拨款支出（基本支出）　　　　 3 000
　　　贷：零余额账户用款额度　　　　　　　　　　　　 3 000
(4) 借：经费支出——财政拨款支出（基本支出）　　　　 20 000
　　　贷：零余额账户用款额度　　　　　　　　　　　　 20 000
　　借：存货——专用材料　　　　　　　　　　　　　　 20 000
　　　贷：资产基金——存货　　　　　　　　　　　　　 20 000
(5) 借：经费支出——财政拨款支出（基本支出）　　　　120 000
　　　贷：财政拨款收入——基本支出拨款　　　　　　　120 000
　　借：固定资产　　　　　　　　　　　　　　　　　　120 000
　　　贷：资产基金——固定资产　　　　　　　　　　　120 000
(6) 借：经费支出——财政拨款支出（基本支出）　　　　 35 000
　　　贷：财政拨款收入——基本支出拨款　　　　　　　 35 000
　　借：预付账款——甲公司　　　　　　　　　　　　　 35 000
　　　贷：资产基金——预付款项　　　　　　　　　　　 35 000
(7) 借：经费支出——财政拨款支出（基本支出）　　　　 14 000
　　　贷：财政拨款收入——基本支出拨款　　　　　　　 14 000
　　借：应付账款——甲企业　　　　　　　　　　　　　 14 000
　　　贷：待偿债净资产　　　　　　　　　　　　　　　 14 000
(8) 借：经费支出——财政拨款支出（基本支出）　　　　 7 000
　　　贷：财政拨款收入——基本支出拨款　　　　　　　 7 000
(9) 借：经费支出——财政拨款支出（基本支出）　　　　 10 000
　　　贷：零余额账户用款额度　　　　　　　　　　　　 10 000
(10) 借：经费支出——财政拨款支出（项目支出）　　　　50 000
　　　贷：零余额账户用款额度　　　　　　　　　　　　 50 000
(11) 借：经费支出——财政拨款支出（项目支出）　　　 350 000
　　　贷：零余额账户用款额度　　　　　　　　　　　　350 000
(12) 借：财政拨款结转　　　　　　　　　　　　　　56 690 000
　　　　其他资金结转结余　　　　　　　　　　　　　　 90 000

贷:经费支出——财政拨款支出(基本支出)	56 000 000
——财政拨款支出(项目支出)	690 000
——其他资金支出(项目支出)	90 000
(13)借:拨出经费——A 单位——基本支出	300 000
——A 单位——项目支出	200 000
贷:银行存款	500 000

第 12 章

2. 单项选择题

(1)B (2)A (3)D (4)D (5)C

3. 多项选择题

(1)ABCD (2)ABCD (3)ABC (4)ABC (5)ABC

4. 判断题

(1)× (2)√ (3)× (4)× (5)√

第 13 章

2. 单项选择题

(1)C (2)D (3)D (4)A (5)C (6)C

3. 多项选择题

(1)AD (2)ACD (3)ABCD

第 14 章

1. 单项选择题

(1)A (2)C (3)C (4)D (5)A (6)A (7)B

2. 多项选择题

(1)AC (2)CD (3)BCD (4)ABC (5)ABC (6)ABC (7)ABC (8)ABD

3. 综合题

综合练习一

(1)①2012 年 12 月 31 日

借:财政应反还额度——财政直接支付	200 000
贷:财政补助收入	200 000

②2013 年 1 月 20 日

借:存货	80 000
贷:财政应返还额度——财政直接支付	80 000

(2)①收到授权支付额度时

借:零余额账户用款额度	90 000
贷:财政补助收入	90 000

②购买材料

借:存货	65 000
贷:零余额账户用款额度	65 000

③开展专业业务活动领用材料时

借:事业支出	65 000
贷:存货	65 000

④支付供应商服务

借:事业支出	25 000
贷:零余额账户用款额度	25 000

(3)①2012年12月31日注销额度
借:财政应返还额度——财政授权支付　　　　　　　　　　　　200 000
　　贷:零余额账户用款额度　　　　　　　　　　　　　　　　　200 000
②2012年12月31日补记款下达额度
借:财政应返还额度——财政授权支付　　　　　　　　　　　　300 000
　　贷:财政补助收入　　　　　　　　　　　　　　　　　　　　300 000
③2013年度,乙单位收到代理银行提供额度恢复到账通知书
借:零余额账户用款额度　　　　　　　　　　　　　　　　　　　200 000
　　贷:财政应返还额度——财政授权支付　　　　　　　　　　　200 000
④借:零余额账户用款额度　　　　　　　　　　　　　　　　　　300 000
　　贷:财政应返还额度——财政授权支付　　　　　　　　　　　300 000
(4)①借:应收票据——乙公司　　　　　　　　　　　　　　　　117 000
　　　贷:经营收入　　　　　　　　　　　　　　　　　　　　　100 000
　　　　　应缴税费——应交增值税(销项税额)　　　　　　　　　17 000
②票据到期值为124 020元(117 000+117 000×12%×6/12),贴现息为7441元(124 020×9%×4/6),贴现所得为116 579元(124 020-7 441)。
借:银行存款　　　　　　　　　　　　　　　　　　　　　　　　116 579
　　经营支出　　　　　　　　　　　　　　　　　　　　　　　　　　421
　　贷:应收票据　　　　　　　　　　　　　　　　　　　　　　117 000

综合练习二
(1)①发生建造费用时
借:在建工程——图书馆　　　　　　　　　　　　　　　　　　9 000 000
　　贷:非流动资产基金——在建工程　　　　　　　　　　　　9 000 000
借:事业支出——项目支出　　　　　　　　　　　　　　　　　9 000 000
　　贷:财政补助收入　　　　　　　　　　　　　　　　　　　9 000 000
②发生借款利息
借:在建工程——图书馆　　　　　　　　　　　　　　　　　　　 60 000
　　贷:非流动资产基金——在建工程　　　　　　　　　　　　　 60 000
同时
借:其他支出——图收馆　　　　　　　　　　　　　　　　　　　 60 000
　　　　　　——利息　　　　　　　　　　　　　　　　　　　 40 000
　　贷:银行存款　　　　　　　　　　　　　　　　　　　　　 100 000
③图书馆完工投入使用时
借:固定资产——图书馆　　　　　　　　　　　　　　　　　　9 060 000
　　贷:非流动资产基金——固定资产　　　　　　　　　　　　9 060 000
借:非流动资产基金——在建工程　　　　　　　　　　　　　　9 060 000
　　贷:在建工程　　　　　　　　　　　　　　　　　　　　　9 060 000
④购入图书时
借:事业支出　　　　　　　　　　　　　　　　　　　　　　　 150 000
　　贷:银行存款　　　　　　　　　　　　　　　　　　　　　 150 000
同时
借:固定资产　　　　　　　　　　　　　　　　　　　　　　　 150 000
　　贷:非流动资产基金——固定资产　　　　　　　　　　　　　150 000

⑤接受捐赠时

借:固定资产——专用设备　　　　　　　　　　　　　1 200 000
　　贷:非流动资产基金——固定资产　　　　　　　　　　　　1 200 000

(2)借:固定资产　　　　　　　　　　　　　　　　　　606
　　贷:长期应付款　　　　　　　　　　　　　　　　　　600
　　　　非流动资产基金——固定资产　　　　　　　　　　　　6

同时,按照实际支付的相关税费、运输费、保险费、安装调试费

借:事业支出　　　　　　　　　　　　　　　　　　　6
　　贷:银行存款　　　　　　　　　　　　　　　　　　　6

定期支付租金时

借:事业支出　　　　　　　　　　　　　　　　　　　200
　　贷:银行存款　　　　　　　　　　　　　　　　　　　200

借:长期应付款　　　　　　　　　　　　　　　　　　200
　　贷:非流动资产基金——固定资产　　　　　　　　　　　　200

(3)①固定资产转入待处置资产时

借:待处置资产损溢　　　　　　　　　　　　　　　　200
　　贷:固定资产　　　　　　　　　　　　　　　　　　　200

②固定资产报经批准予以处置时

借:非流动资产基金——固定资产　　　　　　　　　　　200
　　贷:待处置资产损溢　　　　　　　　　　　　　　　　200

③发生清理费用

借:待处置资产损溢　　　　　　　　　　　　　　　　5
　　贷:银行存款　　　　　　　　　　　　　　　　　　　5

④收到残料变价收入

借:银行存款　　　　　　　　　　　　　　　　　　　7.5
　　贷:待处置资产损溢　　　　　　　　　　　　　　　　7.5

⑤结转固定资产处置净收入

借:待处置资产损溢(200-200-5+7.5=2.5)　　　　　　　2.5
　　贷:应缴国库款　　　　　　　　　　　　　　　　　　2.5

(4)①2013年7月1日购入国债

借:长期投资　　　　　　　　　　　　　　　　　　　100
　　贷:银行存款　　　　　　　　　　　　　　　　　　　100

同时

借:事业基金　　　　　　　　　　　　　　　　　　　100
　　贷:非流动资产基金——长期投资　　　　　　　　　　　100

②2014年~2017年,每年7月1日收到利息时

借:银行存款(100×3%)　　　　　　　　　　　　　　　3
　　贷:其他收入——投资收益　　　　　　　　　　　　　　3

③2018年7月1日,收回债券本息

借:银行存款　　　　　　　　　　　　　　　　　　　103
　　贷:长期投资　　　　　　　　　　　　　　　　　　　100
　　　　其他收入——投资收益　　　　　　　　　　　　　　3

同时
借:非流动资产基金——长期投资 100
　　贷:事业基金 100
(5)①2013年5月15日投资甲企业
借:长期投资 1 000
　　贷:银行存款 1 000
同时
借:事业基金 1 000
　　贷:非流动资产基金——长期投资 1 000
②2014年4月20日收到利润10万元(50×20%)
借:银行存款 10
　　贷:其他收入——投资收益 10
(6)借:无形资产 1 000
　　贷:非流动资产基金——无形资产 1 000
　借:事业支出 1 000
　　贷:财政补助收入 1 000
(7)①无形资产转入待处置资产时
借:待处置资产损溢 16.8
　累计摊销 1.2
　　贷:无形资产 18
②无形资产实际转让时
借:非流动资产基金——无形资产 16.8
　　贷:待处置资产损溢 16.8
③取得转让收入
借:银行存款 200
　　贷:待处置资产损溢 200
④结转无形资产转让收入
借:待处置资产损溢 200
　　贷:应缴国库款 200

第15章

1. 单项选择题
(1)B　(2)A　(3)A　(4)B　(5)B　(6)C　(7)C　(8)D

2. 多项选择题
(1)ACD　(2)AB　(3)ABC　(4)ABD　(5)ABCD　(6)AB　(7)ABCD　(8)BCD

3. 综合题

综合练习一
(1)①转让该项无形资产时
借:待处置资产损溢——专利权 90 000
　累计摊销 60 000
　　贷:无形资产——专利权 150 000
同时
借:非流动资产基金——无形资产 90 000
　　贷:待处置资产损溢——专利权 90 000

②取得转让收入时

借:银行存款 100 000
　　贷:待处置资产损溢——专利权 100 000

③上缴国库

借:待处置资产损溢——专利权 100 000
　　贷:应缴国库款 100 000

④月末计算出按规定应负担的税金及附加时:

$$应缴营业税=100\ 000×5\%=5\ 000(元)$$
$$应缴城市维护建设税=5\ 000×7\%=350(元)$$
$$应缴教育费附加=5\ 000×3\%=150(元)$$

借:事业支出 5 500
　　贷:应缴税费——应交营业税 5 000
　　　　　　　　——应交城市维护建设税 350
　　其他应付款——教育费附加 150

⑤交纳税金及附加费时:

借:应交税金——应交营业税 5 000
　　　　　　——应交城市维护建设税 350
　　其他应付款——教育费附加 150
　　贷:银行存款 5 500

(2)①借:事业支出——基本支出——基本工资 300 000
　　　贷:应付职工薪酬 300 000
　　借:应付职工薪酬 270 000
　　　贷:财政补助收入—基本支出——财政直接支付 270 000
　　借:应付职工薪酬——基本支出——住房公积金 30 000
　　　贷:财政补助收入—基本支出——财政直接支付 30 000

②借:事业支出——基本支出——退休费 120 000
　　贷:应付职工薪酬 120 000
　借:应付职工薪酬 120 000
　　贷:零余额账户用款额度 120 000

③借:事业支出——基本支出——工会支出 10 000
　　贷:零余额账户用款额度 10 000

综合练习二

(1)①借:固定资产——办公楼 1 500 000
　　　贷:非流动资产基金——固定资产 1 500 000
　　借:事业支出——其他资金支出 1 500 000
　　　贷:银行存款 1 200 000
　　　　　长期应付款——质量保证金 300 000

②借:长期应付款——质量保证金 300 000
　　贷:银行存款 300 000

(2)①借:固定资产——检测设备 72 500
　　　贷:长期应付款——检测设备款 72 000
　　　　　非流动资产基金——固定资产 500
　　借:事业支出——财政补助支出 500
　　　贷:零余额账户用款额度 500

②借:事业支出——财政补助支出 36 000
　　贷:零余额账户用款额度 36 000
　借:长期应付款——检测设备款 36 000
　　贷:非流动资产基金——固定资产 36 000
支付第二笔款项分录同上。
(3)①租入固定资产时
　借:固定资产 257 000
　　贷:其他应付款——某公司 255 000
　　　　非流动资产基金——固定资产 2 000
②每年支付租金50 000元时:
　借:事业支出 50 000
　　贷:非流动资产基金——固定资产 50 000
　同时
　借:其他应付款——某公司 50 000
　　贷:银行存款 50 000
③付清最后一笔租金并支付5 000元优惠价格购买该专用设备时
　借:事业支出 55 000
　　贷:非流动资产基金——固定资产 55 000
　同时
　借:其他应付款——某公司 55 000
　　贷:银行存款 55 000

综合练习三

(1)①将"事业结余"、"经营结余"转入"非财政补助结余分配"贷方
　借:事业结余 400 000
　　经营结余 100 000
　　贷:非财政补助结余分配 500 000
②按规定对结余进行分配,
　借:非财政补助结余分配——应交所得税 25 000
　　　　　　　　　　　　——提专用基金 160 000
　　贷:应缴税费——应缴所得税 25 000
　　　　专用基金——职工福利基金 160 000
③将余额315 000(400 000+100 000-25 000-160 000)元转入"事业基金"
　借:非财政补助结余分配 315 000
　　贷:事业基金 315 000
(2)①结转财政补助收入,
　借:财政补助收入——基本支出 4 000
　　　　　　　　——项目支出 1 000
　　贷:财政补助结转——基本支出结转 4 000
　　　　　　　　　——项目支出结转 1 000
②结转财政补助支出,
　借:财政补助结转——基本支出结转 4 000
　　　　　　　　——项目支出结转 800
　　贷:事业支出——财政补助支出(基本支出) 4 000
　　　　　　——财政补助支出(项目支出) 800

(3)

借:财政补助结转——项目支出结转　　　　　　　　　　　　　　　　　　　　45
　　贷:财政补助结余　　　　　　　　　　　　　　　　　　　　　　　　　　　45

(4)①结转上级补助收入中该科研专项资金收入

借:上级补助收入　　　　　　　　　　　　　　　　　　　　　　　　　　5 000
　　贷:非财政补助结转　　　　　　　　　　　　　　　　　　　　　　　　5 000

②结转事业支出中该科研专项支出

借:非财政补助结转　　　　　　　　　　　　　　　　　　　　　　　　　4 800
　　贷:事业支出——非财政专项资金支出　　　　　　　　　　　　　　　　4 800

③经批准确定结余资金留归本单位使用时

借:非财政补助结转　　　　　　　　　　　　　　　　　　　　　　　　　　200
　　贷:事业基金　　　　　　　　　　　　　　　　　　　　　　　　　　　　200

(5)①结转本月非财政、非专项资金收入

借:事业收入　　　　　　　　　　　　　　　　　　　　　　　　　　　　1 000
　　上级补助收入　　　　　　　　　　　　　　　　　　　　　　　　　　　200
　　贷:事业结余　　　　　　　　　　　　　　　　　　　　　　　　　　1 200

②结转本月非财政、非专项资金支出

借:事业结余　　　　　　　　　　　　　　　　　　　　　　　　　　　　1 100
　　贷:事业支出——其他资金支出　　　　　　　　　　　　　　　　　　　　800
　　　　其他支出　　　　　　　　　　　　　　　　　　　　　　　　　　　100
　　　　对附属单位补助支出　　　　　　　　　　　　　　　　　　　　　　200

③结转本月经营收入

借:经营收入　　　　　　　　　　　　　　　　　　　　　　　　　　　　　94
　　贷:经营结余　　　　　　　　　　　　　　　　　　　　　　　　　　　　94

④结转本月经营支出

借:经营结余　　　　　　　　　　　　　　　　　　　　　　　　　　　　　64
　　贷:经营支出　　　　　　　　　　　　　　　　　　　　　　　　　　　　64

(6)①结转事业结余

借:事业结余　　　　　　　　　　　　　　　　　　　　　　　　　　　　　40
　　贷:非财政补助结余分配　　　　　　　　　　　　　　　　　　　　　　　40

②结转经营结余

借:经营结余　　　　　　　　　　　　　　　　　　　　　　　　　　　　　30
　　贷:非财政补助结余分配　　　　　　　　　　　　　　　　　　　　　　　30

③确认应缴企业所得税

借:非财政补助结余分配　　　　　　　　　　　　　　　　　　　　　　　　6
　　贷:应缴税费——应缴企业所得税　　　　　　　　　　　　　　　　　　　6

④提取专用基金

借:非财政补助结余分配　　　　　　　　　　　　　　　　　　　　　　　　10
　　贷:专用基金——职工福利基金　　　　　　　　　　　　　　　　　　　　10

⑤将"非财政补助结余分配"科目余额转入事业基金

借:非财政补助结余分配　　　　　　　　　　　　　　　　　　　　　　　　54
　　贷:事业基金　　　　　　　　　　　　　　　　　　　　　　　　　　　　54

参 考 答 案

第16章
1. 单项选择题
(1)A (2)C (3)A (4)B (5)D (6)D (7)A (8)A
2. 多项选择题
(1)ABC (2)AB (3)ABD (4)CD (5)ABCD (6)ABC (7)ABC (8)BC
3. 综合题
综合练习一

(1)借:银行存款	189 000
贷:应缴财政专户款	189 000
(2)借:银行存款	150 000
贷:事业收入——检测业务——××收费项目	150 000
(3)借:事业支出——财政补助支出——基本支出	101 000
贷:事业收入——检验业务——××收费项目	101 000
(4)借:银行存款	13 520
贷:事业收入——展览业务——门票收入	13 520
(5)借:银行存款	720
贷:经营收入——复印业务——复印费	720
(6)借:银行存款	200 000
贷:属附单位上缴收入——招待所——20×1年分成款	200 000

综合练习二

(1)借:事业支出——财政补助支出——基本支出	20 000
贷:银行存款	20 000
(2)借:事业支出——非财政专项资金支出——项目支出	10 000
贷:银行存款	10 000
(3)借:事业支出——财政补助支出——项目支出	125 000
贷:零余额账户用款额度	125 000
(4)借:经营支出——检测业务——检测用品	5 600
贷:银行存款	3 000
应付账款	2 600
(5)借:上缴上级支出——上级单位	150 000
贷:银行存款	150 000

第17章
1. 单项选择题
(1)A (2)D (3)B (4)C
2. 多项选择题
(1)ABC (2)ABCD (3)AD (4)ACD

参 考 文 献

[1] 中华人民共和国财政部制定颁布:《财政总预算会计制度》,1997.
[2] 中华人民共和国财政部制定颁布:《行政单位财务规则》《行政单位会计制度》,2013.
[3] 中华人民共和国财政部制定颁布:《事业单位财务规则》《事业单位会计准则》《事业单位会计制度》,2012.
[4] 中华人民共和国财政部制定颁布:《民间非营利组织会计制度》,2004.
[5] 行政单位会计制度研究组.行政单位会计制度讲解[M].哈尔滨:东北林业大学出版社,2014.
[6] 陈均平.行政单位会计制度讲解[M].上海:立信会计出版社,2014.
[7] 事业单位会计制度研究组.事业单位会计制度[M].大连:东北财经大学出版社,2013.
[8] 徐曙娜.政府与非营利组织会计[M].上海:上海财经大学出版社,2006.
[9] 赵建勇.预算会计[M].上海:上海财经大学出版社,2003.
[10] 罗朝晖.政府与非营利组织会计[M].成都:西南财经大学出版社,2005.
[11] 徐国民,窦洪波.政府与非营利组织会计[M].北京:中国财政经济出版社,2005.
[12] 李建发.政府及非营利组织会计[M].大连:东北财经大学出版社,2002.
[13] 刘志翔.预算会计[M].3版.北京:首都经济贸易大学出版社,2000.
[14] 刘学华.预算会计[M].上海:立信会计出版社,2004.
[15] 王庆成.政府与事业单位会计[M].2版.北京:中国人民大学出版社,2005.
[16] 李海波,刘学华.新编预算会计[M].5版.上海:立信会计出版社,2006.
[17] 尹玲燕,聂庚杰.政府及非营利组织会计[M].北京:科学出版社,2005.
[18] 袁志.民间非营利组织会计实务[M].北京:经济科学出版社,2004.
[19] 财政部国库司.政府收支分类改革预算执行培训讲解[M].北京:中国财政经济出版社,2006.
[20] 财政部预算司.政府收支分类改革问题解答[M].北京:中国财政经济出版社,2006.
[21] 中华人民共和国财政部.2007年政府收支分类科目[M].北京:中国财政经济出版社,2006.